아리스토텔레스 정치학

아리스토텔레스(BC 384-322)

현대지성 클래식 58

아리스토텔레스 정치학

POLITICA

아리스토텔레스 | 박문재 옮김

현대
지성

일러두기

1. 번역 대본으로는 아래 원서를 사용하였으며, 정확한 본문 이해를 위해 여러 영역본을 참고했다.

   Aristotelis Politica, Oxford Classical Texts (Oxford. Clarendon Press, 1957).

2. 『아리스토텔레스의 정치학』(이하 『정치학』)을 인용하거나 참조할 때 편리하도록 Immanuel Bekker, *Aristotelis Opera* (Berlin, 1831)에 수록된 본문의 쪽과 단과 행을 표기했다. 『정치학』은 베커 판본에서 1252-1342쪽에 수록되어 있고, 한쪽은 두 단으로 되어 있다. 예컨대, 1323a10은 베커 판본의 1323쪽의 왼쪽 단 10행을 가리키고, 1378b20은 1378쪽의 오른쪽 단 20행을 가리킨다.

3. 『정치학』의 각 권과 장의 제목 그리고 각 장을 시작하면서 내용을 요약한 부분은 그리스어 원문에는 나오지 않고, 옮긴이가 독자들의 이해를 위해 여러 영역본을 참조하여 정리한 후 추가한 것이다.

4. 고유명사들은 대체로 문체부의 외래어 표기법을 따랐고, 그리스어를 음역한 경우에는 아리스토텔레스가 사용한 그리스어를 고전 그리스어의 발음으로 표기했다.

5. 본문의 각주는 모두 옮긴이가 붙인 것이다.

차례

제3권. 정치체제의 종류

제1권

가정과 국가

제1장

최고의 공동체인 국가

모든 공동체는 좋은 것을 목적으로 조직되는데, 최고의 공동체인 국가 역시 가장 좋은 것을 목적으로 조직된다. 따라서 국가를 다스리는 것은 가정이나 노예를 다스리는 것과 다르다. 이것을 밝혀내는 데는 분석적인 방법론이 사용된다.

우리가 알다시피 모든 국가는 어떤 형태의 공동체[1]이며, 모든 공동   1252a1
체는 어떤 형태의 좋은 것[2]을 위해 조직된다. 이는 모든 사람이 자신이

....

1   "공동체"로 번역한 '코이노니아'(κοινωνία)는 "어떤 것을 함께하다, 어떤 것에 함께 참여하다"라는 뜻을 지닌 동사 '코이노네오'에서 온 단어로 "친교, 공유, 공동체, 결사" 등을 의미한다. 이 책에서는 "공동체"와 "공유"라는 의미로 사용되었다.

2   "좋은 것"으로 번역한 '아가토스'(ἀγαθός)는 영어의 "good"에 해당하는 단어로 일반적으로 "좋은, 좋음, 좋은 것"을 의미하고, 도덕적인 의미를 지닐 때는 "선"(善)을 의미하므로, 기존에는 주로 "선"으로 번역되었다. 여기서는 문맥에 따라 "좋은 것" 또는 "선"으로 번역했다. "좋은 것"이라고 번역할 때의 문제는 추상명사로 사용된 '아가토스'를 제대로 표현하지 못한다는 것이다. 반면 "선"은 추상명사이므로 그런 문제가 발생하지 않는다. 그렇다고 해서 "좋음"이라고 번역하면 우리말 어법상 어

좋다고 생각하는 것을 위해 행동하기 때문이다. 그런데 모든 공동체가
어떤 형태의 좋은 것을 추구한다면, 최고의 공동체이며 다른 모든 공동
체를 포함하는 공동체가 가장 좋은 것을 추구하리라는 사실은 명백하다.
이 공동체가 국가라 불리는 시민들의 공동체[3]다.

따라서 국가를 다스리는 정치가, 왕국을 다스리는 왕,[4] 가정 관리인,
노예들을 다스리는 주인이 하는 일이 똑같다고 생각한다면 잘못 생각하
는 것이다. 사람들은 정치가와 왕, 가정 관리인, 노예주가 다스리는 사람
수에는 차이가 있지만, 하는 일에는 차이가 없다고 여겨, 적은 수의 사람
을 다스리는 것이 노예주이고, 좀 더 많은 사람을 다스리는 것이 가정 관
리인이며, 한층 더 많은 사람을 다스리는 것이 정치가나 왕이라고 하기
때문이다. 이렇게 사람들은 큰 집과 작은 국가는 아무 차이가 없다는 듯
이 말하고, 정치가와 왕 사이의 차이로는 단독으로 자기 뜻대로 다스리

....

색하다. 그래서 독자들이 "좋은 것"을 추상적인 의미로 이해해주기를 바란다. 마
찬가지로 "미덕"으로 흔히 번역되는 '아레테'(ἀρετή) 역시 "탁월함"이라는 추상명사
를 의미하지만, "탁월함"으로 번역하면 어법에 맞지 않아 어색하다.

3 원문의 '헤 코이노니아 헤 폴리티케'(ἡ κοινωνία ἡ πολιτική)를 "시민들의 공동체"로
번역했다. 여기서 다른 역본들은 '폴리티케'를 영어의 "political"과 연결해 "정치
적"으로 번역하는 것이 보통이다. 하지만 국가를 정치적 공동체라고 부르는 것
은 지나치게 협소한 정의다. 국가는 정치 공동체일 뿐만 아니라, 경제 공동체(자
급자족을 위한)이고 생활 공동체이기도 하다. '폴리티케'는 '시민'을 뜻하는 '폴리테
스'(πολίτης)의 형용사형으로, 이 단어의 기본적인 의미는 "시민과 관련된"이다. 또
한, 아리스토텔레스의 정의에 의하면, 국가는 서로 대등한 자유민인 시민들이 자
급자족을 위해 조직한 공동체이다.

4 아리스토텔레스는 "국가"를 기본적으로 서로 대등한 자유민인 시민들의 공동체로
보기 때문에, "왕"이 모든 다스림을 받는 자들을 사유물로 삼아 다스리는 "왕국"과
다르다고 본다. 어떤 국가가 "참주정"을 정치체제로 채택했다고 해서, 그 국가가
왕국인 것은 아니다. 공동체는 가정—왕국—국가의 순서로 발전했다.

면 왕이고, 정치학 원리에 따라 교대로 국가를 다스리기도[5] 하고 다스림 15
을 받기도 하면 정치가라고 말한다.

　　하지만 이것은 사실이 아니다. 우리가 지금까지 사용해온 방법론[6]을
을 따라 검토해보면 이것이 사실이 아닌 것이 명확히 드러난다. 다른 것
을 탐구할 때와 마찬가지로, 합성물[7]을 더 이상 나눌 수 없는 가장 작은
부분, 즉 전체의 가장 작은 단위에 도달할 때까지 구분해보아야 한다. 국 20
가를 탐구할 때도 마찬가지로, 국가를 구성하는 요소가 무엇인지 검토해
보면, 다양한 유형의 통치자들이 어떻게 서로 다른지, 그리고 그들 각각
에게 필요한 전문 기술을 습득하는 것이 가능한지에 대해 더 잘 이해하
게 될 것이다.

....

5　　"다스리다"로 번역한 '아르코'(ἄρχω)는 이 책에서 가장 많이 나오는 단어 중 하나로
　　기본적으로 "다스린다"라는 의미를 지니지만, 문맥에 따라 "다스리다, 통치하다,
　　지배하다" 등으로 번역했다. 이 동사에서 파생된 명사 '아르콘'(ἄρχων)은 한 국가를
　　다스리며 국정을 운영해나가는 자를 가리킨다. 그런데 '아르콘'은 한 사람 또는 소
　　수의 국가 최고 통치자만을 가리키는 것이 아니라, 일반적으로 국정에 참여하여
　　국가를 다스리는 모든 사람을 가리키므로, 문맥에 따라 "통치자, 다스리는 자, 공
　　직자"로 번역했다. 따라서 이 책의 후반부에서는 거의 "공직자"라는 의미로 사용
　　된다.

6　　"우리가 지금까지 사용해온 방법론"은 어떤 대상을 탐구할 때 그 대상을 구성하는
　　가장 작은 부분들에 도달할 때까지 쪼개고 구분해 그 부분들을 살펴보는 분석적
　　방법론을 가리킨다. 아리스토텔레스의 모든 저작은 이 분석적 방법론을 사용해
　　대상의 본질과 성격 등을 밝혀내고 있고, 논리학의 권위자로서 그의 실력은 이 방
　　법론을 통해 유감없이 발휘된다.

7　　"합성물"로 번역한 '쉰테토스'(σύνθετος)는 직역하면 여러 가지를 함께 두었다는 뜻
　　으로 두 개 이상의 구성 부분으로 나눌 수 있음을 가리킨다.

제2장

국가의 형성 과정

최초의 공동체는 여자와 남자의 결합 및 노예와 주인의 결합을 통해 일상적으로 필요한 것을 얻기 위해 생겨난 가정이다. 이 가정들이 모여 부락(部落)을 이루고, 이 부락들은 처음에는 왕이 다스리다가, 결국에는 자급자족에 필요한 모든 것을 갖춘 국가로 발전했다. 인간은 본성적으로 자급자족을 기반으로 훌륭한 삶을 추구한다는 점에서, 자급자족과 관련해 완전한 공동체인 국가는 모든 공동체의 목표가 된다. 여기서 정의는 국가의 질서이고, 정의로움은 시민의 미덕이다.

25 　　이와 관련해서도 다른 것들과 마찬가지로 처음에 어떤 식으로 생겨 났는지를 살펴보는 것이 가장 적절하다. 먼저, 서로가 없으면 존재할 수 없는 것은 필연적으로 결합하게 된다. 예컨대 여자와 남자는 생식을 위해 결합해야 한다. 이것은 선택의 문제가 아니라, 다른 동물들과 식물들 30 에서도 볼 수 있듯이 자기를 닮은 어떤 존재를 남기려는 본성적인 욕구에 의한 것이다.

본성적으로 다스리는 자로 태어난 사람과 본성적으로 다스림을 받는 자로 태어난 사람도 살아남기 위해서는[8] 결합해야 한다. 지성을 통해 미래를 내다볼 수 있는 사람은 본성적으로 다스리는 자이고 본성적으로 노예주라면, 다른 사람이 미래를 내다보고 세운 계획을 몸으로 힘들여 해내는 사람은 본성적으로 다스림을 받는 자이자 노예이다. 따라서 노예주와 노예가 서로 결합하는 것은 서로에게 이득이다.

따라서 여자와 노예는 본성적으로 서로 구별된다.[9] 대장장이는 여러 가지 용도로 사용할 수 있는 델포이의 칼[10]을 만들지만, 자연은 어떤 것을 그렇게 궁색하게 만드는 것이 아니라, 어느 하나를 만들 때 한 가지 용도를 위해 만든다. 각각의 도구는 여러 용도가 아니라 하나의 용도에 사용될 때 그 일을 가장 훌륭하게 해낼 수 있기 때문이다. 반면 이민족[11] 가운데서는 여자와 노예의 지위가 동일하다. 그 이유는 이민족들 가운데는 본성적으로 다스리는 자가 없으며, 그들의 공동체는 여자 노예와 남자 노예로 이루어져 있기 때문이다. 그래서 시인들은 "헬라스인이 이민

1252b1

5

....

8 "살아남기 위해서는"은 '디아 텐 소테리안'(διὰ τὴν σωτηρίαν)을 번역한 것이다. 여기서 '소테리아'는 어떤 상황에서 살아남는 것을 가리키며 "구원, 구출, 보존, 안전" 등으로 번역되는데, 이 책에서는 거의 "보존"으로 번역했다.

9 여자의 본성적인 목적은 생식을 위해 남자와 결합하는 것이고, 이는 생명을 유지하고 이어가는 데 필수적인 역할이다. 반면 노예의 본성적인 목적은 노동을 제공하기 위해 노예주와 결합하는 것인데, 이는 사회 구조와 생활방식에 따라 필요한 역할이다.

10 "대장장이"로 번역한 '칼코튀포스'(χαλκότυπος)는 "청동을 두들기는 자"라는 뜻이다. "델포이"는 그리스 중부 포기스 지방의 고대 도시로, 그리스에서 두 번째 높은 파르나소스산 남쪽 비탈에 아폴론 신의 성역과 신탁소가 있어서, 아폴론의 신탁으로 유명해졌다. "델포이의 칼"이 구체적으로 어떤 것인지는 알려져 있지 않다.

11 "이민족"으로 번역한 '바르바로스'(βάρβαρος)는 직역하면 "알아들을 수 없는 말들을 하는 자"를 의미한다.

족들을 다스리는 것은 합당하다"[12]라고 말한다. 이것은 이민족과 노예가 본성적으로 동일하다는 의미에서 말한 것이다.

10 이 두 가지 기본적인 결합으로부터 가장 먼저 생긴 것이 가정이다. 따라서 헤시오도스가 "집과 여자와 밭 가는 소가 가장 먼저다"[13]라고 말한 것은 옳다. 소는 가난한 사람들의 가사 노예를 대신하기 때문이다. 따라서 일상에 필요한 모든 것을 해결하기 위해 본성을 따라 결합한 것이 가정이다. 그래서 카론다스[14]는 가정을 "동일한 양식 자루를 사용하는 자들"이라 부르고, 크레타의 에피메니데스는 "동일한 여물통에서 먹는 자
15 들"이라 부른다.

일상적이지 않은 필요들을 위해 여러 가정이 모여 생긴 최초의 공동체가 부락이다. 부락의 가장 자연스러운 형태는 어떤 사람이 같은 젖

....

12 "헬라스인"은 본성적으로 다스리는 자로 태어난 자유민들이고, "이민족들"은 본성적으로 다스림을 받는 자로 태어난 노예들이므로, 헬라스인이 이민족을 다스리는 것이 자연의 이치라는 의미다. 이 구절은 에우리피데스(기원전 약 484-406년)가 쓴 비극인 『아울리스의 이피게네이아』 1400에 나온다. 모든 그리스인의 시조는 "헬렌"이다. "헬렌"은 제우스가 인간을 벌하기 위해 대홍수를 보냈을 때 살아남은 유일한 인간인 데우칼리온과 피라 사이에서 태어난 장남이다. 테살리아 지방 프티아의 왕이었던 헬렌이 낳은 "도로스, 크수토스, 아이올로스"는 그리스 전역으로 퍼져 나가 그리스의 주요 부족인 아이올로스인, 이온인, 아카이오스인, 도로스인의 시조가 되었다.

13 이 구절은 헤시오도스가 쓴 서사시 『일과 날』 405에 나온다. 헤시오도스는 기원전 8세기 말경의 인물로 보이오티아파 서사시를 대표하는 시인이다. 호메로스(기원전 약 800-750년)가 대표하는 이오니아파 서사시가 오락성과 화려함이 특징이라면, 보이오티아파 서사시는 종교적이고 교훈적이며 실용적이다. 현존하는 대표작은 『일과 날』, 『신통기』다.

14 "카론다스"는 기원전 6세기에 시칠리아에 있는 카타니아에서 활동한 유명한 입법자다. "에피메니데스"는 기원전 7-6세기에 활동한 크레타의 전설적인 예언자, 철학자, 시인으로, 아버지의 양 떼를 돌보던 중에 제우스의 성지인 한 동굴에서 57년 동안 잠들어 있다가 깨어나 예언을 하게 되었다고 한다.

을 먹고 자란 자들이라 부른 아들들과 손자들이 분가해 근처에 정착하는 것이다. 그래서 처음에 국가들은 왕이 다스렸고, 이민족의 국가들은 지금도 여전히 왕이 다스린다. 왕의 지배를 받고 있던 사람들이 서로 결 20 합해 국가를 형성했기 때문이다. 모든 가정은 가장 연장자가 왕처럼 다스렸고, 마찬가지로 분가해 나간 가정들도 혈족이었으므로 마찬가지로 각 가정에서 가장 연장자가 왕처럼 다스렸다. 그래서 호메로스는 "그들 각자는 자기 자녀들과 아내에게 법을 정해준다"[15]라고 말하는데, 이것은 그들이 흩어져 제각각 살았기 때문이었다. 옛적에는 사람들이 그렇게 흩어져 제각각 거주했다. 모든 사람이, 신들조차도 왕이 있어서 왕의 지배 25 를 받는다고 하는 것은, 어떤 사람은 옛적에 왕의 지배를 받은 적이 있고, 누군가는 지금도 여전히 그런 데다가, 사람들은 신들도 자신과 비슷한 방식으로 살아갈 것으로 생각하기 때문이다.

여러 부락이 결합해 완전한 공동체를 이루는데, 이 공동체가 자급자족[16]을 위해 필요한 모든 것을 갖추게 되면, 그것이 바로 국가라고 할 수 있다. 국가는 생존을 위해 생기지만, 그 존재 목적은 훌륭한 삶을 위한 30 것이다. 따라서 국가는 이전 단계의 모든 공동체와 동일하게 본성에 따

....

15 이 구절은 호메로스가 쓴 『오디세이아』 제9권 114-115행에 나온다. 호메로스는 유럽 문학의 시조로 트로이아 전쟁을 배경으로 유럽에서 가장 오래된 서사시인 『일리아스』와 『오디세이아』를 썼다. 여기서 호메로스는 외눈박이 거인족 "키클롭스들"이 사는 방식에 대해 말하면서 이 말을 했다. 이 키클롭스들은 시칠리아 해안의 섬에서 양과 염소를 기르며 각자가 가정을 이루고 서로 멀리 떨어진 동굴들에서 살아갔다.

16 "자급자족"으로 번역한 '아우타르케이아'(αὐτάρκεια)는 "그 자체로 충분한 것, 독립적인 것"을 가리킨다. 국가는 사람들이 살아가는 데 필요한 모든 것을 스스로 해결할 수 있다는 점에서 "완전한" 공동체다. 아리스토텔레스는 『니코마코스 윤리학』 1.7에서 '아우타르케이아'를 "삶을 바람직하고 아무것도 부족함 없게 해주는 것"이라고 정의한다.

라 존재하며, 이는 이전 단계의 모든 공동체의 목표가 국가라는 것을 의미한다. 특정한 것이 추구하는 목표나 가치가 그것의 본질적인 특성, 즉 본성을 결정하기 때문이다. 사람이든 말이든 가정이든 어떤 것이 성장의 최종 단계에 도달했을 때, 우리는 그 최종 단계를 어떤 것의 본성이라고 말하기 때문이다. 또한, 어떤 것이 목표로 하는 것은 가장 좋은 것이므로, 자급자족은 목표이자 가장 좋은 것이다.

1253a1

그러므로 여기서 분명한 것은 국가가 본성적인 것이고, 인간은 본성적으로 국가를 이루고 살아가게 되어 있는 정치적 동물[17]이라는 것이다. 따라서 어떤 피치 못할 사정이 있어서가 아니라 본성에 의해 국가에 속하지 않게 된 사람은 인간이라고 할 수 없는 형편없는 자이거나 인간보다 더 나은 존재일 것이다. 그래서 호메로스는 그런 자를 "친족도 없고 법도 없고 가정도 없는 자"[18]라고 욕했다. 본성적으로 그런 자는 전쟁에 미쳐 있고, 장기판에서 다른 말들로부터 혼자 떨어져 제멋대로 움직이는 말 같은 자이기 때문이다.

이런 이유에서 인간은 벌을 비롯해 무리를 이루어 살아가는 모든 동물보다 더 국가를 이루고 살아갈 수밖에 없는 정치적 동물임이 분명하

....

17 "국가를 이루고 살아가게 되어 있는 정치적 동물"로 번역한 어구는 원문에서는 '폴리티콘 조온'(πολιτικὸν ζῷον)이라는 두 단어로 되어 있다. '폴리티콘'에서 영어 단어 "political"(정치적)이 나왔고, "정치"가 국가를 다스리는 것이라는 점에서 이 어구를 단순하게 "정치적 동물"로 번역할 수도 있지만, 그렇게 하면 마치 인간은 정치적인 활동을 하게 되어 있는 존재라는 의미로 편협하게 이해할 가능성이 크다. 하지만 여기서 아리스토텔레스는 인간은 본성적으로 "국가"를 이루게 되어 있고 국가를 이루어야만 자신의 본성에 따른 궁극적인 목표를 이룰 수 있다는 의미로 '폴리티콘'을 사용했으므로, 이 어구는 "국가를 이루고 살아가게 되어 있는 동물"이라는 의미가 강하다. 그래서 여기서는 이 두 의미를 합쳐 번역했다.

18 이 구절은 호메로스가 쓴『일리아스』제9권 63행에 나온다.

다. 앞서 이미 말했듯 자연은 어떤 것도 아무 목적 없이 무턱대고 만들지 않는다. 그런데 모든 동물 중에서 오직 인간에게만 언어가 있다. 물론 다른 동물들에게도 괴로움과 즐거움을 표현하는 소리가 있다. 동물들도 본성적으로 괴로움과 즐거움을 인지하고 서로에게 표현하기 때문이다. 반면 언어는 이로운 것과 해로운 것을 알리고, 정의로운 것과 불의한 것을 알리는 데 사용된다. 선과 악, 정의와 불의 같은 것을 인식할 수 있는 능력은 다른 동물들에게는 없고 오직 인간에게만 있다. 그리고 그런 것에 대한 인식의 공유가 가정과 국가를 만들어낸다.

국가는 본성상 가정과 개인보다 우선한다. 전체가 부분에 비해 우선되는 것이 필연이기 때문이다. 몸 전체가 죽으면 손이나 발은 더는 제 기능을 할 수 없다. 물론 몸이 죽은 뒤에도 돌로 만든 손을 비유적으로 손이라 부를 수는 있다. 하지만 그것은 본래의 기능과 능력을 상실한 채 이름만 남은 것에 불과하다. 즉, 사물은 고유한 기능과 능력으로 정의되는 것이다. 그 기능과 능력을 잃어버린 순간, 그것을 더는 진정한 의미의 그 사물이라고 말할 수 없다.

따라서 국가가 본질적으로 개인에 앞선다는 사실은 분명하다. 개인이 혼자 고립되어서는 자급자족할 수 없기에 전체와 부분의 관계처럼 국가에 의존할 수밖에 없다. 공동체를 이루어 살아갈 수 없는 존재나 자급자족할 수 있어서 공동체를 필요로 하지 않는 존재는 국가의 일부가 아니라, 짐승 또는 신일 것이다.

이런 종류의 공동체를 추진하고자 하는 욕구는 모든 사람 안에 본성적으로 내재해 있지만, 이런 종류의 공동체를 처음으로 조직한 사람은 가장 좋은 일을 행한 것이다. 인간은 완성되었을 때는 동물 중에서 가장 훌륭한 동물이지만, 법과 정의에서 벗어나 있을 때는 가장 사악한 동물이기 때문이다. 불의를 행하기 위한 도구들을 갖춘 인간은 다루기가 가장 어렵다. 인간은 지혜와 미덕을 완성하기 위한 수단들을 지니고 태어 나지만, 그런 수단들은 정반대 목적으로 사용되기가 너무나 쉽다. 그래 서 미덕이 없는 인간은 가장 불경하고 야만적인 존재가 되고, 색욕과 식 욕을 밝히는 가장 사악한 존재가 된다. 그런데 정의로움은 국가와 관련 된 미덕이다. 정의는 국가 공동체의 질서이고, 정의로움은 정의를 분별 하는 판단력이기 때문이다.

제3장

가정의 구성 요소들

가정의 구성 요소로는 주인과 노예 관계, 남편과 아내 관계, 부모와 자녀 관계, 이렇게 세 가지 관계가 있고, 네 번째로는 재물을 획득하는 것이 있다. 주인이 노예를 다스리는 일이 본성적인 것인지 아닌지에 관해서는 논란이 있다.

국가가 어떤 구성 요소로 조직되었는지가 분명해졌으므로, 우리는 1253b1 먼저 가정을 다스리는 것에 대해 말하지 않으면 안 된다. 모든 국가는 가정들로 이루어지기 때문이다. 그런데 다시, 가정을 다스리는 여러 부분은 가정을 이루는 구성 요소들에 따라 구분된다. 완전한 가정은 노예들과 자유민들로 구성된다.

어떤 것을 고찰할 때는 최소 단위에서 시작해야 하는데, 가정의 주 5 된 요소 중에서 최소 단위는 주인과 노예, 남편과 아내, 아버지와 자녀다. 따라서 우리는 이 세 가지 관계에 대해, 각각을 다스리는 것은 무엇이고 무엇이어야 하는지를 살펴보아야 한다. 첫 번째는 노예를 다스리는 방법, 두 번째는 부부 관계를 다스리는 방법(우리말에는 아내와 남편의 결합

10 을 가리키는 명칭이 없다), 세 번째는 자녀를 다스리는 방법이다(우리말에는 이 관계를 지칭하는 고유한 명칭이 없다). 그러므로 우리는 이 세 가지 관계를 다스리는 것에 대해 논의해야 한다.

가정을 다스리는 것이 무엇인지에 대해서는 사람마다 견해가 다르다. 어떤 사람은 그것이 바로 일상적인 생활 관리라고 생각하고, 다른 사람은 그것의 핵심은 결국 돈을 벌어들이는 것이라고 생각한다. 이에 대해 우리도 깊게 생각해보아야 한다.

15 먼저 주인과 노예에 대한 관계를 살펴보자. 이 관계를 고찰하는 것은 필수적인데, 이를 통해 더 나은 지배 방식을 발견할 수 있기를 기대한다. 노예를 다스리는 것은 일종의 지식이며, 이 글의 서두에서 언급했듯 가정을 다스리는 것, 노예를 다스리는 것, 국가를 다스리는 것, 왕국을 다
20 스리는 것은 본질적으로 동일하다는 생각을 가진 사람도 있다.

또 다른 사람들은 노예와 자유민 사이의 차이는 법과 관습에 의해 만들어진 것에 불과하며, 본질적으로는 차이가 없다고 생각한다. 그래서 이들은 주인이 노예를 다스리는 것이 본성에 반하는 행위라고 보며, 이는 강제력에 의해 이루어지는 것이므로 정의에 맞지 않다고 주장한다.

제4장

노예의 본성과 역할

도구는 생명이 없는 도구와 생명이 있는 도구로 구분되고, 생산을 위한 도구와 활동을 위한 도구로 구분된다. 그중에서 노예는 생명이 있는 도구이자 활동을 위한 도구로, 주인의 소유이며 주인을 보조하는 역할을 한다.

    재산은 가정의 일부이며, 재산을 얻는 능력은 가정을 다스리는 기술의 한 요소다. 생활에 꼭 필요한 것이 없다면, 잘 살아가는 것은 물론, 살아남는 것조차 불가능하다. 특정 기술을 사용하여 일을 수행하려면 적절한 도구가 필요하듯, 가정을 다스리는 사람에게도 도구는 필수다.   25

    그런데 도구는 생명이 있는 것과 없는 것으로 나뉜다. 예를 들어, 조타수에게 필요한 키는 생명이 없는 도구이지만, 배에서 망을 볼 때 필요한 선원은 생명이 있는 도구다. 기술적 측면에서 보면, 조수는 일종의 도구로 볼 수 있다. 그럼으로써 재물은 생활을 위한 도구, 재산은 도구들의   30
집합체, 노예는 생명이 있는 재물, 그리고 모든 조수는 다른 도구들보다 우선하는 도구가 된다.

35 　다이달로스[19]가 만들었다는 조각상들이나 시인이 "스스로 움직여 신들의 회의장으로 들어갔다"라고 말한 헤파이스토스[20]의 세발솥들처럼 모든 도구가 사람의 지시를 받거나 스스로 알아서 자기 과업을 완수할 수 있어서, 베틀의 북이 스스로 베를 짜고, 채가 스스로 키타라를 연주한 다면, 최고 기술자들에게는 조수가 필요하지 않고, 주인들에게는 노예가 필요하지 않을 것이다.

1254a1 　일반적으로 도구를 생각할 때, 대부분 생산을 위한 도구를 떠올린 다. 그러나 재산은 활동을 위한 도구로 볼 수 있다. 베틀의 북을 사용한

5 다면 다른 물건이 만들어지지만, 옷과 침대는 사용만 할 뿐이다. 생산과 활동은 서로 성격이 다르기 때문에, 필요로 하는 도구도 각각 다르다. 그 런데 삶은 생산이 아니라 활동이므로, 노예는 활동을 위한 조수로 볼 수 있다.

10 　재물은 부분과 같은 개념이다. 부분이란 어떤 것의 일부일 뿐만 아 니라, 그 전체에 속하는 것을 의미한다. 이는 재물에도 해당된다. 따라서 주인은 노예를 소유하긴 하지만, 노예에게 속하지 않는다. 그러나 노예

....

19 "다이달로스"는 대장장이 신 "헤파이스토스"의 직계 자손으로 전설적인 발명가다. 크레타의 전설적인 왕 미노스의 왕궁에 라비린토스라는 미로를 만든 인물로 유명 하다. 플라톤은 『메논』에서 다이달로스가 스스로 움직이는 조각상들을 만들었다 고 말한다.

20 "헤파이스토스"는 제우스와 헤라의 아들로 올림포스 열두 신 중 하나다. 야금술 을 관장하는 대장장이 신으로 절름발이에 망치와 집게를 손에 든 모습으로 표현 된다. 이 구절은 호메로스가 쓴 『일리아스』 제18권 376행에 나온다. 거기서 호메 로스는 헤파이스토스가 만든 "세발솥들"이 스스로 움직여 신들의 연화장으로 갔 다고 말한다. "북"은 베틀 짤 때 씨실을 풀어주는 역할을 하는 배 모양의 나무통이 다. "키타라"는 고대 그리스에서 사용되던 현악기로, 영어의 U자 모양의 나무로 된 공명통에 세로로 줄을 묶은 악기인데, "리라"에서 발전한 악기이므로, 리라와 키타라를 구별 없이 사용하기도 한다. "채"는 타악기에서 현과 접촉해 진동을 일 으켜 음을 내기 위해 사용하는 도구다.

는 주인의 일부일 뿐만 아니라 전적으로 주인에게 속한다.

　　이로써 노예의 본질과 역할에 대해 명확히 이해할 수 있다. 본질적
으로 자신을 소유하지 않고 다른 사람에게 속하는 자, 그것이 바로 노예　15
다. 사람이지만 다른 사람에게 속해 그의 재산이 되는 자, 그것이 노예이
다. 재물은 활동을 위한 도구로, 그 소유자와는 별개로 존재한다.

본성적으로 타고나는 노예

자연 세계 전체를 보면, 생명 있는 존재에는 다스리는 자와 다스림을 받는 자가 존재한다. 이는 상호 이익을 위해 필요한 관계다. 혼과 몸의 결합체인 생명체에서는 혼이 다스리고 몸은 다스림을 받는다. 인간 전체와 관련해서도 어떤 사람은 본성적으로 다스리는 자인 자유민으로 태어나고, 어떤 사람은 본성적으로 다스림을 받는 자인 노예로 태어나기 때문에, 이 둘은 주인과 노예의 관계를 맺고 살아가는 것이 서로에게 이롭고 정의롭다.

이제 고찰해야 할 것은 노예의 본성을 타고나는 사람이 존재하는지, 그리고 노예가 되는 것이 어떤 사람에게는 더 이롭고 정의롭다는 것인지, 아니면 모든 노예 제도가 본성에 어긋나는 것인지에 대한 문제다.

20 이론적으로 또는 경험적으로 이 질문들에 대답하는 것은 어렵지 않다. 다스리는 것과 다스림을 받는 것은 필연적이며, 상호 이익을 가져오기 때문이다. 어떤 존재는 태어나자마자 바로 다스리거나 다스림을 받는 역할이 구별된다. 다스리는 자와 다스림을 받는 자의 관계는 여러 가지

형태를 띠지만, 다스림을 받는 자들 중에서 더 능력 있는 자를 다스리는 것이 항상 더 좋다. 들짐승을 다스리는 것보다 사람을 다스리는 것이 더 좋은 것이 그 예다.   25

다스림을 받는 자 중 더 능력 있는 자가 수행하는 일은 더 나은 결과를 가져오며, 이는 다스리는 자와 다스림을 받는 자가 함께 참여해 결과를 만들어내기 때문이다. 여러 부분이 결합되어 전체를 이루거나, 각각 분리되어 있을 때도 다스리는 자와 다스림을 받는 자의 관계는 존재한   30 다. 이는 자연계의 모든 생명체에서 발견되는 현상이다.

생명 없는 존재에도 선법(旋法)[21] 같은 다스리는 원리가 존재하긴 하지만, 그것은 이번 고찰의 대상이 아니다. 생명체는 혼과 몸의 결합체인데, 이 둘 중에서 혼은 본성적으로 다스리는 자이고, 몸은 본성적으로 다   35 스림을 받는 자다. 어떤 사물의 본성을 파악하려면 그것이 타락한 상태가 아니라 본성적인 상태 그대로를 보아야 한다. 따라서 혼과 몸이 가장 좋은 상태에 있는 사람을 관찰해야 한다.

그런 사람에게는 혼이 몸을 다스린다는 것이 무엇인지 명확하게 드러나는 반면, 선천적으로 혼과 몸이 나쁜 상태에 있는 자들이나, 부분적   1254b1 으로 혼과 몸의 나쁜 요소를 가진 자들에서는 그들이 처해 있는 본성에 어긋나는 열악한 상태로 인해 마치 몸이 혼을 다스리는 것처럼 보이는 경우가 많다.

따라서 앞서 언급한 것처럼 생명체를 보면 노예주의 다스림과 정치가의 다스림, 이 두 종류의 다스림이 관찰된다. 몸에 대한 혼의 다스림은

....

21 "선법"으로 번역한 '하르모니아'(ἁρμονία)는 직역하면 "(음들을) 서로 묶는 것"을 의미한다. "선법"은 음계 속에서 온음과 반음 위치를 달리해 만들어진 서로 다른 선율을 가리킨다. 그런 의미에서 선법은 음들을 다스리는 원리다.

5 노예주의 다스림과 같고, 욕망에 대한 지성의 다스림은 정치가나 왕의 다스림과 같다. 여기서 중요한 것은, 몸이 혼의 다스림을 받고, 감정적인 부분이 지성 부분의 다스림을 받는 것이 본성에 맞는 이로운 상태라는 것이다. 하지만 양쪽이 동등하거나 반대의 지배 관계에 놓이는 것은 모든 면에서 해롭다.

10 　　이 원리는 인간과 다른 동물들 사이의 관계에서도 드러난다. 길들인 동물들은 본성에서 들짐승들보다 더 나은데, 이는 그들이 인간의 지배를 받음으로써 안전해지기 때문이다. 또한, 본성적으로 수컷이 더 우월하고 암컷이 더 열등하므로, 수컷이 다스리는 자이고 암컷은 다스림을 받는 자다.

15 　　이러한 원리는 인간 사회 전체에도 적용될 수 있다. 사람들 중에서도, 혼이 몸과 다르고, 사람이 들짐승과 다른 것처럼, 몸을 사용하는 것이 자신의 본질적인 일이며, 그 일을 수행함으로써 최고 성과를 내는 사람
20 들은 있다. 그런 사람들이 바로 본성적으로 노예인 사람들이다. 그들은 앞서 말한 몸이나 들짐승처럼 그런 다스림을 받는 것이 더 낫다. 이는 그들은 스스로 이성적 사고를 갖지 못하지만, 다른 사람의 이성적 사고를 인식하고 따를 수 있기 때문이다. 따라서 그들은 다른 사람에게 속하게 되며, 실제로 그렇게 되는 경우가 많다.

　　반면, 다른 동물들은 이성을 인식하지 못하고 단지 감정에 복종한
25 다. 그러나 그들의 용도는 대체로 비슷하다. 노예와 길든 동물들 모두 주인의 생활에 필요한 것을 얻어내는 데 몸을 쓴다. 자연은 이에 따라 자유민과 노예의 몸을 다르게 조성한다. 노예에게는 생활에 필요한 것을 얻
30 는 데 사용할 수 있는 강인한 몸을, 자유민에게는 그런 일에는 직접 사용할 수 없지만, 시민의 삶—전시와 평시로 구분되는—을 영위하는 데 적합한 몸을 준다.

그러나 때로는 예외적인 상황이 발생하기도 한다. 노예가 자유민의 몸으로 태어나거나, 자유민이 노예의 혼을 가진 채 태어나는 경우가 있다. 만약 어떤 이가 신들의 조각상처럼 아름다운 몸을 가졌다면, 그에 비 35 해 열등한 육체를 가진 자들이 그의 노예가 되는 것이 마땅하다는 주장이 제기될 수 있다. 그런데 몸에서 그런 차이가 존재한다면, 혼에서도 그러한 차이가 있으리라는 것은 분명하다. 하지만 혼의 아름다움을 인식하는 것은 몸의 아름다움을 인식하는 것만큼 쉽지 않다.

　　그러므로 어떤 이들은 천성적으로 자유인이며, 다른 이들은 본래부 1255a1 터 노예인 것이 분명하다. 노예의 경우, 노예의 신분으로 살아가는 것이 본인에게 이익이 될 뿐 아니라 정의에도 부합한다.

제5장 본성적으로 타고나는 노예
....

전쟁 포로를 노예로 삼는 관행에 대해

전쟁 포로를 노예로 삼는 문제에 대한 의견은 사람들 각자의 정의관에 따라 찬반으로 갈린다. 선의를 정의로 보는 이들은 이에 반대하고, 강자의 지배를 정의로 보는 이들은 이를 찬성한다. 또한, 어떤 이들은 관행 자체가 정의라고 주장하며 이를 찬성하기도 한다. 그러나 이러한 의견들은 노예의 본질이 무엇인지가 결정적인 요소임을 무시하고 있어 완전히 올바른 견해라고는 할 수 없다. 따라서 본성에 따라 정해진 노예주와 노예의 관계는 정의에 부합하며 이로움을 가져오지만, 법과 관행, 힘에 의해 강제로 형성된 관계는 그렇지 않으며 오히려 상호에게 해를 끼친다.

이와 반대되는 의견을 제기하는 사람들이 있지만, 그들의 주장에도 일리가 있으며, 그들이 옳다고 인정하는 것은 어렵지 않다. 그 이유는 노5 예가 된다는 것과 노예라는 말이 두 가지 의미로 사용되기 때문이다. 관행에 따라 노예가 되어 생활하는 사람들이 있으며, 이는 전쟁에서 패한 사람은 승리자의 소유라는 일종의 합의에 따른 것이다.

그러나 많은 법률가는 대중 연설을 통해 이 관행은 불법이라고 주장한다. 그들은 어떤 사람이 다른 사람을 강제로 노예로 만들 수 있을 만큼의 힘을 가지고 그 힘으로 타인을 노예로 삼아 지배하는 게 끔찍한 일이라고 주장한다. 이처럼 생각하는 전문가가 있지만, 그렇게 생각하지 않는 사람도 있다. [10]

이러한 논쟁이 발생하고 의견이 엇갈리는 이유는 다음과 같다. 어떤 이들은 탁월함[22]이 적절한 수단을 갖추면 최고의 힘이 된다고 보고, 강한 [15] 자는 언제나 어떤 좋은 점에서 우월하므로 힘에는 항상 탁월함이 내재한다고 여기기 때문이다. 이는 결국 정의에 대한 논쟁으로 이어진다. 어떤 이들은 선의를 정의로 보며, 또 다른 이들은 강자의 지배를 정의로 받아들인다.[23] 그러나 이 두 견해를 배제한다면, 탁월함에서 더 나은 자가 지 [20] 배하고 주인이 되어야 한다는 다른 견해들은 설득력을 잃게 된다.

어떤 이들은 자신의 정의 개념에 따라, 관행이 일종의 정의라고 주장하면서 전쟁에서 패배한 사람들을 노예로 삼는 것은 정의에 부합한다고 주장하지만, 그 주장에는 모순이 있다. 전쟁의 원인이 정의에 따른 것이 아닐 수도 있고, 노예로 삼아서는 안 되는 사람을 단 한 명이라도 노 [25]

....

22 "탁월함"으로 번역한 '아레테'(ἀρετή)는 일반적으로는 "탁월함, 뛰어남"을 의미하고, 도덕적인 의미에서는 "미덕"을 의미한다. 따라서 이 책에서도 문맥에 따라 "탁월함"이나 "미덕"으로 옮겼다.

23 아리스토텔레스는 전쟁 포로를 노예로 삼는 것이 정의로운지를 놓고 찬반 논쟁이 벌어지는 이유에 대해, 정의관이 서로 다르기 때문이라고 말한다. 정의는 "선의"(εὔνοια)라고 주장하는 자들은, 인간은 본성적으로 서로 차이가 없는데도 단지 강제력에 의해 노예가 되는 것이므로 전쟁 포로를 노예로 삼는 것은 불법이라고 말한다. 반면 강자의 지배가 정의라고 주장하는 자들은 강자는 미덕에서 우위에 있는 자이므로 미덕에서 열등한 자가 노예가 되는 것은 정의로운 일이라고 말한다. 아리스토텔레스는 두 정의관을 모두 반박한다.

예로 만드는 것은 정당하지 않기 때문이다. 그렇지 않다면, 고귀한 사람들도 전쟁 포로가 되어 팔려 갈 경우에는 노예가 되거나 노예의 자식이 될 것이다.

따라서 사람들은 고귀한 이들을 노예라 칭하기를 꺼리며, 그 대신 이민족(비헬라스인)들을 노예로 부른다. 이런 태도를 보이는 이유는 오직 본성적으로 노예가 되기에 적합한 자만이 진정한 노예임을 인정하기 때문이다. 이런 입장을 취하는 사람들은 어떤 이들은 어디에서나 노예가 되고, 또 다른 이들은 어디에서도 결코 노예가 되지 않는다고 주장할 수밖에 없다.

이 원칙은 태생이 고귀한 것에 대해서도 마찬가지다. 헬라스인은 자신의 조국에서뿐만 아니라 어디에서나 자기 태생이 고귀하다고 믿으며, 반면에 이민족들은 자신의 조국에서만 자기 태생이 고귀하다고 생각한다. 이것은 태생이 고귀하고 자유로운 것에도 절대적인 것과 상대적인 것이 있다는 것을 보여준다. 그래서 테오덱테스[24]가 쓴 비극에서 헬레네는 "나의 부모는 모두 신들이신데, 그런 뿌리에서 태어난 나를 누가 감히 하녀라 부를 수 있겠는가"라고 말한다.

헬라스인이 이런 말을 하는 것은 노예와 자유민, 태생이 고귀한 사

....

24 "테오덱테스"(기원전 약 380-340년)는 고대 그리스의 수사학자이자 비극 시인이다. "헬레네"는 그리스 신화에 나오는 최고의 미녀로 스파르타의 왕 메넬라오스의 왕비였는데, 트로이아 왕자 파리스가 그녀를 유혹해 트로이아로 데리고 감으로써, 트로이아 전쟁이 발발했다. "헬레네"는 백조로 변신한 제우스가 스파르타의 왕 틴다레오스의 왕비 레다에게서 낳은 딸이다. 하지만 백조로 변신한 제우스에게서 알을 낳은 것은 복수의 여신 "네메시스"이고, 레다는 그녀가 낳은 알에서 헬레네가 태어나는 것을 도왔을 뿐이라는 이야기도 있는데, 이 비극에서는 후자의 이야기를 채택한 것이다.

람과 비천한 사람을 다름 아닌 탁월하냐, 나쁘냐[25]에 따라 구분했음을 보 40
여준다. 그들은 인간이 인간을, 들짐승이 들짐승을 낳는 것처럼, 좋은 사 1255b1
람들이 좋은 것을 낳는다고 생각했다. 자연도 대체로 그렇게 향하려 하
지만, 반드시 그렇게 할 수는 없다.

　　그래서 앞서 언급한 논쟁이 벌어진 것은 어떻게 보면 당연하다. 어 5
떤 사람은 본성적으로 노예도 아니고, 자유민도 아니다. 그러나 어떤 사
람에게는 본성적으로 노예인지 자유민인지가 확실히 구분되어, 전자는
노예가 되어 다스림을 받고, 후자는 본성에 따라 다스리는 주인이 되는
것이 이롭고 정의에 부합하다. 그러나 바르게 다스리지 못하면 둘 다에
해가 된다. 부분에 이로운 것과 전체에 이로운 것은 동일하며, 몸에 이로 10
운 것과 혼에 이로운 것도 동일하다. 이는 노예가 어떤 의미에서는 주인
의 일부분, 즉 주인 몸의 일부분이기 때문이다. 그래서 주인과 노예가 각
자의 본분에 따라 행동하면 서로에게 이롭고 사랑을 나누는 관계가 형성
되지만, 본분에 어긋나게 행동하고 법과 힘에만 의존하면 반대의 상황이 15
벌어진다.

....

25　"나쁘냐"로 번역한 '카키아'(κακία)는 "탁월함"으로 번역한 '아레테'(ἀρετή)의 반대말
　　로, 영어의 "badness"에 해당한다. 일반적으로는 "질적으로 나쁜 것"을 가리키고,
　　도덕적인 의미에서는 "악함, 악덕"을 가리킨다. 따라서 문맥에 따라 "나쁜 것" 또
　　는 "악덕"으로 번역했다.

제6장 전쟁 포로를 노예로 삼는 관행에 대해
....

제7장

주인과 노예

주인과 노예는 본성적으로 결정된다. 주인이 알아야 할 기술이 있고, 노예가 알아야 할 기술이 있다. 주인이 알아야 할 기술은 노예들을 사용하는 것이고, 이것은 노예들을 획득하는 기술과는 다르다.

이것에서 분명한 것은 노예주의 통치와 정치가의 통치가 동일하지 않으며, 모든 통치가 서로 같지 않다는 것이다. 정치가는 본성적으로 자유인들을 통치하고, 반면 노예주는 본성적으로 노예들을 통치한다. 가정에 대한 통치는 일인 통치로, 모든 가정은 한 사람이 통치한다. 그런데 정치가의 통치는 자신과 대등한 자유인들을 통치하는 것이다. 그래서 어떤 사람이 주인이라 불리는 것은 그가 익힌 어떤 기술 때문이 아니라, 그가 본성적으로 주인으로 타고났기 때문이다. 이것은 노예와 자유인도 마찬가지다.

주인에게 필요한 기술이 있고, 노예에게 필요한 기술이 있다. 노예에게 필요한 기술이란 어떤 시라쿠사인[26]이 가르친 것 같은 기술이다. 그는 일정한 대가를 받고 노예가 일상적으로 할 일들을 가르쳤다. 그리고 25 그 외에도 요리하는 법과 같은 여러 가지 일을 가르치는 것도 가능하다. "노예도 노예 나름이고, 주인도 주인 나름이다"[27]라는 말처럼, 노예마다 하는 일이 제각각이므로, 대우받는 일이 있는 반면, 천한 잡일도 있다. 하 30 지만 그런 것은 모두 노예에게 필요한 기술이다.

주인에게 필요한 기술은 노예들을 사용하는 것이다. 주인의 역할은 노예들을 획득하는 것이 아니라, 노예들을 사용하는 데 있다. 그러나 노예들을 사용하는 것은 대단하거나 거창한 것이 아니다. 주인은 노예가 알아야 하는 것을 노예에게 지시해서 그 방법을 알게 하면 된다. 그래서 35 경제적으로 여유가 있는 주인들은 집사를 두어 이런 골치 아픈 일을 그에게 맡기고, 자신은 정치나 철학에 시간을 할애한다. 노예를 획득하는 기술은 앞서 언급한 두 가지 기술, 즉 주인에게 필요한 기술이나 노예에게 필요한 기술과는 다르다. 정의롭게 노예를 획득하는 기술은 일종의 전쟁 기술이나 사냥 기술이다. 노예와 주인의 구별에 대해서는 여기까지로 정리하겠다.

....

26 "시라쿠사인"은 시칠리아섬 남동 해안에 있는 도시 시라쿠사에 사는 사람들을 가리킨다. 시라쿠사는 기원전 733년경 그리스의 코린토스가 식민도시로 건설했다. 키케로가 "모든 그리스인의 도시들 중 가장 크고 가장 아름다운 도시"라고 극찬했던 시라쿠사는 기원전 5세기에는 아테네와 동일한 규모로 성장했다.

27 이 말은 아리스토텔레스보다 어리지만 그와 동시대에 아테네에서 활동했던 희극 시인 필레몬(기원전 약 362-262년)의 말을 인용한 것이다. 신희극을 썼던 그의 작품 97편 중에서 57편이 제목과 단편으로 우리에게 알려져 있다.

제8장

본성적이고 필수적인 재산 획득 기술

가정을 다스리는 기술과 재산을 획득하는 기술은 서로 다르다. 후자는 재료를 공급하는 것이고, 전자는 재료를 사용하는 것이기 때문이다. 동물이든 사람이든 식량과 재물을 획득하는 방식에 따라 서로 다른 생활방식이 생긴다. 자급자족을 위한 식량과 재물은 자연이 제공하며, 이는 교환 혹은 거래가 아닌 자연에서 직접 얻어내는 것이다. 이 과정은 가정을 관리하는 기술의 한 부분이다.

1256a1 　　노예가 재산의 일부라는 사실이 확립되었으므로, 이제 재산과 재산을 획득하는 기술에 대해 좀 더 깊이 이해해야 한다. 가장 먼저 고려해야
5 할 것은 재산을 획득하는 기술이 가정을 다스리는 기술과 동일하거나 그 일부인지, 아니면 별개의 보조적인 기술인지에 대한 것이다. 만약 보조적인 것이라면, 그것이 베틀의 북을 만드는 기술이 옷감을 짜는 기술을 보조하는 것처럼 보조적인 것인지, 아니면 청동을 주조하는 기술이 청동 조각상을 만드는 기술을 보조하는 것처럼 보조적인 것인지를 판단해야 한다. 전자는 도구를 제공하는 반면, 후자는 재료를 제공한다. 이 둘은 제

공하는 바가 다르기 때문에 동일한 방식으로 보조적인 것은 아니다. 여기서 재료란 어떤 것을 생성하는 데 필요한 원료를 말한다. 예를 들어, 옷감을 짜는 사람에게는 양모가 재료이며, 청동 조각상을 만드는 사람에게는 청동이 재료다.

따라서 가정을 다스리는 기술과 재산을 획득하는 기술이 동일하지 않다는 것은 분명하다. 후자는 재료를 공급하는 것이라면, 전자는 재료를 사용하는 것이기 때문이다. 집에서 필요한 것을 사용하는 것이 바로 가정을 다스리는 기술이다. 그러나 재물을 획득하는 기술이 가정을 다스리는 기술의 일부인지, 아니면 다른 종류의 기술인지에 대해서는 논란의 여지가 있다.

재산을 획득하는 일을 맡은 사람은 어디에서 재물과 재산을 얻을 수 있는지를 찾아야 한다. 재산과 부는 여러 부분으로 구성되어 있으므로, 우리가 먼저 물어야 할 것은 농사 기술이 가정을 다스리는 기술의 일부인지, 아니면 별개의 기술인가 하는 것이다. 그리고 식량 관리와 공급 전반에 대해서도 이 같은 질문이 제기된다.

또한 식량의 종류는 다양하며, 이로 인해 동물과 사람의 생활방식 역시 다양하다. 식량 없이는 생존할 수 없기에, 식량 차이가 동물들 간의 생활방식 차이를 만들어냈다. 동물들은 무리를 지어 살 수도 있고, 각자 분산되어 살 수도 있는데, 이는 어느 쪽이 식량 획득에 유리한가에 따라 결정된다. 어떤 동물은 육식성이고, 어떤 동물은 초식성이며, 어떤 동물은 잡식성인데, 같은 식성에 속한 동물들도 본성에 따라 선호하는 식량이 다르므로, 육식성 동물이나 초식성 동물들끼리도 생활방식이 서로 다르다. 이처럼 동물들의 생활방식은 각자에게 본성적으로 식량 획득이 쉬운 쪽으로 분화되었다.

이것은 인간에게도 마찬가지다. 사람들의 생활방식도 큰 차이가 있다. 가장 게으른 사람들은 유목민들이다. 그들은 길들인 동물들로부터 식량을 쉽게 얻어 여유롭게 생활하며, 가축 떼를 이동시켜야 할 때는 가축 떼를 이끌고 가서 살아 있는 농장에서 농사를 지어야 한다.[28] 또 어떤 사람은 사냥을 통해 생계를 유지한다. 사냥 방식도 다양하여, 어떤 사람은 약탈을 통해 생활하고, 물가나 습지에 사는 사람들은 낚시를 통해 생계를 유지하며, 어떤 사람은 새나 들짐승을 잡아 생계를 유지한다. 그러나 대다수는 땅을 일구어 식량을 수확하여 생계를 유지한다.

이러한 방식은 교환이나 거래를 통해 식량을 얻는 게 아니라, 자신이 직접 일하여 자급자족하는 것으로 주된 생활방식을 삼는다. 유목민의 생활방식, 약탈자의 생활방식, 어부의 생활방식, 사냥꾼의 생활방식, 농민의 생활방식 등이 그 예다. 한 가지 생활방식만으로는 생존이 어렵다면, 다른 생활방식과 결합하여 생활하는 사람도 있다. 예를 들어, 어떤 사람은 유목민의 생활방식과 약탈자의 생활방식을 겸하거나, 어떤 사람은 농민의 생활방식과 사냥꾼의 생활방식을 겸한다. 이처럼 사람들은 생활 유지를 위해 필요하다면, 다양한 생활방식을 결합하기도 한다.

모든 생명체가 태어난 순간부터 성장할 때까지 자연은 거기에 필요한 재산을 제공한다는 사실을 이해하는 것이 중요하다. 동물들 중에서는 새끼를 낳는 순간부터 그 새끼가 자립할 수 있을 때까지 필요한 식량을 함께 제공하는 종류도 있다. 이런 예로는 유충이나 알을 낳는 동물들을 들 수 있다. 태생동물들은 새끼를 어느 정도 성장시킨 후에 출산하며, 이때 새끼에게 일정 기간 제공할 수 있는 식량을 자기 몸 안에 저장하는데,

....

28 아리스토텔레스는, 유목민의 경우 "살아 있는 농장"인 초지가 있는 곳으로 가축들을 데리고 가서 방목하는 방식으로 "농사를 짓는다"라고 비유적인 표현을 써서 말함으로써, 가장 게으르다고 생각되는 유목민도 식량을 거저 획득하는 것이 아님을 말하려 했다.

우리는 이를 젖이라고 부른다.

이것은 성장한 생명체들에게도 동일하게 적용되며, 우리는 식물이 15
동물을 위해, 다른 동물들은 인간을 위해 존재한다고 이해해야 한다. 길
들인 동물들, 즉 가축들은 여러 가지 용도와 식량을 위해 존재하며, 대부
분 야생동물은 식량 제공은 물론, 의복을 비롯한 다양한 도구들을 제공 20
하여 인간을 돕는다.

자연이 무엇인가를 아무 목적 없이 혹은 쓸모없게 만들지 않는다는
사실을 인지한다면, 자연이 만든 모든 것이 인간을 위한 것이라는 결론
을 내릴 수 있다. 이에 따라, 사냥 기술은 전쟁 기술의 일부로, 본질적으
로 재산을 획득하는 기술이다. 이는 들짐승뿐 아니라, 본성적으로 지배 25
를 받아야 하지만 그렇게 되길 원하지 않는 사람들에게도 적용되며, 이
렇게 지배받길 원하지 않는 사람들을 대상으로 하는 전쟁은 본질적으로
정당하다.

따라서 이런 종류의 재산 획득 기술은 본질적으로 가정을 다스리는
기술의 일부로 볼 수 있다. 생활 유지에 필요한 것과 국가 공동체나 가정
공동체에 이로운 것을 반드시 획득해야 하기 때문이다. 그중에서 축적
가능한 것은 축적해두어야 한다. 진정한 부란 이렇게 축적한 것들로 이 30
루어진 것이기 때문이다.

솔론[29]은 자신의 시에서 "사람들에게 정해진 부의 한계는 없다"라고
말했지만, 풍요로운 삶을 사는 데 필요한 재물은 정해져 있다는 것을 알
수 있다. 다른 모든 기술과 마찬가지로 가정을 다스리는 기술에서도 필

....

29 "솔론"(기원전 약 640-560년)은 아테네의 정치가이자 시인이다. 극심한 빈부 차로
인한 사회적 불안을 해소하고자 "솔론의 개혁"이라 불리는 개혁 정책을 폈고, 그
가 쓴 서정시들이 단편으로 전해진다. 고대 그리스 일곱 현인 중 한 명이다.

35 요한 것은 정해져 있다. 어떤 기술과 관련해서든 필요한 도구는 그 수와 규모가 정해져 있으며, 부는 가정을 다스리거나 국가를 다스리는 데 필요한 도구들의 집합이기 때문이다. 이런 이유로, 가정과 국가를 다스리는 사람들에게는 재산 획득의 본성적인 기술이 존재하며, 그 존재 이유 또한 분명해졌다.

본성적이지 않고 필수적이지 않은
재산 획득 기술인 상업

가정을 다스리는 기술에 속하지 않는 재산 획득 기술을 사람들은 상업이라고 부른다. 본성적인 재산 획득 기술은 자급자족을 위한 것이지만, 상업이라는 본성적이지 않은 재산 획득 기술은 재산 증식을 위한 것이다. 최초의 물물교환은 자급자족을 위한 것으로, 가정을 다스리는 기술에 속했지만, 시간이 지나 상업으로 발전하면서 가정을 다스리는 기술에서 벗어났다. 화폐의 등장으로 본성적이지 않은 재산 획득 기술은 본격화되어 거의 한계가 없게 되었다. 이 두 기술은 아주 유사해서 동일한 것처럼 보이지만, 사실은 동일하지 않다.

또 다른 종류의 재산 획득 방법이 있다. 대체로 사람들은 이것을 '재산 획득 기술'이라고 부르며, 실제로도 그렇게 부르는 것이 적절하다. 사람들이 부와 재산에는 한계가 없다고 생각하는 이유는 바로 이 재산 획득 기술 때문이다. 이 기술과 앞서 말한 재산 획득 방법의 유사성으로 인해, 많은 사람은 이 둘을 동일한 기술이라고 여긴다. 40 1257aI

그러나 이 재산 획득 기술은 앞서 언급한 방법과는 완전히 다른 것

은 아니지만, 동일하지는 않다. 앞서 말한 방법이 본성적인 것이라면, 이

5 기술은 본성적이라기보다는 어느 정도 경험과 숙련을 통해 습득되는 것

이기 때문이다. 이 또 다른 종류의 재산 획득 기술에 대한 논의를 다음과

같이 시작해보자.

모든 재산을 구성하는 물건에는 두 가지 용도가 있다. 이 두 용도는

물건 자체와 관련되어 있지만, 각각 다른 목적을 지닌다. 하나는 물건의

고유한 용도이며, 다른 하나는 고유한 용도와는 다르다.

예를 들어, 신발은 신고 다닐 수도 있고, 다른 물건과 교환할 수도

10 있다. 이것은 신발에 두 가지 용도가 있기 때문이다. 신발을 필요로 하는

사람에게 돈이나 식량을 받고 신발을 넘겨주는 행위는 신발을 사용하는

것이다. 하지만 이는 신발의 고유 용도는 아니다. 신발은 교환을 위해 만

들어진 것이 아니기 때문이다. 이런 원리는 재산에 속하는 다른 물건들

에도 적용된다.

15 물물교환은 모든 물건에 해당된다. 어떤 사람이 필요한 것보다 더

많이 가지고 있고, 어떤 사람은 필요한 것보다 더 적게 가지고 있는 상황

에서 자연스럽게 시작된 것이다. 이러한 교환 과정에서 분명해지는 사실

은, 교역이 원래는 재물을 획득하는 기술이 아니라는 것이다. 물물교환

은 양측이 필요한 것이 충족될 때까지만 이루어졌다.

20 최초의 공동체인 가정에서는 물물교환이 존재하지 않았다. 가정들

이 모여 더 큰 공동체를 형성하게 되면서, 물물교환이 발생하게 되었다.

동일한 가정에 속한 구성원들은 모든 것을 공유했지만, 여러 가정으로

분가해 나간 사람들은 각 가정에 필요한 것이 없는 경우가 생겼다. 오늘

25 날에도 이민족 부족들이 여전히 행하듯, 물물교환을 하지 않을 수 없게

되었기 때문이다. 그러나 그들이 주고받은 것은 포도주나 식량같이 꼭

필요한 물건들뿐이었고, 그 이상의 교환은 이루어지지 않았다.

따라서 이런 물물교환은 본성적으로 자급자족을 위해 부족한 것을 메꾸는 수준이었다. 그래서 본성에 어긋나지 않았고, 재산 획득 기술의 일부로 볼 수 없었다. 이런 물물교환에서부터 재산 획득 기술이 발전하기 시작했다. 30

사람들은 부족한 물건들을 수입하고 남는 물건들을 수출함으로써 외국의 도움을 받았고, 이 과정에서 화폐 사용은 필수가 되었다. 본성적으로 꼭 필요한 모든 물건을 쉽게 운반하는 것은 불가능했기 때문이다. 그래서 사람들은 무쇠나 은같이 그 자체로 유용하면서도 일상생활에서 35 사용하기 편리한 물건들을 교환 수단으로 합의하게 되었다. 이런 물건들은 처음에는 오직 크기와 무게에 따라 가치가 정해졌다. 그러다가 결국에는 물건들에 가치를 나타내는 표시를 하여 무게를 측정하지 않아도 되게 하였다. 이렇게 화폐로 사용된 모든 물건에는 가치를 나타내는 표시 40 가 각인되어 있었다.

화폐가 도입되자, 생필품 교환으로부터 재산 획득 기술의 일종인 상 1257b1 업이 생겨났다. 상업은 처음에는 단순한 형태였지만, 경험을 통해 언제 어떻게 교환해야 가장 큰 이익을 볼 수 있는지를 알게 되면서 더 복잡해졌다. 그 결과, 사람들은 재산 획득 기술이 화폐와 관련되어 있다고 인식 5 하게 되었고, 이 기술은 어디에서 더 많은 돈을 벌 수 있는지를 아는 데서 나온다고 생각하게 되었다. 이러한 이유로, 화폐가 많은 것이 부(富)라고 생각하게 되었다.

그러나 화폐는 본성적으로는 별다른 가치가 없는 것으로, 그 존재는 10 전적으로 사회적 관습에 따른 것이다. 만약 화폐를 사용하는 사람들이 다른 화폐로 바꾸기로 결정한다면, 기존의 화폐는 아무런 가치도 지니지 않게 되어, 생필품을 구하는 데 전혀 사용할 수 없으므로 화폐를 많이 소유하고 있더라도 필요한 식량조차 구하지 못하게 되는 일이 잦아진다.

제9장 본성적이지 않고 필수적이지 않은 재산 획득 기술인 상업
·········

15   탐욕스러운 소원으로 인해 자기 앞에 놓여 있는 것은 무엇이든지 황
금으로 바꿀 수 있게 되었다는 저 미다스[30]의 이야기처럼, 화폐를 많이
갖고 있어서 부자라고 해도 식량조차 구하지 못해 굶어 죽는다면, 그 부
가 무슨 소용이 있겠는가.

이러한 이유로, 사람들은 부와 재산 획득 기술에 대한 새로운 정의
20   를 찾기 시작했고, 이것은 올바른 시도다. 본질적인 부와 그 부를 획득하
는 기술은 앞서 이야기한 것과는 다르게 가정을 다스리는 기술에 속한
다. 그러나 상업은 오직 물건의 교환을 통해서만 부를 만들기 때문에, 그
것은 화폐와 관련이 있다고 볼 수 있다. 화폐는 교환의 기본적인 구성 요
소이자 목적이기 때문이다.

25   또한, 이 재산 획득 기술에서 생기는 부에는 한계가 없다. 의학과 같
은 기술이 건강을 추구함에 있어 한계가 없는 것처럼, 모든 기술은 자기
목적을 추구하며 그 한계가 없다. 각각의 기술은 자기 목적을 최대한으
로 이루어내고자 하기 때문이다. 그렇지만 목적을 이루어내는 데 필요한
수단에는 한계가 있다. 목적은 모든 기술에서 한계를 설정하기 때문이
30   다. 그럼에도 재산 획득 기술의 목적은 화폐를 획득하여 화폐로 이루어
진 부를 축적하는 것이므로 그 한계는 없다.

하지만 가정을 다스리는 기술에 속하는 재산 획득 기술에는 한계가
있다. 상업을 통해 화폐로 이루어진 부를 축적하는 것은 가정을 다스리

....

30 소아시아에 있던 프리기아의 왕 "미다스"는 우연한 기회에 술의 신 디오니시오스
의 스승인 사티로스(반인반수의 숲의 정령들)이자 현자였던 실레노스를 돌봐주게
되고, 디오니시오스는 자기 손에 닿는 것은 모두 금으로 변하게 해달라는 미다스
의 소원을 들어준다. 하지만 그의 손이 닿은 모든 것이 금으로 변하게 되자, 그가
만진 빵과 포도주도 금으로 변하고 말아서, 그는 세상에서 최고의 부자가 되었지
만 빵 한 조각, 물 한 모금도 먹지 못하고 굶어 죽을 처지가 된다. 결국, 그는 디오
니시오스 신에게 기도해서 이 황금 재앙에서 벗어난다.

는 기술이 하는 일이 아니다. 그래서 모든 부에는 한계가 있어야 하지만, 실제로는 재산을 획득하는 사람들이 모두 각자 가진 화폐를 무한히 늘리려고 하므로, 실제로는 반대 상황이 벌어진다.

재산 획득 과정에서 일어나는 일들을 살펴보면, 이 두 기술이 매우 유사함을 알 수 있다. 두 기술은 재산 획득 방법에서는 동일하지만, 그 목적과 접근 방식에서 차이를 보인다. 한쪽의 기술은 재산 증식을 목표로 하지만, 다른 한쪽의 기술은 그와 다르다.[31] 그럼에도 어떤 사람은 재산 증식이 가정 관리 기술에 포함된다고 믿으며, 그들이 보유한 화폐를 계속해서 지키거나 무한히 증식해야 한다고 생각한다.

사람들이 그렇게 생각하는 이유는 훌륭한 삶을 살아가려고 하는 것이 아니라, 단순히 생존을 위해 고군분투하기 때문이다. 그래서 그들에게 생존하려는 욕망이 무한한 것처럼, 생존을 보장해줄 것에 대한 그들의 욕망도 무한하다. 심지어는 훌륭한 삶을 추구하는 사람들조차도 육체적인 쾌락을 누리는 데 필요한 것을 추구한다. 그런데 그것은 재산을 획득하는 데 있는 것처럼 보이므로, 사람들은 재산 획득에 몰두하게 되고, 두 번째 종류의 재산 획득 기술이 탄생하게 된다.

향락은 잉여에 있으므로, 사람들은 향락을 누리기 위한 잉여를 만들어내는 기술을 찾게 된다. 그리고 그 과잉을 만들어내지 못할 때, 다른 방법을 통해 과잉을 만들어내려고 시도한다. 이런 상황에서 사람들은 본성에 어긋나는 방식으로 능력을 사용하게 된다. 용기가 해야 할 일은 재산을 획득하는 것이 아니라 대담함을 만들어내는 것이고, 또한 재산을

35

40

1258a1

5

10

....

31 가정을 다스리는 기술에 속하지 않은 재산 획득 기술은 재산 증식이 목적이라면, 가정을 다스리는 기술에 속한 본성적인 재산 획득 기술은 가정을 다스리는 데 필요한 재료를 공급하는 것이 목적이고, 이 목적에 재산과 재물을 사용한다.

제9장 본성적이지 않고 필수적이지 않은 재산 획득 기술인 상업
....

획득하는 것은 장군이나 의사가 해야 할 일이 아니다. 장군이 해야 할 일은 전쟁에서 승리하는 것이고, 의사가 해야 할 일은 건강하게 해주는 것이다. 그런데도 이 모든 사람은 재산 획득이 모든 것의 목적이고, 다른 것은 이 목적을 위해 사용되어야 한다고 믿고서, 재산 획득을 목적으로 삼는다.

15   지금까지 우리는 필요하지 않은 재산 획득 기술이 무엇인지, 그리고 사람들이 그 기술을 왜 원하는지를 살펴보았다. 필수적인 재산 획득 기술은 그런 것과는 달리 본성에 따라 가정을 다스리는 기술에 해당하고, 식량을 획득하는 것과 관련되어 있다. 그리고 필수적이지 않은 재산 획득 기술과는 달리 무한하지 않고 한계를 지닌다는 것도 알아보았다.

제10장

가정 관리 기술과
재산 획득 기술의 관계에 대한 결론

가정 관리 기술에 속한 재산 획득 기술은 자연에서 얻어지는 것이기에, 가정을 다스리는 기술은 그렇게 획득된 것을 전제로 하여 사용하는 기술이고, 재산 획득 기술 자체는 보조적인 역할을 한다. 이러한 범위를 벗어나 재산을 얻는 상업 활동은 본성에 어긋나는 행위로 볼 수 있으며, 그중에서도 가장 사악한 것은 고리대금업이다.

　이렇게 이해하면, 우리가 처음에 제기했던 질문에 대한 답이 명확해진다. 즉, 재산 획득은 가정을 다스리는 자나 국가를 다스리는 자의 주된 업무가 아니라, 재산은 이미 준비되어 있어야 한다는 것이다. 국가를 다스리는 기술은 자연이 제공하는 인간을 활용하는 것처럼, 자연은 또한 대지나 바다 등을 통해 식량을 제공한다. 따라서 가정을 다스리는 자의 역할은 자연에서 주어진 것을 적절히 분배하는 데 있다. 20

　옷감을 짜는 사람의 업무는 양모를 만들어내는 것이 아니라, 주어진 양모를 사용하고 그중에서도 옷감을 짜는 데 적합한 양모와 그렇지 않은 25

양모를 구별하는 것이다. 만일 재산 획득 기술이 가정을 다스리는 기술

30   의 일부라면, 가정 구성원들의 생존과 다른 필수적인 것들을 위해 건강
도 유지되어야 하므로, 의술 또한 가정과 국가를 다스리는 이의 역할처
럼 보일 수 있다. 하지만 사실 의술은 의사의 역할이듯, 재산 획득 역시
가정과 국가를 다스리는 이들의 주된 임무가 아니라 보조적인 역할에 불
과하다.

35   앞서 말했듯 생필품에 속한 재산은 일반적으로 자연이 이미 준비해
놓아야 한다. 태어난 생명체에 식량을 공급해주는 것은 자연의 일이기
때문이다. 그래서 모든 생명체는 태어난 후에 출생 과정에서 남은 것이
식량이 된다. 이런 이유로 모든 생명체가 자연의 열매와 동물에게서 재
산을 획득하는 기술은 본성에 따른 것이다.

그러나 앞서 말했듯 재산 획득 기술에는 두 가지가 있다. 하나는 상

40   업에, 다른 하나는 가정을 다스리는 기술에 속하는 것이다. 후자는 필수
적이고 칭찬받을 만한 것이지만, 교환을 통해 이루어지는 전자는 비난받

1258b1 아야 한다. 상업에서의 재산 획득은 본성에 따른 것이 아니라, 서로에게
서 빼앗는 것이기 때문이다. 그중에서도 화폐가 지닌 고유한 기능으로부
터 이득을 얻는 것이 아니라, 화폐 자체에서 이익을 얻는 대금업은 가장

5   비난받아야 한다. 화폐는 교역을 위해 생긴 것이지, 이자를 받아 화폐를
증식시키기 위해 생긴 것이 아니기 때문이다. 화폐로부터 화폐라는 새끼
가 태어났고, 태어난 것이 낳은 것이 닮았으므로, 이자는 새끼라는 이름
을 지니게 되었다. 이러한 이유로 대금업은 재산 획득 방법 중에서 가장
본성에 어긋나는 것이다.

제11장

재산 획득 기술의 실제적 적용의 필요성

재산 획득 기술은 순전히 이론적인 지식만으로는 부족하며, 경험적 지식이 필수적이다. 이러한 지식 중에서도 가장 중요한 것은 본성적인 재산 획득 기술로, 가축, 곡물, 과수, 양봉, 조류 사육 등을 포함한다. 교환을 통한 재산 획득 기술로는 상업, 대금업, 용역 등이 있으며, 그 중간에 있는 벌목 기술과 광산업이라는 세 번째 유형의 재산 획득 기술도 있다.

우리는 지금까지 재산 획득 기술이 무엇인지에 대해 충분히 이해했으므로, 이제 이 기술의 사용법에 대해 살펴볼 필요가 있다. 이 기술과 관련된 모든 것을 이론적으로 살펴보는 것은 자유민들이 해야 할 일이지만, 경험적 지식도 필수적이다.

재산 획득 기술을 활용할 수 있는 분야로 먼저 가축에 관한 경험적 지식이 있다. 즉, 말, 소, 양 등 가축을 어디에서 어떻게 키웠을 때 가장 큰 이득을 얻을 수 있는지에 대한 지식이다. 가축들은 잘 자라는 곳이 각각 다른 까닭에, 가축들을 서로 비교해 어느 가축을 어디에서 키우는 것이 가장 큰 이득을 얻을 수 있는지를 경험적으로 알아야 한다. 다음으로는 농업 분야가 있다. 곡물 농사, 과수 농사, 양봉, 재산 획득에 도움이 되는 그 밖의 다른 생물인 물고기와 조류 사육이 여기에 해당한다. 이것이 재산 획득 기술에서 가장 고유하고 가장 중요한 부분들이다.

교환을 통한 재산 획득 기술에서 가장 중요한 분야는 상업이다. 이 분야는 선박 사용, 화물 운송, 판매 등으로 이루어져 있으며, 어떤 방식을 선택하느냐에 따라 안전성과 수익성이 차이 난다. 두 번째 분야는 대금업이며, 세 번째는 용역이다. 용역은 숙련된 기술자와, 숙련된 기술 없이 오직 신체만을 사용하는 단순 노무자로 나뉜다.

본성에 따른 재산 획득 기술과 교환을 통한 재산 획득 기술 사이에는 세 번째 유형의 재산 획득 기술이 있는데, 본성에 따르는 측면과 교환의 측면을 둘 다 지닌다. 이것은 대지에서 얻어지는 것으로, 과일처럼 열매를 맺지는 않지만 유용한 것을 얻는 것이다. 예를 들어, 벌목 기술과 광산업 등이 이에 속한다. 대지로부터 채취하는 광물은 여러 종류이므로, 광산업에는 여러 가지가 포함된다.

숙련된 기술을 필요로 하는 일은 우연의 요소가 가장 적고, 가장 기계적인 일은 몸에 가장 큰 손상을 입히며, 가장 노예적인 일은 몸을 가장 많이 사용하고, 가장 비천한 일은 미덕을 가장 적게 필요로 한다.

우리는 지금까지 다양한 형태의 재산 획득 기술에 대해 살펴보았다. 이 기술들에 속한 각각의 분야를 세부적으로 자세하게 살펴보는 것은 그 분야의 일을 하는 데는 유익하겠지만, 여기서 이를 계속 다루는 것은 적절치 않다.

각각의 분야에 관해 책을 쓴 몇몇 사람이 있다. 예를 들어, 파로스의 카레티데스와 렘노스의 아폴로도로스는 곡물 농사와 과수 농사에 관해,[32] 다른 사람들은 다른 분야에 관해 썼다. 따라서 각각의 분야에 관심이 있는 사람들은 그런 책들을 참고하라. 또한, 각각의 분야에서 성공적으로 재산을 모은 사람들이 여기저기서 말한 방법들을 수집하는 것도 필요하다. 이런 것은 모두 재산 획득 기술을 소중히 여기는 사람들에게 유용하다.

그중 한 예가 밀레토스의 탈레스[33]에 관한 이야기다. 이 이야기는 재산을 획득하기 위해 고안해낸 모종의 방법에 관한 것으로, 이 방법은 탈레스가 자신의 지혜로 생각해낸 것이지만, 누구나 사용할 수 있다. 탈레스는 가난했고, 그래서 사람들은 그가 하는 철학을 무익하다고 생각해 그를 비난했다. 그러자 그는 자신의 천문학 지식을 이용해 이듬해의 올리브 농사가 대풍이 될 것을 미리 알고서, 아직 겨울인데도 자신이 갖고 있던 적은 돈을 보증금으로 걸고, 자신과 경쟁하는 사람이 아무도 없는 겨울에 밀레토스와 키오스에 있는 올리브유 짜는 모든 기구를 싼값에 임차했다. 이윽고 올리브를 수확할 때가 되어, 많은 사람이 올리브유 짜는 기구들을 갑자기 동시에 구하자, 그는 자기가 임차해둔 기구들을 자신이

....

32 "파로스"는 그리스 에게해 중부 키클라데스 제도에 속한 섬이다. 이 제도는 한가운데 있는 델로스섬을 비롯한 220여 개의 섬으로 이루어져 있는데, 유명한 델로스섬 "주위에"(그리스어로 '퀴클라스') 있다고 해서 이런 이름이 붙었다. 델로스섬은 아폴론과 아르테미스 신이 출생한 곳으로 신성시되었다. "렘노스"는 그리스 에게해 북부에 있는 섬으로 소아시아(아나톨리아)와 가깝다. 대장장이 신 헤파이스토스가 제우스에 의해 하늘로부터 던져졌을 때 렘노스섬에 떨어졌고, 이 섬의 주민들이 그를 돌봐준 것으로 유명하다.

33 "탈레스"(기원전 624-545년)는 고대 그리스 식민도시였던 소아시아 이오니아 지방의 밀레토스 출신의 자연철학자로, 최초의 유물론 학파인 밀레토스 학파의 시조다. 그는 만물의 근원은 물이라고 하고, 이전의 종교적 세계관과는 달리 이 세계를 하나의 원소 물질을 통해 통일적으로 설명하고자 했다. 이오니아 지방에서 상공업이 발달한 것이 그의 철학에 영향을 끼쳤다. 고대 그리스 일곱 현인 중 한 명이다.

원하는 값을 받고 임대해 큰돈을 벌었다. 이렇게 그는 철학자들도 원하기만 하면 쉽게 부자가 될 수 있지만, 부자가 되는 것은 철학자들의 관심사가 아니라는 것을 직접 시범 삼아 보여주었다고 한다.

사람들은 탈레스가 이런 식으로 자신의 지혜를 증명했다는 것을 보여주기 위해 이 이야기를 들려주지만, 앞서 말했듯 그가 사용한 방법은 누구든지 독점이라는 상황을 만들어내기만 한다면 재산 획득을 위해 사용할 수 있는 방법이다. 그래서 일부 국가들은 재정이 고갈되었을 때 이 방법을 사용해 상품을 독점하기도 한다.

어떤 사람은 시칠리아에서 누가 자기에게 맡긴 돈으로 광산들에서 생산한 모든 철광석을 사두었다가, 나중에 각지의 시장에서 상인들이 오자 그 철광석들을 팔았는데, 값을 많이 올려 받지 않았음에도 50탈란톤을 들여 100탈란톤의 돈을 거머쥐었다. 그러자 이 사실을 안 디오니시오스[34]는 그가 찾아낸 방법이 자신의 이해관계에 해를 끼친다고 여겨, 그 돈을 가져도 좋지만, 시라쿠사에는 더 이상 머물지 말라고 그에게 명령했다고 한다.

그가 찾아낸 방법은 탈레스가 생각해낸 것과 동일하다. 두 사람 모두 나름의 방법으로 독점을 확보한 것이다. 이러한 방법은 국가를 다스리는 사람들에게도 유용하다. 국가도 가정과 마찬가지로 재정 조달 방법을 필요로 하며, 심지어 더욱 필요하기 때문이다. 따라서 공직자 중 일부는 오직 국가에 필요한 재원을 조달하는 일에 전념하기도 한다.

....

34 "디오니시오스"(기원전 약 432-367년)는 이탈리아 남부 시칠리아섬에 있던 시라쿠사를 다스린 참주다. "탈란톤"은 고대 그리스의 질량과 화폐 단위로 "암포라"라는 항아리를 가득 채울 수 있는 양이 26킬로그램이었다. 은 1탈란톤은 6,000드라크마였고, 금 1탈란톤은 90,000드라크마였는데, 1드라크마는 일용노동자의 하루 품삯이었다.

자녀들과 아내를 다스리는 기술

가정을 다스리는 기술 중에서 두 번째인 자녀들을 다스리는 기술은 왕이 다스리는 것과 같고, 세 번째인 아내를 다스리는 기술은 국가를 다스리는 것과 같지만, 본성적으로 남편은 다스리는 자이고 아내는 다스림을 받는 자다.

가정을 다스리는 기술은 세 부분으로 구성되는데, 하나는 앞서 이미 다룬 것으로 주인으로서 노예들을 다스리는 기술이고, 다른 하나는 아버지로서 자녀들을 다스리는 기술이며, 세 번째는 남편으로서 아내를 다스리는 기술이다. 아내를 다스리는 것과 자녀들을 다스리는 것은 둘 다 자유민들을 다스리는 것이긴 하지만, 다스리는 방식은 동일하지 않은데, 40 아내를 다스리는 것은 국가를 다스리는 것과 같고, 자녀들을 다스리는 것은 왕이 다스리는 것과 같다.[35]

....

35 "국가를 다스리는 것"은 대등한 자유민인 시민들이 서로 교대로 다스리기도 하고
    다스림을 받기도 하는 것이고, "왕이 다스리는 것"은 왕이 사람들을 다스림받는

본성에 어긋나게 결합된 경우가 아니라면, 여성이 아니라 남성이 다스리는 것이 본성에 더 적합하고, 연소자와 미성년자가 아니라 연장자와 성인이 다스리는 것이 본성에 더 적합하다. 정치가들이 다스리는 경우에
5 는 그들은 본성적으로 대등한 것을 지향하고 서로 아무 차이도 없으므로, 대개는 교대로 다스리는 자가 되기도 하고 다스림을 받는 자가 되기도 한다. 하지만 한 정치가가 다스리고, 다른 정치가들은 다스림을 받을 때, 다스리는 자는 외적인 풍모와 사용하는 말과 예우에서 차이를 두고자 한다. 아마시스가 자신의 발 씻는 대야에 관해 한 말이 이것을 잘 보
10 여준다.[36] 남자가 여자를 다스리는 것은 언제나 그러하다.

아버지가 자녀들을 다스리는 것은 왕이 다스리는 것과 같다. 아버지가 다스리는 자인 것은 자녀들을 사랑하고 연장자이기 때문이고, 이것은 왕이 다스리는 것의 특징이다. 그래서 호메로스가 제우스를 "인간들과 신들의 아버지"라고 부른 것은 옳다. 제우스는 모든 인간과 신들의 왕이
15 기 때문이다. 왕은 본성적으로 다스림을 받는 자들과 달라야 하지만, 다스림을 받는 자들과 동일한 종족이어야 한다. 이것은 연소자에 대한 연장자의 관계, 자녀에 대한 아버지의 관계도 마찬가지다.

....

자로 삼아 일방적으로 다스리는 것이다. 아리스토텔레스는 앞서 이미 한 가정의 가장이 왕처럼 가정을 다스린다고 말한 바 있다. 또한, 그는 『니코마코스 윤리학』에서 남편이 아내를 다스리는 것은 미덕에서 뛰어난 자가 그렇지 않은 자들을 다스리는 정치체제인 귀족정과 같다고 말한다(1160b33, 1161a23, 1162a16).

36 "아마시스"(기원전 약 580-526년)는 이집트 제26왕조의 왕이다. 그에 관한 기록은 주로 헤로도토스(기원전 약 484-425년)가 쓴 『역사』(2.161ff)에 나온다. 그는 원래 이집트군 장교 출신으로 비천한 신분이었으나 반란을 일으켜 왕위에 올랐다. 왕이 된 후에도 자신의 비천한 출신으로 인해 멸시를 받자, 그는 자신이 사용하던 금 대야를 부숴 신상을 만들었다. 그런 후에 신민들이 그 신상에 절하는 것을 보고, 그는 자기 처지가 대야로 만든 신상과 같다고 말했다.

다스리는 자와
다스림을 받는 자의 미덕은 동일한가

주인, 남편, 아버지로서 다스리는 자만 미덕을 지니고, 노예, 아내, 자녀로서 다스림을 받는 자는 미덕을 지닐 수 없는 것은 아니다. 둘 다 미덕을 지닐 수 있지만, 양자의 미덕은 본성적으로 동일하지 않고, 정도 차이뿐 아니라 종류 자체가 다르다. 이것은 노예가 아닌 기술자의 미덕도 마찬가지다.

이것으로 분명해진 것은 가정을 다스리는 일에서는 생명 없는 재산보다 사람들이 더 중요하고, 우리가 부(富)라고 부르는 재산이 훌륭한 것보다는 사람들이 훌륭한 것이 더 중요하며, 노예들보다는 자유민들이 더 중요하다는 것이다. 20

노예와 관련해 제기되는 의문 중 하나는, 노예도 도구와 섬기는 자로서의 미덕 외에 절제, 용기, 정의 등과 같은 그 밖의 명예로운 미덕들을 갖출 수 있는지, 아니면 몸으로 섬기는 것 외에는 어떤 미덕도 지닐 수 없는지에 대한 것이다. 둘 중 어느 쪽을 택해도 난점이 존재한다. 다른 미덕을 지닐 수 있다고 대답한다면 노예와 자유민의 차이점은 무엇 25

인가 하는 반론이 제기될 것이고, 다른 미덕을 갖출 수 없다고 대답한다면 노예도 사람이고 이성을 공유하고 있는데 다른 미덕을 갖출 수 없다는 것은 말이 되지 않기 때문이다. 아내와 자녀에 대해서도 거의 비슷한 30 질문이 제기된다. 여자와 아이도 미덕을 지닐 수 있을까? 여자에게 절제, 용기, 정의와 같은 덕목이 필요할까? 아이가 절제를 가지거나 가지지 않을 수 있을까? 아니면 그럴 수 없을까?

이 문제를 해결하기 위해서는, 본성적으로 다스림을 받는 자와 본성적으로 다스리는 자의 미덕이 서로 동일한지 아니면 다른지를 살펴봐야 35 한다. 만약 둘 다 훌륭하고 좋은 것에 참여해야 한다면, 왜 한쪽이 항상 다스리고 다른 쪽은 항상 다스림을 받아야 하는지에 대한 의문이 생긴다. 따라서 둘의 차이는 더하고 덜한 정도의 차이가 아니다. 이것은 다스림을 받는 것과 다스리는 것이 종류의 차이이기 때문이다.

다른 한편으로, 한쪽은 미덕이 있어야 하고 다른 쪽은 미덕이 없어야 한다면, 그것도 이상하다. 다스리는 자가 절제와 정의를 갖지 않는다 40 면 제대로 다스릴 수 없을 것이다. 반대로, 다스림을 받는 자가 절제와
1260a 정의를 갖지 않는다면 제대로 다스림을 받을 수 없을 것이다. 절제가 없어 방종하고 용기가 없어 비겁한 사람은 자신에게 주어진 일을 해낼 수 없기 때문이다.

그러므로 다스리는 자와 다스림을 받는 자 모두 미덕에 참여해야 하지만, 미덕의 종류는 서로 달라야 한다는 것이 명확해졌다. 사실, 본성적으로 다스림을 받는 자들 사이에서도 미덕의 종류는 서로 다르다. 이는 5 혼을 분석하면 명확하게 이해할 수 있다. 혼에는 본성적으로 다스리는 부분과 본성적으로 다스림을 받는 부분이 있고, 이 두 부분의 미덕은 서로 다르다. 전자는 이성을 지닌 부분이고, 후자는 이성을 지니지 않은 부분이다.

이 같은 원리는 다른 상황에도 적용될 수 있어, 다른 상황에서도 본성적으로 다스리는 부분과 본성적으로 다스림을 받는 부분이 존재할 것이 분명하다. 자유민이 노예를 다스리는 것, 남자가 여자를 다스리는 것, 성인 남자가 아이를 다스리는 것 등이 그 예이다. 이들 모두에게는 혼에 다스리는 부분과 다스림을 받는 부분이 있지만, 그 존재 방식은 서로 다르다. 노예에게는 숙고하는 능력이 없고, 여자에게는 숙고하는 능력이 있지만 권위는 결여되어 있으며, 아이에게는 숙고하는 능력이 있긴 하지만 성숙하지 않다.

그래서 다스리는 자에게는 완전한 지성적인 미덕이 필요하다. 모든 일은 절대적으로 우두머리 기술자가 주관하며, 이성이 바로 그 우두머리이기 때문이다. 반면, 다스림을 받는 자들은 각각 서로 다른 정도의 지성적인 미덕을 지녀야 한다.

같은 원리가 윤리적인 미덕에도 적용될 수 있다고 봐야 한다. 즉, 모든 사람이 윤리적인 미덕에 참여하지만, 동일한 방식으로 참여하는 것이 아니라, 각자의 역할에 따라 서로 다른 방식으로 참여한다는 것이다. 그렇기에 앞서 언급한 모든 사람이 윤리적인 미덕을 지니고 있다. 하지만 소크라테스의 말과는 달리,[37] 남자와 여자의 절제, 용기, 정의는 동일하지 않다. 남자의 용기는 다스리는 자의 용기라면, 여자의 용기는 다스림을 받는 자의 용기다. 이는 다른 미덕들에도 동일하게 적용된다.

....

37 "소크라테스"(기원전 470-399년)는 고대 그리스의 대표적인 철학자로 플라톤의 스승이다. 문답법을 통한 진리 탐구로 유명한데, 플라톤(기원전 427-347년)은 아테네 귀족 출신의 철학자로 40세쯤에 "아카데메이아"라는 철학 학교를 세웠고, 소크라테스를 주인공으로 해서 "대화편"이라 불리는 30여 권의 작품을 썼다. 그 대화편 중 하나인 『메논』은 가르침이나 배움을 통해 미덕을 획득할 수 있는지를 다룬 것으로, 거기서 소크라테스는 모든 사람에게 공통적인 미덕이 존재하는 것이 틀림없다고 말한다.

25   이것은 미덕을 세분화하여 살펴보면 더욱 명확해진다. 미덕을 혼의 좋은 상태나 바르게 행동하는 것 등으로 일반화하는 사람들은 자신을 속이는 것이다. 그런 식으로 미덕을 정의하기보다는, 고르기아스[38]처럼 각기 다른 미덕을 나열하는 것이 더욱 바람직하다. 우리는 모든 사람에게

30   그에 어울리는 미덕이 있다고 믿어야 한다. 어떤 시인이 "여자에게는 침묵이 가장 아름다운 장신구다"[39]라고 말했는데, 이 말은 남자에게는 적용되지 않는다. 아이는 성장하는 과정에 있으므로, 아이의 미덕은 현재 자신이 가진 것이 아니라, 앞으로 성장하게 될 자신과 그를 이끌어주는 지도자와의 관계에 있다. 마찬가지로, 노예의 미덕도 주인과의 관계 속에 존재한다.

35   앞서 노예는 생활에 필수적인 것들을 마련하는 데 유용하다고 언급했다. 그렇기에 노예에게는 그런 일들을 수행하지 못하게 만들 만큼의 절제나 용기 부족이 있어서는 안 된다는 것이 분명하다. 노예에게는 그런 일들을 수행할 수 있을 정도의 미덕만 있으면 된다.

그런데 방금 말한 것이 사실이라면, 기술자들도 자주 절제가 없어서 해야 할 일을 하지 못하는 경우가 생기므로, 그들에게도 미덕이 필요한 것이 아닌가 하는 의문이 생긴다. 아니면 이는 노예의 경우와는 완전

....

38 "고르기아스"(기원전 약 483-376년)는 고대 그리스의 철학자로 프로타고라스와 함께 대표적인 소피스트다. 인간의 사유의 상대성과 불완전성을 강조하는 그는 『존재하지 않는 것 또는 자연에 대하여』에서 "존재하는 것은 없고, 존재한다고 해도 알 수 없으며, 알 수 있다고 해도 전할 수 없다"라고 말했는데, 이것이 그의 철학의 핵심이다. 『메논』에서 고르기아스는 서로 다른 부류의 사람들에게는 서로 다른 미덕이 존재한다고 말한다.

39 이 구절은 소포클레스(기원전 496-406년)가 쓴 『아이아스』 293에 나온다. 소포클레스는 고대 그리스의 3대 비극 시인 중 한 사람으로 123편의 작품을 썼고 비극 경연대회에서 18번이나 우승했다. 대표작으로는 『아이아스』, 『안티고네』 등이 있다.

히 다른 상황일까? 노예는 주인과 함께 사는 반면, 기술자는 떨어져 살 40
고 있어서, 노예에게는 노예의 역할을 수행할 수 있을 정도의 미덕만 요
구된다. 천한 기술자는 일정한 한도 내에서 노예의 일을 하는 사람이다. 1260b1
또한, 노예는 본성적으로 노예이지만, 제화공이나 그 밖의 다른 기술자
들은 본성적으로 노예는 아니다.

따라서 노예에게 노예의 일을 가르치는 것이 아니라, 노예에게 노예
의 미덕을 가르치는 것이 주인의 역할이라는 것이 명확해졌다. 그래서 5
노예에게는 이성이 없으므로, 주인이 지시만 내리면 된다는 주장은 착
각이다. 아이들에게 충고가 필요한 것처럼, 노예들에게도 충고가 더욱더
필요하기 때문이다.

이에 대한 논의는 여기까지로 해두고, 남편과 아내, 자녀와 부모, 그
리고 각 관계에 존재하는 미덕, 각 관계에서 어떤 것이 좋고 어떤 것이 10
나쁜지, 그리고 좋은 것을 추구하고 나쁜 것을 피하는 방법 등에 대한 논
의는 이후에 정치체제를 다룰 때 다시 살펴도록 하자.

모든 가정은 국가의 한 부분이며, 방금 언급한 관계들은 가정의 일
부이므로, 부분들의 미덕은 전체의 미덕과 연결되어 살펴야 한다. 아이 15
들과 여성들이 훌륭하다면, 국가 역시 훌륭하다는 주장이 맞다면, 아이
들과 여성의 교육은 국가의 정치체제에 맞춰 이루어져야 한다. 그리고
그 말은 맞을 수밖에 없다. 자유민의 절반이 여자들이고, 아이들은 나중
에 국정에 참여하는 자들이 되기 때문이다. 20

이에 대한 논의는 충분히 이루어졌고, 나머지 주제들은 추후 다른
곳에서 다룰 예정이므로, 이것에 관한 논의는 마치고, 다음으로 넘어가
자. 먼저, 가장 우수한 정치체제에 대한 다양한 견해를 검토해보자.

제13장 다스리는 자와 다스림을 받는 자의 미덕은 동일한가
....

제2권

정치체제에 관한 일반적 개관

제1장

서론

가장 바람직한 국가 공동체가 무엇인지를 살펴보려면 먼저 기존의 정치체제와 저술가들이 제시한 정치체제를 살필 필요가 있는데, 그 출발점은 모든 것을 공유해야 하는가, 아니면 어떤 것은 사유여야 하는가에 있다. 플라톤은 모든 것의 공유를 주장한다.

우리의 목적은 최대한 자신이 원하는 삶을 살고 모든 사람에게 가장 바람직한 국가 공동체가 무엇인지를 살피는 것이다. 따라서 잘 다스려지고 있다는 말을 듣는 국가들이 채택하는 정치체제만이 아니라, 어떤 사람이 제시해서 훌륭하다고 여겨지는 그 밖의 다른 정치체제도 살필 필요가 있다.[40] 그래야만 우리는 그런 정치체제가 어떤 점에서 바르고 유익한지를 알게 되고, 우리가 그런 정치체제 외에 어떤 다른 정치체제를 탐구

30

....

[40] 제2권에서 제2~8장은 이전의 저술가들이 제시한 이상 국가들을 고찰하고, 제9~12장은 잘 다스려지고 있다는 평가를 받은 기존의 국가들을 고찰한다.

35 하더라도, 사람들은 우리가 잘난 체하려는 것이 아니라, 그런 정치체제
에 어떤 단점이 있어서 탐구하는 것으로 생각하기 때문이다.

우리의 탐구는 당연히 출발점으로 삼아야 하는 것에서 시작해야 한
다. 모든 시민은 모든 것을 공유하거나, 아무것도 공유하지 않거나, 어떤
것은 공유하고 어떤 것은 공유하지 않거나, 이 세 가지 상황 중 하나에
40 속할 것이다. 모든 시민이 아무것도 공유하지 않는 것은 불가능하다. 국
가는 공동체의 일종이므로, 최소한 영토는 공유해야 하기 때문이다. 한
국가는 하나의 영토를 가지며, 시민은 그 국가를 공유하게 된다.

1261a1 그러나 잘 운영되는 국가라면, 공유 가능한 모든 것을 공유하는 것
이 더 나은지, 아니면 일부만 공유하는 것이 더 나은지에 대한 의문이 생
5 긴다. 플라톤은 『국가』[41]에서 시민들은 자녀, 여성, 재산 등을 공유할 수
있다고 언급했다. 소크라테스는 자녀, 여성, 재산이 공동의 것이어야 한
다고 주장한다. 따라서 이 질문은 현행 제도를 유지하는 것이 더 나은지,
아니면 『국가』에서 제안된 법을 따르는 것이 더 나은지에 관한 것이다.

....

41 플라톤은 10권으로 된 『국가』에서 소크라테스를 내세워, "정의"에 관한 논의를 시
작으로, 철학자가 다스리는 이상 국가를 제시하고, 이상 국가의 조직과 체계와 교
육, 과두정과 민주정과 참주정 같은 정치체제를 자세하게 논한다. 원제가 『정치체
제』(Πολιτεία, '폴리테이아')로 되어 있는 『국가』에서 다룬 내용을 아리스토텔레스는
『니코마코스 윤리학』과 『정치학』(Πολιτικά, '폴리티카')으로 나누어 다루었다. 두 사
람의 저작을 읽어보면 이상적이고 관념적인 성향과 실용적이고 실천적인 성향이
뚜렷하게 대비됨을 알 수 있다. 여기서 두 사람의 그런 차이는 한쪽에서는 자녀,
여자, 재산 공유를 주장하고, 한쪽에서는 사유를 주장하는 것으로 나타난다.

국가는 단일체가 되어야 하는가

국가는 질적으로 서로 다른 종류의 사람들로 이루어진 다원체이다. 따라서 국가를 단일체로 만들려는 것은 국가를 파괴하는 것이다. 또한, 국가의 목적인 자급자족을 위해서도 국가는 단일체가 되어서는 안 된다.

모든 시민이 여자를 공유하게 되면 많은 난점이 발생한다. 소크라 10
테스는 이것을 법제화해야 하는 이유[42]를 제시하지만, 그 이유는 이것을 정당화하는 분명한 근거가 될 수 없다. 또한, 국가가 이루어야 할 목표로 제시한 것을 그가 말한 대로 이루어낼 수 없는데도, 목표를 어떤 식으로 이루어내야 하는지에 대해서는 아무런 설명이 없다.[43] 내가 이런 말을 하 15

....

42 모든 시민이 여성들을 공유하는 것을 법제화해야 한다고 소크라테스가 말한 이유는 국가 전체를 최대한 단일체로 만들기 위함이었다.

43 여기서 소크라테스에 대한 아리스토텔레스의 비판은 두 가지다. 첫째는 국가 전체를 최대한 단일체로 만들어야 한다는 주장 자체가 잘못이라는 것이고, 둘째는 그러한 목표는 소크라테스가 제시한 방식으로는 불가능하다는 것이다. 제2장은

는 것은, 소크라테스가 국가 전체는 가능한 한 단일체가 되는 것이 가장 이상적이라는 전제를 바탕으로 논의를 진행했기 때문이다.

하지만 국가가 단일체가 되는 쪽으로 계속해서 진행된다면 결국에는 국가일 수 없게 될 것이 분명하다. 국가는 본성적으로 다원체다. 만일 국가가 점점 더 단일체가 되면, 국가에서 가정이 되고, 가정에서 개인이 되고 만다. 가정은 국가보다 더 단일체이고, 개인은 가정보다 더 단일체이기 때문이다. 그래서 국가를 단일체로 만드는 것이 가능하더라도, 그것은 국가를 파괴하는 것이므로 그렇게 해서는 안 된다.

국가는 양적으로 많은 사람으로 구성되어 있을 뿐만 아니라, 질적으로도 다양한 부류의 사람들로 이루어져 있다. 질적으로 동일한 부류의 사람들로는 국가를 이룰 수 없다. 군사 동맹과 국가는 서로 다르다. 군사 동맹은 돕는 것을 목적으로 하므로, 마치 저울 한쪽에 동일한 저울추를 더 많이 올려놓으면 저울이 그쪽으로 기울어지는 것처럼, 질적으로 같은 부류라도 양적으로 많기만 하면 유용하다. 국가는 부족과도 다르다. 부족을 이루고 있는 많은 사람은 여러 마을에 흩어져 따로따로 살아가지 않고, 아르카디아인[44]처럼 단일체를 이루며 살아가기 때문이다.

내가 『윤리학』에서 언급했듯이, 국가를 유지하는 핵심 원칙은 상호적 동등성이다. 이는 국가의 구성원이 서로 대등하게 주고받는 것이며,[45] 이 원칙은 자유민과 동등한 사람들 사이에서도 지켜져야 한다. 모든 자유민이 동시에 지배자가 될 수는 없는데, 그들은 1년 또는 정해진 임기

....

첫 번째 비판을, 제3-5장은 두 번째 비판을 다룬다.

44 여기서 "아르카디아인"은 당시에 그리스의 펠로폰네소스 반도 중앙에 있는 산악 지대인 "아르카디아"에 살고 있던 원주민 부족을 가리키는 것으로 보인다. "펠라스고스인"으로 불렸던 이 부족은 사방으로 고립된 산악 지대에서 목축을 하며 함께 모여 살았기 때문에, 고대 그리스에서 이상향으로 그려졌다.

또는 다른 순번에 따라 지배자가 되기 때문이다.

이렇게 하면 모든 시민이 교대로 지배자가 될 것이다. 이것은 마치 35
제화공은 항상 제화공으로, 목수는 항상 목수로 살아가는 것이 아니라,
한 사람이 제화공이었다가 목수가 되고, 다시 제화공이 되는 것과 같다.
그러나 한 사람이 항상 같은 직업을 가지는 것이 좋고, 이 원칙은 국가
공동체에도 적용된다. 그러므로 가능하다면 같은 사람들이 항상 지배하
는 것이 분명 더 좋을 것이다.

그럼에도 불구하고 모든 시민은 본성적으로 대등하고, 다스리는 것 1261b1
이 좋든 나쁘든 모든 시민이 지배에 참여하는 것이 정의이므로, 동일한
사람들이 항상 지배하는 것은 불가능하다. 따라서 모든 시민은 대등하
지만, 서로 교대로 어떤 사람은 지배하는 자가 되고, 어떤 사람은 지배를
받는 자가 되는 것이다. 마치 이전과는 다른 사람들이 되어 서로 대등하
지 않은 사람들인 듯이 지배하고 지배당하는 것이 그 대안이 될 수 있을 5
것이다. 또한, 이 원칙은 서로 다른 공직을 맡는 지배자들에게도 적용되
는 것이다.

이것으로 어떤 사람이 말한 것과는 달리 국가는 본성적으로 단일체
가 아니고, 그들이 국가에 가장 좋은 것이라고 주장하는 바가 사실은 국
가를 파괴한다는 것도 드러났다. 우리는 어떤 것을 보존하는 것을 그와
관련해 좋은 것이라고 말하기 때문이다.

다른 시각에서 봐도, 국가를 과도하게 단일화하려는 시도는 바람직 10
하지 않다는 것이 명확하게 드러난다. 자급자족하는 데는 개인보다 가정

....

45 여기서 『윤리학』은 『니코마코스 윤리학』을 가리킨다. 이 내용은 제5권 제5장에 나
온다. 국가는 서로 대등한 자유민들이 자급자족을 위해 조직한 공동체이고, 이것
은 아리스토텔레스 국가론의 대전제다. 그리고 "서로 대등하게 주고받는 것"은 정
의를 의미하므로, 국가의 기초는 "정의"다.

이, 가정보다 국가가 더 유리하다. 국가가 자급자족할 수 있을 정도로 국
가 공동체를 이루는 사람들의 수가 많고 다양할 때 비로소 국가라고 할
수 있기 때문이다. 그러므로 자급자족을 더 많이 이루는 것이 바람직하
15 다면, 국가의 단일성은 더 많이 이루어지는 것보다는 더 적게 이루어지
는 것이 바람직하다.

제3장

여자와 아이의 공유는 국가를
단일체로 만들 수 없다

한 국가에서 모든 사람이 어떤 것에 대해 "내 것"이라고 말할 때, 그것은 각자의 것이 아니라 공동의 것을 의미한다. 또한 개인의 것이 아닌 공동의 것에 대해서는 사람들의 책임감이 약해지고 구성원 간의 유대감을 형성하기도 어렵다. 문제가 있다. 게다가 아이들은 아버지를 닮기 때문에 자기 아이인지 알아보는 것이 가능하다. 이런 이유에서 여성과 아이들의 공유는 국가를 단일체로 만들고자 한 원래 목적을 이룰 수 없다.

설령 국가 공동체가 최대한 단일한 것이 가장 좋더라도, 모든 사람이 "내 것"과 "내 것이 아닌 것"에 대해 똑같이 말한다고 해서 국가가 단일화되었다는 증명이 될 수 없음은 분명하다. 그런데도 소크라테스는 이것이 국가가 완전히 단일화되었음을 보여주는 증표라고 말한다.[46]　　20

....

46　『국가』에서 소크라테스는 모든 사람이 어떤 것에 대해 동일하게 "내 것"이라거나 "내 것이 아니라"라고 말할 때, 국가의 한 부분이 상처를 입으면 국가 전체가 동일

하지만 "모든 사람"이라는 말은 두 가지 의미를 지닌다.[47] 이 말이 "각자"라는 의미라면, 소크라테스가 만들어내려는 것에 더 근접할 것이다. 이 경우에는 모든 시민은 한 아이를 가리켜 자기 아들이라고 말하고, 한 여자를 가리켜 자기 여자라고 말하며, 재산과 그 밖의 다른 것도 자신의 소유라고 여길 것이기 때문이다.

25 하지만 여자와 아이를 공유하는 사람들은 그런 의미로 말하지 않는다. 이 경우에 모든 사람이 같은 여자와 아이에 대해 "내 것"이라고 말할 때, 그것은 그들 각자의 것이라는 의미가 아니라, 그들 모두의 것이라는 의미다. 이것은 재산에 대해서도 마찬가지여서, 그들 각자의 것이라는 의미가 아니라, 공동 소유라는 의미다.

따라서 "모든 사람"이라고 한 것으로 논리적 추론에 어떤 오류가 발생한 것이 분명하다. "모든", "둘 다", "홀수", "짝수"라는 말들은 두 가지 30 의미로 사용될 수 있어서,[48] 논리적 추론에서 오류를 만들기 때문이다. 그러므로 여기서 "모든 사람"이 같은 것을 가리켜 그들 각자의 소유라고 하는 것이라면 좋은 일이지만 현실적으로는 불가능하다. 반면 이것이 그들 모두의 공동 소유라는 의미라면 거기에는 화합이 있을 수 없다.

....

하게 그 고통을 공유하게 된다고 말한다(462c).

47 여기서 아리스토텔레스는 '범주 오류' 개념을 다루고 있다. 범주 오류란, 원래 다른 범주에 속해야 하는 개념을 같은 범주에 속하는 것으로 잘못 인식하는 오류를 말한다. "모든 사람"에게 "내 것"이라는 표현이 바로 그 예다. 이는 각자의 것이 각자에게 있다는 의미일 수도 있지만, 동시에 모든 사람이 공유하는 어떤 것이 있다는 의미로도 해석될 수 있다.

48 "둘 다"는 "둘 모두 합쳐서"를 의미할 수도 있고, "둘을 따로따로"를 의미할 수도 있다. "홀수"와 "짝수"라는 성질은 하나의 수를 가리키는 것일 수도 있고, 두 개의 수를 합친 것을 의미할 수도 있다. 예를 들어, 홀수 1과 홀수 3을 합하면 짝수 4가 되고, 짝수 2와 짝수 2를 합하면 짝수 4가 된다. 여기서 "홀수"와 "짝수"라는 표현은 두 숫자를 합친 결과를 가리키는 것일 수 있다는 의미이다.

그런 제안에는 또 다른 문제점이 있다. 그것은 바로 공유하는 것이 가장 적게 보살핌을 받는다는 사실이다. 사람들은 주로 자신만의 것에 신경을 쓰고, 공유하는 것에 대해서는 자신의 이해관계가 작용하는 범위 35 내에서만 관심을 가진다. 이런 현상의 한 가지 원인은, 자신이 신경 쓰지 않아도 다른 사람들이 신경 쓸 것이라는 생각 때문이다. 그래서 가사 도움을 받을 때, 하인이 많다고 반드시 좋은 것은 아니다. 소크라테스의 제안에 따르면, 각 시민은 수천 명의 아들을 가질 것이다. 하지만 그 아들들은 각자의 아들이 아니라, 모든 시민의 아들이므로, 모든 시민이 모든 40 아들에게 별로 신경을 쓰지 않게 될 것이다.

또한, 각 시민이 성공하거나 실패한 어떤 시민을 "내 아들"이라고 부 1262a1 른다 해도, 그것은 시민 전체의 수로 나눈 것만큼만 "내 아들"이라는 의미다. 즉, 그 성공하거나 실패한 시민은 국가를 이루고 있는 사람들의 수에 따라 수천 분의 일, 또는 수만 분의 일만큼만 "내 아들"이거나 "어떤 다른 사람의 아들"일 뿐이다. 그런데 그마저도 의심스럽다. 모든 시민 중 5 에서 누가 아이를 낳았는지, 그리고 그 아이가 과연 살아남았는지가 불분명하기 때문이다.

그렇다면 이렇게 2천 명이나 1만 명이 각자 한 아이를 두고 "내 것"이라고 부르는 것이 더 나은가, 아니면 지금 여러 국가에서 통용되고 있는 의미로 "내 것"이라고 부르는 것이 더 나은가? 현재 여러 국가에서는 한 사람을 어떤 이가 "내 아들"이라고 부르고, 어떤 이는 "내 형제"라고 부르며, 어떤 이는 "내 조카"라고 부르고, 어떤 이는 혈연이나 친족 관 10 계나 결혼으로 인해 "내 친척"이라고 부르며, 이 외에도 어떤 이는 "내 씨족" 또는 "내 부족"이라고 부른다. 소크라테스의 제안에 따르면, 누구의 아들이라는 표현보다는 어떤 개인의 조카라는 표현이 더 좋다.

또한, 어떤 사람이 그의 형제, 자식, 아버지, 어머니를 알아보는 것은

15 피할 수 없는 상황이다. 부모와 자식 사이에는 서로 닮기 때문에, 서로에 대해 확신을 갖게 되는 것은 자연스러운 일이다. 세상을 두루 다녀본 사

20 람들 중 일부는 실제로 이런 일을 경험했다고 말한다. 상부 리비에에 거주하는 어떤 부족에서는 여성을 공유하고, 그 결과로 태어난 아이들은 누구를 닮았는지 보고 그 아이의 부모를 알아낸다고 한다. "정의로운 암말"로 불리는 파르살로스산 암말처럼,[49] 인간의 여성이나 말이나 소 등의 암컷 동물 중 일부는 아버지를 닮은 자식을 낳는 본성이 강하다.

....

49 "파르살로스"는 그리스의 남부 테살리아 지방에 있는 도시다. 이 암말은 자신과 교배한 수말과 정확히 똑같은 망아지를 낳는다고 해서 "정의로운 암말"이라고 불렀다.

여자와 아이를 공유할 때 초래되는 폐단들

여자들과 아이들을 공유하게 되면 근친 개념이 사라질 것이므로 이전에 불경죄라 불리던 범죄들이 증가하고, 근친 간에 동성애도 늘어나며, 우애도 사라지게 된다. 또한, 수호자가 되기에 적절하지 않다는 이유로 수호자들의 아들들이 농민이 되고, 농민들의 아들들이 수호자가 되면, 사회적인 혼란을 부추기게 된다.

또한, 사람들이 부부를 공유하는 경우, 아무리 조심하더라도 피하기 25
어려운 문제들이 있다. 학대, 우발적이거나 의도적인 살인, 싸움, 비방과
같은 것이다. 문제는 이런 범죄들이 아버지나 어머니나 근친에게 행해질
때는 불경죄가 되지만, 그렇지 않은 사람들에게 행해질 때는 불경죄가
되지 않는다는 점에 있다. 이 범죄들은 근친이라는 사실을 알고 있을 때 30
보다 알지 못했을 때 더 많이 발생하며, 이런 범죄가 발생했을 때, 근친
이라는 것을 알면 법과 관습에 따라 속죄할 수 있지만, 그렇지 않은 경우
에는 속죄할 수 없다.

그리고 아버지와 아들, 형제와 형제의 성애는 아무리 생각해도 부적

35 절하다. 그럼에도 모든 시민이 아들들을 공유하게 만들고, 부자나 형제 간의 성관계만을 금지하고, 다른 형태의 성애는 허용하는 것도 이상하 다.[50] 남자들 간의 성관계를 과도한 쾌락 추구로 보고 금지하는 한편, 아 버지와 아들, 형제와 형제 간에는 성관계만 아니면 다른 형태의 성애는

40 문제 없다고 본다는 것은 이상하기 때문이다.

그리고 여자와 아이들을 공유하는 제도는 수호자보다 농민에게 더

1262b1 큰 영향을 미칠 것이다. 아이들과 여자를 공유하는 사람들 사이에는 우 애가 약해지고, 그런 사람들은 지배자에게 더 잘 복종하게 되어 혁명을 꿈꾸지 않게 되기 때문이다.

5 따라서 전체적으로 이런 법은 올바른 법들이 만들어내는 결과와 정 반대 효과를 초래하며, 소크라테스가 아이들과 여자들을 공유하게 함으 로써 이루어진다고 생각한 결과와도 상반되는 결과를 낳을 수밖에 없다. 모든 시민 간에 우애[51]가 있을 때 국가의 내분이 최소화되기 때문에, 우 애는 국가를 위한 가장 좋은 것으로 생각되기 때문이다.

10 국가의 단일화를 찬양하는 소크라테스도 국가의 단일화는 우애의 결과라고 말한다. 우리가 알고 있듯, 성애에 관한 대화편에서 아리스토

....

50 『국가』에서 소크라테스는 동성 간의 성관계를 금지하지만, 동성 간의 다른 형태의 성애는 허용한다(403a-b). 하지만 여자와 아이를 공유한 경우에는 근친 사이에서 동성 간의 성애가 이루어질 수 있기 때문에 이렇게 말한다.

51 "우애"로 번역한 '필리아'(φιλία)의 가장 기본적인 의미는 자녀에 대한 부모의 사랑 또는 정(情)이다. '에로스'(ἔρος)는 성적인 욕망을 수반하는 사랑을 가리킨다면, '필 리아'는 자녀에 대한 부모의 사랑과 비슷한 모든 것, 특히 형제간의 우애, 친구 간 의 우정, 호의와 선의를 바탕으로 해서 소중한 사람들을 아끼고 사랑하는 것을 가 리킨다. 따라서 문맥을 보며 사랑, 우애, 우정 등으로 번역할 수 있다. 이렇게 '필 리아'는 호의와 선의를 토대로 한 가장 폭넓은 의미에서의 사랑을 뜻한다.

파네스[52]는 연인들의 사랑이 강해지면 점차 둘이 아니라 하나가 되고자 한다고 말한다. 그럴 때 둘 모두, 또는 둘 중 하나는 소멸될 수밖에 없다.

반면에, 여자들과 아이들을 공유하는 국가에서는 우애의 감정이 희 15 석되기 마련이다. 그래서 아버지가 아들을 "내 아들"이라 부르거나 아들 이 아버지를 "내 아버지"라 부르는 일이 드물어진다. 설탕을 많은 물에 녹이면 단맛을 느낄 수 없는 것처럼, 여자들과 아이들을 공유하는 국가 에서 아버지, 아들, 형제 등의 친밀한 관계를 생각하는 것은 거의 사라질 20 수밖에 없다. 그래서 아버지가 누군가를 아들이라고 부르거나, 아들이 누군가를 아버지라고 부르는 일, 형제가 누군가를 형제라고 부르는 일도 거의 사라질 수밖에 없다. 사람들이 어떤 것을 애정을 가지고 보살피게 만드는 가장 큰 요인은 "내 것"과 "내가 사랑하는 것"인데, 소크라테스가 생각한 그런 국가에서 살아가는 사람들에게는 이 두 가지가 모두 존재하 지 않기 때문이다.

그런 국가에서 또 다른 문제점은 신분 이동과 관련된 것으로, 농민 25 이나 기술자의 자식이 수호자[53]가 되거나, 수호자의 자식이 농민이나 기 술자가 되는 경우 국가에 혼란을 일으킬 소지가 있다. 아이들을 넘겨주

....

52 "성애에 관한 대화편"은 '에로스'를 다룬 플라톤의 『향연』을 말한다. 이 내용은 191a와 192d-e에 나온다. 이 대화편에서 소크라테스의 대화 상대로 등장하는 "아 리스토파네스"(기원전 약 445-385년)는 고대 그리스 최고의 희극 시인이다. 정치적 으로 농본주의적 보수주의자이자 강력한 평화주의자였던 그는 당시 유행하던 신 식 철학, 소피스트, 신식 교육, 전쟁, 민중 선동가 등을 비난하고 풍자하는 작품들 을 썼다.

53 플라톤의 『국가』에서 소크라테스는 국가를 구성하는 집단을 수호자, 전사, 농민과 기술자와 상인, 이렇게 세 집단으로 구분한다. "수호자"는 국가의 통치를 담당하 는 집단이다. 각각의 집단은 고유한 미덕이 있는데, 거기에 미치지 못할 때 인위 적인 신분 이동이 이루어진다.

제4장 여자와 아이를 공유할 때 초래되는 폐단들
....

는 부모와 아이들을 이동시키는 관리(官吏)는 아이들이 누구에게서 누구
에게로 넘겨지는지를 알게 될 수밖에 없다. 더구나, 이렇게 신분이 이동
30 된 아이들은 앞서 말한 학대, 동성애, 살인 등의 범죄를 더 많이 저지를
수밖에 없다. 수호자의 자식이 농민이나 기술자에게 넘겨질 때, 그들은
수호자에 대해 형제, 아들, 아버지, 어머니 등의 호칭을 사용하지 않을 것
이며, 이는 수호자에게 넘겨진 농민이나 기술자의 자식들에게도 마찬가
35 지일 것이다. 그래서 그들은 혈연관계를 고려해 앞서 말한 범죄들을 저
지르게 될 가능성이 크다.

이것이 아이들과 여자들을 공유하는 것에 대한 우리의 결론이다.

제5장

소크라테스의 이상 국가를 비판하다

이번 장에서 아리스토텔레스는 재산의 공유와 사유에 대해 다루면서, 재산 공유를 기본으로 한 소크라테스의 이상적인 국가에 대해 비판을 펼친다. 그는 재산을 공유하는 것보다 사유하면서 공동으로 사용하는 것이 공유와 사유의 장점을 모두 살리는 길이라고 주장한다. 그의 말을 뒷받침하는 좋은 예가 바로 라케다이몬이다. 사람들은 재산을 사유할 때 큰 기쁨을 느낄 뿐만 아니라, 자신의 후함을 보여줄 수도 있다. 반면, 재산을 공유하면 재산을 사유할 때의 악들만이 아니라 장점들도 제거되어서 더 많은 문제점과 분쟁이 발생한다. 소크라테스가 국가를 획일화해야 한다는 잘못된 전제를 바탕으로 재산 공유를 주장했기 때문에 이런 문제가 생겼다. 국가는 다양성을 지니고 있어야 하며, 하나 됨은 관습, 철학, 법에 기반한 교육을 통해 이루어져야 한다. 게다가, 소크라테스는 농민이 여자들과 재산을 공유해야 하는지, 아니면 사유해야 하는지를 명확히 밝히지 않고, 설명도 거의 하지 않는다. 그가 『국가』에서 제안한 제도는 독창성이 없을 뿐더러 문제점이 많다. 또한, 수호자가 행복하지 않은 국가에서 다른 집단들이 행복할 수 있다는 생각도 잘못이다.

다음으로 논의해야 할 주제는 가장 이상적인 국가 공동체에서, 재산 제도의 형태에 관한 것이다. 가장 훌륭한 정치체제에서 시민으로 살아가게 될 사람들이 갖추어야 하는 제도는 공유재산제인가 사유재산제인가? 40 이는 아이들과 여자들에 관한 입법과는 별개로 살펴야 할 문제다. 내 말 1263a1 은 오늘날 대부분 국가에서 아이들과 여자들은 사유의 대상이지만, 그럼에도 재산에 대해서는 공유하는 것이 더 나은지, 아니면 사유하는 것이 더 나은지를 따져볼 수 있다는 것이다.

예를 들어, 토지는 개인이 소유하되 그 토지에서 생산되는 것은 공 5 유하여 소비하는 방법이 있다. 이 방식은 외국의 몇몇 부족들이 시행하고 있다. 반대로, 땅을 공유하고 공동으로 경작하면서, 땅에서 생산되는 것은 각자에게 나눠 주어 사용하게 하는 방법도 있다. 이런 형태의 공유제도도 일부 이민족들이 실시하고 있다. 또는 토지와 토지에서 생산되는 것을 모두 공유하는 방법도 있다.

토지를 경작하는 사람들과 토지를 공유하는 사람들이 서로 다른 계 10 층에 속한다면, 그렇지 않은 경우에 비해 문제가 좀 더 간단할 것이다. 그러나 토지를 공유하는 사람들이 토지를 경작할 때는 토지에서 생산되는 것에 대한 소유권과 관련해 많은 불만이 발생할 것이다. 수익과 노동이 공평하지 않고 불공정할 때는, 많이 일하고 적게 받는 자들은 적게 일하고 많이 받는 자들에 대해 불만을 품지 않을 수 없기 때문이다.

사람들이 함께 살아가며 모든 것을 공유하기란 쉽지 않다. 특히 재 15 산 문제는 그 어려움이 더 크다. 우리는 여행을 함께 하는 사람들을 통해 이를 확인할 수 있다. 같이 여행하는 사람들은 일상의 소소한 일들로 자주 다투고, 서로에게 불만을 품는 경우가 많다. 또한, 일상생활에서 일과 20 를 처리하는 하인들에게 가장 자주 화를 내는 것을 볼 수 있다.

재산을 공유하는 것은 이런 어려움 외에도 비슷한 여러 문제점이 있지만, 현재 우리가 사용하는 사유재산제를 적절한 관습과 법질서를 통해 개선한다면, 재산 공유의 장점과 사유의 장점을 동시에 누릴 수 있을 것이다. 이렇게 되면 상황은 훨씬 나아진다. 재산은 일부 면에서는 공유되 25 어야 하지만, 전반적으로는 사유하는 것이 더 바람직하다. 각자가 자기 재산을 관리하게 되면 서로에 대한 불만을 줄이고, 더욱 세심하게 재산을 관리하게 된다. 그러나 재산 사용에 있어서는 "친구들의 재산은 친구들의 공유물이다"[54]라는 격언을 따르는 미덕을 실천해야 한다. 30

이런 형태의 제도는 이미 몇몇 국가에서 어느 정도 실행되고 있으며, 특히 잘 관리되는 국가들에서는 이런 제도가 이미 일부 실행되고 있을 뿐 아니라, 나머지도 곧 실행될 것이다. 따라서 이것은 결코 불가능한 일이 아니다. 그런 국가들에서는, 사람들이 자신의 재산을 소유하면서도, 친구들이 그 재산을 사용할 수 있게 하고, 반대로 자신도 친구들의 재산을 마치 공유 재산처럼 사용한다.

라케다이몬[55]의 예를 들어보자. 사람들은 서로의 노예나 말, 개를 마 35

....

54 이 격언은 피타고라스 학파에서 유래한 것으로 보인다. 플라톤은 『국가』에서 수호자 계급의 사유재산제를 폐지해야 한다고 주장하면서 그 근거로 이 격언을 사용한 반면(424a), 아리스토텔레스는 사유재산제는 유지하면서도 사유재산을 다른 사람들도 사용하게 해야 한다는 자기 생각을 밑받침하기 위해 이 격언을 인용한다. 피타고라스(기원전 약 582-497)는 고대 그리스의 종교가이자 철학자이며 수학자였다. 그는 56세에 자신의 고향인 남이탈리아의 그리스 식민도시 크로톤섬으로 돌아와 수도원 성격을 띤 최초의 철학 공동체를 창설한 후 영혼의 윤회사상을 가르치고, 신들과 부모와 친구에 대한 절대적인 신의와 복종을 강조했다.

55 "라케다이몬"은 고대 그리스의 도시국가 스파르타의 건설자다. 스파르타는 펠로폰네소스 반도 남부에 있다. 제우스와 요정 타이게테 사이에서 태어난 "라케다이몬"은 라코니아의 왕 에우로타스의 딸 스파르타와 결혼해 장인에게서 왕국을 물려받은 후 새로운 도시를 건설해 아내의 이름을 따서 '스파르타'라고 명명했다. 아리스토텔레스는 이 도시국가를 "라케다이몬", "라콘인들의 국가", "스파르타" 등으로 부른다.

치 자기 것처럼 사용하고, 식량이 부족하면 현지 경작지에서 얻어온다. 이렇게 보니, 사유재산제를 유지하면서도 재산 공동 사용이 더 바람직하다는 것이 명확해진다. 그리고 사람들이 그렇게 할 수 있도록 이끄는 것이 입법자의 중요한 역할이다.

또한, 사람들은 어떤 것을 자기 소유로 인식하는 일에 큰 기쁨을 느낀다. 자신을 사랑하는 것은 어리석거나 잘못된 것이 아니라, 본성적이고 자연스러운 일이다. 사람들이 자신을 지나치게 사랑하는 것이 문제일 뿐, 자신을 사랑하는 것 자체는 문제가 아니다.[56] 이것은 수전노의 예와 같다. 모든 사람은 본능적으로 자신과 자기 것을 사랑한다. 그리고 친구나 손님, 동료에게 호의를 베풀고 도움을 줄 수 있다면 큰 기쁨이 된다. 그러나 이것 역시 사유재산이 있을 때만 가능하다.

하지만 국가가 지나치게 획일화되면, 그런 즐거움은 존재할 수 없고, 두 가지 미덕 역시 보이지 않게 될 것이다. 그중 하나는 여성에 대한 절제다. 절제를 통해 다른 사람의 아내를 멀리하는 것은 훌륭한 일이기 때문이다. 다른 하나는 재산에 대한 관용이다. 후함이라는 것[57]은 자신의 재물을 사용하는 것인데, 재산을 공유하게 되면, 이를 보여주는 기회도 없어지고, 후한 행동을 하는 것도 불가능해진다.

재산 공유제 입법은 겉보기에는 인류애에 대한 존중을 표현하는 것처럼 보인다. 그래서 이 제도에 관해 들은 사람들은 모든 사람이 모든 사람에 대해 깊은 우애를 가질 것으로 생각하며, 이에 찬성한다. 더욱이 계

....

56 플라톤도 『법률』에서 지나친 자기애의 문제점을 지적한다(731d-e). 아리스토텔레스는 『니코마코스 윤리학』 제9권 제8장에서 자기애를 다룬다.

57 아리스토텔레스는 『니코마코스 윤리학』 제3권 제3장과 제4권 제1장에서 "후함"이라는 미덕을 다룬다. 그는 언제나 양극단을 제시한 후 그 중간을 미덕으로 제시하는데, "후함"은 낭비와 인색함의 중간인 미덕이다.

약 위반, 위증, 부자들에게 아부하는 것과 같은 현재의 사회에서 보이는 20
악들이 재산을 공유하지 않아서 생긴다고 누군가가 비난하면, 사람들은
더욱더 그런 생각을 갖게 된다.

그러나 그런 악들은 재산을 공유하지 않기 때문이 아니라, 사람들의
사악함 때문에 일어난다. 재산을 사유하는 사람들보다는 재산을 공유하
고 공동으로 사용하는 사람들 사이에서 훨씬 더 많은 분쟁이 일어나는 25
것을 볼 수 있기 때문이다. 하지만 재산을 사유하는 사람들의 수는 다수
지만, 재산을 공유하는 사람은 소수이므로, 분쟁 발생 건수로만 보면 후
자가 더 적어 보일 뿐이다.

또한, 재산 공유로 없어질 악들만 강조하는 것이 아니라, 재산 사유
시 장점들 중에서 잃게 될 것에 대해서도 말해야 공평하다. 그러면 재산
을 공유하는 생활이 전적으로 불가능하다는 것이 명백해진다.

소크라테스가 잘못된 결론에 이르게 된 원인은 그의 기본적인 전제 30
가 올바르지 않았기 때문이다. 가정이든 국가든 일정 수준에서는 통일
성이 필요하지만, 모든 점에서 하나여서는 안 된다. 국가는 어느 정도 하
나여야 하지만, 그 경계를 넘어서면 국가라는 본질을 잃거나, 혹은 국가
라고 부르기도 힘들 정도로 엉망이 될 수 있다. 이것은 다양한 화음을 하
나의 단조로운 음으로 만들어버리는 것과 같고, 다양한 박자가 어우러진 35
선율을 단조로운 박자의 선율로 바꾸는 것과 같다.[58]

앞서 언급했듯, 국가는 다양성을 가져야 하고, 그 통일성은 교육을
통해 이루어져야 한다. 교육이 좋은 국가를 만들어줄 것이라는 믿음으로

....

58 단위 음표로 표시되는 "박"에는 센박(강)과 여린박(약)이 있고, 또한 길이에 따라
  달라진다. 한 마디 안에서 이 두 종류의 박이 여러 가지로 조합되어 구성된 것을
  "박자"라고 한다. 그런데 어느 한 종류의 박으로만 선율을 구성하면 천편일률적인
  아주 단조로운 선율이 되고 말 것이다.

40 교육을 도입하려는 사람이 라케다이몬이나 크레타의 입법자가 공동식
사를 통해 재산을 공유하게 한 것처럼, 관습이나 철학, 법을 통하지 않고,
자신이 제안한 제도를 통해 국가를 바로잡을 수 있다고 생각한 것은 이
상하다.

1264aI   또한, 소크라테스가 제안한 제도들이 충분히 훌륭했다면, 오랜 시간
주목받았어야 했는데, 실제로는 그렇지 않았다. 그가 제안한 제도들 중
일부는 그동안 서로 결합되지 않았고, 일부는 알려지긴 했지만 시행되지
5 않았을 뿐, 그 제도들은 거의 모두 기존에 발견된 것이다. 만약 그가 제
안한 정치체제를 완전히 구현한 국가를 볼 수 있다면, 이 사실이 분명히
드러날 것이다. 공동식사를 위한 기구든, 씨족과 부족을 위한 기구든, 국
가 구성원을 구분하고 나누지 않는다면 국가를 조직할 수 없기 때문이
다. 그래서 그의 제안 중에서 법제화할 수 있는 것은 수호자들이 농사를
10 짓지 않아야 한다는 것뿐이다. 이외 제안은 실제로는 법제화할 수 없다.
게다가, 이 유일한 법제화 가능 제안조차도 지금 라케다이몬인이 법제화
하려고 하고 있다.

또한 소크라테스는 자신이 제시한 정치체제 아래에서 국가 전체가
구성원들에게 어떤 의미를 지니는지에 대해 전혀 언급하지 않았다. 실제
로, 이를 설명하는 것은 쉽지 않다. 이 국가의 대부분 구성원은 수호자가
아닌 다른 계층의 사람들이지만, 그들에 대한 규정은 없다.

15 농부들은 재산을 공유하는가, 아니면 개인 소유로 하는가? 여성과
아이들은 공유하는가, 아니면 개인 소유로 하는가? 농부들이 모든 것을
공유한다면, 그들과 수호자들 사이에는 어떤 차이가 있나? 농부들이 수
호자들의 통치에 복종해서 얻는 이익은 무엇인가? 수호자들이 크레타인
20 처럼 현명한 정책을 펼치지 않는다면, 농부들을 설득하여 그들의 통치를
받아들이게 할 방법은 무엇인가? 크레타인은 노예들에게 체력 단련과

무기 소지만 금지하고, 다른 모든 것에서는 동일한 권리를 허용했기 때문이다.

이 국가의 농민들이 다른 국가의 농민들과 같은 상황이라면, 그 국가 공동체는 어떻게 될까? 그럼 이 국가 안에 두 개의 별도 국가가 존재 25 하게 되고, 이 두 국가는 서로 대립하게 될 것이다. 이 국가에서 수호자들은 국가를 보호하는 역할을 맡지만 농민들, 기술자들 그리고 다른 사람들은 일반 시민이기 때문이다. 그래서 불만, 소송 등 소크라테스가 다른 국가에서 발견된다고 말한 온갖 악들이 이 국가에 속한 사람들 사이에서도 존재하게 될 것이다.

이런 상황에서 소크라테스는, 시민들은 훌륭한 교육 덕분에 시민 생 30 활이나 시장 관련 법, 그 외의 다른 법들을 크게 필요로 하지 않을 것이며, 교육은 오직 수호자들에게만 제공한다고 한다. 또한, 농민들에게 토지 소유권을 주되, 토지에서 생산되는 것의 일부를 세금으로 내는 조건을 제시한다. 하지만 그렇게 했을 때 그 농민들은 자부심이 대단한 집단이 되어서, 현재 여러 국가에 존재하는 헤일로스나 페네스테스[59]와 같은 35 노예 집단들보다 더 다루기 어렵게 될 것이다.

그런데도 소크라테스는 농민들에게도 수호자들과 마찬가지로 여자들과 아이들과 재산의 공유제를 적용할 것인지, 또 이 정치체제에서 농민들의 위치는 어디인지, 농민들과 관련된 교육이나 법들은 무엇인지에 대해서는 전혀 설명하지 않았다. 이러한 질문들에 대한 답을 찾기는 쉽지 않지만, 수호자들의 공동체를 유지하려면 이 질문들에 대한 답이 중 40

....

59 스파르타에서는 농노를 "헤일로스"라고 불렀고, 테살리아에서는 "페네스테스"라고 불렀다. 테살리아는 그리스 중북부에 있는 지방으로 그리스의 시조인 헬렌이 처음으로 왕국을 세운 유서 깊은 곳이다.

요하다는 것은 분명하다.

1264b1 소크라테스는 농민들이 재산을 개인 소유하든 공유하든 상관없이 여성들을 공유하자고 주장했는데, 남성들이 농사일에 바쁠 텐데, 가사일

5 은 누가 맡게 될까? 더욱이 소크라테스가 짐승을 예로 들어 여성들도 남성들과 똑같은 일을 해야 한다고 주장한 것도 이상하다. 짐승들은 가사일에 전혀 신경 쓰지 않기 때문이다.

또한 소크라테스가 국가를 다스리는 자들을 세우는 방식도 위태롭다. 그는 동일한 인물이 계속해서 국가를 통치하도록 한다. 이런 방식은 자부심 없는 사람들 사이에서도 분열과 불화를 일으키는데, 자부심과 패

10 기로 가득 찬 전사들 사이에서는 더욱더 파당과 불화의 원인이 되리라는 것은 자명하지 않겠는가. 그런데도 동일한 사람들이 계속해서 국가를 통치하도록 그가 말한 이유는 명확하다. 소크라테스는 사람들이 태어날 때 신이 어떤 사람에게는 황금을, 어떤 사람에게는 은을, 장차 기술자나 농민이 될 사람들에게는 청동과 무쇠를 섞는다고 말하는데, 신이 사람들의

15 영혼에 섞는 황금은 때때로 이 사람들에게 있고 때때로 저 사람들에게 있는 것이 아니라, 항상 동일한 사람들의 영혼 속에 고정되어 있다고 말하기 때문이다.[60]

그리고 소크라테스는 수호자들로부터 행복을 빼앗고는, 입법자는 국가 전체를 행복하게 만들어야 한다고 주장한다.[61] 그러나 국가를 구성하는 사람들 중 다수나 일부라도 행복하지 않다면, 전체가 행복할 수는

....

60 소크라테스는 국가의 각 집단이 자신의 능력과 지위가 신에 의해 부여되었다는 믿음을 가지도록 교육하는 방법으로 이 이야기를 전달해야 한다고 주장한다. 농민의 아들에게 황금이 주어질 수 있고, 수호자의 아들에게는 무쇠가 주어질 수 있지만, 누가 어떤 것을 받을지는 태어날 때 이미 정해져 있으므로, 통치자가 될지 아니면 통치받을지는 이미 출생과 동시에 결정되어 평생 유지된다는 것이다.

없다. 행복은 짝수와 같은 것이 아니다. 두 숫자 중 하나가 짝수가 아니   20
라도 두 숫자를 더하면 전체는 짝수가 될 수 있지만, 행복은 그렇게 될
수 없다. 수호자들이 행복하지 않다면, 누가 행복할 수 있을까? 기술자들
을 포함한 대다수는 행복하지 않을 것이 분명하기 때문이다. 소크라테스
가 제안한 정치체제에는 이런 문제점 외에도 그만큼 심각한 다른 문제점   25
들이 있다.

....

61   『국가』에서 수호자들에게서 모든 즐거움을 박탈해버리면 그들이 불행해진다고 글
    라우콘이 반론을 제기하자, 소크라테스는 자기가 제시한 국가에서는 어느 한 집
    단을 행복하게 하는 것이 아니라 국가 전체가 행복하게 되는 것을 목표로 한다고
    말한다(419a).

플라톤이 『법률』에서 제시한 정치체제에 대한 비판

이번 장은 플라톤의 『법률』에 나타난 정치체제에 대한 비판을 다루고 있다. 우선, 아무 일도 하지 않는 5천 명의 전사를 유지하는 것은 현실적으로 불가능하다는 점을 지적한다. 법을 제정할 때는 영토와 인구를 고려해야 한다는 플라톤의 주장은 타당하지만, 이웃 국가들에 대한 고려 또한 중요하다고 본다. 재산의 규모 제한과 관련해서는, 절제력을 가지고 살 수 있는 수준의 재산을 공평하게 분배해야 한다는 플라톤의 견해에 동의하면서도, 절제하면서 넉넉하게 사용할 수 있는 적정 수준의 재산에 대한 좀 더 명확한 기준 설정이 필요하다고 주장한다. 또한 인구 제한에 대한 조치를 언급해야 함에도 이 문제를 다루지 않은 점, 통치자와 피통치자 간의 구분에 대해 설명하지 않은 점 등을 들어 플라톤을 비판한다. 나아가 『법률』에서 제시된 가장 이상적인 정치체제는 과두정적 특징을 보이는데, 이는 가장 바람직한 정치체제로 볼 수 없다고 결론 내린다.

　이것은 나중에 쓰인 『법률』도 마찬가지다. 그래서 그 책에 소개된 정치체제에 대해서도 간단히 살펴보겠다. 『국가』에서 소크라테스는 여

자들과 아이들과 재산을 어떻게 다루어야 하는지, 그리고 정치체제를 어 30
떻게 구성해야 하는지 같은 문제만 일부 다룬다.『국가』에서 소크라테스
는 국가를 구성하는 모든 사람을 두 집단으로 나누는데, 하나는 농민들
이고, 다른 하나는 전쟁을 담당하는 전사들이다. 그리고 이 전사 중에서
국가 정책을 심의하고 집행하는 세 번째 집단이 충원된다. 그러나 그는
농민들과 기술자들이 통치에 전혀 참여하지 말아야 하는지, 아니면 일부 35
참여할 수 있는지, 그들도 무기를 소지하고 전쟁에 참가해야 하는지 아
닌지, 이런 문제들에 대해서는 전혀 설명하지 않는다. 그는 여성들도 전
쟁에 참여하고, 수호자들과 동일한 교육을 받아야 한다고 주장하지만,
『국가』의 나머지 부분은 이 주제와는 무관한 내용과 수호자들이 받아야 40
하는 교육에 대한 논의로 차 있을 뿐이다.

　　『법률』은 대부분 법에 관한 내용이며, 정치체제에 대한 부분은 그다 1265a1
지 많지 않다. 거기서 그는 실제 국가들이 일반적으로 채택할 수 있는 정
치체제를 제안하려고 하지만, 점차『국가』에서 제시한 정치체제로 다시
회귀한다. 여자들과 재산의 공유를 제외하고『법률』이 제시한 정치체제 5
는『국가』가 제시한 것과 거의 동일하기 때문이다. 교육 방식도 같고, 강
제 노역에서 벗어난 삶도 같으며, 공동식사도 같다.『법률』에서는 여성들
도 공동식사에 참여해야 한다고 말하고,『국가』에서는 무기를 지닌 사람
들의 수가 1천 명인 반면『법률』에서는 5천 명이라고 말하는 것이 서로 10
다를 뿐이다.

　　소크라테스의 말들은 독창적이고 세련되며, 기발한 통찰과 탐구 정
신이 돋보인다. 그러나 그의 이론이 모든 것을 완벽하게 설명하지는 못
한다. 방금 말한 전사들의 수와 관련해 우리는 아무 일도 안 하는 5천 명
의 전사들 그리고 그들보다 몇 배는 더 많은 그들의 여자들과 하인 무리 15
를 부양하려면 바빌로니아나 그 정도로 무한히 큰 땅덩어리가 필요하다

는 것을 간과해서는 안 된다. 분명 바람직한 상태를 가정하는 것은 문제가 되지 않지만, 불가능한 것을 가정해서는 안 된다.

20 　또한 『법률』에서는 입법자가 법을 제정할 때 영토와 인구라는 두 가지 요소를 고려해야 한다고 말한다. 그러나 아울러 주변국과의 관계도 중요하게 살펴야 한다. 국가는 다른 국가들과의 관계 속에서 존재하기 때문이다. 국가는 전쟁이 일어났을 때 국내 자원뿐만 아니라 국외 자원

25 도 활용할 수 있어야 한다. 개인이든 국가 전체든 국가가 이러한 방식의 삶을 받아들이지 않을 수도 있겠지만, 적들이 영토를 위협하고 있지 않을 때도 국가는 항상 적들에게 두려움을 줘야 한다.

　아울러 재산의 규모에 대해서도 『법률』의 내용과는 달리 좀 더 분

30 명한 기준을 세우는 것이 바람직하다. 『법률』에서는 절제된 삶을 영위할 수 있을 만큼의 재산을 소유해야 한다고 말하는데, 여기서 절제는 잘 살아간다는 의미로 해석된다. 그러나 이러한 표현은 절제하면서도 불행하게 사는 경우까지 포괄할 수 있다는 점에서 지나치게 광범위하다. 따라서 절제하되 삶을 충분히 영위할 수 있는 수준으로 기준을 정하는 편이 낫다.

　절제와 풍요로움을 별개로 본다면, 풍족하게 쓰는 것은 사치가 되고

35 절제는 고통스러운 삶으로 이어질 수 있다. 절제와 풍요는 재산 사용과 관련된 유일한 미덕이다. 재산을 다루면서 온화함이나 용기를 드러내기는 어려우나, 절제하면서도 풍요롭게 사용할 수는 있기 때문이다. 따라서 재산을 운용할 때는 절제와 풍요로움을 겸비하는 것이 이상적이라 하겠다.

　또한 재산을 균등하게 분배하는 방안을 제시하면서도 시민 수에 대

40 해서는 아무런 조치도 취하지 않는 것은 이상하다. 현재의 국가들에서 볼 수 있듯이 어떤 가정은 많은 자녀를 낳지만 어떤 가정은 자녀를 가지

지 않아 결국 인구는 그대로 유지된다고 생각해서 자녀를 가지는 것에 제한을 두지 않는 것으로 보인다.

그러나 오늘날의 국가들과는 달리 이 국가에서는 인구가 정확히 유지되어야 한다. 오늘날의 국가에서는 인구가 아무리 증가해도 재산이 모든 사람에게 배분되어 재산 없는 사람은 아무도 없지만, 이 국가에서는 재산이 공유되어 추가로 배분될 수 없어서 잉여 인구는 그 수가 적든 많 5 든 빈손이 되기 때문이다. 그래서 재산을 제한하기보다는 출산하는 아이들의 수를 제한해서 더 많아지지 않게 해야 하는데, 태어나는 아이들의 수는 태어났다가 죽는 아이들의 수와 아이를 낳지 못하는 사람들의 수를 10 고려해서 정해야 한다.

오늘날의 대부분 국가에서 볼 수 있듯이 태어나는 아이 수를 제한하지 않고 방치하면 시민들이 가난해지는 원인이 되고, 가난은 반란과 범죄를 초래한다. 그래서 고대 입법자 중 한 사람인 코린토스의 페이돈[62]은 처음에 모든 사람에게 재산이 균등하게 배분되지 않았더라도, 가구 수와 15 시민 수는 일정하게 유지되어야 한다고 말했다. 그러나 『법률』에서는 이 문제에 대해 반대 입장을 취하고 있다. 이 문제에 대해 어떤 방향이 더 나은지에 대해서는 나중에 이야기하겠다.[63]

또한, 『법률』에서는 지배자와 피지배자가 어떻게 다른지를 명확히 설명하지 않고, 지배자와 피지배자의 관계는 서로 다른 양털로 된 날실 20

....

62 "페이돈"은 기원전 약 710-670년에 아르고스를 다스린 야심 차고 성공적인 통치자였다. 그가 도입한 여러 제도는 나중에 아테네에서도 채택되었다. 아리스토텔레스는 그가 처음에는 왕이었다가 나중에는 참주가 되었다고 말하기도 한다. "코린토스"는 펠로폰네소스 반도 북동쪽의 좁은 지협 위에 세워져 이 반도와 그리스 본토를 연결하는 길목에 있던 도시국가였다.

63 아리스토텔레스는 6장에서 언급한 대부분의 주제를 제7권에서 다룬다.

제6장 플라톤이 『법률』에서 제시한 정치체제에 대한 비판
....

과 씨실의 관계여야 한다고만 말한다. 한 사람의 재산이 다섯 배까지 늘어나는 것을 허용하는 반면, 토지가 일정 크기를 넘어서는 것을 허용하지 않는 이유는 무엇일까? 농가 배정 방식이 가사 관리에 유용한지도 살펴보아야 한다. 한 가정에 서로 떨어져 있는 두 개의 농가를 배정하는데, 두 집에 거주하면서 가사를 관리하기는 어렵기 때문이다.

『법률』에서 제시하는 정치체제는 민주정과 과두정의 중간 형태로, 특별한 명칭 없이 단순히 정치체제[64]라고 불린다. 이는 무장한 자들이 통치하는 체제이기 때문이다. 만약 이 체제를 현존하는 국가들에서 가장 널리 채택된 정치체제로 본다면 그 견해는 타당할 수 있다. 그러나 이를 『국가』에서 처음 제안된 정치체제 다음으로 가장 뛰어난 체제로 여기는 것은 오해의 소지가 있다. 사람들은 라콘인[65]의 정치체제나 다른 귀족정적인[66] 정치체제를 더욱 칭찬할 것이기 때문이다.

어떤 사람은 가장 훌륭한 정치체제는 모든 형태의 정치체제를 혼합

....

64 "정치체제"를 뜻하는 '폴리테이아'(Πολιτεία)는 플라톤이 쓴 『국가』의 원제이기도 하다. 플라톤은 『국가』에서 이상적인 정치체제를 갖춘 국가를 제시하려 했고, 반면에 『법률』에서는 현실적이면서도 최상의 정치체제를 제시하려 했다. 이 체제는 민주정과 과두정의 중간 형태로, 플라톤은 이를 특별한 이름으로 부르지 않고 단순히 "정치체제"라고 명명했다. 아리스토텔레스 역시 민주정과 과두정의 중간 형태인 체제를 "정치체제"라고 부르지만, 역자는 독자의 이해를 돕고 서로 구분하기 위해 이 정치체제를 "혼합정"으로 번역했다.

65 "라콘인"은 라코니아에 사는 사람들을 가리킨다. 라코니아는 나중에 라케다이몬 또는 스파르테(스파르타)라 불리게 된다. 아리스토텔레스는 그들을 "라콘인" 또는 "라케다이몬인"으로 부르는데, 역사적으로는 전자가 먼저다. 라콘은 라코니아의 건설자다.

66 "귀족정"(ἀριστοκρατία, '아리스토크라티아')이 가장 훌륭한 여러 사람이 다스리는 정치체제를 가리킨다면, "과두정"(ὀλιγαρχία, '올리가르키아')은 가장 훌륭한 사람들이 아니라 소수가 다스리는 정치체제다. 따라서 과두정은 귀족정의 변질된 형태로 인식된다.

한 것이어야 하므로, 라케다이몬인의 정치체제를 칭찬한다. 그들 중 일
부는 라케다이몬인의 정치체제가 과두정과 군주정과 민주정을 결합한
것이라고 말한다. 왕은 군주정을, 원로들의 지배는 과두정을, 국민에 의
해 선출된 감독관들의 지배는 민주정을 대표한다고 말한다.[67] 하지만 그
들 중 일부는 감독관들이 참주정을 대표하므로, 공동식사와 일상생활은
민주정적인 요소라고 말하기도 한다.

　　반면에 『법률』에서는 최상의 정치체제는 민주정과 참주정의 결합으
로 규정한다. 그러나 민주정과 참주정은 진정한 의미의 정치체제가 아니
거나 최악의 정치체제로 간주되므로,[68] 다양한 정치체제의 장점을 혼합
하는 것이 더 나은 대안이 될 수 있다.

　　『법률』에서 소개된 정치체제는 군주정적인 요소는 전혀 없고, 과두
정 요소와 민주정 요소만이 있는데, 거기서도 과두정 쪽으로 기울어져
있다. 이는 통치자 선발 방식을 통해 명확히 드러난다. 예비 선거에서 투
표로 선출된 사람들 가운데서 제비를 뽑아 통치자를 선발하는 방법은 민
주정과 과두정의 공통점이다. 그러나 부유한 시민들은 평의회 참석, 국
정 논의, 통치자 선출을 위한 투표, 기타 국정 참여가 의무사항인 반면,
부유하지 않은 시민은 그러한 의무가 없다는 점이 과두정의 특징이다.

....

67　라케다이몬은 왕정이 아니었으므로, 그들의 정치체제에서 "왕"은 왕정에서 왕이
　　가진 권력을 갖고 있지 않았다. 라케다이몬의 정치체제는 왕과 원로원과 감독관
　　들이 견제와 균형 속에서 통치를 해나가는 정치체제였다. "감독관"으로 번역한 '에
　　포로스'(ἔφορος)는 감독, 수호자, 통치자를 뜻한다. 라케다이몬에서는 시민들이 선
　　출한 최고 통치자들인 5명의 "감독관"이 실권을 지니고 있었다. 그래서 어떤 사람
　　은 "감독관" 제도는 참주정적인 것으로 말한 것이다.

68　플라톤은 『법률』에서 군주정과 온건한 민주정을 혼합한 정치체제를 현실적으로
　　가장 훌륭한 정치체제로 제시하지만(701e, 756e), 아리스토텔레스는 참주정과 민
　　주정을 변질되고 열등한 정치체제로 본다.

제6장 플라톤이 『법률』에서 제시한 정치체제에 대한 비판
....

또한 다스리는 자들 중 다수를 부유층에서 선출하고, 최고 통치자는 가장 부유한 이들 중에서 배출되도록 하는 것도 과두정의 속성이다.

또한, 평의회 의원 선출 과정에서도 과두정적 특성이 드러난다. 예비 선거에서의 투표는 모든 시민의 의무이지만, 제1·2재산등급 후보자에 대한 투표만 모든 시민에게 의무화되고, 제3·4재산등급 후보자에 대한 투표는 일부 시민에게만 의무사항이다. 특히 제4재산등급 후보자에 대한 투표는 제1·2재산등급 시민들에게만 의무다.

이후 선출된 후보자들 중 제비뽑기를 통해 각 재산등급별 비율에 따라 평의회 의원을 임명하는데, 이는 최고 재산등급 후보자들이 평의회 다수를 차지하게 되는 불공정한 결과를 초래할 수 있다. 투표 의무가 없는 일반 대중 중 일부는 예비 선거에 참여하지 않을 것이기에 최고 재산등급 시민들에게 유리하게 작용할 것이다.

이로써 민주정과 참주정의 결합이 가장 훌륭한 정치체제일 수 없음이 분명해졌고, 추후 이상적 정치체제에 대한 고찰에서도 이는 명백히 드러날 것이다. 아울러 예비 선거를 통해 통치자를 선출하는 방식 역시 위험할 수 있다. 소수 집단의 결집으로 선거 결과가 좌우될 수 있기 때문이다. 『법률』에서 제시하는 정치체제에 대한 논의는 여기서 마무리하겠다.

팔레아스가 제안한 재산 균등화에 대한 비판

카르타고 사람 팔레아스는 모든 파당과 불화가 재산 문제를 둘러싸고 일어나기 때문에, 모든 시민은 재산을 균등하게 소유해야 한다고 주장했다. 하지만 그는 산아 제한에 대해 고려해야 하는데도 전혀 말하지 않았고, 교육으로 사람들의 욕망을 다스려야 한다고 말해야 했는데도 하지 않았다. 따라서 팔레아스의 재산 균등화 정책으로는 단지 작은 범죄들을 막을 수 있을 뿐이다. 또한, 그는 이웃 국가들과 한 국가의 부에 관한 것도 다루지 않았다. 결국, 재산 균등화만으로는 파당과 불화를 해결할 수 없고, 귀족이든 대중이든 자신들의 본분을 알고 만족하게 하는 것이 그 해법이다.

그 밖에도 다양한 정치체제가 존재하는데, 이들 중 일부는 단순히

....

69 플라톤이 『국가』에서 제시한 이상 국가의 정치체제와 『법률』에서 제시한 현실적이면서도 가장 훌륭한 정치체제를 가리킨다. 아리스토텔레스는 이 두 가지 정치체제는 현실적이지 않다고 평가한다.

제안된 수준에 그치고, 나머지는 철학자나 정치인들에 의해 구체적으로 제시되었다. 그러나 이러한 정치체제들은 앞서 살펴본 플라톤의 두 가지 이상적 정치체제[69]에 비해 현대 국가들이 실제로 채택하고 있는 체제와 35 더 유사하다. 아이들과 여자들의 공유나 여자들의 공동식사 같은 혁신적인 것을 제시한 사람은 아무도 없고, 모두 실생활에 꼭 필요한 것에서 시작하기 때문이다.

어떤 사람은 모든 파당과 불화가 재산 문제를 둘러싸고 일어나기 때문에, 재산 문제를 제대로 정비하는 것이 가장 중요하다고 생각한다. 그 40 래서 이 문제를 가장 먼저 제기한 카르타고 사람 팔레아스[70]는 시민들의 1266b1 재산은 동일해야 한다고 말했다. 신설된 식민지에서는 이를 쉽게 실천할 수 있고, 이미 정착한 곳에서는 조금 어렵겠지만, 부자들은 결혼 지참금을 내는 것만 하고, 가난한 사람들은 결혼 지참금을 받는 것만 하면, 모 5 든 시민의 재산이 아주 신속하게 공평해질 것으로 생각했다. 이미 말했 듯이, 『법률』을 쓴 플라톤은 어느 한도까지는 재산을 허용해야 하지만, 어느 시민도 최소 재산의 다섯 배 이상을 소유하게 해서는 안 된다고 생각했다.

재산 분배에 관한 법률을 제정하는 사람들은 재산의 한계를 설정할 때 자녀 수도 고려해야 한다는 점을 잊어버리면 안 된다. 그러나 실제로 10 는 대부분 이 부분을 간과한다. 재산 규모보다 자녀 수가 많아지면 재산 제한법은 무용지물이 된다. 게다가 이런 법이 폐지되면서 원래 부유했던 사람들이 빈곤해지는 것은 바람직하지 않다. 그런 사람들은 혁명가가 될 가능성이 높기 때문이다.

....

70 "카르타고 사람 팔레아스"에 대해서는 알려진 것이 없다.

옛 입법자들 중 일부는 균등한 재산 소유 정책이 국가 공동체에 큰 15
영향을 미친다는 사실을 명백하게 인식했다. 예를 들어, 솔론[71]을 비롯한
여러 입법자는 개인이 원하는 만큼 제한 없이 토지를 취득하는 것을 금
지하는 법을 만들었고, 동시에 재산 매각을 제한하는 법도 세웠다. 로크 20
리스인[72]에게는, 재산 매각의 필요성이 명백하게 입증된 때를 제외하고
는 재산 매각을 금지하는 법이 존재했다. 또한, 레우카스[73]에선 기존에
분배받은 땅을 계속 유지해야 하는 법이 있었는데, 이 법이 폐지되면서
특정 재산 계층의 사람들로만 이루어진 지배층을 유지할 수 없게 되었
고, 결과적으로 레우카스는 지나치게 민주적인 정치체제가 되었다.

재산 균등 분배 정책을 시행할 때 한 사람의 재산 규모가 지나치게 25
크면 사치스럽게 살게 되고, 반대로 너무 적으면 궁핍한 생활을 조장하
게 된다. 따라서 입법자는 재산의 균등 분배뿐 아니라, 한 사람이 소유해
야 할 적정 재산 규모를 고려해야 한다.

한 사람이 소유하는 재산 규모를 적절하게 제한한다 해도, 그것만으
로는 충분하지 않다. 재산의 균등화보다는 욕망의 균등화가 더 중요하 30
고, 이를 위해선 법에 의한 적절한 교육이 필요하다. 팔레아스는 이를 주
장하곤 했다. 그는 국가가 재산과 교육, 이 두 가지를 균등하게 해야 한
다고 생각했다. 하지만 어떤 교육이 필요한지를 말했어야 했다. 단순히 35
모든 사람에게 동일한 교육을 제공하는 것만으로는 부족하다. 같은 교육
을 받는다고 해서 모든 시민이 같아지진 않으며, 그 결과는 재산이나 명

....

71 "솔론"(기원전 약 640-560년)은 고대 그리스 아테네의 정치가다. 그리스 일곱 현인
중 한 명으로 '솔론의 개혁'이라 불리는 여러 개혁을 단행했다.

72 "로크리스인"은 그리스 중부 로크리스 지방에 사는 사람들로, 그들의 시조는 "로
크로스"이다.

73 "레우카스"는 그리스 서부 이오니아해에 있는 섬이다.

예, 또는 둘 다를 탐욕스럽게 추구하는 사람들을 만들어낼 수 있기 때문이다.

또한, 혁명이 일어나는 이유는 재산의 불평등뿐만 아니라 명예의 불평등 때문이기도 하다. 그러나 이 두 가지 불평등은 서로 다른 방향으로 작용한다. 대중은 재산 분배의 불평등을 볼 때 혁명을 고려하고, 지식인 층은 명예 분배가 평등할 때 혁명을 생각하기 때문이다. 그래서 "형편없는 자와 훌륭한 자가 똑같은 명예를 누리고 있소"[74]라는 말이 나왔다.

사람들은 생필품 때문에 범죄를 저지른다. 그래서 팔레아스는 재산을 균등하게 분배하면 추위에 떨고 배고파서 강도짓을 하는 일이 없어지므로 범죄 문제를 해결할 수 있다고 생각했다. 하지만 사람들은 즐기기 위해서, 또는 불필요한 욕망을 풀기 위해 범죄를 저지르기도 한다. 사람들은 기본적인 생필품으로는 만족하지 못하고 더 많은 것을 원하는데, 이런 욕망을 충족시키기 위해 범죄를 저지른다. 게다가, 단지 욕망을 충족시키기 위한 범죄뿐만 아니라, 고통 없는 즐거움을 추구하는 욕망 때문에 범죄를 저지르기도 한다.

그렇다면 이 세 종류의 범죄를 어떻게 해결해야 할까? 첫 번째 범죄에 대한 해결책은 적절한 재산과 일자리를 제공하는 것이다. 두 번째 범죄에 대한 해결책은 절제이며, 세 번째 범죄에 대해서는, 다른 사람에게 피해를 주지 않고 혼자 즐거움을 누리려면, 철학적인 즐거움을 추구하는 것 외에는 다른 방법이 없다. 그 외의 즐거움을 얻기 위해서는 다른 사람

....

74 이것은 호메로스의 『일리아스』 제9권 319행에 나오는 말이다. 트로이아 전쟁에서 그리스 연합군 최고의 영웅 아킬레우스는 그리스군 총사령관 아가멤논과 불화를 일으키면서 모든 전투에 나가지 않는다. 그러자 다른 장군들이 와서 그를 설득하려 하자, 아킬레우스는 그동안 자기는 악전고투하며 싸웠는데도 특별히 대접받은 것이 없다고 불평하며 한 말이다.

들의 개입이 필요하기 때문이다.

가장 큰 범죄는 생필품 때문이 아니라 과욕 때문에 일어난다. 예컨대 누군가가 참주가 되고자 한다면, 그것은 추위에 떠는 삶을 벗어나기 위한 것이 아니다. 그러므로 도둑을 죽이는 것보다는 참주를 죽이는 것 15 이 더 명예로운 일이다. 따라서 팔레아스가 제안한 정치체제는 단지 작은 범죄들을 막는 데만 도움이 될 뿐이다.

또한 팔레아스는 내부적인 국정 운영을 원활하게 하기 위한 여러 요소를 포함한 정치체제를 제안하지만, 여기에는 이웃 국가들을 비롯한 외부 요소도 담겨 있어야 한다. 즉, 군사력에 대한 부분 역시 반드시 포함 20 되어야 하는데, 팔레아스는 이것에 대해서는 전혀 말하지 않는다.

이것은 국가의 부에 관한 문제에도 그대로 적용된다. 국가의 부는 내부적으로는 모든 시민의 필요를 충분히 충족시킬 수 있어야 하고, 국외로부터 발생하는 위험들에도 충분히 대처할 수 있어야 한다. 따라서 25 국가의 부는, 외부의 공격에 대비할 수 있을 만큼은 있어야 하지만, 강력한 이웃 국가들이 욕심을 내어 약탈하려 할 정도로 과도하게 많아선 안된다. 반대로, 국력이 대등하거나 비슷한 외부 세력과의 전쟁을 수행할수 있을 만큼은 충분해야 하되, 너무 작아서도 안 된다.

팔레아스는 이 문제에 대해서도 아무런 설명을 하지 않지만, 국가의 부가 많은 것이 유리함을 간과해서는 안 된다. 따라서 이상적인 국가의 부는 더 강대한 국가들이 전쟁을 일으켜 약탈하고 싶어 할 만큼 과도 30 해서는 안 되고, 오히려 전쟁을 감당할 수 없을 정도로 작지 않다면 가장 바람직하다.

예컨대 아우토프라다테스가 아타르네우스를 공격하려고 하자, 에우불로스는 그곳을 함락시키는 데 어느 정도의 시간이 걸릴지를 숙고해보고, 그동안에 들어갈 비용이 얼마인지를 계산해보라고 그에게 권하면

35　서,[75] 자기는 그렇게 들어갈 비용보다 더 적은 돈을 받고 아타르네우스를 그에게 당장 넘겨줄 의향이 있다고 말했다. 이 제안을 들은 아우토프라다테스는 심사숙고한 끝에 공격을 중단하기로 결정했다.

　　　재산의 균등화는 시민들 사이의 갈등을 어느 정도 완화하는 데에는

40　도움이 되지만, 그 효과는 생각보다 크지 않다. 지식인층[76]이나 고위 계층은 자신이 다른 사람들과 동등하게 취급받는 것에 불평하고 분노하기 때문이다. 이러한 불만은 종종 국가 지도자들에 대한 반발이나 혁명의 원인이 되는 것을 우리는 자주 보아왔다.

1267b1　　　또한, 사람들의 불만은 그들의 탐욕과 만족하지 못하는 성향 때문에 더욱 커진다. 사람들은 처음에는 하루에 2오볼로스[77]만 받아도 만족하지만, 일정한 수입에 익숙해지면 더 많은 돈을 원하게 된다. 이런 욕망은 끝이 없으며, 대부분은 이런 욕망을 충족시키기 위해 살아간다.

5　　　그렇기에, 이 문제를 근본적으로 해결하려면 단순히 재산을 균등하게 분배하는 것이 아니라, 더 우월한 사람들이 과도한 요구를 하지 않게

....

75　"아우토프라다테스"는 기원전 4세기 페르시아 제국에 속한 리디아의 총독이다. 리디아는 소아시아 서부에 있었다. 그는 아르타크세르크세스 3세(재위 기원전 약 359-338년)와 다레이오스 3세(재위 기원전 336-330년) 치세 기간에 장군으로 유명했다. "아타르네우스"는 소아시아 아이올리스 지방의 그리스 식민도시로, 레스보스섬 맞은편 소아시아 본토에 있다. "에우불로스"(기원전 405-335년)는 고대 그리스 아테네의 정치가로, 기원전 355-342년에 아테네 정치에 지대한 영향력을 행사했다. 특히 아테네의 재정 관리에 놀라운 수완을 보인 것으로 유명했다.

76　"지식인층"으로 번역한 '카리에이스'(χαρίεις)는 "교육을 받아 고상하고 교양 있는 사람들"을 뜻한다. 즉, 배운 사람들은 자신들이 무지하고 상스러운 자들과 동일하게 대접하는 것에 분노한다는 의미다.

77　"오볼로스"는 고대 그리스의 동전으로, 1드라크마의 6분의 1의 가치였다. 1드라크마는 일용노동자의 하루 임금이었다. 아테네에서는 가난한 시민들이 공연장에 갈 수 있도록 2오볼로스를 지급하는 관행이 있었는데, 민주정을 반대하는 사람들은 이 관행을 비웃었다.

제2권 정치체제에 관한 일반적 개관

....

하고, 덜 우월한 사람들이 그들의 몫 이상을 원치 않게 해야 한다. 그러나 덜 우월한 사람들이 그들의 몫 이상을 원하지 않게 하려면, 그들이 못났더라도 우월한 사람들과 동등하게 대우받아야 한다.

그리고 팔레아스의 재산 균등화 개념도 완전하지 않다. 그는 재산의 [10] 균등화를 토지에만 적용하려고 하지만, 노예, 가축, 돈 그리고 다른 동산들도 부의 일부이기 때문이다. 따라서 이 부분에 대해서도 균등화를 추구하거나, 소유할 수 있는 양을 제한하거나, 아예 규제하지 않는 등의 조치를 고려해야 한다.

팔레아스의 입법을 살펴보면, 그가 작은 국가 체제를 염두에 두고 있었음이 분명하다. 그의 체제에서는 모든 기술자를 국가의 시민이 아 [15] 닌, 공노예로 취급하기 때문이다. 만약 공적인 업무를 수행하는 공노예가 필요하다면, 현재는 에피담노스[78]에서 실행되고 있고, 이전에 디오판토스[79]가 아테네에서 시행하려고 했던 제도를 채택해야 한다.

지금까지 팔레아스가 제안한 정치체제를 개괄적으로 살펴보았기에, 이를 통해 그의 제안이 타당한지 여부를 판단할 수 있을 것이다. [20]

....

78 "에피담노스"는 기원전 627년에 코린토스와 이오니아해에 있는 케르키라섬에 살던 사람들이 발칸반도 서부 일리리아에 세운 식민도시다. 처음에는 상인들과 기술자들을 국정에서 배제하고 철저하게 과두정을 시행하다가 나중에는 내분이 일어나 좀 더 민주정적인 체제로 바뀌었다.

79 "디오판토스"와 그가 시행하려고 했던 제도에 대해서는 알려진 것이 없다.

제7장 팔레아스가 제안한 재산 균등화에 대한 비판
....

히포다모스가 구상한 국가 체제에 대한 비판

일반인 중에서 최초로 국가를 설계한 인물은 밀레토스 사람 히포다모스다. 그는 국가를 구성하는 집단을 기술자, 농민, 전사로 구분하고, 국토를 종교용 토지, 공용지, 사유지로 나누었다. 또한, 배심원들은 유무죄만이 아니라 사안을 세분해 유무죄를 평결해야 한다고 주장했다. 그리고 국가에 이로운 제안을 한 사람에게 포상을 주자고 제안했다. 아리스토텔레스는 이 세 가지를 모두 비판하고, 특히 세 번째와 관련해 법을 쉽게 바꾸는 것에 대해 우려했다.

밀레토스 출신인 에우리폰의 아들 히포다모스[80]는 국가 설계의 기법을 창안한 인물로, 실제로 그는 페이라이에우스를 설계했다. 눈에 띄

....

80 "밀레토스"는 소아시아 서부 해안에 있던 이오니아 지방의 고대 그리스 식민도시로, 상업이 발달했고, 최초의 자연철학자이자 밀레토스 학파의 창시자인 탈레스를 배출한 곳이기도 하다. "히포다모스"는 기원전 5세기에 활동한 고대 그리스의 철학자이자 도시계획가다. 그는 밀레토스를 재건할 때 격자형 시가를 설계했고, 기원전 470년경에는 아테네의 외항 "페이라이에우스"를 설계했다.

는 삶을 살아가며 사람들의 주목을 받고자 했던 그는 머리를 길게 기르 25
고, 고가의 장신구를 착용했으며, 값싸지만 따뜻한 옷을 겨울뿐만 아니
라 여름에도 입었다. 이러한 행동을 보며 일부 사람들은 그가 쓸데없는
것에 집착하며 살아간다고 생각했다.

　　또한, 그는 자연학 전반에 대해 전문가가 되고자 했다. 국정에 참여
한 적이 없으면서도 가장 훌륭한 정치체제가 무엇인지를 제시하고자 한
최초의 인물이 바로 이 사람이다. 30

　　그의 설계에 따르면, 10,000명의 시민으로 이루어진 국가는 세 부
분으로 구성된다. 한 부분은 기술자들, 다른 부분은 농민들 그리고 마지
막 부분은 무기를 든 전사들로 이루어져 있다. 국토 또한 세 부분으로 나
뉘는데, 한 부분은 종교적인 목적을 위한 땅, 다른 부분은 공용지 그리고
마지막 부분은 사유지로 삼았다. 즉, 국가 전체의 토지를 법과 관습에 따 35
라 신들과 관련된 모든 행사 비용을 지원하는 종교용 토지, 전사들의 생
활을 지원하는 공용지, 그리고 농민들이 소유한 개인 땅으로 나누었다.

　　히포다모스는 소송의 원인이 모욕, 상해, 살인이라며, 이 세 가지만
을 대상으로 하는 법이면 충분하다고 주장했다. 또한, 그는 최고 법원을
설치하는 법을 제안했는데, 이 법원에서는 판결이 잘못됐다고 판단되는 40
모든 사건을 재심해야 했다. 그는 여러 원로를 선출하여 이들로 최고 법
원을 구성하는 것이 필요하다고 생각했다.

　　그는 또한 법정에서의 판결 과정을 다음과 같이 제안했다. 배심원들 1268a1
은 조약돌을 항아리에 넣는 방식이 아닌, 각각의 배심원이 서판을 가지
고 있어야 한다. 전체 배심원이 유죄라고 판단하면 형벌을, 전체 배심원
이 무죄라고 판단하면 아무것도 쓰지 않고 비워두며, 일부는 유죄이고
일부는 무죄인 경우에는 둘 다를 명시해야 한다. 이렇게 제안한 이유는 5
현재 법제도에서는 배심원들이 유죄 또는 무죄만을 결정할 수 있어, 이

로 인해 선서를 위반하는 죄[81]를 범할 수 있다고 생각했기 때문이었다.

　　또한 그는 국가에 도움이 되는 제안을 한 사람들을 포상하고, 전사자들의 자녀를 국비로 부양하는 법을 제정해야 한다고 주장했다. 그는 그런 법을 제정한 국가가 없다고 생각했겠지만, 실제로는 아테네를 비롯한 여러 국가에서 이미 이런 법이 시행 중이었다.

　　그는 모든 공직자를 민회에서 선출하게 하고, 민회는 국가를 구성하는 세 부분으로 이뤄져야 한다고 제안했다. 선출된 공직자들은 국정 및 외국인과 고아에 관한 업무를 담당해야 했다. 이것이 히포다모스가 제안한 국가 체제 중에서 가장 핵심적이고 주목할 만한 부분이다.

　　그런데 그의 제안에서 가장 의문이 드는 부분은 시민 전체를 세 부분으로 나눈 것이다. 기술자, 농민, 무기를 소지한 전사들이 모두 국정에 참여하긴 하지만, 농민들은 무기가 없고, 기술자들에게는 토지와 무기가 없으므로, 농민과 기술자들은 무기를 소지한 전사들에게 종속될 가능성이 크다. 따라서 농민과 기술자들이 모든 공직에 참여하는 것은 불가능하다. 군대 지도자, 국정 책임자 그리고 주요 공직자들은 무장한 전사들 중에서만 선출될 수밖에 없기 때문이다.

　　히포다모스의 제안에서, 국정에 참여하지 못하는 농민들과 기술자들이 그런 정치체제를 지지할지 의문이다. "전사 집단이 다른 두 집단을 압도할 만큼 강하다면 문제가 없다"라고 주장할 수도 있지만, 전사 집단의 수가 적다면 그런 일도 쉽지 않을 것이다. 그리고 전사가 많다면, 다른 두 집단이 국정에 참여하고 공직자들을 임명할 권한이 있다는 게 무슨 소용이 있겠는가?

....

81　법정에서 배심원들은 사실과 정의와 양심에 따라 평결하겠다고 신들 앞에서 선서했던 것으로 보인다.

또한 농부들은 국가에 어떤 기여를 하는 것일까? 모든 국가는 기술 30
자들을 필요로 하므로, 기술자들은 반드시 있어야 하며, 다른 국가에서
처럼 자신의 기술로 생계를 유지할 수 있다. 그리고 농부들이 전사들에
게 식량을 공급하는 한 당연히 국가의 한 부분을 구성하는 게 당연하다.
하지만 히포다모스가 설계한 국가에서는 농민들이 각자 자신의 땅을 소
유하고 자신을 위해 경작한다.

또한 전사들을 부양하기 위해 마련된 공유지에 대해서는, 전사들이 35
그 땅을 직접 경작하게 되면, 입법자의 의도와는 달리 전사와 농민의 차
이는 사라질 것이다. 또한, 전사도 아니고 농민도 아닌 다른 집단이 공유
지를 경작하게 된다면, 국정에 참여하지는 않지만 국가의 일부가 되는 40
제4의 집단이 생기게 될 것이다. 마지막으로, 농민들이 사유지와 공유지
를 모두 경작하게 된다면, 한 가정이 두 가정을 부양할 만큼 충분한 식량
을 생산하기가 매우 어려울 것이다. 그럴 바에야, 처음부터 사유지와 공 1268b1
유지를 구분하지 않고 모든 토지를 농민들에게 배분하여, 농민들이 자기
토지에서 생산한 식량으로 자신과 전사들을 부양하게 하는 편이 낫지 않
을까? 이런 점들을 고려하면, 그의 제안은 많은 혼란을 가져온다.

그의 제안 중에서 판결에 관한 법도 적절하지 않다. 배심원들이 유 5
죄 또는 무죄를 판단하면 되는데, 이 제안은 각 사안에 대해 유죄인 부분
과 무죄인 부분을 따로 판단하도록 요구하며, 이로 인해 배심원들이 중
재자 역할을 하게 만든다. 중재 법원에서는 여러 명의 중재자가 판결에
대해 서로 논의할 수 있으므로, 어떤 부분은 유죄이고 어떤 부분은 무죄
인지를 판단할 수 있다. 하지만 형사 법원에서는 그럴 수 없다. 많은 입 10
법자들이 그런 것과는 정반대로, 배심원들은 평결에 관해 서로 협의할
수 없도록 법으로 정해놓았기 때문이다.

그가 제안한 법에 따라 평결했을 때, 배심원들이 피고에게 배상을

요구하되 원고가 요구한 만큼은 아니라고 판단했다면, 그 결과는 어떻게 될까? 예를 들어, 원고가 20므나[82]를 요구하는데, 한 배심원은 10므나, 다른 배심원은 5므나, 또 다른 배심원은 4므나를 배상하라고 판단했고, 전액을 배상하라고 한 배심원도 있고, 아무것도 배상할 필요가 없다고 한 배심원도 있다면, 그런 경우 최종 평결은 어떤 식으로 해야 하는가?

하나의 사건에 대해 배심원들이 무죄냐 유죄냐만 판단하는 것이 선서를 어기는 것은 아니다. 원고가 20므나를 요구하는 사건에서 배심원이 무죄를 판단했다면, 이는 피고가 아무런 배상도 하지 않아도 된다는 것이 아니라, 20므나를 배상하지 않아도 된다는 것이기 때문이다. 반대로, 배심원이 피고가 20므나를 배상하지 않아도 된다고 생각하면서도 유죄 평결을 내린다면, 이는 선서를 어기는 행위이다.

또한, 국가에 이로운 제안을 한 사람을 포상하자는 것에 대해서도, 이는 듣기에는 달콤하나, 실제로는 위험한 생각이다. 이런 법을 만들면, 거짓 고발이 난무하고, 심지어는 정치체제 자체가 흔들릴 수 있기 때문이다. 이는 더욱이 다른 문제를 일으킨다. 더 나은 법이 있다고 생각하여 전통적인 법을 바꾸는 것이 국가에 해로운 것인지, 이로운 것인지에 대한 논의가 필요하기 때문이다. 전통적인 법을 바꾸더라도 이롭지 않다면, 그의 제안에 쉽게 동의하기 어려워진다. 사람들이 공동의 이익을 명분으로 법이나 정치체제의 변화를 제안할 수 있기 때문이다.

법을 바꾸는 문제가 언급되었기 때문에, 이를 더 깊게 살펴볼 필요가 있다. 앞서 언급했듯, 이는 복잡한 문제로, 대대로 전해 오는 법을 바꾸는 것이 더 나아보일 수도 있다. 이런 변혁은 적어도 지식 분야에서는

....

82 "므나"는 화폐와 무게 단위다. 1므나는 100드라크마였고, 1드라크마는 일용노동자의 하루 임금이었다. 따라서 1므나는 상당히 큰 금액이었다.

이로웠다. 의술, 체육, 온갖 전문 지식과 기술 전반은 전통을 벗어났다. 35

정치학 역시 그중 하나로, 변혁이 필요하다는 것이 분명하며, 실제로 일어난 사례들이 그 증거이다. 옛 법들은 매우 미개하고 야만적이었다. 고 40
대 헬라스인은 무장을 하고 다니면서 신부를 납치했고, 현재에도 그런 옛 법들의 잔재가 우리에게 남아 있다. 예컨대 키메[83]에는 살인죄와 관련 1269a1
해, 고소인이 자신의 친척 중에서 여러 명의 증인을 세울 수 있는 경우, 피고는 살인에 대해 유죄라는 법이 있다.

하지만 모든 사람은 일반적으로 전통이 아니라 좋은 것을 추구한다. 초기 사람들이 대지에서 태어났든, 아니면 대재앙을 겪었든,[84] 그들 역시 5
다른 사람들처럼 우매한 존재였을 것이다. 따라서 그들의 생각 속에 머물러 있는 것은 말이 되지 않는다.

성문화된 법조차도 항상 그대로 두는 것이 최선이 아닐 수 있다. 다른 전문 지식들과 같이, 국가 질서와 관련된 모든 요소를 성문화하는 것 10
은 불가능하다. 법은 보편적이어야 하는데, 사람들의 행위는 개별적이기 때문이다.

어떤 경우에는 법을 바꿔야 한다는 것이 분명하다. 그러나 다른 관

....

83 "키메"는 소아시아 서부 해안에 있는 고대 그리스의 식민도시로, 리디아 근방 아이올리스에 있다. 아이올리스 지방에서 가장 크고 중요한 교역 중심지였다. 아이올리스 지방은 소아시아 서부와 북서부 연안과 레스보스를 비롯한 인근 섬들로 이루어진 고대 그리스 식민지다. 동쪽으로 리디아와 맞닿아 있었다.

84 그리스 신화에 의하면, 인류는 황금 시대와 은 시대를 거쳐 청동 시대에 이르러 사악해졌고, 제우스는 대홍수로 인류를 멸망시켰지만, 프로메테우스는 자기 아들인 데우칼리온과 그의 아내 피라에게 큰 배를 만들어 살아남을 수 있게 했다. 유일하게 살아남은 이 두 사람은 앞날을 예견하는 능력과 지혜를 지닌 테미스 여신의 신탁에 따라 돌을 대지에 던졌고, 그들이 던진 돌들은 남자와 여자로 변했다. 이렇게 해서 부부는 새 인류의 조상이 되었고, 그리스인의 시조가 된 헬렌을 낳았다.

제8장 히포다모스가 구상한 국가 체제에 대한 비판
....

15 점에서 보면, 법을 바꾸는 것은 매우 신중해야 한다. 법을 변경했을 때 얻는 이익이 크지 않다면, 쉽게 법을 바꾸는 습관은 좋지 않다. 입법자나 지배자의 일부 실수를 용인하는 것이 오히려 나을 수 있다. 법을 고치는 것보다는 지배자에 대한 시민들의 불복종이 습관화되지 않도록 막는 것이 국가에 더 이로울 수 있다. 다른 전문 분야에 적용되는 원칙을 국가

20 관련 전문 지식에 그대로 대입하는 건 옳지 않다. 전문 지식을 수정하는 것과 법을 고치는 건 같지 않다. 법은 관습을 형성하는 것 말고는 사람들을 복종시키는 다른 힘이 없고, 관습이 자리 잡는 데는 오랜 시간이 걸린다. 그러므로 기존 법을 쉽게 새 법으로 교체하면 법의 권위가 약해진다.

25 　또한, 법을 변경해야 한다면, 모든 법을 변경할 수 있어야 하는가, 어느 정치체제에서든 법을 변경할 수 있어야 하는가, 그렇지 않은가? 누구든지 법을 변경할 수 있어야 하는가, 아니면 특정한 사람들만이 법을 변경할 수 있어야 하는가? 이와 같은 선택지 중에서 어떤 것을 선택하느냐에 따라 큰 차이가 발생할 것이다. 이런 문제들을 더 검토할 기회가 있을 것이므로, 여기서는 이 정도로 마무리하자.

제9장

스파르타의 정치체제

아리스토텔레스는 잘 다스려진 국가들의 정치체제를 분석하면서, 가장 먼저 스파르타의 정치체제를 살펴본다. 그는 스파르타 정치체제의 다양한 문제점을 지적한다. 그중에는 국가 노예들의 관리, 여자들의 방종과 무모함, 재산 불평등과 심한 빈부 격차, 국토가 소수에게 집중되어 있고 여자들이 국토 전체의 5분의 2를 소유하는 것, 출산에 관한 법, 감독관과 원로원, 왕 제도의 결함, 공동식사 제도의 결함, 사령관들에 관한 법의 문제, 법체계 전체가 전쟁에서 승리하는 데 유용한 미덕을 지향한다는 점, 공공 재정에 관한 법의 문제 등이 있다.

우리가 고찰하는 것이 라케다이몬의 정치체제이든, 크레타의 정치체제이든, 아니면 그 밖의 다른 정치체제이든, 살펴보아야 할 것이 두 가 30 지 있는데, 하나는 해당 국가의 입법이 가장 이상적인 정치체제에 비해 얼마나 훌륭한지, 또는 그렇지 않은지를 판단하는 것이다. 다른 하나는 시민들 앞에 제시된 정치체제의 원칙이나 방향과 상충하는 법이나 정책이 존재하는지 확인하는 것이다.

35 잘 다스려지는 국가라면 시민들이 노동에서 벗어나 여가를 즐길 수 있는 시간을 제공해야 한다는 것은 누구나 동의하는 사실이다. 그러나 국가가 시민들에게 여가를 제공하기 위해 어떤 행동을 취해야 하는지는 명확하지 않다. 예를 들어, 테살리아인의 농노 페네스테스는 주인인 테살리아인에게 자주 반기를 들었고, 라콘인의 국가 노예 헤일로스 역시 라콘인이 곤경에 처할 때마다 끊임없이 반란을 도모했기 때문이다.[85]

40 하지만 크레타인에게는 그런 일이 한 번도 일어나지 않았는데, 그

1269b1 이유는 그곳의 모든 국가에 농노들이 있어서, 농노들과 손을 잡는 것은 어느 국가에나 이득이 되지 않음을 알고 있었던 까닭에, 심지어 이웃 국가들끼리 서로 전쟁을 벌일 때도 반기를 든 농노들과는 손을 잡지 않았기 때문이다. 반면 라콘인의 이웃 국가인 아르고스인,[86] 메세네인,[87] 아르

5 카스인[88]은 모두 라콘인에게 적대적이었다. 농노들이 테살리아인에게 처

....

85 아리스토텔레스는 개인과 공동체 모두 가장 행복한 삶을 살려면 여가가 확보되어야 한다고 생각했다. 따라서 가장 훌륭한 정치체제는 시민들의 여가를 확보하게 하는 체제로 보았다. 그런데 그렇게 하려면 시민들은 농업이나 제조업이나 상업에 종사해서는 안 되고, 누군가가 이 일들을 대신 해주어야 한다. 문제는 그렇게 했을 때 시민들과 그 집단 사이에는 마찰과 분쟁이 발생한다는 점이다.

86 "아르고스인"은 펠로폰네소스 반도 남동부 아르고스 지방에 사는 사람들로, 그들의 시조 "아르고스"는 아르고스의 전설적인 건설자인 포로네우스의 딸 니오베와 제우스 사이에서 태어난 아들이다.

87 "메세네인"은 펠로폰네소스 반도 남서부 메세니아 지방에 사는 사람들로, 그들의 시조이자 아르고스 왕 트리오파스의 딸 "메세네"는 라코니아의 왕 렐렉스의 아들 폴리카온과 결혼해 메세니아 왕국을 건설했다. 나중에 메세니아인은 메세네와 폴리카온을 신으로 숭배했다.

88 "아르카스인"은 펠로폰네소스 반도 중앙에 있는 아르카디아 지방에 사는 사람들로, "아르카디아"는 온통 산들로 둘러싸인 고원 지대여서 목자들의 낙원이자 이상향의 대명사가 되었다. 그들의 시조 "아르카스"는 제우스가 숲의 요정 칼리스토에게서 낳은 아들이다.

음으로 반기를 든 것도 테살리아인이 이웃 국가인 아카이오스인,[89] 페라이비아인,[90] 마그네시아인[91]과 전쟁을 치를 때였다.

설령 특별한 문제가 없더라도, 노예들을 어떻게 다룰지, 그들과 어느 정도의 거리를 유지할지는 항상 까다롭고 복잡한 문제다. 노예들에게 자유를 주면 주인과 맞먹으려 하고, 너무 엄격하게 다루면 주인을 원망 10 하고 음해하려고 하기 때문이다. 따라서 라콘인은 국가 노예 제도를 운영할 최선의 방책을 찾아내지 못한 것이 분명하다.

여성들의 방탕함 역시 라콘인의 정치체제가 추구하는 목표와 국가 전체의 행복에 부정적인 영향을 미치고 있다. 가정이 남편과 아내로 구 15 성되어 있듯, 국가의 인구 구성도 남녀가 거의 동등한 비율을 이루는 것이 보통이다. 따라서 여성에 대한 법적 규제가 적절하게 이루어지지 않은 정치체제에서는, 국가 인구의 절반이 법적 규제에서 벗어나 있다고 보아야 하는데, 라콘인 사이에서 바로 그런 일이 실제로 일어났다. 입법 20 자들은 국가 전체를 강화하려고 했고, 남성에 대해서는 실제로 그렇게 했지만, 여성에 대해서는 전혀 신경을 쓰지 않았기 때문에 여자들은 온갖 방종과 사치에 빠져 방탕한 삶을 살아가고 있다.

해당 정치체제에서는 부의 중요성을 강조하게 되며, 특히 여성이 지배적인 역할을 하면 그런 경향이 두드러진다. 전사로서의 삶을 살아가는 25

....

89 "아카이오스인"의 시조 "아카이오스"는 헬렌의 아들 크수토스가 낳은 아들로, 고향 테살리아에서 아버지와 함께 쫓겨났다가 나중에 다시 돌아가 테살리아를 부흥시켰고, 테살리아 남부 사람들은 그의 이름을 따 "아카이오스인"이라 불린다.

90 "페라이비아인"은 테살리아와 마케도니아의 접경지대에 있는 올림포스산의 서쪽 경사면에 살았던 고대 그리스의 부족이다. 트로이아 전쟁에도 참전한 그들은 이웃 국가 테살리아에 조공을 바치는 속국민이었다.

91 "마그네시아인"은 테살리아 지방에서 해안으로 길고 좁게 이어진 마그네시아 지역에 사는 사람들로, 나중에는 결국 테살리아에 흡수된다.

대부분의 부족에서는 여성이 주도권을 쥐고 있으며, 동성애를 공공연히 인정하는 일부 부족과 켈토이인[92]만 예외다. 아레스와 아프로디테를 연결 지은[93] 신화는 이런 점을 잘 보여주는데, 전쟁을 일삼는 전사들이 성적으로 남성이나 여성에게 끌리는 것 같기 때문이다.

30

라콘인 역시 이런 성향을 보였다. 그들이 헬라스인을 지배하게 되자 여자들이 많은 것을 장악하고 주도했다.[94] 여성이 직접 국가를 다스리지는 않았지만, 국가를 다스리는 남성을 다스렸기에, 이 둘 사이에는 본질적인 차이가 없다.

35

또한, 무모함은 일상에서는 별 도움이 되지 않으며, 전시에만 쓸모가 있다. 라콘인 여자들의 무모함은 국가에 해를 끼쳤고, 테베인이 스파르타를 침공했을 때 이 문제가 더욱 분명히 드러났다. 라콘인 여성들은 다른 국가의 여성들처럼 아무 쓸모가 없었고, 오히려 적군보다 더 큰 혼란을 야기했다.

....

92 보통 "켈트족"이라고 부르는 "켈토이인"은 원래 프랑스 남부 지방에 살던 유목 민족으로, 피부가 희고 금발에 과묵하며 키가 큰 인도-아리아계 민족이다. 나중에 그들은 영국에 정착했다. 로마인들은 그들을 '브리테네스'라고 불렀는데, 이 명칭은 기원전 325년에 그리스 탐험가 피테아스가 그들의 몸에 새겨진 문신을 보고 "문신을 한 사람들의 나라"('프레타니카이 네소이')라고 한 데서 유래했다.

93 그리스 신화에서 "아레스"는 전쟁의 신이고, 제우스의 딸인 "아프로디테"는 미와 성애의 여신이다. 제우스는 자기 아들인 대장장이 신 헤파이스토스에게 아프로디테를 주었지만, 아프로디테는 아레스, 헤르메스, 디오니소스, 소아시아 다르다니아의 왕 안키세스와 애정 행각을 벌이는데, 그중에서 아레스와 아프로디테의 애정 행각은 유명하고 이 둘 사이에서 성애의 신 "에로스"가 태어난다.

94 라콘인의 국가인 라케다이몬 또는 스파르타는 펠로폰네소스 동맹을 결성해 델로스 동맹의 맹주인 아테네를 상대로 펠로폰네소스 전쟁(기원전 431-404년)을 일으켜, 기원전 404년 아테네가 항복함으로써 헬라스인 전체에 대한 패권을 장악한다. 하지만 이 패권은 오래 가지 못했고, 결국 보이오티아 전쟁(기원전 395-371년)에서 테베에 패해 멸망했다.

라콘인 사이에서 여성은 애초부터 방종해질 수밖에 없었던 것으로   40
보인다. 라콘인 남성은 처음에는 아르고스인[95]과 전쟁을 벌이고 그리고   1270aI
또다시 아르카스인과 메세네인을 상대로 전쟁을 벌이느라, 오랫동안 고
국을 떠나 국외로 원정을 나가 있었다. 그리고 전쟁이 끝난 후에도 라콘
인 남자들은 많은 미덕을 지닌 군대 생활을 통해 훈련되어 있었으므로   5
입법자에게 기꺼이 복종했다. 반면 여성은 리쿠르고스[96]가 법으로 통제
하려고 했지만, 반발에 부딪혀 다시 없던 일로 했다고 한다. 따라서 이것
이 앞서 말한 폐해의 원인이었고, 방금 언급한 폐단의 원인이기도 하다
는 것은 분명하다. 하지만 우리가 라콘인 여성의 방종함을 검토하는 것   10
은 그것이 불가피한 상황이었는지가 아니라, 그 행동이 정당한 것인지
아닌지를 판단하기 위함이다. 앞서 언급했듯, 여자에 대한 법적 규제가
적절히 이루어지지 않으면, 이는 정치체제에 해로운 영향을 끼치며, 또
한 사람들의 탐욕을 부추기는 결과를 초래할 수 있다.

　이외에도 라콘인 사회에서는 재산 불평등이 심각한 문제로 대두되   15
어야 한다. 그들 사이에서는 일부가 과도하게 많은 재산을 보유하고 있
고, 일부는 극도로 적은 재산을 가지고 있어, 국토 대부분이 소수의 손에
집중되어 있다. 이는 법의 불완전함에서 비롯되는데, 법은 각 가정이 소   20
유한 토지의 매매를 금지하면서도, 자기가 원하는 사람에게 증여하거나
유언을 통한 소유권 이전은 허용했다. 매매와 증여는 결국 같은 결과, 즉
소유권 집중을 초래하므로 문제가 발생한다. 이 결과 국토 대부분이 여

....

95 "라콘인"은 펠로폰네소스 반도 남부 중앙에 있었고, 동쪽으로는 "아르고스인," 윗
　　쪽으로는 "아르카스인," 서쪽으로는 "메세네인"이 있었다.

96 "리쿠르고스"는 언제 태어나 활동했는지가 알려지지 않은 전설적인 입법자로, 스
　　파르타의 특이한 제도 대부분을 제정했다고 전해진다. 그는 민회, 원로회, 감독
　　관, 공동식사, 아동 교육, 가족 제도 등을 법제화했다고 한다.

25 성의 소유가 되었는데, 이는 여자 상속인이 많았기 때문이며, 결혼 지참금을 많이 주었기 때문이기도 하다. 결혼 지참금을 아예 주지 않거나 조금 또는 적당히 주었더라면 더욱 바람직했을 것이다.

라콘인 사이에서는 아버지가 자신이 원하는 남자에게 딸을 줄 수 있고, 아버지가 유언으로 배우자를 지정하지 않은 상태에서 사망하면, 후견인이 그녀를 자신이 원하는 남자에게 줄 수 있다. 따라서 라콘인의 국

30 토는 30,000명의 중무장보병과 1,500명의 기병을 부양할 수 있는 크기인데도, 실제 전사의 수는 1,000명도 되지 않는다.

라콘인의 정치체제에는 결함이 있었고, 이는 역사적 사실을 통해 명확하게 드러났다. 그들의 국가는 단 한 번의 타격을 견디지 못하고 인구

35 부족으로 멸망하고 말았다. 예전에는 외국인에게도 시민권을 주었기 때문에, 오랜 기간 전쟁을 치렀음에도 인구가 부족하지 않아서, 스파르타인의 수가 10,000명에 달한 적도 있었다. 이것이 사실이든 아니든, 국가는 재산 균등화를 통해 인구를 늘리는 것이 더 바람직하다.

1270b1 그러나 이런 개혁을 방해한 것은 출산에 관한 그들의 법이었다. 입법자는 스파르타인의 수를 늘리기 위해, 시민들에게 아이를 더 많이 낳도록 장려하고, 세 명의 아들을 낳은 시민에게는 병역 의무를 면제하고, 네 명의 아들을 낳은 시민에게는 세금과 그 외의 모든 의무를 면제하는

5 법을 시행했다. 하지만 아이들이 많이 태어나 그들의 수에 비례해 국토를 분배한다면, 대부분은 가난해질 수밖에 없었다.

감독관 제도에도 결함이 있었다. 그들에게는 스파르타인에게 가장 중요한 국가 현안을 결정할 권한이 있었지만, 시민 전체로부터 선출되었기에, 가난한 사람들도 이 직책에 선출되곤 했다. 그 결과, 궁핍함 때문에

10 매수되는 경우가 많았다. 이런 문제는 과거에도 종종 발생했으며, 최근

에는 안드로스[97]에서 일부 감독관들이 뇌물을 받고 타락해 국가를 망치려 했다. 감독관들의 권한이 너무 막강해서, 왕들마저 그들의 환심을 사지 않을 수 없었다. 이런 식으로, 이 제도는 정치체제 자체를 훼손해, 귀족정이면서도 민주정이 공존하는 결과를 가져왔다. 15

그럼에도 불구하고, 감독관 제도는 이 정치체제 유지에 기여했다. 대중은 최고 직책에 참여할 수 있어 불만이 없었기 때문이다. 따라서 입법자가 의도했든 우연이든 이 제도는 국정 운영에 도움이 되었다. 어떤 20 정치체제가 지속되려면 국가를 이루고 있는 모든 계층이 그 정치체제가 존속되기를 원해야 하기 때문이다. 스파르타에서 왕은 자신에게 주어진 명예 때문에, 귀족은 원로원 의원이 될 수 있었기에(이 공직은 그들의 탁월 25 함을 인정하고 예우해주는 것이었다), 대중은 감독관이 될 수 있었으므로(이 공직은 시민 중에서 선출되었다) 자신의 정치체제가 존속되기를 원했다. 물론 감독관들은 모든 시민 중에서 선출되어야 하지만, 현재의 선출 방법은 너무 유치하다.

또한 감독관은 국가 중대사를 결정하는 직책이지만 누구나 될 수 있으므로, 개인의 판단이 아닌 문서화된 법규에 따라 결정하는 것이 바람 30 직하다. 그리고 감독관들의 생활방식도 이 정치체제의 목적에 부합하지 않는다. 그들은 지나치게 방종한 삶을 살지만, 다른 시민들은 자신에게 강제된 지나치게 엄격한 삶을 견딜 수 없어서 몰래 법을 피해 육체적인 35 쾌락을 추구하기 때문이다.

또한 원로원 제도에도 결함이 있다. 원로원 의원들은 용기 있고 정직한, 대장부다운 미덕을 지니고 살도록 적절한 교육을 받은 귀족들이므

....

97 "안드로스"는 키클라데스 제도에 속한 섬으로, 아테네 동쪽에 있는 그리스 최대의 섬 에우보이아와 마주하고 있다.

로, 이 제도는 국가에 이득이 된다고 할 수도 있다. 하지만 국가 중대사

40 를 결정하는 공직이 종신직이어야 하는지는 논란이 될 수 있다. 몸이 늙

어가는 것처럼 판단력도 늙어가기 때문이다.

1271a1 그리고 원로원 의원에 대한 교육이 제대로 이루어지지 않아서, 입법

자 자신조차 그들이 훌륭한 미덕들을 지닌 사람들이라는 것을 믿지 못할

정도라면, 원로원 제도는 국가에 위험을 초래하게 된다. 이 공직을 지닌

사람들이 뇌물을 받거나 소소한 이익을 위해 국가사를 처리하는 것은 공

5 공연한 사실이다. 따라서 지금처럼 원로원 의원에게 아무런 책임도 묻지

않는 상황은 개선되어야 한다. 감독관들이 모든 공직을 감시하고 바로잡

게 하면 된다고 생각할 수도 있겠지만, 그렇게 하는 것은 감독관들에게

과도한 권한을 부여하는 것이므로, 원로원 의원들을 감시하고 바로잡는

방법으로는 적절하지 않다고 본다.

10 원로원 의원들을 선출하는 방식도 다소 엉성하다고 생각한다. 이 공

직에 적합하다고 생각한 사람이 스스로 직접 지원하는 것도 옳지 않다.

공직을 맡을 자격이 있는 사람은 본인의 의사와 무관하게 공직을 맡아야

한다.

하지만 입법자는 이 정치체제의 다른 분야에서와 마찬가지로 여기

15 에서도 동일한 방법을 사용한다. 그는 시민들의 권력욕을 자극하여 원로

원 의원들을 선출하는 데 이용한다. 권력욕이 없다면 아무도 원로원 의

원에 지원하려고 하지 않을 것이기 때문이다. 그러나 사람들의 의도적인

범죄의 대부분은 권력욕과 재물욕 때문에 발생한다.

왕들이 있는 것이 국가에 더 나은지 그렇지 않은지에 대해서는 다음

20 기회에 논의하겠다. 하지만 왕들이 있어야 한다면, 현재의 스파르타인과

같은 방식이어서는 좋지 않고, 왕을 선택하는 기준은 그 사람의 삶이 되

어야 한다. 입법자 자신도 현재 방식으로는 훌륭한 자질을 갖춘 인물을

왕으로 선택할 수 없다고 생각하거나, 현재의 왕들이 충분히 훌륭한 자질을 갖춘 인물이라고 생각하지 않는 게 분명하다. 스파르타인은 왕들을 외국에 사절로 보낼 때는 그들의 정적들도 함께 보냈는데, 왕들 간의 불 25 화와 알력이 국가의 안전을 보장해준다고 생각했기 때문이다.

또한, "피디티아"라는 공동식사 제도를 처음 도입하면서 제정한 법에도 결함이 있다. 크레타처럼 공동식사 비용을 공금으로 충당했어야 했는데, 라콘인은 그 비용을 각자 부담해야 하는 상황이다. 하지만 그들 중 30 에서 너무 가난한 사람들은 그 비용을 감당할 수 없어, 입법자의 의도와 정반대로 행동하게 되었다. 입법자는 공동식사가 민주정적인 제도가 되기를 바랐지만, 현재의 법으로는 민주정적인 제도가 될 수 없다. 아주 가난한 사람들은 공동식사 참여가 어렵고, 이 정치체제에서는 시민으로서 35 의무를 다하지 못하는 사람은 국정에 참여할 수 없는 것이 전통이기 때문이다.

군 지휘관에 관한 법도 비판을 받아왔는데, 이 제도는 불화와 갈등을 일으키는 원인이므로 비판받아 마땅하다. 군 지휘관은 종신직 장군들이었던 왕을 견제하려고 임명된 또 다른 왕이었기 때문이다. 40

스파르타인의 정치체제를 설계한 입법자가 의도한 것 중에는 비판받아야 할 것이 또 하나 있는데, 플라톤도 『법률』에서 이미 비판한 것이 1271b1 기도 하다. 그것은 국가의 법체계 전체가 전쟁을 위한 한 가지 미덕, 즉 전쟁에서 승리하는 데 유용한 미덕만을 지향하고 있다는 것이다. 스파르타인은 전쟁하는 동안에는 국가가 안정되어 있었지만, 전쟁에서 승리하여 지배하게 되자 쇠락의 길을 걷기 시작했다. 그들은 전쟁을 대비한 훈 5 련 외에는 다른 훈련을 받아본 적이 전혀 없어서, 평화로운 시기에 국가를 어떻게 운영해야 하는지를 알지 못했다. 하지만 그들에게는 그런 결함 못지않은 또 다른 잘못이 있다. 그들이 인생에서 좋은 것을 얻게 해주

10 는 것은 악덕이 아니라 미덕이라고 생각한 것까지는 좋았는데, 그 좋은
    것이 미덕 자체보다 더 힘이 있다고 여긴 것이 문제였다.

       스파르타인의 공공 재정에 관한 법에도 결함이 있다. 스파르타인은
    국토의 대부분을 소유하고 있어서, 세금을 잘 내는지를 서로 엄격하게
15 감시하지 않아 세금이 잘 걷히지 않으므로, 큰 전쟁을 수행해야 하는데
    도 국고가 텅 비어 있기 때문이다. 입법자는 국가의 이익을 위해 그런 법
    을 제정했지만, 국가는 돈이 없는 상태가 되게 하고, 개인은 탐욕스러운
    사람들로 만드는 결과를 초래했다.

       이상으로 라케다이몬인의 정치체제와 관련해 비판받아야 할 중요
    한 것에 대해 살펴보았기 때문에, 그들의 정치체제에 대해서는 이 정도
    로 해두자.

크레타의 정치체제

스파르타의 정치체제와 법체계는 크레타에서 가져왔으므로 두 체제는 상당히 유사하다. 다만, 공동식사 비용을 국고에서 지원한다는 점에서 크레타 체제가 스파르타 체제보다 뛰어나다 할 수 있다. 그러나 크레타의 감독관 제도인 '코스모스'라는 최고 공직은 철저하게 과두정적이어서, 민주적인 성격을 지닌 스파르타의 '에포로스'에 비하면 한 수 아래다. 비록 그렇지만, 크레타는 지리적 이점을 갖고 있기에, 라케다이몬의 국가 노예 '헤일로테스'는 자주 반란을 일으키는 반면, 크레타의 농노 '페리오이코이'는 반란을 일으키지 않아 그들의 정치체제는 잘 유지되어 왔다.

크레타의 정치체제는 스파르타의 정치체제와 비슷하고, 몇 가지 장 20 점이 있긴 하지만, 대체로 완성되지 못한 채로 남아 있다. 라콘인의 정치체제는 대체로 크레타의 정치체제를 모방한 것으로 보이고, 실제로 사람들도 그렇게 말한다. 크레타의 초기 정치체제는 최근의 정치체제보다 덜 정교했다.

25 리쿠르고스는 칼리로스왕[98]이 왕위를 내려놓은 후 나라를 떠나 크레타에서 상당 기간을 지냈다고 한다. 릭토스인[99]은 크레타로 이주해온 라콘인이어서 서로 동족이었기 때문이었다. 라콘인은 크레타로 이주해 릭토스에 식민지를 건설하면서, 그 지역에 이미 정착해서 살고 있던 사

30 람들 사이에서 시행되고 있는 법질서를 그대로 받아들였다. 그래서 크레타의 속국민[100]은 지금도 미노스[101]가 처음으로 세운 법질서를 그대로 사용하고 있다.

크레타섬은 헬라스인 전체를 지배하기 좋은 위치에 자리하고 있다.

35 크레타는 바다 전체를 통괄할 수 있는 곳에 있고, 다른 헬라스인은 거의 다 바다 주변에 자리 잡고 있기 때문이다. 크레타섬은 한편으로 펠로폰네소스 반도와도 조금 떨어져 있을 뿐이고, 다른 한편으로 트리오피온섬

....

98 기원전 8세기 중반의 스파르타 왕 "칼리로스"는 스파르타의 입법자 리쿠르고스의 조카이자 피후견인이었다. 여기서 주목해야 할 사실은, 리쿠르고스가 크레타에서 돌아온 후 스파르타의 입법자로 활약하면서, 미노스왕이 세운 법 체계를 스파르타에 그대로 도입했다는 것이다.

99 "릭토스"는 고대 크레타에서 가장 오래된 도시였다.

100 "속국민"으로 번역한 '페리오이코이'(περίοικοι)는 직역하면 "주변에 사는 사람들"이라는 뜻이다. 스파르타에서 '페리오이코이'는 스파르타 주변의 여러 도시에 살고, 내정은 독립적으로 해나가면서, 제조와 상업 같은 경제 활동을 전담하여 스파르타에 무기와 물건을 공급하고, 전쟁 때는 군사로 참전할 의무가 있었다. '페리오이코이'는 스파르타 시민과 마찬가지로 국가 노예인 '헤일로스'를 소유할 수 있었다. 스파르타는 이렇게 시민, 속국민 페리오이코이, 국가 노예 '헤일로스'로 이루어져 있었다. 이것은 크레타에서도 마찬가지였다.

101 제우스의 아들로 알려진 "미노스"는 크레타의 전설적인 왕이다. 미노스는 다이달로스에게 미궁 라비린토스를 설계하게 한 인물로도 유명하지만, 기원전 3,000년경 크레타섬을 중심으로 에게해 일대에는 고도로 발달한 청동기 문명인 크레타 문명이 있었다. 특히 전설적인 왕 미노스 치세 때는 그 세력이 에게해 전역에 미쳤다. 미노스는 지혜로운 군주이자 입법자로도 명성을 떨쳐서, 사후에는 지하 세계인 하데스에서 죽은 자들을 심판하는 심판관이 되었다고 한다.

^{102}과 로도스섬 주변의 아시아와도 조금 떨어져 있을 뿐이다. 이런 지리적 이점 덕분에 미노스는 바다를 장악해서, 일부 섬을 정복하고 일부에는 식민지를 건설했지만, 결국 시칠리아섬을 공격하다가 카미코스^{103} 근방에서 생을 마감했다.

40

크레타 체제는 라케다이몬 체제와 비슷하다. 라케다이몬에서는 국가 노예인 '헤일로테스'^{104}가 국토를 경작하고, 크레타에서는 농노인 '페리오이코이'가 국토를 경작한다. 두 국가에는 모두 공동식사 제도가 있다. 라콘인은 공동식사 제도를 예전에는 '피디티아'가 아니라 '안드레이아'라고 불렀는데,^{105} 크레타인은 여전히 '안드레이아'라고 부르는 것으로 보아, 공동식사 제도는 크레타에서 유래했음이 분명하다.

1272a1

또한, 이것은 두 국가의 정치체제에서도 마찬가지다. 라케다이몬에서 '에포로스'라 불리는 최고 공직자들은 크레타의 '코스모스'^{106}라 불리

5

....

102 "트리오피온"은 소아시아(아나톨리아) 서남부 해안 카리아 지방에 있는 도시다. 헬라스인인 이오니아인과 도리아인은 이 지방의 서쪽 해안에 식민도시들을 세웠다. 역사가 헤로도토스는 카리아인을 미노아인, 즉 미노스의 백성이라 불렀다. "로도스섬"은 소아시아 카리아 지방 아래 에게해에 있다. 소아시아 서부 에게해에 있는 그리스 식민지인 12개의 섬 중에서 가장 큰 섬이다. 여기서 "아시아"는 소아시아를 가리킨다.

103 "카미코스"는 시칠리아섬에 있는 도시다. "시칠리아"는 지중해에서 가장 큰 섬으로, 헬라스인은 기원전 750년경부터 시칠리아에 많은 식민도시를 건설했는데, 그 중 가장 중요한 식민도시는 시라쿠사였다.

104 '헤일로테스'는 '헤일로스'의 복수형이고, '페리오이코이'는 '페리오이코스'의 복수형이다.

105 "공동식사"를 가리키는 보통 명사는 "함께 식사하는 것"이라는 뜻을 지닌 '쉬시테시스'($\sigma\upsilon\sigma\sigma\iota\tau\eta\sigma\iota\varsigma$)다. '피디티아'($\phi\iota\delta\iota\tau\iota\alpha$)의 어원은 "사랑의 교제"인 것으로 보이고, '안드레이아'($\alpha\nu\delta\rho\epsilon\iota\alpha$)는 "용감함, 굳셈"을 뜻한다.

106 앞서 "감독관"으로 번역한 '에포로스'($\epsilon\phi\sigma\rho\sigma\varsigma$)는 감독, 수호자, 통치자를 뜻한다. 라케다이몬에서는 시민들이 선출한 최고 통치자들인 5명의 "감독관"이 국정의 실권

제10장 크레타의 정치체제

....

는 최고 공직자들과 동일한 권한을 가지고 있다. 다만 에포로스는 다섯 명인 데 반해, 코스모스는 열 명이라는 것만 다르다. 라케다이몬의 원로원 역시 크레타의 평의회와 동일한 역할을 수행한다.

크레타에는 과거에 왕이 있었지만, 후에 그 직위는 폐지되었다. 전시에는 군대 지휘권이 코스모스에게 부여되어 있다. 크레타의 모든 시민은 민회에 참여할 수 있지만, 원로원과 코스모스들이 결정한 사항을 추인하는 것 외에는 아무 권한이 없다.

크레타인의 공동식사 제도는 라콘인의 공동식사 제도보다 더 낫다. 라케다이몬에서는 공동식사 비용을 각자가 부담하도록 법으로 정해져 있으며, 비용을 부담하지 못하면 국정 참여가 법적으로 금지되어 있다. 그러나 크레타의 공동식사 제도는 더욱 공적인 성격을 띠고 있어 이러한 문제가 없다.

크레타에서는 모든 농작물, 공유지에서 키운 가축 그리고 '페리오이코이'라 불리는 속국민이 바치는 공물 중 일부는 신들과 공공 행사를 위한 자금으로, 일부는 공동식사를 위한 비용으로 사용하도록 법으로 정해져 있어서, 여자들이든 아이들이든 남자들이든 모든 시민이 공적인 자금으로 생계를 유지한다. 크레타의 입법자는 소식하는 것이 이롭다고 판단해 다양한 방법을 도입했다. 그중에는 아이를 많이 낳지 않도록 남편과 아내를 분리하게 하고, 남자들 간의 동성애를 장려하는 방법도 포함되어 있다. 이러한 방법들이 과연 옳은 것이었는지 아닌지는 다른 기회에 논의하도록 하자.

....

을 지니고 있었다. '코스모스'($κόσμος$)는 "질서"를 뜻하며, 최고 공직자의 명칭을 이렇게 정한 것은 아마도 국가 질서를 세우는 것이 최고 공직자의 책무였기 때문으로 보인다. 굳이 번역하자면 "질서 유지자"가 될 것이다. 라케다이몬에서는 두 명의 왕을 두었고, 전시에 군대 지휘권은 왕들에게 있었다.

이처럼 공동식사 제도에서는 크레타가 라콘인보다 우월하다는 것은 분명하다. 그러나 크레타의 코스모스라는 감독관 제도는 라콘인들의 에포로스 제도에 미치지 못한다. 크레타의 감독관 제도는 자질이 부족한 사람도 감독관이 될 수 있다는 점에서 라콘인의 감독관 제도와 같은 단점을 가지고 있지만, 정치체제를 안정시키는 역할은 충분히 수행하지 못한다. 라콘인은 시민이라면 누구나 감독관으로 선출될 수 있어 대중이 최고의 공직에 참여할 수 있으므로, 대중은 현행 정치체제가 유지되기를 바란다. 그러나 크레타에서는 일부 가문에서만 선출되며, 원로원 의원 역시 코스모스 출신들 중에서 선출된다. 35

라케다이몬의 원로원 의원에 대한 비평은 크레타의 원로원 의원에게도 동일하게 적용된다. 원로원 의원이 자기 결정에 책임지지 않고, 이를 종신직으로 설정하였다는 것은 그들의 권력이 지나치게 막강함을 보여준다. 그들이 정해진 법규를 따르지 않고 자기 재량에 따라 업무를 수행하는 것은 위험천만하다. 대중이 원로원 참여를 못하는 상황에 대해 입을 다물고 있다고 해서, 제도에 문제가 없다는 것을 보증하지는 못한다. 코스모스들은 자신을 부패하게 할 수 있는 자들에게서 멀리 떨어져 있어, 에포로스들과는 달리 뇌물로 매수될 기회가 없다. 1272b1

크레타인이 제시한 해결책은 혼합정적인 것이 아니라 과두정적으로, 이는 적절한 대처가 아니다.[107] 코스모스들은 임기 도중에도 언제든지 파면될 수 있어, 작당한 동료들이나 일반 시민들에 의해 심심치 않게 쫓겨나곤 하기 때문이다. 그러나 이 모든 과정은 사람들의 의지보다는 5

....

107 "혼합정"은 민주정과 과두정의 중간 형태인 정치체제이고, "과두정"은 일부 귀족 가문들이 통치하는 정치체제다. 크레타에서 '코스모스'는 일부 귀족 가문들에서만 선출되고 임기 도중에 파면할 수도 있고 그렇게 선출하는 귀족들을 견제할 수 없으므로, 민주정적인 요소가 없고, 철저하게 과두정적이다.

제10장 크레타의 정치체제
....

법에 의해 이루어지는 것이 바람직하다. 사람들의 의지에 의존하면 위험하다는 것을 인지해야 한다. 이와 관련된 가장 큰 문제는 귀족들이 코스모스의 결정에 동의하지 않을 때, 그들의 직무를 정지시키는 것이다. 이런 행태는 크레타의 정치체제가 일부 혼합정적 요소를 포함하고 있지만, 본질적으로는 과두정적이라는 사실을 분명히 보여준다. 더욱이, 크레타의 귀족들은 대중을 분열시켜 자신의 추종자를 모아 파벌을 형성하고, 그로 인해 무정부상태를 초래하곤 했다. 이러한 상태는 일정 기간 국가가 분열되고 국가 공동체가 해체되는 것이 아니면 무엇이겠는가?

　　이렇게 분열된 국가는 위험에 빠져 있어, 이를 공격해 멸망시키려는 세력이 생길 수 있고, 실제로 그럴 가능성도 있다. 그러나 앞서 언급한 것처럼, 크레타섬은 지리적 이점 덕분에 살아남았다. 크레타섬의 지리적 이점은 라콘인의 외국인 추방 법과 비슷한 역할을 했다. 그 결과 라케다이몬의 헤일로테스는 자주 반란을 일으켰지만, 크레타의 페리오이코이는 그렇지 않았다. 크레타는 외국에 식민지를 두지 않았고, 외부의 침공을 받아 크레타 법 체계의 약점이 노출된 것도 최근의 일이다.

　　크레타의 정치체제에 대한 이야기는 여기까지 하겠다.

제11장

카르타고의 정치체제

다른 대부분의 국가와 상당히 다른 정치체제를 가진 곳으로는 스파르타와 크레타 외에 카르타고가 있다. 카르타고의 정치체제는 대중이 자발적으로 이를 고수했고, 주목할 만한 반란이나 봉기, 참주 등이 일어나지 않아 많은 훌륭한 제도와 체제가 잘 정비되어 있었다. 이는 카르타고의 정치체제가 안정적이고 효율적으로 운영되었음을 보여주는 증거라고 할 수 있다.

카르타고에는 공동식사, 스파르타의 에포로스와 유사한 104인 위원회, 왕, 그리고 원로원이 있었다. 그중 104인 위원회의 위원들과 왕들은 훌륭한 가문에서 뛰어난 자질을 지닌 사람들로 선출되었다.

그러나 민회와 5인 위원회에 강력한 권한을 부여한 것은 카르타고가 추구한 귀족정과 혼합정 원칙에서 벗어난 것이다. 전자는 민주적 경향을, 후자는 과두정적 경향을 지니게 했다. 또한, 공직의 자격 요건으로 재산을 설정한 것은 이 정치체제가 과두정적으로 치우친 요인이었다. 한 사람이 여러 공직을 맡게 하는 것도 바람직하지 않은 행위였다.

카르타고[108]의 정치체제는 특별하게 독특하다는 점에서 주목받는

25 다. 그들의 정치체제는 많은 부분에서 다른 국가의 정치체제와 차별화되어 있지만, 라콘의 정치체제와는 꽤 유사하다. 이 세 가지 정치체제, 즉 라콘인, 크레타 그리고 카르타고의 정치체제는 서로 어느 정도 비슷하지만, 다른 정치체제와는 큰 차이를 보인다. 카르타고의 정치체제에는 획기적인 제도들이 가득하다.

30 　　대중이 이 정치체제를 자발적으로 고수하였으며, 주목할 만한 반란이나 봉기가 일어나지 않았고 참주도 나타나지 않았다는 것은 그들의 정치체제가 효과적으로 운영되고 있다는 것을 보여준다. 카르타고의 정치체제는 라콘인의 정치체제와 비슷한 점이 있는데, 그중 하나는 동료들과의 공동식사와 104인 위원회를 들 수 있다.

35 　　전자는 라콘인의 공동식사인 '피디티아'와 비슷하고, 후자는 '에포로스'라는 감독관 제도와 유사하지만 더 우수하다. 에포로스는 모든 시민 중에서 선출되어 자질이 없는 사람들도 뽑힐 수 있었지만, 104인 위원회는 귀족 가문들 중에서 뛰어난 자질을 갖춘 사람들이 선출되었기 때문이다.

　　다음으로, 라콘인의 정치체제에 존재하는 왕들과 원로원 의원들과 유사한 직위가 카르타고의 정치체제에도 있다. 그러나 카르타고에서는

40 왕들이 동일한 가문이나 아무 가문에서나 선출된 것이 아니라, 우수한 가문에서 선발되었고, 나이가 아니라 우수한 자질을 갖춘 사람이 선출되었다는 점에서 라콘인의 체제보다 더 우수하다고 할 수 있다. 왕들과 원

....

108 "카르타고"는 '카르케돈'으로도 알려져 있으며, 지중해의 가장 동쪽에 있는 항구 도시 티레를 본거지로 한 페니키아인이 기원전 814년경에 북아프리카의 티니스만 연안에 세운 식민도시다. 땅이 비옥한데다 지중해 교역의 요충지로서 해상무역이 발달했다.

로원 의원들은 국가의 중대사를 다루는 자들이기 때문에, 자질이 부족한 사람들이 선출되면 국가에 큰 해를 끼칠 수 있는데, 이는 이미 라케다이 1273a1 몬인의 국가에서 큰 피해를 입힌 사례에서도 볼 수 있다.

카르타고의 정치체제는 일부 분명한 원칙에서 벗어나는 경향을 보이기도 한다. 이러한 특징은 앞서 언급한 다른 정치체제들에서도 공통적으로 발견된다. 카르타고가 추구했던 귀족정과 혼합정의 원칙에서 일탈하는 부분들 중에는 민주정적인 경향을 보이는 것들도 있고, 과두정적인 경향을 나타내는 것들도 있다. 5

민주정적인 경향을 보이는 한 가지 특징은, 왕들이 원로원과 협의하여 일부 안건은 민회에 회부하고 일부 안건은 민회에 회부하지 않을 수 있는 권한을 보유하되, 만장일치로 결정되지 않은 안건들에 대한 심의 및 의결 권한은 민회에 부여하는 제도다. 또한, 왕들과 원로원 의원들이 만장일치로 안건을 제출한 경우에도 민회는 단지 안건을 경청하는 것에 10 그치지 않고, 의결할 권한을 가지며 필요시 반대 의견을 개진할 수 있다. 이러한 제도는 라케다이몬인과 크레타의 정치체제에는 없다.

과두정적 성격을 띠는 요소로는 국가의 주요 현안에 대해 광범위한 권한을 행사하는 5인 위원회를 꼽을 수 있다. 이 위원회는 자체적으로 위원들을 선출하며, 최고 공직으로 여겨지는 104인 위원회의 위원들도 15 선출한다. 또한 퇴임하거나 취임하기 전에도 권한을 행사하기 때문에, 다른 공직자에 비해 임기가 상당히 길다. 반면 보수를 받지 않는다는 점과 제비뽑기 방식으로 선출되지 않는다는 점은 귀족정의 특징에 해당한다. 아울러 라케다이몬에서처럼 소송의 종류에 따라 별도 법원에서 재판하는 것이 아니라, 위원회들이 모든 유형의 소송을 전담하여 판결을 내 20 리는 것 역시 귀족정적인 특성으로 볼 수 있다.

그러나 카르타고의 정치체제가 귀족정에서 크게 벗어나 과두정적인 경향을 보이는 이유는 대다수가 공감하는 특정한 생각 때문이다. 즉, 대다수는 재산이 없는 사람에게는 여가가 없어서 공직을 제대로 수행할 25 수 없다고 보기 때문에, 공직자를 선출할 때는 우수한 자질뿐만 아니라 재산도 고려해야 한다고 생각한다. 재산을 기준으로 공직자를 선출하는 것은 과두정적인 특징이고, 미덕을 기준으로 공직자를 선출하는 것은 귀족정적인 특징이다. 따라서 카르타고인은 가장 중요한 공직자들과 왕들 그리고 장군들을 선출할 때 미덕과 재산을 동시에 고려한다는 점에서, 30 카르타고의 정치체제는 제3의 정치체제라고 볼 수 있다.

하지만 카르타고의 정치체제가 귀족정으로부터 벗어나는 것은 입법자의 실수로 볼 수 있다. 가장 우수한 사람들이 공직에 있을 때뿐 아니라 일상생활에서도 여가를 누리며 품위를 유지할 수 있게 하는 것은 입법자가 처음부터 반드시 고려해야 하는 사항 중 하나이기 때문이다.

35 공직자 선출에 있어서 여가가 필요하다는 이유로 재산을 고려해야 하더라도, 가장 중요한 공직인 왕이나 장군 같은 직위를 돈 주고 사는 것은 바람직하지 않다. 그런 법이 생긴다면 사람들은 미덕보다 재산을 더 중요시하게 되고, 이로 인해 국가 전체에 재물욕이 만연하게 된다. 지배 40 층이 어떤 가치를 중요시하면, 그것이 다른 시민들의 생각에도 영향을 미치기 때문이다. 따라서 미덕을 가장 중요시하는 곳에서만 귀족정이 견 1273b1 고하게 자리 잡을 수 있다.

그리고 돈을 주고 공직을 사는 사람들은 공직을 이용해 이익을 취하는 것이 관행처럼 될 것이다. 공직에 적합한 자질을 가진 사람도 가난하다면 공직을 이용해 이익을 취하려 할 것인데, 돈을 내고 공직을 사는 5 사람이 그런 일을 하지 않을 것이라는 생각은 말이 안 된다. 따라서 가장 훌륭하게 다스릴 수 있는 사람들, 즉 그런 사람들이 통치해야 한다. 입법자는 공직에 적합한 자질을 가진 사람들이 부자가 되도록 해야 하며, 최소한 그들이 공직에 있을 동안에는 여가를 누릴 수 있게 해야 한다.

카르타고인은 한 사람이 여러 공직을 동시에 맡는 것을 좋게 생각했지만, 이것 역시 바람직하지 않다. 한 사람이 한 가지 일에 전념할 때 그 일을 가장 잘할 수 있기 때문이다. 입법자는 이를 유념하고 한 사람이 피리 연주자이면서 동시에 제화공이 되는 일이 없게 해야 한다. 그래서 규모가 큰 국가라면 더 많은 사람이 공직에 참여하게 함으로써 혼합정과 민주정에 더 부합하게 해야 한다. 앞서 언급했듯, 이렇게 하는 것이 국가 공동체를 더욱 결속시키고, 국정 전반을 더욱 신속하고 효과적으로 수행하게 하는 데 도움이 된다. 이것은 군대와 선원들이 명확하게 보여주는 사실이다. 이 두 분야에서는 모든 사람이 다스리고 다스림을 받는 관계 속에서 원활하게 움직이기 때문이다.

카르타고인의 정치체제는 과두정이지만, 다른 국가들을 정복할 때마다 카르타고의 대중 중 일부를 그곳에 보내 부를 축적하게 해준다. 이 방법은 그들의 정치체제가 가진 문제점들을 해결하고, 체제의 안정성을 유지하게 한다. 하지만 이것은 임시방편이고, 입법자는 내분이 일어나지 않도록 정치체제를 설계해야 한다. 카르타고의 현재 정치체제는 문제가 생겨 대중이 반발하여 지배층에 반기를 들게 되면, 현행법으로는 그 반란을 진압할 방법이 없다.

주목할 가치가 충분한 라케다이몬인과 크레타와 카르타고인의 정치체제에 대해서는 이 정도로 해두자.

여러 입법자에 대한 총평

아리스토텔레스는 여기서 입법과 정치체제 설계를 모두 수행한 인물로 리쿠르고스와 솔론을 언급한다. 솔론이 사실상 귀족정을 지향했음에도, 그가 도입한 배심원 제도는 민주정을 과도하게 강화시켰다는 부작용을 지적한다. 반면 입법 활동만을 수행한 인물로는, 서쪽으로 이주한 로크리스인을 위한 잘레우코스, 칼키스인의 식민도시를 위한 카론다스, 테베를 위한 필롤라오스, 팔레아스, 플라톤, 아테네를 위한 드라콘, 미틸레네를 위한 피타코스, 칼키디케인을 위한 안드로다마스 등을 소개하며 그들의 활동을 평가한다.

정치체제에 대한 견해를 제시한 사람 중 일부는 국가와 관련된 일을 다루어본 경험이 없는 사람들이다. 이들 중에서 언급할 만한 가치가 있 30 는 사람들에 대해서는 이미 거의 다 살펴봤다. 또 다른 일부는 국정에 직접 참여한 후 조국이나 외국에서 입법자가 된 사람들이다. 이들 중 일부는 입법 활동만 한 사람도 있고, 아울러 정치체제를 설계한 사람도 있다.

그런 사람들 중 후자의 예로는 리쿠르고스와 솔론[109]이 있다. 이 두 사람은 입법 활동과 함께 정치체제 설계도 수행했다.

라케다이몬인의 정치체제에 대해서는 이미 이야기했다. 그런데 어 35떤 사람들은 솔론을 탁월한 입법자로 보고 있다. 그들에 따르면, 솔론은 극단적인 과두정을 철폐하고, 대중의 노예화를 종식시키는 등 여러 정치체제의 요소들을 잘 섞어서 전통적인 민주정을 확립했다는 것이다. 그들은 아레이오스 파고스 위원회[110]를 과두정적인 요소로, 공직 선거 방식을 40귀족정적인 요소로, 재판 제도를 민주정적인 요소로 꼽는다.

그러나 아레이오스 파고스 위원회와 공직 선거 방식은 이미 오래전 1274a1부터 존재했던 것을 솔론이 그저 폐지하지 않았을 뿐이라는 점을 고려하면, 실제로 그가 민주정적인 요소를 도입한 것은 모든 시민 중에서 배심원들을 선출하는 방식의 재판 제도를 마련한 것뿐이라는 사실을 알 수 있다.

하지만 솔론이 도입한 재판 제도에 대한 비판의 목소리도 있다. 그는 제비뽑기로 선출된 배심원들로 구성된 법원에 모든 권한을 부여함으 5로써 다른 모든 것을 파괴했다는 주장이 그것이다. 법원의 권한이 강력해지자 사람들은 참주나 다름없는 대중에게 아부하기 시작했고, 그 결과

....

109 "리쿠르고스"는 기원전 8-7세기에 스파르타의 정치체제를 설계한 입법자로 활동한 인물이다. "솔론"(기원전 약 640-560년)은 아테네의 정치가이자 고대 그리스 일곱 현인 중 한 명으로, "솔론의 개혁"이라 불리는 여러 개혁을 단행했다.

110 "아레스의 바위"라는 뜻을 지닌 '아레이오스 파고스'(Ἄρειος Πάγος)는 아테네의 아크로폴리스 서북쪽의 산 중턱에 있는 작은 언덕을 가리키는 명칭이다. 전쟁의 신 아레스가 자기 딸을 납치하려고 한 바다의 신 포세이돈의 아들을 살해하자, 포세이돈은 신들의 법정에 아레스를 고발했는데, 이때 신들이 모인 곳이 바로 이곳이었다고 한다. 이곳에는 귀족들의 회의장과 법정이 있었다. 귀족들로 구성된 "아레이오스 파고스 위원회"는 실질적으로 국정의 최고 권한을 지니고 있었다.

제12장 여러 입법자에 대한 총평
....

아테네의 정치체제는 현재의 민주정으로 변했다. 에피알테스와 페리클레스[111]는 아레이오스 파고스 위원회의 권한을 줄였고, 페리클레스는 배
10 심원들이 수당을 받을 수 있게 했다. 이런 식으로, 민중 선동가들이 대중의 권한을 강화하는 조치를 취하며, 현재의 민주정이 탄생했다.

그러나 현재의 민주정 형태가 탄생한 것은 솔론이 원래 의도한 결과가 아니라, 우연히 일어난 사건의 결과로 보인다. 메도스인[112]과의 전쟁에서 아테네가 대중의 도움으로 바다를 장악하게 되자, 자신감이 넘치는 대중은 유능한 지도자들을 거부하고, 저질적인 민중 선동가들을 선택했다. 솔론은 대중에게 어쩔 수 없이 주어야 하는 권한, 즉 공직자들을 선출하고 그들에게 책임을 물을 수 있는 권한만 부여하려고 했던 것으로
15 보인다. 만약 이런 권한마저 부여하지 않았다면, 대중은 자신들이 노예로 취급받는다고 여기고 여기고, 그 결과 지배층을 적대시하는 세력으로 전락할 수밖에 없었을 것이다. 그렇게 한 후에 솔론은 모든 공직자를 명

....

111 "에피알테스"는 고대 아테네의 정치가이자 민주정 운동의 초기 지도자였다. 그는 기원전 462년에 "아레이오스 파고스 위원회" 권한을 축소함으로써 급진적인 민주정의 길을 연 인물로 평가된다. "페리클레스"(기원전 약 495-429년)는 최고의 명문가 출신이었지만, 에피알테스와 함께 민중파를 이끌며 귀족파의 우두머리였던 키몬 장군(기원전 약 510-449년)에 맞서, 아레이오스 파고스 위원회의 권한을 박탈해 평의회, 민회, 민중법원에 국정 실권을 부여했다. 기원전 461년에 에피알테스가 죽고 키몬이 추방되자, 최고 통치자인 "아르콘"이 되어 아테네 민주정의 전성기를 열었다.

112 "메도스인"은 페르시아인을 가리킨다. "메도스"는 페르시아의 전신인 메디아의 건설자다. 따라서 "메도스인과의 전쟁"은 페르시아 전쟁(기원전 492-448년)을 가리킨다. 기원전 480년에 벌어진 살라미스 해전에서 아테네 시민들이 대거 참전해 페르시아 함대를 무찌르고, 기원전 479년에도 그리스 함대는 소아시아의 미칼레 해전에서 페르시아 함대를 격파한다. 이 전쟁에서 그리스 연합군을 지휘한 것은 스파르타였지만, 이후에는 아테네가 패권을 쥐게 되었고, 해전에 참전한 아테네 시민들의 영향력이 커지면서 아테네 민주정이 촉진되었다.

망 있고 부유한 자들인 지주들,[113] 농민들[114] 그리고 세 번째 계급인 기사들[115] 중에서 선출하도록 했고, 네 번째 계급인 일용노동자들[116]은 공직 20 을 맡을 수 없게 했다.

....

113 "지주"(πεντακοσιομέδιμνος, '펜타코시오메딤노스')는 "한 해에 500메딤노스의 곡물을 생산하는 토지를 소유한 자"라는 뜻이다. 여기서 곡물의 부피 단위인 '메딤노스'는 아테네에서 대략 51리터였다. 우리나라의 계량 단위에서 "한 말"은 20리터이므로, '메딤노스'는 2.5말 정도가 된다. 쌀 한 석은 10말이므로, 500메딤노스는 125석이 된다.

114 "농민"으로 번역한 '제우기테스'(ζευγίτης)는 "황소 두 마리를 한 쌍으로 멍에를 매게 하는 자", 즉 농사를 지을 수 있는 재력을 지닌 자를 뜻한다. 그들은 200-300메딤노스의 곡물에 해당하는 재산을 지닌 자들이었다. 솔론은 재산 등급을 4등급으로 나누었는데, 그중에서 "농민"은 세 번째 등급이었다. 하지만 아리스토텔레스는 두 번째 등급이라고 말한다.

115 "기사"로 번역한 '히파스'(ἱππάς)는 말을 소유한 "기사, 기병"을 뜻한다. 아테네에는 기사 가문이 있어서, 전쟁에 기병으로 참여하거나 외국 용병으로 참전하기도 했다. 『키루스의 교육』을 쓴 "크세노폰"이 대표적인 기사 가문 출신이다. 그들은 300-500메딤노스의 곡물에 해당하는 재산을 보유했다.

116 '테티코스'(θητικός) 또는 '테테스'(θῆτες)는 "일용노동자들"을 뜻하지만, 이 네 번째 등급에는 200메딤노스 이하의 곡물에 해당하는 재산을 가진 자들이 모두 속했다.

117 "잘레우코스"는 노예 출신으로, 로크리스인이 이탈리아에 개척한 식민도시에서 기원전 7세기경에 입법자로 활동한 인물이다. 유럽 최초의 성문법을 제정했으며, 귀족정을 지향했음에도, 여러 사회 집단의 분쟁을 조정하고 해결하는 데 뛰어났다.

118 "로크리스인"은 그리스 신화에서 대홍수 후에 유일하게 살아남은 데우칼리온과 피라의 증손자 "로크로스"의 자손들이다. 그들이 건설한 "로크리스"의 도시 중 하나인 "오푸스"가 데우칼리온의 고향이었고, "로크리스인"은 그리스인 중에서 최초로 "헬라스인"이라 불린 부족이었다. 로크리스인은 관습, 전통, 문화에 따라 두 집단으로 구분되었다. 동쪽의 오푸스 오크리스는 에우보아섬 맞은편 그리스 중부 동해안에, 서쪽의 오졸리아 오크리스는 코린토스만에 위치했다. 여기서 "서쪽으로 이주한 로크리스인"은 오졸리아 오크리스가 아닌, 기원전 680년경 오푸스 오크로스인이 이오니아해 건너편 이탈리아 해안에 세운 식민도시를 지칭한다.

119 "카론다스"는 기원전 6세기에 활동한 입법자다. 그가 시 형식으로 쓴 법들은 칼키스인이 시칠리아와 이탈리아에 세운 식민도시들에서 채택되었다. "카타나"는 그리스 최대의 섬인 에우보이아에 있는 "칼키스"에서 온 그리스인이 기원전 729년

입법만을 전문으로 한 인물로는 잘레우코스와 카론다스가 있다. 잘레우코스[117]는 서쪽으로 이주한 로크리스인[118]을 위해, 카론다스[119]는 자신의 고향인 카타나와 칼키스인이 이탈리아와 시칠리아에 세운 다른 식민지들을 위해 법을 만들었다.

25   어떤 사람은 잘레우코스와 카론다스를 서로 연결하고, 최초의 유력한 입법자는 오노마크리토스[120]였다고 말한다. 오노마크리토스는 로크로스 출신이었지만, 크레타로 건너가 예언술을 배워 생계를 유지했는데, 탈레스는 그의 동료였고, 리쿠르고스와 잘레우코스는 탈레스의 제자들
30   이었으며, 카론다스는 잘레우코스의 제자였다는 것이다. 하지만 그들이 하는 말들은 연대기와 부합하지 않는다.

또한, 테베인을 위해 입법한 코린토스 출신의 필롤라오스[121]도 있다. 필롤라오스는 코린토스의 바쿠스 신을 숭배하는 제관 가문에서 태어났다. 그는 올림피아 경기 우승자인 디오클레스의 연인이 되었는데, 디오클레스는 자신의 어머니 알키오네가 자신을 사랑한다는 사실에 혐오감
35   을 느껴 코린토스를 떠나 테베로 가자, 그도 거기로 가서 함께 생을 마감했다. 지금도 여전히 디오클레스와 필롤라오스의 무덤은 테베에 남아 있

....

경에 시칠리아에 세운 식민도시다.

120 "오노마크리토스"(기원전 약 530-480년)는 아테네의 참주 피시스트라토스의 궁정에서 신탁들을 수집해 편찬하는 일을 한 인물이었다. "잘레우코스"는 기원전 664년경에, "카론다스"는 그로부터 대략 한 세기 후에 활동했다. "크레타의 탈레스"로 불린 음유시인 "탈레타스"는 밀레토스의 탈레스와는 다른 인물로, 기원전 7세기 중반에 활동했다.

121 "필롤라오스"에 대해서는 알려진 것이 없다. 그의 동성애 연인인 "디오클레스"는 기원전 728년에 올림피아 경기에서 우승했다. 로마 신화에서 "바쿠스 신"은 그리스 신화에서 술의 신 "디오니소스"에 해당한다. 여기서 아리스토텔레스는 "디오니소스"가 아니라 "바쿠스 신"이라는 명칭을 사용한다.

으며, 두 사람의 무덤은 서로에게는 잘 보인다. 한 무덤에서는 코린토스의 땅이 잘 보이지만, 다른 한 무덤에서는 보이지 않는다. 이는 디오클레 40
스가 어머니의 사랑을 혐오하여 자신의 무덤에서 코린토스가 보이지 않게 했지만, 필롤라오스는 그렇지 않게 했기 때문이다.

이런 식으로 필롤라오스와 디오클레스는 테베인 가운데서 살게 되 1274b1
었고, 필롤라오스는 그들을 위한 입법자로서 여러 법을 만들었다. 그중에는 테바인이 입양법이라 부르는 출산에 관한 법도 포함되어 있었다. 그가 입법한 이 특별한 법의 목적은 각 가정에 할당된 토지의 필지를 일 5
정하게 유지하는 것이었다.

한편, 카론다스의 입법 중에서는 위증에 관한 소송을 정한 법 외에는 특별히 눈에 띄는 것이 없다. 그는 위증을 고발하게 한 최초의 인물이었다. 그가 입법한 법들은 정확성 면에서 오늘날의 입법자들이 만든 법들보다 더 빛을 발한다.

팔레아스[122]가 제안한 입법 중 특별한 부분으로는 재산의 균등화가 있다.

플라톤이 제안한 입법에는 여러 특이점이 있다. 여자와 아이들, 재 10
산의 공유, 여자들의 공동식사, 연회를 주관하는 자는 술을 마셔서는 안된다는 음주법 등이 그것이다. 또한 군사는 한 손만 사용하고 다른 손을 사용하지 못해서는 안 되기 때문에 양손을 모두 잘 사용할 수 있도록 훈련할 것을 규정한 군사 훈련에 관한 법이 있다.

드라콘[123]이 입법한 법들도 있지만, 기존의 정치체제를 위한 것이었 15

....

122 "팔레아스"가 제시한 정치체제와 입법은 제2권 제7장에서 이미 다루었다. 그에 대해서는 카르타고 사람이라는 것 외에는 알려진 게 없다.

123 "드라콘"은 기원전 622-621년에 아테네를 위해 드라콘법이라 불린 최초의 성문법

제12장 여러 입법자에 대한 총평
....

고, 그 법들은 처벌 수위가 높고 엄격한 것 외에는 특별히 언급할 만한 점이 없다.

피타코스[124]는 법들을 만들었지만 정치체제를 설계하지는 않은 인물이다. 그가 입법한 법들 중에서 특별한 것으로는 술에 취한 사람이 범
20 죄를 저지르면 술에 취하지 않은 사람이 범죄했을 때보다 더 엄하게 처벌하도록 규정한 법이 있다. 하지만 이것은 취한 사람이 취하지 않은 사람보다 더 제멋대로 행동하므로 범죄할 가능성이 높다는 것에 주목한 법이다. 하지만 술에 취한 사람이 정상참작의 여지가 더 많다는 점은 고려하지 않았다.

레기온 출신의 안드로다마스[125]는 트라케의 칼키디케인을 위한 입
25 법자였다. 그가 입법한 법들에는 살인자와 여성 상속인에 관한 법이 있지만, 그의 입법에는 특별한 점이 없다. 이렇게 실제로 시행되고 있거나 사람들이 제안한 정치체제들에 대한 고찰은 이 정도로 해두자.

....

을 제정했다. 사소한 범죄에도 사형을 부과하는 등 혹독한 법으로 유명하다. 나중에 솔론은 그가 제정한 법들 중에서 형법을 제외하고는 모두 폐지했다.

124 "피타코스"(기원전 약 640-568년)는 고대 그리스의 정치가이자 철학자이다. 그는 소아시아 에게해 북부에 있는 그리스 식민지 레스보스섬의 수도였던 미틸레네의 장군이자 고대 그리스 일곱 현인 중 한 명이다. 아테네와의 전쟁에서 승리한 후 최고 통치자의 지위에 올라 10년 동안 법률을 정비해 국가를 태평성대로 만들고 나서 사임했다. "참됨, 좋은 신앙, 경험, 영리함, 사교성, 근면함을 길러라", "너의 친구만이 아니라 너의 원수를 욕하는 것도 삼가라", "용서가 복수보다 더 낫다", "권력은 그 사람을 보여준다" 같은 유명한 격언들을 남겼다.

125 "레기온"은 이탈리아 반도의 끝부분에 있으며, 메시나 해협을 사이에 두고 시칠리아섬을 바라보고 있는 도시로, 기원전 8세기경에 그리스인이 식민도시로 세웠다. "안드로다마스"에 대한 정보는 알려진 것이 없다. "트라케"(또는 트라키아)는 그리스 북동부의 지역으로, 남쪽으로는 에게해와, 동쪽으로는 소아시아와 인접해 있다. "칼키디케"는 트라케 지방에서 에게해 북서쪽으로 뻗어나온 큰 반도다. 이 반도에 위치한 도시 "스타게이라"는 아리스토텔레스의 출생지다.

제3권

정치체제의 종류

제1장

시민의 정의

아리스토텔레스는 정치체제를 탐구하려면, 국가가 무엇인가를 먼저 살펴보아야 한다고 주장한다. 국가는 여러 부분이 결합된 합성체로, 이는 시민들의 집합이다. 이에 따라, 시민이 누구인지를 살펴보는 것이 필수적이다. 거류민이나 노예는 시민에 포함되지 않는다. 통상적으로 시민이라 불리는 사람들, 즉 완전한 권리를 누리는 시민의 가장 큰 특징은 재판(배심원)과 공직(민회원)에 참여할 수 있다는 것이다. 이것이 시민의 정의다.

정치체제를 전반적으로, 그리고 각각의 정치체제가 무엇인지와 어떤 특징들을 지니고 있는지를 살펴보려는 사람들은 국가에 대해 먼저 이해해야 한다. 국가가 무엇인지를 놓고 견해가 갈리기 때문이다. 어떤 사 35
람들은 국가가 해온 일들이 국가라고 생각하지만, 다른 사람들은 그런 일들은 국가가 아닌 과두정이나 참주의 소란이었다고 주장한다.

정치가와 입법자의 모든 활동이 국가와 관련되어 있으며, 정치체제는 국가에 속한 사람들의 질서라는 점은 분명하다.

그러나 국가는 여러 부분이 결합되어 전체를 이루는 복합체로서, 다

40   른 것들과 비슷한 구조를 지닌다. 이런 이유로, 국가는 시민들[126]의 집합

1275a1   이므로 시민에 대해 먼저 살펴보아야 한다. 그렇다면 누가 시민이고, 시

민의 정의는 무엇일까? 이에 대해서는 의견이 분분하다. 그래서 민주정

5   에서는 시민으로 인정받는 사람이 과두정에서는 시민이 아닌 경우도 종

종 있다.

우리는 먼저 통상적이지 않은 방법으로 시민이 된 경우를 논의에서

제외해야 한다. 다음으로 시민들이 있는 곳에 거주한다고 해서 시민인

것은 아니다. 거류민들[127]과 노예들은 시민들이 있는 곳에 거주하긴 하

지만 시민은 아니기 때문이다.

또한 소송을 제기하고 재판에 참여하여 판결을 받을 수 있는 권리가

10   있다고 해서 시민인 것도 아니다. 이런 권리는 해당 국가의 시민뿐만 아

니라, 어떤 계약을 맺은 사람들에게도 주어지기 때문이다. 다만 많은 국

가나 도시에서는 거류민들에게 그런 권리를 완전히 부여하지 않아, 후견

인을 세워야만 제한적으로 행사할 수 있다.

15   이러한 사람들은 미성년자들과 같이 시민 명부에 등재되지 않았거

나, 시민으로서의 공적 의무에서 면제된 노인들과 비슷한 상황에 있다.

미성년자들과 노인들은 완전한 권리를 가진 시민이 아니기 때문에, 그들

....

126 "시민"으로 번역한 '폴리테스'(πολίτης)는 "폴리스(πόλις)의 구성원"이라는 뜻이다.
'폴리스'의 기본적인 의미는 "도시"이지만, 국가를 의미할 때는 "도시국가"를 지칭
한다. 그런 의미에서 '폴리테스'는 "시민"도 되고 "국민"도 된다.

127 "거류민"으로 번역한 '메토이코스'(μέτοικος)는 직역하면 "장소를 바꾸어 다른 곳에
서 사는 사람"이라는 뜻으로, 다른 나라나 도시로 이주해 살아가는 사람들을 가리
킨다. 거류민에게는 시민권이 주어지지 않기 때문에, 세금은 내야 하지만 시민으
로서의 온전한 권리는 누리지 못한다.

은 나이가 차지 않은 시민이라거나 나이가 지난 시민이라는 다른 명칭으로 불린다. 하지만 어떤 명칭으로 불리든 그 목적은 분명하므로, 어떤 명칭으로 부르는지는 중요하지 않다.

우리가 고려해야 하는 것은 그런 제한적인 명칭이 붙지 않는 완전한 20 시민이다. 만약 제한적인 명칭이 붙은 시민을 포함해 고려하려 한다면, 시민권이 박탈되거나 추방당한 시민들까지 포함하여 문제를 제기하고 해결해야 하는 어려운 상황에 놓이게 될 것이다.

완전한 시민의 가장 큰 특징은 재판과 공직에 참여한다는 것이다. 공직 중 일부는 임기가 한정되어 있어서, 한 사람이 두 번 맡을 수 없거 25 나 일정 기간이 지나야 다시 맡을 수 있다. 하지만 배심원이나 민회원 같은 공직은 임기에 제한이 없다. 누군가는 배심원이나 민회원 활동을 공직 수행이 아니라고 주장할 수 있지만, 국가의 최고 권한을 가진 공직을 배제하는 것은 적절하지 않다. 배심원과 민회원을 둘 다 포괄하는 명칭 30 이 없다 해도, 그것을 문제 삼을 필요는 없다. 그냥 임기 없는 공직이라고 부르면 된다. 따라서 이런 공직을 가진 사람을 우리는 시민이라 정의한다. 이것은 시민이라는 이름으로 불리는 모든 사람을 가장 잘 나타내는 정의다.

그러나 여기서 중요한 점을 간과해서는 안 된다. 토대가 질적으로 다른 사물들은 중요도의 순위가 서로 다를 수 있다는 것이다. 즉, 어떤 35 사물에 속한 것들 중 가장 중요한 것, 두 번째로 중요한 것, 그 다음으로 중요한 것 등이 서로 달라서, 그 사물들 간에는 공통점이 거의 없을 수 있다.

따라서 정치체제들도 본질적으로 다양하다는 사실을 명심해야 한다. 어떤 것은 우월하고, 어떤 것은 열등하다. 결함이 있거나 변질된 것 1275b1 은 완전한 것보다 열등하다. "변질된 것"의 의미는 나중에 분명히 설명하

5 겠다. 이런 이유로 시민에 대한 정의는 정치체제에 따라 달라질 수밖에 없다. 앞서 내린 시민의 정의는 민주정에 가장 잘 들어맞는다.[128] 물론 이 정의를 다른 정치체제에도 적용할 수는 있겠지만, 반드시 그런 것은 아니다.

어떤 국가들은 대중으로 구성된 민회가 없어서, 민회가 정기적으로 열리지 않고, 특별한 경우에만 소집된다. 소송 사건도 대중이 아니라 공직자들이 사안의 종류에 따라 각각 다른 법원에서 재판을 한다. 예를 들
10 어 라케다이몬에서 계약에 관한 재판은 감독관인 에포로스들이 서로 나누어 담당하고, 원로원 의원들은 살인에 관한 재판을 담당하며, 그 밖의 다른 소송은 다른 공직자들이 담당한다. 이와 다르게 카르타고에서는 모든 공직자가 모든 재판을 담당한다.

그러나 시민에 대한 정의를 조금 수정하면 이런 정치체제들에도 적
15 용할 수 있다. 이런 정치체제에서는 임기 없는 공직자들이 아니라 임기 있는 공직자들을 민회원과 배심원이라고 봐야 한다. 임기가 있는 공직자들에게 모든 소송 또는 일부 소송에 대한 의결권과 재판권이 주어지기 때문이다.

이로써 누가 시민인지에 대한 정의가 명확해졌다. 즉, 한 국가의 의결권이나 재판권이 있는 공직에 참여할 권한을 가진 사람을 그 국가의
20 시민이라고 정의할 수 있다. 간단히 말해, 국가는 자급자족의 삶을 영위하기에 충분한 수의 시민들로 이루어진 집합체라고 할 수 있다.

....

128 "민주정"에서는 "모든" 시민이 배심원과 민회원으로서 공직에 참여하지만, 다른 정치체제에서는 시민 중 "일부"만 공직에 참여하기 때문이다.

제2장

시민이 되기 위해서는
부모가 시민이어야 하는가

현실 세계의 국가들은 시민이 되려면 부모가 시민이어야 한다고 요구한다. 하지만 아리스토텔레스는 이것은 시민에 대한 정의가 될 수 없다고 말하고, 시민은 공직에 참여하는지의 여부에 따라 정의된다는 것을 다시 한번 확인한다.

    하지만 현실에서는 시민을 부모 중 어느 한쪽만이 아니라 양쪽 모두 시민인 자로 정의하고, 어떤 경우에는 조부모, 증조부모 또는 그 이상의 조상들이 시민일 것을 요구하기도 한다. 시민에 대한 그러한 정의를 들으면, 어떤 사람은 "그런 식이면 증조부모나 고조부모는 어떻게 시민 25이 된 것이냐"라고 반문한다. 그래서 레온티노이 출신의 고르기아스[129]는

....

129 "레온티노이"는 이탈리아의 시칠리아섬에 있는 그리스 식민도시인 "낙소스"의 주민들이 기원전 729년에 건설한 식민도시로, 낙소스와 마찬가지로 이 섬의 동쪽 연안에 있었다. "고르기아스"(기원전 약 483-375년)는 고대 그리스의 유명한 소피스트로, 그의 사상은 "모든 것은 실재하지 않고, 실재하는 것은 알 수 없다"라는 말로 요약된다.

이 질문에 딱히 대답할 말이 없게 되자 궁여지책으로, "절구 만드는 사람들이 만들어낸 것이 절구인 것처럼, 실제로 라리사인을 만들어낸 통치자들이 있으므로, 라리사인을 만든 통치자들이 만들어낸 것이 라리사인이다"[130]라고 대답했다.

현실 세상에서 국가를 처음 창설하거나 거주하는 사람들에게는 부모가 시민이어야 한다는 조건은 적용되지 않는다. 이들의 증조부모나 고조부모들이 국가 건설에 참여했다면, 그들 역시도 시민이기 때문이다.

그러나 이런 기준은 정치체제의 변화와 함께 국정에 참여하게 된 사람들의 경우에는 훨씬 더 문제가 된다. 예를 들어, 아테네의 클레이스테네스[131]는 참주를 추방한 후 많은 거류민과 노예를 부족 체제에 편입시켰다. 이런 상황에서 논란의 여지는 누가 시민인가가 아니라, 이들이 시민이 된 것이 과연 정당한지 아닌지이다.

....

130 "통치자"로 번역한 '데미우르고스'(δημιουργός)는 원래 "사람들을 위해 일하는 자"라는 뜻으로 숙련된 기술자, 수공자업 등을 가리켰다. 하지만 이 단어는 어떤 국가에서는 최고 통치자의 명칭이기도 했다. 그리고 "라리사인"으로 번역한 '라리사이오스'(Λαρισαῖος)는 "라리사에서 처음으로 만들어낸 주전자나 단지"와 "라리사인", 둘 다를 가리킨다. 여기서 고르기아스는 '데미우르고스'를 "사람들을 위해 일하는 자"가 아니라 "사람들을 만들어낸 자"라는 의미로 해석해 언어유희를 하고 있다.

131 "클레이스테네스"(기원전 약 570-508년)는 아테네의 정치가로 모든 시민에게 참정권을 부여하고, 참주의 출현을 막기 위해 도편추방제를 도입하는 등의 정치적 개혁을 통해 아테네 민주정의 토대를 마련한 인물이다. 그는 전통적인 4부족 체제를 해체하고, 거주지에 따른 10부족 체제로 재편해 귀족의 권력 기반을 약화시켰다. 전통적인 "부족"('필레')은 가문과 씨족 같은 혈연을 토대로 한 독자적인 행정 조직이어서 귀족들의 중요한 정치적 기반이었다. 하지만 클레이스테네스는 아테네와 그 주변을 포함한 소위 아티케(또는 아티카) 지역을 거주지 중심의 10부족 체제로 편성했다. 각 부족은 여러 구역인 '데모스'로 나뉘었고, 남자는 18세가 되면 '데모스'의 명부에 등재되어 시민의 권리를 행사할 수 있었다. '데모스'에서는 인구 비례에 따라 대표자를 선출해 평의회에 보냈다. 클레이스테네스 시대에 평의회 의원은 500명이었다.

그리고 이 문제와 관련해 부당하게 시민이 된 자는 시민이 아니라고 1276a1
이의를 제기하는 사람도 있을 것이다. 부당한 것은 가짜라고 할 수 있다
는 점에서 그렇게 주장한다. 하지만 우리는 공직자 중에도 부당하게 공
직자가 된 사람들이 있음을 알지만, 그럼에도 그들이 공직자가 아니라고
주장하지는 않는다.

앞서 우리는 공직에 참여하는 사람이 바로 시민이라고 정의한 바 있
으므로, 시민은 공직에 참여하는지의 여부에 따라 정의된다. 따라서 정   5
치체제의 변혁으로 인해 거류민들과 노예들이 공직에 참여하게 되었다
면, 그들도 시민이라고 인정해야 함은 자명하다.

제3장

국가의 동일성 문제

시민의 정의와 그 정당성은 국가의 동일성 문제와 밀접한 관련이 있다. 국가의 동일성은 단순히 영토나 국민의 동일성만으로 판단할 수 없으며, 정치체제의 관점에서 바라봐야 한다.

누가 시민이 되는 것이 정당하고 누가 그렇지 않은지는 앞서 언급한 논란[132]과 연결되어 있다. 예를 들어, 과두정이나 참주정에서 민주정으로 변화하는 경우, 이 체제 변화는 국가의 행위인지 아닌지에 대한 논란이 있다. 이러한 정치체제의 변혁이 일어날 때, 국가의 이름으로 맺은 계약들이나 국가가 부담하게 되어 있는 그 밖의 다른 의무들이 국가가 아닌 참주에 의한 것이라고 주장하는 사람들이 있다. 이들은 정치체제가 강제

....

132 "앞서 언급한 논란"은 제3권 제1장 처음에서 언급한 "국가가 무엇인가"에 관한 논란을 가리킨다. 거기서 아리스토텔레스는 이렇게 썼다. "어떤 사람들은 국가가 해온 일들이 국가라고 생각하지만, 다른 사람들은 그런 일들은 국가가 아닌 과두정이나 참주의 소관이었다고 주장한다."(1274b33-35).

력에 의해 존재하고 공동의 이익을 위해 존재하지 않기 때문에, 그런 계약이나 의무를 파기하려고 한다. 이런 논리에 따르면, 민주정이라 할지라도 강제력을 사용하는 민주정도 있으므로, 그럴 때는 민주정 국가의 15 행위도 과두정이나 참주정과 마찬가지로 국가의 행위가 아니라고 해야 한다.

이러한 난제는 한 국가가 어떤 기준으로 동일성을 유지하고 있으며, 언제 다른 국가가 되었다고 볼 수 있는지에 대한 문제와 연결되어 있다. 만약 이 문제를 영토와 국민[133]이라는 기준으로만 본다면, 이는 피상적인 해결책이다. 국가는 영토나 국민을 부분적으로 잃을 수도 있고, 국민 중 20 일부는 이 지역에 거주하고 일부는 저 지역에 거주할 수도 있기 때문이다. 그러나 국가라는 용어가 다양한 의미로 쓰인다는 점을 고려하면 이 문제는 쉽게 해결된다.

사람들이 한 지역에 모여 사는 것만으로 국가로 볼 수 있는 것은 아 25 니다. 성벽으로 둘러싸인 지역이 국가의 기준이 될 수는 없다. 예를 들어 펠로폰네소스 반도[134] 전체를 하나의 성벽으로 본다고 해서, 그곳에 단일

....

133 "국민"으로 번역한 '안트로푸스'(ἀνθρώπους)는 직역하면 "사람들"이다. 앞서 아리스 토텔레스는 국가를 "시민" 중심으로 말해 왔고, 국가는 시민들의 공동체라고 말했다. 하지만 국가에는 시민만이 아니라 시민이 아닌 다른 구성원도 존재하고, 넓은 의미의 국가는 그들까지 포함한다. 예컨대 국가가 자급자족을 위한 공동체라고 했을 때, 거기에는 노예를 비롯해 기술자, 상인, 농민 등 여러 부류의 사람이 필요하다. 그러나 그들 모두가 시민이라고는 할 수 없다. 따라서 넓은 의미에서 한 국가의 구성원들을 의미하는 '안트로푸스'("사람"을 뜻하는 '안트로포스'의 복수형)는 여기에서 "국민"이라고 번역하는 것이 적절하다.

134 "펠로폰네소스 반도"는 그리스의 남부에 있는 반도로 "펠롭스의 섬"('네소스')이라는 뜻이다. 제우스의 아들 탄탈로스가 낳은 "펠롭스"는 반도 중서부 엘리스에 있는 피사의 왕이 되었는데, 그가 이 명칭을 처음으로 사용했다. 이 반도는 동서와 남북으로 각각 230킬로미터로 이어져 있고, 그리스 본토와 코린토스 지협으로 연결되어 있다. 북부에는 아르카디아 고원이 있고, 남부에는 스파르타 평원이 있다.

국가가 존재한다고 볼 수 없다. 여러 민족이 하나의 국가를 이루는 바빌론[135]을 포함한 다른 국가들이 그 사례다. 바빌론이 함락되었을 때, 일부
30 구성 민족은 그 사실을 3일 뒤에야 알았다고 한다.

그러나 이 복잡한 문제는 다른 시기에 좀 더 깊게 살펴보겠다. 정치가는 한 국가의 규모, 즉 한 국가의 시민 수가 어느 정도여야 하며, 한 민족으로 이루어져야 하는지 아니면 다민족으로 이루어져야 하는지를 반드시 이해해야 하기 때문이다.

35 그렇다면 동일한 국민이 동일한 영토에 거주하면서, 생명의 순환, 즉 죽음과 출생을 계속해서 경험한다면, 동일한 종족이기만 하면 국가역시 동일하다고 볼 수 있는가? 강물이나 샘물이 계속해서 흐르더라도, 우리는 그 강과 샘을 동일하다고 말하곤 하기 때문이다. 아니면 앞서 언
40 급한 이유로, 국민은 동일하지만, 국가는 다르다고 봐야 하는가?

1276b1 국가는 특정한 정치체제에 참여하는 시민들의 공동체이다. 따라서 정치체제가 바뀌면, 그 국가는 다른 국가로 인식되어야 한다. 하나의 합
5 창가무단[136]이 한 번은 희극에, 다른 한 번은 비극에 출연한다면, 우리는 이 둘을 별개의 합창가무단이라고 봐야 한다. 같은 원리로, 다른 모든 공

....

스파르타를 중심으로 한 펠로폰네소스 동맹은 그리스 본토 남부의 아테네를 중심으로 한 델로스 동맹과 대립했다.

135 "바빌론"은 "신의 문"이라는 뜻이다. 이는 메소포타미아 지방의 유프라테스강 유역에 있던 고대 도시이자 국가의 이름이다. 바빌론(또는 바빌로니아)은 다양한 민족으로 구성된 제국이었고, 기원전 2,000년경에 생겨 기원전 539년에 페르시아 제국의 키루스에게 멸망했다.

136 서양 연극의 기원은 고대 그리스의 도시국가에서 시작되었다. 그곳에서 농경신이자 포도주의 신 디오니소스를 찬양하는 "디티람보스"에서 연극이 시작되었다. 이당시의 희극과 비극 공연은 모두 국가가 주관했으며, 노래와 춤이 중요한 역할을 했다. 합창가무단 비용은 부자들이 공익 봉사의 일환으로 부담했다.

동체나 합성물도 그 구성 방식이 바뀌면 우리는 이전과 이후의 것을 서로 다르게 본다. 예를 들어, 동일한 음들로 이루어진 음계라도, 도리스 선법[137]이냐, 프리기아 선법이냐에 따라, 이 둘을 다른 선율이라고 말한다.

이 말이 옳다면, 국가의 동일성을 판단하는 가장 중요한 기준은 정 10
치체제임이 분명하다. 따라서 어떤 국가에 동일한 사람들이 계속 거주하더라도, 혹은 전과 완전히 다른 사람들이 거주하더라도, 우리는 정치체제의 변화 여부에 따라 그 국가를 동일 국가라고 볼 수도, 다른 국가로 볼 수도 있다.

다른 정치체제로 바뀐 경우에 그 국가가 이전에 맺었던 계약들과 부담하던 다른 의무들을 이행해야 할지 말지는 또 다른 복잡한 문제다.　15

....

137 고대 그리스의 세 가지 대표적인 선법 중에서 "도리스 선법"은 모든 선법의 중간에 위치하며, 도덕적 성품을 모방한 선법으로, 가장 안정적이고 남성적인 성격을 잘 표현한다. 이로써 청소년 교육에 가장 적합하고, 사람을 차분하게 한다. "프리기아 선법"은 기원전 7세기 소아시아 프리기아 지방 출신인 작곡가 "올림포스"가 창안한 선법으로, 종교적 감정을 고양하고 열광하게 만들기 때문에, 포도주의 신 디오니소스 축제에서 불렸던 찬가인 "디티람보스"를 작곡할 때 사용되었다. "혼합 리디아 선법"은 사람을 비장하게 하는 선법이다.

사람의 미덕과 시민의 미덕

시민의 미덕이란 공동체의 안전 확보에 중점을 두었으므로, 그것은 정치체제와 깊은 연관이 있다. 이로 인해 시민의 미덕은 완벽한 미덕이라고 부르기 어렵다. 반면, 인간의 미덕은 완벽한 미덕으로 볼 수 있다. 하지만 다스리는 자에게는 시민의 미덕과 사람의 미덕이 일치한다. 다스리는 자는 훌륭하고 현명해야 하지만, 다스림을 받는 자는 반드시 그래야 하는 것은 아니기 때문이다. 하지만 가장 훌륭한 정치체제에서 자유 시민은 다스림을 받기도 하고 다스리기도 하므로, 양쪽의 미덕을 다 갖추어야 한다.

방금 고찰한 것과 관련해 우리가 살펴보아야 할 또 다른 문제는 훌륭한 사람의 미덕과 훌륭한 시민의 미덕이 동일한가, 그렇지 않은가이다. 그전에 먼저 시민의 미덕이 무엇인지를 개략적으로 살펴보자.

20 선원이 배의 일원이듯이, 시민은 공동체의 일원이다. 선원들은 하는 일이 서로 달라서, 노 젓는 사람, 키잡이, 망보는 사람이라는 서로 다른 명칭으로 불린다. 각 선원의 미덕을 가장 정확하게 이해하려면, 그들 각

각의 역할에 따른 미덕을 이해해야 한다. 그러나 모든 선원에게는 항해 25
의 안전이라는 공통의 목표가 있으며, 이 목표를 달성하기 위해 각자의
역할을 수행해야 한다.

　　마찬가지로, 시민의 역할은 다양하지만, 모든 시민에게는 공동체의
안전 확보라는 공통의 임무가 있다. 여기서 공동체는 정치체제를 의미한
다. 따라서 시민의 미덕은 반드시 정치체제와 관련되어 있어야 한다. 그 30
리고 여러 종류의 정치체제가 존재하므로, 훌륭한 시민의 미덕이 하나의
완벽한 미덕이 될 수 없다는 것은 분명하다. 반면 훌륭한 사람이 지닌 미
덕은 하나의 완벽한 미덕이라고 말한다. 그러므로 훌륭한 사람의 미덕은 35
갖추지 못했더라도 훌륭한 시민이 될 수 있다는 것은 분명하다.

　　이를 이상적 정치체제의 관점에서 살펴보더라도 같은 결론에 도달
한다. 국가를 구성하는 모든 사람이 훌륭하게 되는 것은 불가능하지만,
각자 맡은 임무를 훌륭하게 수행해야 하며, 그렇게 하려면 각자의 미덕 40
이 필요하다. 모든 시민이 똑같을 수 없으므로, 훌륭한 시민의 미덕과 훌 1277a1
륭한 인간의 미덕은 동일할 수 없다. 이상 국가를 구성하려면 모든 시민
에게 훌륭한 시민의 미덕이 있어야 하지만, 훌륭한 국가를 구성하는 모
든 시민이 훌륭하다고 해도 그들 모두가 훌륭한 인간일 수는 없기 때문
이다. 따라서 훌륭한 시민의 미덕은 훌륭한 인간의 미덕이 될 수 없다.

　　또한 국가는 서로 다른 사람들로 구성되어 있다. 생물이 혼과 몸으 5
로, 혼이 이성과 욕망으로, 가정이 남편과 아내로, 재산이 주인과 노예로
구성되어 있는 것처럼,[138] 국가도 이들과 그 밖의 다른 종류의 사람들로
구성되어 있다. 따라서 모든 시민의 미덕이 동일할 수는 없다. 이것은 합

....

138 여기서 "재산"은 살아 있는 재산인 "노예"를 가리킨다. 따라서 "재산"은 재산 자체
　　인 "노예"와 소유주인 "주인"으로 이루어져 있다.

제4장 사람의 미덕과 시민의 미덕
....

10 창가무단의 단장과 일반 단원들의 미덕이 동일할 수 없는 것과 같다.

분명한 사실은, 훌륭한 시민의 덕목과 훌륭한 인간의 덕목이 항상 일치하지는 않는다는 것이다. 그렇다면 훌륭한 사람의 덕목이자 동시에 훌륭한 시민의 덕목이 될 수 있는 것은 무엇일까?

15 우리는 훌륭한 지도자는 훌륭한 인간이면서 현명해야 하지만, 시민이 반드시 현명해야 한다고는 말하지 않는다. 지도자는 처음부터 다른 종류의 교육을 받아야 한다는 주장도 있다. 실제로 왕자들은 기마술과 전술 교육을 받는다. 에우리피데스[139]는 "내가 원하는 것은 사람을 우아하고 세련되게 해주는 것이 아니라 … 국가에 반드시 필요하기 때문이다"라고 말한다. 이는 지도자에게 필요한 특별한 교육이 있다고 말한 것

20 이나 다름없다.

그러나 훌륭한 지도자의 덕목과 훌륭한 인간의 덕목이 같다고 해도, 지도자가 시민이라는 이유로 곧 모든 훌륭한 시민의 미덕으로 환원되지는 않는다. 오직 지도자의 위치에 있는 시민의 덕목만이 훌륭한 인간의 덕목과 일치한다. 이는 지도자의 덕목이 일반 시민의 덕목과는 다르기 때문이다. 따라서 이아손[140]은 자신이 참주가 아니었을 때 굶주렸다고 했

....

139 "에우리피데스"(기원전 약 484-406년)는 고대 그리스 3대 비극시인 중 한 명으로, 완전한 형태로 전해지는 사티로스극인 『키클롭스』를 비롯한 19편의 작품을 썼다. 그의 작품은 아이러니를 내포한 합리적 해석과 새로운 극적 수법으로 그리스 비극에 큰 변화를 가져왔다. 주로 인간의 정념을 주제로 했고 특히 여성 심리 묘사에 뛰어났다. 이 대목은 『아이올로스』에서 왕이 왕자들의 교육에 관해 말하는 장면에서 나온다.

140 "이아손"(기원전 370년에 죽음)은 마케돈의 필리프 2세(기원전 약 382-321년)가 등장하기 직전 시대에 그리스 중부 테살리아에 있는 페라이의 참주였다. 그는 고도로 훈련된 용병과, 저 유명한 테살리아 기병대를 이끌고 단기간에 테살리아를 그리스 전체의 강국으로 변모시켰고, 심지어 페르시아 제국으로 쳐들어가겠다는 말도 했다.

다. 이는 그가 일반 시민으로서 어떻게 살아가야 할지 몰랐다는 의미다.

한편, 사람들은 다스릴 줄도 알고 다스림을 받을 줄도 아는 것을 칭찬하고, 둘 다 잘하는 것이 시민의 미덕이라고 생각한다. 그런데 훌륭한 사람의 미덕은 다스리는 것에 있고, 훌륭한 시민의 미덕은 다스리는 것과 다스림을 받는 것에 있다면, 훌륭한 사람으로서 칭찬받는 것과 훌륭한 시민으로서 칭찬받는 것은 같지 않을 것이다.

따라서 다스리는 자와 다스림을 받는 자는 서로 다른 교육을 받아야 30 한다는 말도 맞고, 시민은 다스릴 줄도 알고 다스림을 받을 줄도 알아서 다스리기도 하고 다스림받기도 해야 한다는 말도 타당하다고 여겨지므로, 다음과 같은 예로부터 어떤 결론을 내릴 수 있다.

주인이 노예를 다스리는 것도 다스리는 것이다. 이는 생활에 꼭 필요한 일들과 관련되어 있는데, 다스리는 자인 주인은 그 일들을 어떻게 해야 하는지 반드시 알아야 하는 것은 아니고, 노예를 활용할 줄만 알면 35 된다. 나머지 일은 노예의 몫이다.

노예가 하는 일이 여러 가지이므로, 우리는 그들을 여러 유형으로 분류한다. 노예 중 한 부류는 일용노동자[141]라고 불리는데, 이름에서 알 수 있듯, 이들은 손으로 일하며 생계를 유지한다. 기술자들[142]이 이 부류 1277b1

....

141 "일용노동자"로 번역한 '케르네스'(χερνής)는 "손으로 일해서 살아가는 자", 즉 가난한 일용노동자를 가리킨다. 한편 이 책에서는 '테테스'(θῆτες)도 "일용노동자"로 번역했다. '테테스'는 원래 지주의 집에 기거하면서 농사를 지어준 소작농을 가리킨 것으로 보이지만, 나중에는 일이 필요한 곳에 가서 일해주고 품삯을 받는 "일용노동자"를 가리키게 되었다.

142 "기술자"로 번역한 '바나우소스'(βάναυσος)는 원래 풀무를 이용해 대장장이 일을 하는 사람을 가리켰지만, 나중에는 수작업을 통해 기계적으로 비천한 일을 하는 사람을 가리키게 되었다. 반면 전문적이고 숙련된 기술을 가지고 일하는 사람은 '테크니테스'(τεχνίτης)다.

제4장 사람의 미덕과 시민의 미덕
....

에 속한다. 그래서 여러 국가에서 극단적인 민주정이 도입되기 전에는 기술자들은 공직에 참여할 수 없었다. 따라서 이 다스림을 받는 자들이 하는 일들은 훌륭한 정치가나 훌륭한 시민이 개인적으로 필요한 경우가 아니라면 배울 필요가 없다. 그렇지 않다면 주인과 노예가 공존할 필요가 없을 것이다.

또한 대등한 자들인 자유민들을 다스리는 것도 지배의 한 형태이다. 우리는 그것을 국가의 다스림이라고 부른다. 다스리는 자는 다스림을 받으면서 지배하는 방법을 배운다. 예를 들어, 기병대장이 되어 다스리려면 먼저 기병대장 아래에서 다스림을 받아야 하고, 보병대장이 되어 다스리려면 먼저 보병 장군 아래에서 중대장과 연대장으로 있으면서 다스림을 받아야 한다. 따라서 다스림을 받아보지 않으면 잘 다스릴 수 없다는 말은 옳다. 다스리는 자와 다스림을 받는 자의 미덕은 서로 다르지만, 훌륭한 시민이 되기 위해서는 다스림을 받을 줄도 알아야 하고 다스릴 줄도 알아야 한다. 훌륭한 시민의 미덕은 자유민으로서 다스림을 받을 줄도 알고 자유민들을 다스릴 줄도 아는 데 있다.

....

아리스토텔레스는 대체로 이 둘을 동일한 의미로 사용한다. "재산 등급에 따라 공직에 참여할 수 있는 과두정에서는 일용노동자들은 시민이 될 수 없으나, 기술자들('바나우소스')은 시민이 될 수 있다. 기술자들('테크니테스')은 대부분 부자이기 때문이다."(1278a24-25). 따라서 둘 모두 "기술자"로 번역했다.
플라톤의 『국가』에서는 기술자를 지칭하는 데 일관되게 '데미우르고스'(δημιουργός)를 사용하는데, '데미우르고스'는 무엇인가를 "만드는 자, 제작자"를 뜻한다. 하지만 아리스토텔레스는 이 단어는 전혀 사용하지 않고, 나중에 "통치자"라는 의미로 이 단어를 한 번 사용할 뿐이다. 그는 기술자를 가리키기 위해 주로 '바나우소스'를 사용하고, '테크니테스'와 이 둘을 결합한 '바나우소스 테크니테스'를 종종 사용한다. 아리스토텔레스가 제시한 이상 국가에서 "기술자"는 자유민인 시민들이 여가를 가지고 미덕을 추구하는 일을 물질적으로 밑받침해주는 역할을 하지만 시민은 아니고, 노예와 거의 같은 취급을 받는다.

다스리는 자와 다스림을 받는 자의 경우에 절제의 미덕과 정의의 미덕이 서로 질적으로 다르다고 할지라도, 훌륭한 사람이 되려면 이 두 가지 미덕을 갖추어야 한다. 다스림을 받는 훌륭한 자유민의 미덕, 예컨대 정의의 미덕은 언제나 동일한 방식으로 나타나는 것이 아니라, 다스릴 때와 다스림을 받을 때 각각 다른 모습으로 나타난다. 이것은 절제와 용 20 기의 미덕이 남자의 경우와 여자의 경우에 서로 다른 것과 같다. 남자는 용감한 여자보다 더 용감하더라도 비겁해 보일 수 있고, 여자는 훌륭한 남자보다 더 적게 말하더라도 수다스러워 보일 수 있다. 또한, 가정을 다스리는 것과 관련해서도 남자와 여자의 역할은 서로 달라서, 남자의 역할은 획득하는 것이라면 여자의 역할은 지키는 것이다.

다스리는 자에게 유일하게 고유한 미덕은 현명함뿐이다. 다른 미덕 25 들은 다스림을 받는 자들과 다스리는 자들 모두에게 공통적인 것으로 보인다. 그리고 다스림을 받는 자의 고유한 미덕은 현명함이 아니라 올바른 견해다. 다스림을 받는 자는 피리를 만드는 자인 반면, 다스리는 자는 피리를 사용하는 자다.

이것으로 훌륭한 사람의 미덕과 훌륭한 시민의 미덕이 동일한지, 아 30 니면 다른지 그리고 어떻게 동일하고 어떻게 다른지가 분명해졌다.

시민 문제의 결론

기술자와 일용노동자를 시민에 포함시키는 것이 옳은지에 대해서는 의문의 여지가 있다. 국가는 자급자족을 위한 시민들이 필요한 공동체이지만, 동시에 훌륭한 삶을 추구하는 공동체이기도 하므로 그런 사람들을 시민에 포함해서는 안 된다. 시민의 범주는 정치체제에 따라 달라지며, 공직에 참여하는 자만이 진정한 의미에서의 시민이라고 할 수 있다. 따라서 훌륭한 사람의 미덕과 훌륭한 시민의 미덕은 국가에 따라 동일할 수도, 다를 수도 있다.

시민의 정의와 관련해 고려해야 할 문제가 하나 있다. 공직에 참여할 수 있는 자만이 시민인 것인가, 아니면 기술자들도 시민에 포함시켜야 하는가 하는 것이다. 만약 공직에 참여하지 않는 기술자들도 시민이라고 해야 한다면, 모든 시민이 시민의 미덕을 지닐 수 없게 된다. 기술자들 역시 시민이기 때문이다. 그렇다면 기술자들을 어떤 계층으로 분류해야 할까? 거류민도 아니고 외국인도 아닌 그들을 어디에 포함시켜야 하는가? 아니면 기술자들이 시민이 아니라고 해도 전혀 문제없다고 결

35

론 내려야 하는가? 이는 노예나 해방 노예들에게도 동일하게 적용되는
문제이다.

국가 구성에 있어 필수적인 사람을 모두 시민에 포함시키는 것은 불
가능하다. 예를 들어, 미성년자들은 성인들과 동일한 방식으로 시민이
아니다. 성인들은 완전한 시민이지만, 미성년자들은 여러 제약을 받는
불완전한 시민이다.   5

고대 일부 국가에서 기술자들은 노예이거나 외국인이었고, 이런 상
황은 지금도 그대로 이어져 왔다. 가장 훌륭한 국가라면, 기술자를 시민
으로 받아들이지 않을 것이다. 만약 기술자를 시민에 포함시킨다면, 모
든 시민이 시민의 미덕을 가지는 것은 불가능하며, 오직 자유민이면서
살아가는 데 꼭 필요한 일들[143]에서 벗어난 사람들만이 그 미덕을 가질   10
수 있다. 삶의 필수적인 일을 수행하며 한 시민을 섬기는 이들은 노예이
며, 모든 시민을 섬기는 이들은 일용노동자[144]이다.

앞서 말한 바를 바탕으로 국가에서 기술자와 일용노동자의 위치를
조금 더 자세히 살펴보면, 그들이 차지하는 위치는 이미 앞서 언급한 내

....

143 "살아가는 데 꼭 필요한 일들"로 번역한 '아낭케'(ἀνάγκη)는 사람이 살아가는 데 필
수적이지만, 여러 가지 일상적이고 반복적으로 해야 해서 어떤 높은 미덕을 필요
로 하지 않는 일들을 가리킨다. 아리스토텔레스는 삶의 목적은 사람으로서 미덕
을 길러 철학과 정치를 하는 데 있으므로 "여가"가 꼭 필요하다고 보았고, 그런 미
덕을 기르는 데 도움이 되지 않는 일과 노동은 "자유민"에게는 어울리지 않고 "노
예"에게 어울리는 것으로 여겼다.

144 "일용노동자"로 번역한 '테테스'(θῆτες)는 원래 지주의 집에 기거하면서 농사를 지
어주는 소작농을 가리키는데, 나중에는 품삯을 받고 다른 사람의 일을 해주는 "일
용노동자"라는 의미도 지니게 되었다. "기술자"가 원래 대장장이 일을 하는 사람
을 가리키던 말로서 농업 이외에 제조업에 종사하는 노동자였다면, "일용노동자"
는 품삯을 받고 제조업을 제외한 농사와 그 밖의 다른 일을 해주는 자들을 가리킨
다. 따라서 "기술자"와 "일용노동자"는 법적으로는 자유민이었지만 사실은 노예들
과 별반 다르지 않은 계층이었다.

제5장 시민 문제의 결론
....

용에서 명확하게 드러날 것이다.

15   정치체제가 다양하므로, 시민과 그중에서도 특히 다스림을 받는 시민도 다양한 유형일 수밖에 없다. 그 결과, 기술자와 일용노동자는 어떤 정치체제에서는 반드시 시민에 포함되어야 하지만, 다른 정치체제에서
20   는, 예를 들어 미덕과 자질에 따라 공직이 배분되는 귀족정이라고 불리는 체제에서는 시민에 포함되지 못한다. 그 이유는 기술자와 일용노동자들이 미덕을 추구할 수 없기 때문이다.

반면에, 재산 등급에 따라 공직에 참여할 수 있는 과두정에서는 일
25   용노동자들은 시민이 될 수 없으나, 기술자들은 시민이 될 수 있다. 기술자들은 대부분 부자이기 때문이다.[145] 테베에서는 10년 동안 시장에서 장사를 하지 않아야만 공직에 참여할 수 있는 법이 있다.

또한, 많은 정치체제에서는 외국인들까지도 시민으로 받아들이는 법이 있다. 일부 민주정 국가에서는 어머니만 시민이라도 자녀는 시민이 될 수 있고, 사생아를 시민에 포함시키는 경우도 많다. 하지만 그런 국가
30   에서 그런 사람들을 시민에 포함하는 이유는 정상적으로 시민이 된 사람들의 수가 부족하기 때문이다. 즉, 인구가 부족해서 그런 법들을 만든 것이다. 따라서 인구가 증가하면, 점차 시민의 수를 줄여가는데, 가장 먼저 남자 노예나 여자 노예에게서 태어난 사람들을 배제하고, 다음으로는 어머니만 시민인 사람들을 배제하며, 마지막으로는 부모가 모두 시민인 사람들에게만 시민이 될 자격이 주어진다.

35   이를 통해 명확해진 것은 시민에도 여러 종류가 있으며, 공직에 참여하는 사람만이 진정한 시민이라는 사실이다. 그래서 호메로스는 "공직

....

145 각주 142를 참고하라.

을 맡을 수 없는 거류민처럼"[146]이라고 표현했다. 이는 공직에 참여하지 못해 시민이지만 실질적으로는 거류민과 다름없는 사람들을 언급한 것이다. 하지만 자신의 신분을 공개하지 않기 위해 공직에서 배제된 것처럼 위장하는 사람들도 있다.   40

　이런 식으로 살펴본 결과, 훌륭한 사람의 미덕과 훌륭한 시민의 미덕이 어떤 국가에서는 동일하고, 어떤 국가에서는 다르다는 것이 명확해졌다. 또한, 동일한 경우에서도 모든 시민이 훌륭한 사람인 것이 아니라, 단독으로 혹은 다른 사람들과 함께 공무를 수행할 능력이 있는 정치가만이 훌륭한 사람이라는 것이다.   1278b1

5

....

146 이 구절은 호메로스의 『일리아스』 제9권 648행과 제16권 59행에 나온다. 이 구절은 "하찮은 부랑자처럼"으로 번역하는 것이 일반적인데, 아리스토텔레스는 여기서 문맥에 맞춰 "하찮은"을 "공직을 맡을 수 없는"으로, "부랑자"를 "거류민"으로 이해했다. 이 대목은 그리스 연합군 총사령관 아가멤논과 사이가 틀어진 아킬레우스가, 자신이 그에게서 어떤 대접을 받았는지를 다른 장군들에게 하소연하는 장면에서 한 말이다.

제5장 시민 문제의 결론
....

제6장

개인과 공동체의 목적인 훌륭한 삶

아리스토텔레스는 이제부터 정치체제에 대해 깊이 있게 다루기 시작한다. 여기서 다루는 서론적인 문제는 국가의 최고 권력이 누구에게 속해 있느냐, 즉 정부가 어떻게 구성되었느냐에 대한 이야기다. 개인이나 공동체의 목표는 바로 훌륭한 삶이다. 공동체는 원칙적으로 다스림을 받는 사람들의 이익을 위해 존재한다. 따라서 절대적인 정의에 입각해서 보면, 공동의 이익을 위해 존재하는 모든 정치체제는 바르다. 반면에 다스리는 자들의 이익만을 위한 정치체제는 모두 잘못된 것이며, 이는 본질적으로 바른 정치체제가 변질된 것이다.

이런 문제들을 해결한 후에, 다음으로 정치체제가 한 가지인지 여럿인지, 여럿이라면 어떤 것이 있고 그 수는 얼마나 되는지, 그리고 이들이 어떻게 서로 다른지를 살펴보아야 한다.

정치체제는 국가의 여러 공직 중에서, 특히 모든 국정에 대한 결정
10 권을 가진 최고의 공직과 관련한 국가의 편제다. 어디에서나 국가의 최고 권력은 정부에 있으므로, 정부는 그 자체로 정치체제다. 예를 들어, 민

주정 국가에서는 국가의 최고 권력이 민중[147]에게 있지만, 과두제 국가에서는 정반대로 과두정부에 있다. 따라서 우리는 이 두 국가의 정치체제가 서로 다르다고 말한다. 다른 정치체제들에 대해서도 우리는 같은 방식으로 말할 수 있다.

우리는 먼저 국가가 어떤 목적을 위해 조직되었는지, 그리고 사람들과 그들의 공동체적인 삶을 다스리기 위한 통치 체제의 종류가 얼마나 있는지를 확인해야 한다. 이 책의 서두에서 우리는 가정을 다스리는 일과 주인이 노예를 다스리는 일을 고찰하면서, 인간은 본성적으로 정치적 동물이라고 말한 적이 있다.[148] 그래서 사람들이 서로에게서 도움을 받을 필요가 전혀 없더라도, 함께 살아가는 것에 대한 그들의 열망은 결코 줄어들지 않는다.

하지만 공동의 이익도 사람들이 하나의 공동체를 이루게 하는 중요한 요인이다. 공동체 안에서 모든 구성원은 훌륭한 삶[149]을 위해 노력하

15

20

....

147 "민중"으로 번역한 '데모스'(δῆμος)는 고대 그리스 아테네에서 가장 기본적인 행정 조직인 "구역"을 가리키고, 거기서 살아가는 사람들을 가리킨다. 따라서 '데모스'는 원래 한 국가의 모든 구성원을 가리키지만, 대체로 아리스토텔레스는 그중에서도 귀족들과 대비되는 좀 더 가난한 사람들을 가리키는 데 이 단어를 사용한다. "평민, 인민, 민중" 등으로 번역될 수 있지만, 여기서는 "민중"으로 번역한다. 그리고 이 '데모스'를 선동하는 자들이 "민중 선동가"(δημαγωγός, '데마고고스')다. '데마고고스'는 직역하면 "민중을 이끄는 자"라는 뜻이다. 아리스토텔레스는 "대중"(πλῆθος, '플레토스')이라는 단어도 사용하는데, '플레토스'는 "다수"라는 일반적인 의미로도 사용하고, "대중", 즉 "민중"을 두루 포괄하는 용어로 쓰인다.

148 제1권 제2장 1253b2-3에 나온다. "정치적 동물"은 어떤 식으로든 공동체를 이루며 살아가게 되어 있는 동물이라는 뜻이다.

149 아리스토텔레스는 한 개인의 삶과 국가를 비롯한 공동체의 삶의 목적을 "훌륭한 삶"으로 규정한다. 이것은 그의 국가관의 토대를 이룬다. 그는 국가를 단지 자급자족을 위한 공동체로만 보지 않고, 자급자족의 토대 위에서 "훌륭한 삶"을 영위하기 위해 결성된 공동체로 본다. 따라서 그에게는 잘 먹고 잘살게 해주는 국가가

25 며, 이는 공동체와 개인 모두의 목적이 된다. 하지만 사람들이 국가 공동체를 형성하는 근본적인 이유는 생존에 있다. 삶이 힘들고 고단하더라도 그 자체로 가치가 있기에, 대다수는 역경을 이겨내며 살아가고자 하는

30 의지를 보인다. 이는 삶에 본성적으로 행복과 기쁨이 있기 때문이다.

사람들을 다스리는 방식을 구분하는 것은 어렵지 않다. 외부에 발표한 글을 통해 이 문제를 자주 다루었기 때문이다. 그중 하나는 주인이 노예를 다스리는 것이다. 이 다스림은 본질적으로 노예와 주인 모두에게

35 이익이 되지만, 주로 주인의 이익을 위해 이루어지며, 노예의 이익은 부수적으로만 고려되는 경우가 많다. 노예가 죽게 되면 주인이 노예를 다스릴 수 없으므로 노예에게도 일정한 이익이 주어진다.

가정을 다스리는 것, 즉 자녀나 여성 그리고 가정 전체를 다스리는 일도 마찬가지다. 이는 실질적으로 다스리는 자와 다스림을 받는 자 모

40 두의 이익을 위해 이루어지지만, 본질적으로는 다스림을 받는 자들의 이익을 위한 것이다.

1279a1 이런 것은 의술이나 체육과 같은 다른 기술에서도 볼 수 있다. 이 기술들은 기술의 혜택을 받는 자들의 이익을 위해 사용되지만, 기술 사용자들도 부수적으로 이익을 얻는다. 키잡이는 선원 중 한 명이며, 체육 교사는 다른 사람들에게 체육을 가르치면서 본인도 훈련이 되기 때문이다.

5 그래서 체육 교사와 키잡이는 주로 자신이 다스리는 사람들의 이익을 위해 행동하지만, 자신도 그중 한 명인 경우에는 부수적으로 그 이익에 참여한다. 키잡이도 선원이고, 체육 교사도 체육 훈련을 하는 사람들 중 한 명이기 때문이다.

....

아니라 훌륭한 삶을 살아가게 해주는 국가가 가장 훌륭한 국가다. 그래서 그는 시민의 자격도 이 목적에 부합해야 한다고 본다.

국가를 다스리는 것도 마찬가지다. 평등하고 공정하게 조직된 국가에서는, 시민들이 교대로 통치에 참여할 것이라고 생각했다. 공직을 맡 10 아 타인의 이익을 위해 일했던 사람이 이제는 타인이 공직을 맡아 자신의 이익을 위해 일하는 것을 당연하게 받아들였다. 하지만 지금은 사람들이 국가 재정과 공직에서 얻는 이익 때문에 공직을 그만두지 않는다. 사람들이 공직에 집착하는 이유는 아마도 병약한 사람이라도 공직을 계 15 속 맡는다면 건강해진다고 생각하기 때문일 것이다.

절대적인 정의에 입각한다면, 공동의 이익을 위한 모든 정치체제는 바른 것이다. 반면에, 다스리는 자들의 이익만을 위한 정치체제는 모두 잘못된 것이며, 바른 정치체제가 변질된 것[150]이다. 국가 공동체는 자유 20 민들의 공동체인데, 다스리는 자들이 주인이고 다스림을 받는 자들이 노예인 체제는 잘못된 것이다.

....

150 "변질된 것"으로 번역한 '파레크바시스'($\pi\alpha\rho\acute{\epsilon}\kappa\beta\alpha\sigma\iota\varsigma$)는 올바른 것에서 벗어난 것을 의미한다. 따라서 굳이 직역하자면 "바른 정치체제들에서 벗어난 것"이 된다.

제7장

정치체제의 종류

정치체제는 바른 형태와 변질된 형태로 나뉜다. 정치체제라 함은 국가의 최고 권력인 정부를 가리키는 말로, 이 정부는 한 사람, 소수 혹은 다수로 구성된다. 바른 정치체제에는 왕정, 귀족정, 혼합정이 있고, 변질된 정치체제에는 참주정, 과두정, 민주정이 있다.

이런 문제들을 밝혔으므로 정치체제의 종류에는 어떤 것이 있는지, 각각의 정치체제는 어떤 특성을 지니는지 살펴봐야 한다. 먼저 바른 정치체제부터 살펴보면, 이를 통해 변질된 정치체제의 특징도 명확하게 이해할 수 있을 것이다.

25 정치체제를 보여주는 것은 정부이며, 정부는 국가의 최고 권력을 지니는 기구다. 국가의 최고 권력은 한 사람, 소수 혹은 다수에게 있을 수밖에 없다. 그래서 한 사람이나 소수, 다수가 공동의 이익을 위해 다스릴

30 때 그것은 바른 정치체제가 되지만, 한 사람이나 소수, 다수가 자신의 이익을 위해 다스릴 때 그것은 변질된 정치체제가 된다. 시민은 공동의 이

익에 참여해야 하는 것이 당연하므로, 공동의 이익에 참여하지 못하는 자는 시민이라고 볼 수 없다.

공동의 이익을 추구하는 한 사람의 통치 체제를 왕정이라 부르고, 일인보다 많은 소수가 공동의 이익을 추구하는 체제를 귀족정이라 부른다. 이 체제를 귀족정[151]이라 부르는 이유는, 가장 훌륭한 사람들이 다스 35 리며, 국가와 그 구성원에게 가장 좋은 것을 추구하기 때문이다.

다수가 공동의 이익을 위해 다스리는 체제는, 모든 정치체제를 아울러 부를 때 사용하는 정치체제[152]라는 명칭을 그대로 사용한다. 이 명칭 사용은 타당하다. 한 사람이나 소수가 뛰어난 미덕을 갖추는 것은 가능 40 하지만, 다수가 전부 완벽하게 미덕을 갖추기는 어렵기 때문이다.

그러나 이 체제는 다수가 연관된 전쟁과 관련된 미덕에서는 가장 뛰 1279b1 어나다. 그래서 이 정치체제에서는 전쟁을 수행하는 전사 집단이 가장 큰 권력을 지니며, 무기를 지닌 전사들이 국정에 참여한다.

방금 말한 바른 정치체제들 중에서 왕정이 변질된 것이 참주정이고, 귀족정이 변질된 것이 과두정이며, 혼합정이 변질된 것이 민주정이다. 5 참주정은 일인 독재자의 이익을 추구하는 체제이고, 과두정은 자산가들

....

151 "귀족정"으로 번역한 '아리스토크라티아'($\mathring{\alpha}\rho\iota\sigma\tau\sigma\kappa\rho\alpha\tau\acute{\iota}\alpha$)는 직역하면 "가장 훌륭한 자들의 지배"다. 귀족정의 변질된 형태는 "소수의 지배"를 뜻하는 "과두정"($\mathring{o}\lambda\iota\gamma\alpha\rho\chi\acute{\iota}\alpha$, '올리가르키아')이라 불린다. 이 둘의 공통점은 "소수"가 정부를 장악해 다스리는 것이고, 차이점은 "귀족정"이 주로 미덕에서 가장 뛰어난 자들이 공동의 이익을 위해 다스린다면, "과두정"은 소수의 문벌 귀족이나 명문 세가들이 정부를 장악해 자신의 이익을 위해 다스린다는 것이다.

152 "다수가 공동의 이익을 위해 다스리는 체제"는 일반적으로 정치체제를 가리키는 보통 명사인 '폴리테이아'($\pi\sigma\lambda\iota\tau\epsilon\acute{\iota}\alpha$)를 그대로 명칭으로 사용하지만, 우리는 편의상 이런 의미의 '폴리테이아'를 "혼합정"으로 번역했다. 각주 64를 참조하라.

의 이익을 추구하며, 민주정은 무산자(無産者)[153]의 이익을 추구한다. 이

10　변질된 정치체제들은 어느 것도 공동의 이익을 추구하지 않는다.

....

153　"자산가"로 번역한 '에우포로스'(εὔπορος)는 "재산을 많이 지닌 자"를 가리키고, "무
산자"로 번역한 '아포로스'(ἄπορος)는 "재산을 지니지 않은 자"를 가리킨다. '아포로
스'는 재산이 없으므로 자신의 몸으로 하는 육체노동을 통해 살아가야 하는 자다.
아리스토텔레스는 "부자"(πλούσιος, '플루시오스')와 "가난한 자"(πένης, '페네스')라는
용어를 많이 사용하지만, "자산가"와 "무산자"라는 단어도 자주 쓴다.

제8장

과두정과 민주정에 대한 재정의

아리스토텔레스는 각각의 정치체제를 살피기 시작하면서 과두정과 민주정을 다루기에 앞서 기존의 정의를 재검토한다. 단순히 지배하는 주체가 소수냐 다수냐를 기준으로 정치체제를 판단하게 되면, 과두정과 민주정에 대한 정의가 혼란스럽게 될 수 있다. 그러므로 이 두 정치체제를 구분하는 새로운 기준은 부와 가난이다. 즉, 부를 추구하는 것이 과두정이고, 반대로 자유를 추구하는 것이 민주정이라는 것이다. 자산가와 무산자는 이것을 놓고 서로 다툰다.

하지만 각각의 정치체제에 대해 좀 더 깊이 있는 검토가 필요하다. 이 문제와 관련해 몇 가지 난점이 있고, 어떤 주제를 실용적인 관점에서만 다루지 않고 철학적으로 검토하는 사람은 단 한 가지 문제점도 빠뜨리거나 내버려두지 않고, 모든 것을 있는 그대로 드러내기 때문이다. 15

참주정에 대해 다시 한번 살펴보자. 참주정은 마치 주인이 노예들을 다스리는 것처럼 국가 공동체를 다스리는 일인 통치 체제이고, 과두정은 재산을 가진 자들이 국가의 최고 권력을 장악한 것이다. 반면에 민주정은 정반대로 많은 재산을 갖고 있지 않은 가난한 자들이 국가의 최고 권력을 장악한 것이다.

20   이러한 정치체제에 대한 첫 번째 난제는 정의와 관련된 것이다. 자산가들이 국가의 최고 권력을 장악했더라도, 그들의 수가 무산자들의 수보다 더 많으면 국가의 최고 권력이 다수에게 있는 것인 까닭에 민주정이라 해야 하고, 반대로 무산자들이 국가의 최고 권력을 장악했더라도,

25 그들의 수가 자산가들보다 더 적으면 국가의 최고 권력은 소수에게 있는 것인 까닭에 과두정이라고 해야 하는데, 이런 기준으로 볼 때 정치체제들에 대한 우리의 정의는 옳지 않아 보이기 때문이다.

정치체제들을 논의할 때, 한 국가에서 자산가들은 다수이고, 무산자는 소수라고 가정하고, 재산이 많은 소수가 국가의 최고 권력을 장악한 체제를 과두정이라고, 재산이 없는 다수가 국가의 최고 권력을 장악한

30 체제를 민주정이라고 말한 것으로 시작한다면, 또 다른 난점이 생긴다. 만약 이런 정치체제들만 과두정이나 민주정이라면, 앞서 말한 정치체제들, 즉 재산이 많은 다수나 재산이 없는 소수가 국가의 최고 권력을 장악한 경우에, 우리는 이 각각의 정치체제를 무엇이라고 불러야 하는가?

35   따라서 소수나 다수가 국가의 최고 권력을 장악하는 것, 즉 과두정에서는 소수가 장악하고, 민주정에서는 다수가 장악하는 것은, 어디에서나 재산이 많은 사람은 소수이고, 재산이 없는 사람은 다수라는 현실 때문에 우연히 생긴 특징으로 보인다. 그러므로 소수냐 다수냐 하는 것은

40 과두정과 민주정을 구분하는 기준이 될 수 없다.

1280a1   민주정과 과두정을 구분하는 기준은 가난과 부다. 자신들이 가진 부 때문에 국가를 다스리게 된 경우에는 그들의 수가 적든 많든 그 정치체제는 과두정일 수밖에 없고, 자신이 가난하므로 국가를 다스리게 된 경우에는 그들의 수가 적든 많든 그 정치체제는 민주정일 수밖에 없다. 앞

서 말했듯 소수냐 다수냐 하는 것은 우연히 그렇게 된 것이다. 재산이 많
은 자들은 소수이기 때문이다. 하지만 자유는 누구나 모든 사람이 가질   5
수 있다. 따라서 부를 추구하는 것과 자유를 추구하는 것이 과두정과 민
주정이 서로 다투는 원인이다.

민주정과 과두정의 정의 개념

민주정은 평등이 정의라고 주장하고, 과두정은 불평등이 정의라고 주장한다. 그러나 양측 모두 절대적인 정의를 말하는 것은 아니다. 많은 사람이 같은 지역에서 생활하거나, 서로 부정행위나 상거래를 위해 공동체를 형성한다고 해도, 그런 공동체가 자동으로 국가가 되는 것은 아니다. 국가가 되려면 이러한 요소들이 필요하긴 하지만, 이것만으로 국가가 되는 것은 아니다. 국가란, 가정과 씨족이 스스로 유지하며 완전한 삶과 훌륭한 삶을 살아가기 위한 공동체다. 이런 의미에서, 과두정과 민주정 옹호자들은 정의의 일부만을 주장할 뿐이다.

먼저, 과두정과 민주정의 특징과 이들 각각이 어떤 것을 정의로 보는지를 살펴봐야 한다. 모든 사람이 어떤 형태의 정의를 주장하긴 하지만, 부분적인 정의일 뿐, 절대적인 정의를 말하지는 않기 때문이다. 예로들어, 어떤 사람은 평등을 정의로 여긴다. 그러나 평등이 정의라고 하더라도, 이 평등은 모든 사람에게 적용되는 것이 아니라, 서로 대등한 자들 사이에서만 적용될 수 있는 정의다. 반면, 어떤 사람은 불평등을 정의로 생각한다. 그러나 이 불평등 역시 모든 사람 사이에서 적용되는 것이 아니라, 서로 대등하지 않은 자들 사이에서만 정의다.[154]

이런 사람들이 오해하게 된 이유는, 자신의 정의를 적용 대상 외에 모든 사람에게 적용하려 했기 때문이다. 그들이 잘못된 판단을 하게 된 원인은, 자신과 관련된 것을 판단하려 했기 때문이고, 자신과 관련된 것을 판단하게 되면, 대다수는 대체로 오류를 범한다. 정의란, 특정한 사람들을 대상으로 한 것이고, 『윤리학』에서 이미 언급했듯[155] 분배되는 것과 분배받는 사람들 간의 비례 관계가 올바른 것이 정의라고 할 수 있다. 15

앞서 언급한 두 부류의 사람들은, 분배는 평등하게 분배되어야 한다는 점에서 의견이 일치한다. 그러나 분배받는 사람들에 있어 누가 평등한지에 대해서는 의견이 서로 다르다. 이러한 의견 차이의 주된 원인은, 앞서 언급했듯, 자신과 관련된 것을 판단하면서 잘못 판단했기 때문이다. 그리고 각자가 부분적인 정의를 말하면서도 자신은 절대적인 정의를 주장한다고 생각하기 때문이다. 한쪽은 재산을 비롯해 어떤 한 가지라도 불평등하면 모든 것에서 불평등한 것으로 생각하고, 반대로 다른 쪽은 자유 등에서 평등하면 모든 것에서 평등한 것으로 생각한다. 20 ... 25

그러나 양측 모두 가장 중요한 것을 말하지 않는다. 만약 재산을 기반으로 공동체를 만든 것이라면, 국가에 대한 각자의 지분은 각자의 재

....

154 아리스토텔레스는 과두정과 민주정의 근본적인 특징을 각각의 정치체제에서 주장하는 "정의" 개념에 근거해 구별한다. 민주정은 "평등"이, 과두정은 "불평등"이 정의라고 주장한다. 훌륭한 사람과 부자는 형편없는 사람과 가난한 자보다 더 많은 권리를 가져야 한다는 것이다.

155 아리스토텔레스는 자신의 저서 『니코마코스 윤리학』 제5권 제3장에서 분배 정의를 다룬다. "정의"는 누구에게나 똑같이 주는 것이 아니라, 각자에게 각자가 받아야 할 몫을 주는 것이므로, "비례 관계"가 바른 것일 때 정의롭다고 말한다.

산에 비례할 것이다. 그럴 경우에는 과두주의를 지지하는 사람들의 논리가 힘을 얻게 될 것이다. 100므나의 원금 중에서 1므나를 낸 사람과

30 99므나를 낸 사람의 원금과 이자 지분이 같은 것은 정의롭지 않다는 것이기 때문이다.

그러나 국가는 단지 생존을 위해서가 아니라, 훌륭한 삶을 위해 존재한다. 만일 국가가 단지 생존을 위해 존재한다면, 노예들의 국가나 동물들의 국가도 있겠지만, 실상은 그렇지 않다. 노예들과 동물들은 행복한 삶이나 자유로운 선택을 기반으로 한 삶을 살 수 없기 때문이다.

또한 국가의 존재 이유는 단순히 함께 싸워 해를 입지 않게 하거나,

35 서로 물건을 교환하고 거래하기 위한 것도 아니다. 만약 국가가 교환과 상거래를 위해서만 존재한다면, 티레니아인[156]이나 카르타고인 그리고 상거래를 하는 각각의 집단이 하나의 국가가 되어야 할 것이다.

실제로 이들 사이에는 수입에 관한 규약, 부정 행위 방지를 위한 협약, 상호 방위에 관한 서면 합의가 존재한다. 하지만 이 모든 협약을 관장하는 관청이나 공직자는 없고, 이를 처리할 양쪽의 실무자들만이 있

1280b1 다. 또한, 서로가 어떤 사람이 되어야 한다는 데 관심이 없으며, 협약에 참여한 사람들이 부정하거나 악해지는 것에 대해서도 신경 쓰지 않는다. 오로지 상거래에서 서로 해를 끼치지 않는 데에만 관심을 둔다.

5 반면, 좋은 질서를 추구하는 사람들은 시민의 미덕과 악덕에 주의를 기울인다. 그러므로 진정한 국가라면 시민의 미덕에 관심을 가져야 한다. 그렇지 않다면, 그 공동체는 단지 한곳에 모여 산다는 것만이 다를 뿐, 지리적으로 서로 멀리 떨어져 있는 많은 사람이 이해관계에 의해 결

....

156 "티레니아인"은 고대 이탈리아 중부의 에트루리아 지방에 살았던 사람들을 가리키는 명칭이다.

성한 다른 집단들과 별반 다를 바 없어진다.

그리고 그 공동체의 법은 단지 규약이거나, 소피스트 리코프론[157]의　　10
말대로 "서로에 대한 정의의 담보"일 뿐이다. 이것은 시민들을 훌륭하고
정의롭게 만들 수 없다. 이는 분명한 사실이다. 예를 들어, 메가라인[158]과
코린토스인의 국가 성벽을 서로 합쳐 두 지역을 하나로 통합한다고 해서
두 국가가 하나의 국가가 되는 것은 아니기 때문이다.　　15

두 국가 간에 통혼이 허용된다 해도, 그 통혼은 국가 간의 유대 관계
를 위한 고유한 수단일 뿐이며, 두 국가가 하나의 국가가 되는 것은 아니
다. 어떤 사람들이 서로 떨어져 살더라도, 그들 사이에는 부정행위를 해
서는 안 된다는 법이 존재한다 해도, 두 국가가 한 국가가 되는 것은 아
니다. 예를 들어, 한 사람은 목수이고, 다른 한 사람은 제화공이며, 나머　　20
지 사람들은 각자 그와 비슷한 직업을 갖고 있고, 그들의 수가 만 명이라
고 해도, 그들이 상거래와 군사적 동맹 외에는 아무것도 공유하지 않는
다면, 그 공동체는 국가일 수 없다.

그런 공동체들이 국가가 아닌 이유는 무엇인가? 공동체에 속한 사
람들이 함께 모여 살지 않기 때문일까? 그렇지 않다. 사람들이 함께 모　　25

....

157　"리코프론"은 기원전 5세기 후반이나 4세기 초반에 활동한 고대 그리스의 소피스
트다. 그는 당대의 유명한 소피스트였던 고르기아스(기원전 약 483-376년)의 제자
였던 것으로 보인다. 국가는 사람들을 "정의롭고 훌륭하게" 만들기 위해서가 아니
라, 사람들이 서로의 신체와 재산을 침해하는 것을 방지하기 위해 정의와 법이 존
재한다고 주장했다.

158　"메가라"는 그리스 남부 코린토스 지협 남쪽에 있는 도시국가로, 아테네와 코린토
스 사이에 있었다. 고대 그리스에서 학문과 예술의 중심지였다. "메가라인"은 지
정학적인 위치 때문에 아테네나 코린토스와 자주 전쟁을 벌였다. "코린토스"는 펠
로폰네소스 반도와 그리스 본토를 잇는 코린토스 지협에 있었던 도시국가로, 남
북 육로의 요지인 동시에 이오니아해와 에게해를 잇는 요지다.

제9장 민주정과 과두정의 정의 개념
....

여 살더라도, 각자 자기 집을 마치 독립적인 국가처럼 여기고, 단지 외부의 위협에 대비해 방어적 동맹을 형성한다면, 그런 공동체를 관찰하는 사람들은 이를 국가로 보지 않는다. 이는 서로 분리되어 살든, 함께 살든 그들 간의 관계는 변함이 없기 때문이다.

30 이로부터 알 수 있는 사실은, 많은 사람이 같은 지역에서 살거나, 그들 상호 간에 부당행위와 상거래를 위해 공동체를 형성했다 해도, 그 공동체가 국가가 되는 것은 아니라는 점이다. 국가가 되려면 이러한 요소들이 필수지만, 그 모든 것이 존재한다고 해서 국가라고 볼 수는 없다.

국가는 가정과 씨족이 자급자족하면서 완전하고 훌륭한 삶을 추구

35 하는 공동체다. 이러한 공동체 형성을 위해서는 같은 지역에 정착하고, 서로 통혼해야 한다. 이러한 이유로 모든 국가에서는 결혼, 친족 관계, 제사, 축제 등이 생겼다. 이런 것은 우애의 산물이다. 함께 살려면 우애가 필요하기 때문이다. 그러므로 국가의 목적은 훌륭한 삶이며, 그 외의 모

40 든 것은 이 목적을 위한 것이다. 국가는 자급자족하는 완전한 삶을 위한

1281a1 씨족과 부락의 공동체다. 그리고 앞서 말했듯 자급자족하며 완전한 삶은 행복하고 훌륭한 삶이다.

그러므로 우리는 국가 공동체가 단순히 함께 살기 위한 것이 아니라, 훌륭한 행위를 위해 존재한다고 보아야 한다. 따라서 그러한 국가를

10 만드는 데 가장 크게 기여한 이들이 자유와 출생에서는 동등하거나 더 선한 사람들보다 정치적 미덕에서는 열등하더라도, 국가의 목적과 관련해서는 그들의 역할이 더 크다. 지금까지의 논의에서 분명해진 것은 정치제도에 대해 견해를 제시한 이들이 정의의 한 측면만을 말하고 있다는 점이다.

제10장

국가의 최고 권력의 귀속 문제

정치체제의 복잡한 문제 중에는 국가의 최고 권력을 누구에게 부여해야 하는지에 대한 고민이 있다. 이 권력이 다수에게 있어도, 소수에게 있어도, 또는 한 사람에게 있어도 문제가 되고, 권력이 법에 있더라도 같은 문제가 발생한다.

또 다른 난점은 누가 국가의 최고 권력을 가져야 하는가 하는 문제다. 국가의 최고 권력은 대중이거나 부자들이거나 자격을 갖춘 자들[159]이거나 가장 훌륭한 자거나 참주일 수 있는데, 이중 어느 때라도 여전히 만족스럽지 못하기 때문이다.

가난한 사람들이 다수를 차지하고 있어 부자들의 재산을 빼앗아 나 15눠 갖는다면, 그것은 과연 공정한 것일까? 이에 대해 어떤 이는 이렇게

....

159 "자격을 갖춘 자"로 번역한 '에피에이케스'(ἐπιεικής)는 "적합한 자"라는 뜻으로, 여기서는 미덕을 갖춘 가장 훌륭한 자나 훌륭한 가문에서 태어난 자를 가리킨다. 즉, 소수의 통치 체제인 귀족정과 과두정에서 지배층에 해당하는 사람들이다.

말할 것이다. "당연하다. 그것은 국가의 최고 권력이 결정한 것이므로 정의롭다고 해야 한다." 그러나 이것이 극악무도한 불의가 아니면 도대체 무엇이 불의인가?

소수가 가진 것을 다수가 빼앗아 모두 갖게 되는 것은 국가를 파괴하는 행위임이 분명하다. 그러나 미덕은 그 소유자를 파괴하지 않으며, 20 정의는 국가를 파괴하지 않는다. 그러므로 이러한 법은 공정하지 않다는 것이 명백하다. 더욱이, 이런 행위가 공정하다면, 참정자의 모든 행위도 공정하다고 해야 한다. 대중이 부자에게 강제력을 행사하는 것처럼, 참정자도 강자로서 강제력을 행사하는 것이기 때문이다.

25 소수와 부자들이 통치하는 것이 정의로운가? 그들이 대중의 재산을 강탈하고 빼앗는다면, 그것은 정의로운 것인가? 그것이 정의롭다면, 앞서 언급한 대중의 행위도 정의롭다고 할 것이다. 따라서 이 두 가지 행위는 모두 옳지 않고 공정하지 않다는 것이 명백하다.

자격을 갖춘 자들이 통치해야 하며 모든 일에 대해 최고의 권력을 가져야 하는가? 하지만 그렇게 되면 다른 모든 사람은 국가의 공직을 맡 30 는 명예를 누릴 수 없어 불명예스러운 자들이 될 것이다. 우리는 공직을 명예라 부르는데, 동일한 사람들만 계속 공직을 맡게 되면, 다른 사람들은 불명예스러운 자들이 되기 때문이다.[160]

가장 훌륭한 한 사람이 다스리는 것이 더 나은가? 그렇다 해도 이것은 과두정보다 더 큰 문제를 야기한다. 이 경우, 불명예스러운 사람의 수가 더 많기 때문이다.

....

160 일반적으로 "공직"을 지칭하는 명칭은 "으뜸"을 뜻하는 '아르케'(ἀρχή)이지만, "명예"를 뜻하는 '티메'(τιμή)도 공직을 가리키는 데 사용된다. 그래서 "불명예스러운 자"라는 뜻인 '아티모스'(ἄτιμος)는 "공직을 맡지 않은"이라는 뜻도 된다.

어떤 사람은 인간의 혼이 감정을 가지고 있으므로, 법이 아닌 인간 35
이 최고 권력을 가지는 것은 옳지 않다고 주장할 것이다. 하지만 법이 과
두정이나 민주정을 지향하는 법이라면, 우리가 방금 언급한 문제들이 그
대로 일어날 텐데, 이 문제들을 어떻게 해결할 수 있을까?

다수의 대중이
국가의 최고 권력을 가져야 한다

이전 장에서 제기된 문제에 대해, 아리스토텔레스는 최고의 소수보다는 다수의 대중이 국가의 최고 권력을 가져야 한다고 주장한다. 그의 논리는 개별적으로는 다수가 우수한 사람들에 못 미칠 수 있지만, 집단으로서는 그들이 더 우수하다는 점에 기초한다. 그러나 그는 다수가 개별적으로 우수한 사람들에 비해 떨어진다고 보아, 국정을 맡는 공직에는 부적합하다고 본다. 대신, 심사와 재판과 같은 역할을 맡기는 것이 더 적절하다고 말한다. 아리스토텔레스는 국가의 중대한 결정을 대중이 내리는 것이 정의에 부합한다고 결론짓고, 법이 최고 권력을 가져야 하며, 통치자는 세부적인 사항을 결정할 권한만 가져야 한다고 강조한다. 그는 정치체제에 맞는 법이 정의로운 법이라고도 언급하지만, 바르게 제정된 법의 명확한 정의는 아직 제시되지 않았다고 하면서, 이 문제가 여전히 해결되지 않았음을 지적한다.

다른 주제에 대해서는 다른 기회에 논의하겠지만, 가장 우수한 소수
40　보다는 다수의 대중이 국가의 최고 권력을 가져야 한다는 주장에는 수긍

이 간다. 약간의 문제점이 있긴 하지만, 개별적으로 보면 다수는 우수한 사람이 아닐지라도, 전체적으로 보면 가장 우수한 소수보다 더 나을 수 있기 때문이다. 이는 다수가 함께해서 준비한 식사가 한 사람이 모든 비용을 부담한 식사보다 더 풍성한 것과 유사하다. 대중은 다수이며, 각자는 자신만의 덕목과 지혜를 가지고 있기 때문이다. 1281b1

다수가 함께하면, 그들은 마치 많은 발과 많은 손, 많은 감각을 가진 한 사람처럼 된다. 이는 도덕적이고 지적인 능력에도 적용되며, 따라서 다수가 모일 때 음악 작품이나 시를 더 잘 판단하게 된다. 각 사람이 서로 다른 부분을 판단하고, 그 판단을 모으면 전체 작품을 판단할 수 있게 되기 때문이다. 훌륭한 사람들이 다수의 개개인보다 더 훌륭한 이유는 아름다운 사람들이 추한 사람들보다 더 아름답고, 화가가 그린 인물이 실제 인물보다 더 아름다운 이유와 비슷하다. 그 이유는 좋은 부분들을 모아놓았기 때문이다. 따라서 부분별로 보면, 어떤 실제 인물의 눈이 화가가 그린 인물의 눈보다 더 아름답고, 어떤 실제 인물의 어떤 다른 부분이 화가가 그린 인물의 그 부분보다 더 아름답다. 5 10 15

그러나 이렇게 다수가 소수의 우수한 사람들보다 더 우수하다는 주장을 모든 국민과 대중에게 일괄적으로 적용할 수 있을지는 불분명하다. 몇몇 국민과 대중에게는 적합하지 않을 가능성이 분명히 있다. 만약 그렇지 않다면, 이 주장은 짐승에게도 적용해야 한다. 어떤 국민과 대중은 짐승과 다를 바 없다는 말도 있지 않은가? 그러나 이 주장을 적용할 수 있는 국민이나 대중은 있을 수 없다고 말해서도 안 된다. 20

이렇게 해서 우리는 이전에 제기된 난제뿐만 아니라, 그와 관련된 다른 문제, 즉 자유민인 다수의 시민 대중이 어떤 것에서 국가의 최고 권력을 가지고 있어야 하는가 하는 난제를 해결할 수 있게 되었다. 이들은 부자도 아니고, 덕을 지닌 자질 있는 자들도 아니다. 따라서 이들이 국가 25

제11장 다수의 대중이 국가의 최고 권력을 가져야 한다
....

의 최고 공직을 맡는 것은 안전하지 않다. 그들은 불의한 자들이어서 불의를 저지르게 되고, 어리석은 자들이어서 실수를 범하게 되기 때문이다. 그러나 이들을 공직에서 배제하는 것 역시 위험하다. 다수의 가난한 30 사람들이 공직에서 배제되는 국가는 적들로 가득 찰 것이기 때문이다.

남아 있는 대안은 다수의 대중에게 심사와 재판을 맡게 하는 것이다. 그래서 솔론과 그 밖의 다른 입법자들은 이들에게 공직자들을 선출하는 권한과 임기가 끝난 공직자들에게 감사를 청구할 권한을 주었지만, 개인적으로 공직을 맡는 것은 허용하지 않았다. 다수의 대중은 개별적으로 35 로는 판단력이 미숙하지만, 함께 모이면 충분한 분별력을 갖게 되고, 더 우수한 사람들과 섞이면 국가에 이익이 되기 때문이다. 이는 몇 가지 좋은 음식만을 먹는 것보다는 다양한 음식들을 골고루 이것저것 섞어서 먹는 것이 전체적으로 몸에 더 이로운 것과 같다.

그러나 이러한 정치체제에도 난점들이 있다. 첫 번째로, 제대로 치 40 료를 진행했음을 판별하는 사람은 병을 치료해 건강을 회복시킬 수 있 1282a1 는 의사 자신이다. 이는 다른 전문직과 기술들에도 동일하게 적용된다. 따라서 의사가 다른 의사들로부터 감사를 받아야 하는 것처럼, 다른 전문가들도 같은 분야의 전문가들로부터 감사를 받아야 한다. 이때 의사는 5 일반의, 전문의 그리고 의술을 교육받은 사람을 포함한다. 거의 모든 전문직에는 그 분야를 전문적으로 교육받은 사람들이 있고, 이러한 사람들은 그 전문 분야에 대해 전문가들 못지않은 판단을 할 수 있기 때문이다.

이 원칙은 공직자 선출 과정에도 그대로 적용될 수 있다. 공직자들을 올바르게 선출하는 것은 전문적인 지식을 가진 사람들이 해야 할 일이다. 예를 들어, 토지 측량기사 선발은 토지 측량기사들의 역할이며, 키 10 잡이 선발은 키잡이들이 해야 하는 일이다. 일부 전문직과 기술에서 적임자를 선출할 때 일반인들이 참여한다 해도, 그 비중은 전문가들보다 크지 않다. 이러한 논리에 따르면, 대중은 공직자들을 선출하거나 감사하는 권한을 행사해서는 안 된다.

그러나 이러한 논리를 재검토해보면, 그것이 완전히 옳은 것은 아닐 수 있다. 앞서 언급했듯, 대중은 개별적으로는 전문가들보다 판단력이 15 떨어질 수 있지만, 모두 결합된 전체로서는 전문가들보다 더 나을 수 있거나 결코 못하지 않기 때문이다.

또한, 일부 분야에서는 전문 지식이나 기술 없이도 물건들을 어느 정도 이해하고 판단할 수 있으므로, 단순히 제작자만이 그 물건에 대해 최고의 판단을 내릴 수 있는 것은 아니다. 예를 들어, 건축자만이 집을 20 잘 아는 것이 아니라, 집을 사용하고 관리하는 사람이 집에 대해 더 나은 판단을 할 수 있다. 키에 대해서는 키를 사용하는 키잡이가 키를 만든 목수보다 더 나은 판단을 할 수 있고, 요리에 대해서는 음식을 먹는 사람이 요리사보다 더 나은 판단을 할 수 있다.

이로써 이 문제는 충분히 해결된 것으로 보인다. 그러나 이 문제와 관련된 또 다른 문제점이 있다. 즉, 자질이 부족한 자들이 자격을 갖춘 25 자들보다 더 큰 권한을 갖는 것은 부적절해 보인다는 것이다. 이런 상황은 일부 국가에서 공직자를 뽑고 감사하는 중대한 일을 대중의 손에 맡김으로써 발생한다. 모든 중요한 결정권이 민회에 있기 때문이다. 더불어, 재산등급이 낮거나 나이가 어린 사람이라도 민회 회원이 되어 심의와 재판에 참여하지만, 재무관과 장군 같은 최고의 공직은 높은 재산등 30 급에 속한 사람들 가운데서 선출된다.

하지만 이 문제에도 해답은 있다. 그것은 이런 제도에는 나름의 이유가 있다는 것이다. 권한을 가진 것은 개인이 아니라 법원, 평의회, 민회 같은 기관이다. 이 기관들의 구성원인 평의회 의원, 민회 회원, 배심원은 35 단지 그 구성원일 뿐이다. 따라서 대중이 국가의 중대한 결정을 내릴 권한을 가지는 것은 타당하다. 또한, 민중, 평의회, 법원은 수많은 사람으로 이루어져 있으며, 이들의 재산을 합친 것은 소수의 고위 공직자들이나 그중 한 명의 재산보다 훨씬 많다. 이렇게 해서 이 난제는 해결된다.

40

1282b1 첫 번째 난제에 대한 논의[161]를 통해 우리가 깨달은 것은, 바르게 제정된 법들이 최고의 권력을 가지며, 모든 세부 사항을 정확하게 법으로 규정하는 것은 쉽지 않다는 점이다. 따라서 통치자는 한 명이든 다수든, 법으로 규정할 수 없는 세부 사항을 결정하는 권한만을 가져야 한다. 하지만 바르게 제정된 법이 무엇인지에 대한 명확한 정의는 아직 제공되지 않았다. 그 결과, 앞서 제기한 난제는 여전히 해결되지 않은 채로 남아 있다.

5

법은 정치체제에 따라 좋거나 나쁠 수 있고, 정의에 부합하거나 그렇지 않을 수 있다. 확실한 것은 법이 해당 정치 체제와 일치해야 한다는 점이다. 이 원칙을 인정한다면, 올바른 정치체제에 알맞은 법은 정의롭다고 할 수 있으나, 변질된 정치체제에 맞춰진 법은 정의롭지 않다는 결론에 이르게 된다.

10

....

161 "누가 국가의 최고 권력을 가져야 하는가"에 관한 논의를 가리킨다. 아리스토텔레스는 바르게 제정한 법들이 최고 권력을 가져야 하고, 다스리는 자는 세부적인 것을 결정할 권한만을 가져야 한다고 말한다.

제12장

국가와 정의

모든 학문과 전문 기술은 어떤 좋은 것을 추구하는데, 그중에서도 정치는 최상의 학문과 기술로서 "정의"를 추구한다. 정의란 평등한 자들에게 평등하게 분배하는 것으로, 정치에서 분배 대상은 공직이며, 이 동등함은 각자 능력에 따라 국가가 수행해야 할 모든 일에 적용된다. 그래서 세금을 내는 훌륭한 가문 출신들, 자유민들 그리고 부자들이 공직을 두고 경쟁하는 것은 합리적이다.

　　모든 학문과 전문 기술의 목적은 어떤 좋은 것을 추구하는 것이다. 그중에서도 정치는 최고의 학문과 기술로, 가장 좋은 것, 즉 정의를 목적으로 한다. 정의란 공동의 이익이며, 사람들은 모두 정의가 어떤 형태의 평등을 의미한다고 생각한다. 이는 윤리적인 문제들에 대한 논의 중에

....

162　정의에 관한 아리스토텔레스의 정의는 『니코마코스 윤리학』 제5권 제3장에 나온다. 제5권은 정의에 관한 것이고, 제3장은 분배 정의를 다룬다. 그가 말하는 정의는 "분배 정의"이다. 즉, 어떤 것을 어떤 사람에게 어떤 식으로 분배하는 것이 정의로운가 하는 것이다.

20 철학적으로 정의해놓은 것에 대체로 동의한다는 것이다. 즉, 정의란 특
정한 것을 특정한 사람들에게 분배하는 것으로, 평등한 사람들에게 평등
하게 배분하는 것이라고 말한다.[162]

그러나 여기서 우리는 평등이 무엇에 대한 평등이며, 불평등은 무엇
에 대한 불평등인지를 놓치면 안 된다. 이것은 정치 철학의 한 가지 난제
25 이기 때문이다. 어떤 사람은 모든 것이 동일하더라도, 각자가 지니고 있
는 좋은 점에 따라서 각자의 가치와 정의는 다르므로, 이 좋은 점에 따라
공직을 불평등하게 배분해야 한다고 주장할 수 있다. 이것이 사실이라
면, 피부색이 좋거나 키가 크다는 등의 다양한 좋은 점을 지닌 사람들이
국정에서 더 많은 몫을 차지해야 한다.

30 하지만 이것은 명백히 잘못된 것이다. 다른 학문과 기능을 고려해보
면 이 사실이 명확해진다. 피리를 연주하는 기술에 있어서는, 동일한 사
람들 중에서 누군가가 더 좋은 가문 출신이라 해서 그 사람에게 피리 연
주와 관련된 특별한 권리를 주는 것은 옳지 않다. 좋은 가문 출신이라는
이유로 피리 연주를 더 잘하는 것이 아니기 때문이다. 오히려 일을 더 잘
하는 사람에게 더 좋은 도구를 주는 것이 마땅하다.

35 이 말의 의미를 아직 잘 이해하지 못했다면, 논의를 더 진행하여 명
확히 해보자. 어떤 사람이 피리 연주에서는 다른 이들을 압도하나, 명문
40 가문과 외모에서는 크게 뒤처진다고 치자. 명문 가문이나 외모가 피리
연주 능력보다 더 중요하게 여겨진다 할지라도, 피리 연주에서 뛰어난
1283a1 실력을 보이는 사람에게 가장 좋은 피리를 주어야 한다. 부유하고 명문
가 출신인 자들에게 최고의 피리를 주려면, 그런 조건들이 피리 연주에
도움이 되어야 하는데 실제로는 전혀 그렇지 않기 때문이다.

모든 좋은 것은 서로 비교될 수 있다고 생각해보자. 예를 들어, 특
정한 크기의 키가 다른 좋은 것보다 더 중요하다면, 이 키는 부나 자유

와 같은 가치들과 경쟁하게 될 것이다. 그렇다면 키가 크다는 것이 미덕 5 보다 나은 것일까? 보통 우리는 미덕을 키보다 더 중요하게 생각하지만, 이 논리대로라면 모든 좋은 것을 서로 비교할 수 있어야 한다. 만약 어떤 좋은 것의 특정 크기가 같은 크기의 다른 좋은 것보다 우월하다면, 결국 모든 좋은 것이 다른 좋은 것만큼 중요해질 것이라는 결론에 이른다.

그러나 사실상 이러한 비교는 불가능하다. 따라서 모든 불평등을 근 10 거로 공직을 요구하는 것은 합리적이지 않다. 어떤 사람이 빠르게 달리는 능력을 가지고 있다고 해서 그가 더 많은 공직을 가질 권리가 있다는 것은 아니다. 빠르게 달릴 수 있는 사람들이 인정받아야 하는 곳은 달리기 대회와 같은 특정 상황일 뿐이다.

공직을 요구하는 사람들은 국가가 해야 할 모든 일과 관련된 것에서 15 경쟁해야 한다. 그래서 훌륭한 가문 출신들, 자유민들, 부자들이 공직을 두고 경쟁하는 것은 합리적이다. 국가는 노예들만으로 이루어질 수 없고 재산이 없는 사람들만으로 이루어질 수 없으므로, 자유민들과 세금 내는 사람들이 공직을 맡아야 한다. 하지만 자유민들과 세금 내는 사람들이 필요하듯, 정의와 시민적 미덕도 분명히 있어야 한다. 이것이 없으면 국 20 가를 다스리는 것은 불가능하기 때문이다. 자유민들과 세금 내는 사람들이 없으면 국가가 될 수 없고, 정의와 시민적 미덕이 없으면 국가를 훌륭하게 다스릴 수 없다.

제12장 국가와 정의
....

누가 다스리는 것이 정의로운가

국가의 존립을 위해 다수, 부, 가문이 공직을 요구하는 것은 타당하게 보일 수 있다. 그러나 국가의 궁극적인 목표인 **훌륭한 삶**을 위해서는 미덕을 지닌 이들이 공직을 요구하는 것이 가장 정의에 합당하다. 그럼에도 다수나 부, 가문에 따라 공직을 요구하는 것에는 모두 문제가 있다. 또한, 미덕을 지닌 소수만이 국가를 이끄는 것도 문제가 있다. 따라서 가장 이상적인 정치체제에서는, 미덕을 지닌 시민들이 교대로 국가를 다스리는 것이 바람직하다. 이를 위해서는 과도한 영향력을 가진 자들을 제거해야 하는데, 도편추방제가 그 방법 중 하나다. 그러나 가장 훌륭한 정치체제에서는 뛰어난 미덕을 가진 사람을 추방하지 않고, 오히려 그들이 왕이 되어 국가를 다스리게 한다.

　　국가의 존립을 위해서는 앞서 언급한 모든 사람 혹은 일부가 공직을 요구하는 것이 타당하게 보일 수 있다. 하지만 국가가 지향하는 훌륭한
25　삶을 생각해볼 때, 교육을 받고 미덕을 갖춘 이들이 공직을 맡는 것이 정의에 가장 부합한 방법이다. 그럼에도 어떤 면에서 평등한 사람들이 모

든 면에서 평등하다고 보거나, 어떤 면에서 불평등한 사람들이 모든 면에서 불평등하다고 보는 건 잘못된 생각이다. 이러한 생각을 받아들이는 모든 정치체제는 필연적으로 변질될 수밖에 없다.

앞서 말했듯 모든 요구가 나름대로 정당성을 갖지만, 절대적으로 정 30 의로운 요구는 없다. 부자들은 모든 국가 구성원이 살아가는 국토의 더 많은 부분을 소유하고 있으므로, 국정을 처리하는 데 자신들이 더 신뢰할 만하다고 주장하며 공직을 요구할 것이다. 자유민들과 명문가 출신 사람들의 주장도 이와 비슷하다. 즉, 명문가 출신은 자신이 미천한 가문 35 출신보다 더 온전한 시민이라고 주장하며, 훌륭한 혈통 덕분에 훌륭한 인재가 나올 가능성이 높다고 하면서 공직을 요구할 것이다.

마찬가지로 우리는 미덕이 공직을 요구하는 것이 정의에 부합한다고 말할 것이다. 정의는 공동체적인 미덕이고, 정의라는 미덕에는 다른 모든 미덕이 수반되기 때문이다.[163]

또한, 다수는 전체가 합쳐졌을 때 그 수가 많다는 이유로, 자신들이 40 소수보다 더 강력하고 부유하며 훌륭하다고 주장하며 공직을 요구할 것이다.

이 모든 부류의 사람들, 그러니까 훌륭한 사람들, 부자들, 훌륭한 가 1283b1 문 출신들 그리고 대중이 한 국가에서 살아간다면, 누가 국가를 다스려야 하는지를 둘러싼 논쟁이 일어날 것이다. 앞서 언급한 각각의 정치체제에서는 통치자에 대한 논쟁은 없다. 국가 최고 권력이 어디에 있느냐 5 에 따라 정치체제의 명칭이 달라지기 때문이다. 가령 과두정에서는 부자들이, 귀족정에서는 훌륭한 자들이 국가를 다스린다. 다른 정치체제들도

....

163 아리스토텔레스는 『니코마코스 윤리학』 제5권 제1장에서 정의라는 미덕을 지닌 자는 다른 모든 미덕도 아울러 지니고 있을 수밖에 없다고 말한다.

제13장 누가 다스리는 것이 정의로운가
....

마찬가지로 특정 부류가 지배한다.

　　이렇게 여러 요구가 동시에 존재하면, 누가 국가를 다스려야 하는지
10　결정하는 데 어려움이 있다. 미덕을 지닌 사람들이 굉장히 적다면 어떻
게 해야 할까? 그럴 때 우리는 그들이 소수라는 점을 고려하여, 그들이
국가를 다스릴 능력이 있는지, 아니면 국가 일부를 형성할 만큼 충분한
인원인지를 살펴보아야 하지 않겠는가?

　　그 외 부류들이 공직을 요구하는 데에도 저마다 문제점이 있다. 부
15　유함이나 명문가 출신이라는 이유만으로 공직 자격이 있다고 주장하는
것은 공정치 못하다. 이런 논리대로라면 가장 부유한 한 사람이 모든 사
람을 지배하는 것이 정의로울 것이며, 명문가 출신 한 사람이 다른 모든
자유민을 다스려도 옳다고 여겨질 것이다.

　　이와 같은 논리를 귀족정에 적용해보면, 미덕과 관련된 유사한 문제
20　가 나타날 것이다. 한 사람의 미덕이 다른 모든 공직자의 미덕보다 월등
하다면, 그 한 사람이 국가의 최고 권력을 갖는 것이 정의로워 보일 것이
다. 마찬가지로, 다수가 소수보다 더 강력한 경우에 최고 권력을 갖는 게
25　정당하다면, 한 사람이나 소수가 다수보다 강력할 때 그들이 국가를 이
끄는 것은 정당하다고 볼 수 있다.

　　모든 상황을 고려했을 때, 특정 집단이 자기가 국가를 이끌 자격이
있고 다른 사람은 자신의 지배를 받아들여야 한다고 주장하는 것은 다소
30　불합리하다는 것이 분명해진다. 미덕이나 부를 이유로 국가의 중대사를
맡을 자격이 있다고 주장하는 사람들에 대해, 다수의 대중은 개별적으로
는 아니지만 전체로 보면 자신이 소수의 훌륭한 자들보다 더 훌륭하고,
소수의 부자들보다 더 부유하다는 타당한 근거를 제시할 수 있다.

35　그래서 누군가가 제기하는 난제에 대해서도 같은 방식으로 접근할
수 있다. 만약 다수가 전체로서 더 훌륭하다면, 입법자는 가장 올바른 법

을 제정하고자 할 때 더 훌륭한 자들을 위해 입법해야 하는가, 아니면 다수의 이익을 위해 입법해야 하는가? 이때 우리는 올바르다는 것이 모든 40 사람에게 적용되어야 하므로, 모든 사람에게 올바른 법은 국가 전체의 이익과 시민들의 공동 이익을 위해 제정된 법이라고 정의할 수 있다. 그리고 시민은 일반적으로 다스리기도 하고 다스림을 받기도 하는 사람이다. 시민은 각각의 정치체제에 따라 다르지만, 가장 이상적인 정치체제 1284a1 에서는 미덕에 따라 살아가며, 다스림을 주고받을 능력과 의지를 갖춘 사람이다.

어떤 개인이나 집단이 미덕에서 월등히 뛰어나 다른 모든 이들의 미덕과 정치적 능력을 합쳐도 그들에 미치지 못한다 해도, 그들이 국가의 5 한 부분을 이룰 만큼 충분히 많지 않다면 그들을 국가의 구성원으로 여기면 안 된다. 이런 사람들을 미덕과 정치적 능력에서 한참 못 미치는 이들과 동등하게 대우하는 것은 정의롭지 못하기 때문이다. 10

이런 인물들은 마치 사람들 사이의 신과 같고, 입법은 본래 가문이나 능력이 대등한 사람들을 대상으로 하는 것이므로, 이런 인물들을 통제할 법은 존재하지 않는다. 그들은 그 자체로 법이므로, 만약 누군가 그들을 위한 법을 만들려고 시도한다면, 그는 웃음거리가 될 것이다. 안티 스테네스[164]의 우화에서 동물들이 모여 회의할 때 토끼들이 모든 동물의 15 평등을 요구하자 사자들이 했던 말을 그들도 할 것이기 때문이다.

....

164 "안티스테네스"(기원전 약 435-370년)는 한편으로는 소크라테스의 제자로서 그의 철학을 발전시켰고, 다른 한편으로는 플라톤의 이데아론에 반대해 진정으로 존재하는 것은 개별적인 사물뿐이라고 주장한 견유학파 철학자였다. 그는 가장 좋은 것은 미덕이라고 했다. 이 우화에서 사자들은 토끼들에게 "너희는 날카로운 발톱과 이빨이 있느냐"라고 말한다.

제13장 누가 다스리는 것이 정의로운가
....

그래서 민주정 국가들은 도편추방제[165]를 두었다. 이 국가들은 평등
20 을 가장 중요한 가치로 여기기 때문에, 부나 인맥, 그 밖의 다른 정치적
인 힘으로 국가에 대한 영향력이 지나치게 커진 사람들을 도편추방제를
통해 일정 기간 국외에 나가 있게 했다.

신화에서 아르고호에 탄 사람들이 헤라클레스를 남겨두고 떠난 것
25 도 그런 이유였다.[166] 배에 탄 다른 사람들보다 월등히 무거운 헤라클레
스를 함께 태우고 가는 것을 그들이 원하지 않았기 때문이다.

따라서 어떤 사람이 참주정을 비난하면서 페리안드로스[167]가 트라
시불로스에게 한 조언을 비난한 것을 전적으로 옳다고 여겨서는 안 된
다. 페리안드로스는 트라시불로스가 조언을 구하기 위해 보낸 사자에게
아무 말도 하지 않고, 다른 이삭들보다 더 높이 솟아 있는 이삭들을 제거
30 하여 곡식밭을 가지런히 만들었다. 사자는 페리안드로스가 그런 행동을

....

165 "도편추방제"는 고대 그리스 아테네의 민주정 시대에 참주의 출현을 방지하기 위
한 목적으로, 지나치게 권력이 커진 사람에 대해 10년간 추방해 국외에 나가 있게
한 제도다. 아테네 민주정의 기초를 놓은 "클레이스테네스"(기원전 약 570-508년)가
기원전 487년에 처음으로 도입했다. 하지만 의도와는 달리 정쟁 도구로 악용되는
폐해가 나타나, 70여 년 만인 기원전 417년에 폐지되었다.

166 "아르고호"는 영웅 이아손이, 아버지가 펠리아스에게 빼앗긴 테살리아 지방의 이
올코스의 왕위를 되찾기 위해 흑해 연안에 있던 콜키스로 가서 황금 양털을 가져
오기 위해 사용한 배의 이름이다. 50명에 달하는 그리스의 많은 영웅이 이 원정대
에 참여했는데, 아르고호 원정대는 고대 그리스에서 가장 유명한 사건 중 하나다.
이 원정대에 참여한 영웅으로는 리라의 명수 오르페우스, 헤라클레스, 트로이아
전쟁의 영웅 네스토르, 아킬레우스의 아버지 펠레우스, 큰 아이아스의 아버지 텔
라몬, 오이디푸스 등이 있었다.

167 "페리안드로스"(기원전 약 585년에 사망)는 고대 그리스 코린토스의 참주였다. 그는
국정 운영 능력이 뛰어나 코린토스에 번영을 가져와서 코린토스를 그리스에서 가
장 부유한 도시 중 하나로 만들었다. 흔히 고대 그리스 일곱 현인 중 한 명으로 언
급된다. "트라시불로스"는 기원전 7세기에 소아시아의 그리스 식민지인 이오니아
지방 밀레토스의 참주로, "페리안드로스"의 동맹이었다.

한 이유를 알지 못한 채 돌아가 자신이 본 그대로 전했고, 트라시불로스
는 그것이 다른 사람들보다 월등히 뛰어난 자들을 제거해야 한다는 의미
임을 알아차렸다고 한다. 이 방법은 참주들에게만 유익한 것이 아니며,
참주들만 이 방법을 사용하는 것도 아니다. 과두정과 민주정에서도 이
방법을 사용한다. 도편추방을 통해 월등히 뛰어난 사람들을 국외로 추방   35
하는 것은 그들을 제거하는 것과 동일한 효과가 있기 때문이다.

　신흥 강대국들도 이와 같은 방법을 다른 국가와 민족에게 적용한다.
예를 들어, 아테네인은 사모스인, 키오스인, 레스보스인[168]에게 이 방법   40
을 사용했다. 아테네인은 그리스 세계를 제패하자마자 그들과의 협약을
파기하고 큰 굴욕을 안겼다. 또한, 페르시아의 왕도 메디아인과 바빌로   1284b1
니아인[169] 등과 같이 이전에 제국을 세운 적이 있어서 자부심이 강한 나
라들을 상대로 종종 이 방법을 써서 그들의 힘을 약화시켰다.

　월등한 것을 제거하는 문제는 바른 정치체제뿐 아니라 모든 체제에
서 공통으로 나타난다. 변질된 정치체제가 지배층의 이익을 위해 이 방   5
법을 쓴다면, 바른 정치체제는 공동선을 위해 사용한다는 점에서 차이가
있을 뿐이다.

　뛰어난 것을 제거하는 방식은 다른 기술과 학문에서도 쓰이는 것이
분명하다. 화가는 그림을 그릴 때 아무리 아름다운 동물의 발이라도 그   10
림 전체의 균형을 해치지 않도록 조절한다. 조선공도 배 일부를 다른 부

....

168　아테네의 동맹이었던 "사모스"와 "키오스"와 "레스보스"는 모두 소아시아 에게해
　　　에 있던 그리스 식민지에 속한 섬들로, 기원전 5세기에 반기를 들었다가 아테네에
　　　복속되었다.

169　페르시아인의 소국인 안샨의 왕이 된 "키루스 2세"(기원전 약 585-529년)는 기원전
　　　550년에 외할아버지의 나라였던 "메디아"를 복속시키고, 기원전 538년에는 "바빌
　　　로니아인"이 세운 바빌로니아 제국을 멸망시킨 후, 페르시아 제국을 건설했다.

제13장 누가 다스리는 것이 정의로운가
....

분보다 지나치게 크게 만들지 않는다. 합창단 지휘자 역시 다른 단원을 압도할 만큼 크고 아름다운 목소리를 가진 사람을 뽑지 않는다.

군주가 이 방법을 사용한다면, 그의 통치 전반이 국가에 이익을 가져다주는 경우에만 국가에 이익이 된다. 도편추방제는 다양한 이유로 정당성이 있지만, 처음부터 잘 설계된 정치체제라면 이러한 치료책은 필요 없어야 한다. 하지만 필요한 경우에는 이런 방식으로 수정하는 것이 차선이다. 그러나 국가들은 대개 이 방법을 이런 식으로 활용하지 않았다. 그들은 자신의 정치체제에 유익이 되는 방향이 아니라 정치적 대결 수단으로 활용해왔다. 그래서 도편추방제가 그 자체로는 정의롭지만, 변질된 정치체제에서는 결코 정의로울 수 없다는 것이 분명하다.

하지만 가장 우수한 정치체제에서는 이 방법을 사용하기가 매우 어렵다. 이러한 정치체제에서는 뛰어난 사람이 있다면, 그 뛰어남이 부나 인맥이 아니라 미덕에서 나오기 때문이다. 그럴 때 그런 사람을 추방해야 하는가? 그런 사람을 추방하자는 사람도 없고, 통제하려는 사람도 없을 것이다. 그렇게 말하는 사람은 제우스와 교대로 국가를 다스리면서 제우스를 다스리겠다고 말하는 것과 같기 때문이다. 그럴 경우, 유일한 대안은 순리를 따르는 것으로, 모든 사람이 그 사람에게 기꺼이 복종하고, 그 사람은 죽을 때까지 국가의 왕이 되는 것이다.[170]

....

170 플라톤은 『국가』에서 가장 훌륭한 정치체제는 철학자인 왕이 다스리는 것이라고 결론을 내린다. 여기서 철학자는 아리스토텔레스적인 개념으로는 미덕에서 가장 훌륭한 자다. 이렇게 아리스토텔레스는 철학자인 왕이 존재한다면 그는 거의 신적인 존재일 것이므로 그에게 국가를 다스리게 해야 한다는 것에 동의하는 듯이 말한다. 하지만 아리스토텔레스에게 철학자-왕이 다스리는 체제는 이상일 뿐이고, 현실에서는 시민 자격을 갖춘 다수의 시민이 교대로 다스리는 것이 가장 훌륭한 정치체제라는 신념이 확고했다.

제3권 정치체제의 종류
....

제14장

왕정의 유형

아리스토텔레스는 누가 국가를 다스려야 하는지에 대한 논의를 통해, 가장 우수한 자가 다스리는 국가, 즉 왕정에 이르게 된다. 그래서 이번에는 왕정의 다양한 유형에 대해 살펴볼 것이다. 왕정에는 네 유형이 있다. 첫 번째는 시민들이 왕에게 자발적으로 복종하며, 왕이 군대를 이끌고 신들에 대한 제사를 주관하는 영웅시대의 왕정이다. 두 번째 유형은 대대로 세습되는 합법적인 전제 왕정인 이민족의 왕정이다. 세 번째는 '아이심네테스'라 불리는 것으로, 선출된 참주가 통치하는 왕정이다. 네 번째는 세습되는 종신 장군직인 라코니아의 왕정이다. 그리고 추가로, 모든 공무를 처리하는 권한이 왕에게 있는 가부장적 절대 왕정 유형이 있다.

앞서 논의한 것에 이어 이번에는 주제를 바꿔서 왕정에 관해 고찰해 35
보려 한다. 앞서 우리는 왕정을 정당한 정치체제 중 하나로 언급했다. 이
제 고려해야 할 것은 왕정이 다른 정치체제보다 국가와 영토를 더 잘 다
스리는지, 그리고 어떤 국가에서는 왕정이 더 효과적인지, 어떤 국가에 40

서는 그렇지 않은지를 판단하는 것이다.

이를 위해 먼저 왕정이 단일한 형태인지, 아니면 다양한 형태를 가지고 있는지를 결정해야 한다. 왕정은 여러 형태가 있고, 다스리는 방식도 모두 동일하지 않다는 것은 쉽게 알 수 있다.

예를 들어, 라코니아[171]의 정치체제는 법에 의한 왕정의 좋은 사례로 간주된다. 라코니아의 왕은 국가의 모든 것을 다스릴 최고 권력을 가진 것은 아니지만, 외국으로 원정 나갔을 때는 군대를 통솔하며, 신들에 관한 사무를 관장하는 권한도 갖는다. 이런 종류의 왕은 종신직이라는 것만 제외하면 전권을 위임받은 장군과 같다. 고대에 왕들이 원정 중에 병사를 즉결 처분했던 관행을 제외하면, 왕에게는 신민을 죽일 권한이 없다. 이는 호메로스의 이야기에서, 아가멤논이 회의 중에는 욕을 들어야 했지만, 전장에서는 병사를 처벌할 권한이 있었다는 사실을 통해 확인할 수 있다. 그래서 아가멤논은 "전투에서 이탈하려다 발각된 자들은 … 개들과 새들의 밥이 되는 것을 절대 피하지 못할 것이니, 내게는 죽일 권한이 있기 때문이다"라고 말한다.[172] 이런 종류의 왕정은 왕이 종신 장군인 형태로, 이는 세습에 의한 것과 선출에 의한 것, 두 가지가 있다.

왕정의 다른 형태로는 일인 통치가 있다. 이는 몇몇 이민족의 왕정에서 보는 형태로, 왕이 참주와 거의 동일한 권한을 가지지만, 이는 법에

....

171 "라코니아"는 라케다이몬 또는 스파르타의 다른 명칭이다. 원래 "라코니아"는 펠로폰네소스 반도 남부 중앙에 있는 지방 이름이고, "스파르타"는 그곳에 있는 도시 이름이며, "라케다이몬"은 스파르타의 건설자를 의미한다. 이 지역에 있던 국가는 처음에는 "라코니아", 다음으로는 "라케다이몬", 그리고 나중에는 스파르타로 불렸다.

172 이 구절은 호메로스의 『일리아스』 제2권 391-393행에 나온다. "아가멤논"은 트로이아 전쟁에서 그리스 연합군의 총사령관이다. 이것은 아가멤논이 트로이아군과의 일전을 앞두고 장병들을 독려하면서 한 말이다.

따른 것이며 세습적인 것이다. 이런 형태의 왕정이 가능한 이유는 이민
족들이 헬라스인보다, 아시아인들이 에우로페인[173]보다 본성적으로 노예   20
성향이 강해서, 전제적인 지배를 불평 없이 받아들이기 때문이다.

따라서 이 왕정은 참주정적인 성격을 가지면서도, 세습적이고 법에
따른 것이어서 안정적이다. 또한, 같은 이유로 왕의 친위대는 참주의 친
위대와 다르다. 왕의 친위대는 시민들이 무장하여 왕을 보호하지만, 참   25
주의 친위대는 용병으로 구성된다. 왕은 자발적으로 복종하는 시민들을
법에 따라 다스리므로 시민들을 친위대로 사용할 수 있지만, 참주는 자
신을 보호해야 하므로 용병을 친위대로 사용한다. 이는 일인 통치의 두   30
가지 유형이다.

일인 통치의 또 다른 유형으로는 고대 헬라스인 사이에 있었던 아이
심네테스[174]가 있다. 간단히 말하자면 이는 선출된 참주로서, 법에 따라
통치하므로 이민족의 왕과 다르지 않지만, 세습되지 않는다는 점에서는
차이가 있다. 아이심네테스는 죽을 때까지, 일정 기간 또는 특정 과업을
수행하는 동안에만 직책을 유지하기도 했다.

예를 들어, 미틸레네인은 안티메니데스와 시인 알카이오스[175]가 이   35

....

173 여기서 "아시아인들"은 소아시아라 불린 아나톨리아, 그중에서도 특히 서부에 사
는 사람들을 가리킨다. "에우로페인"은 지금의 유럽에 사는 사람들을 가리킨다.

174 "아이심네테스"(αἰσυμνήτης)는 "조정이나 심판을 맡은 자"를 가리킨다. 이 명칭은
원래 국가를 구성하는 여러 집단의 이견을 조율하고 재판하는 역할이 '아이심네테
스'의 주된 임무였다는 것을 보여준다.

175 "미틸레네"는 소아시아의 서부 해안에 있던 그리스 식민지 레스보스섬의 주요 도
시로, 교역과 상업이 발달해 번영했다. "알카이오스"(기원전 약 625-580년)는 소아
시아 서부 에게해에 있던 그리스 식민도시 레스보스섬 출신의 서정시인으로, 미
틸레네의 귀족 가문에서 태어났다. 그는 자신의 형제들, 귀족들, "피타코스"와 함
께 미틸레네의 참주 "미르실로스"를 몰아낼 계획을 세웠지만, 피타코스는 그를 배
신하고, 그의 일파인 귀족들을 추방했다. 그 후 피타코스(재위 기원전 590-580년)는

끄는 추방자들에 맞서 피타코스를 아이심네테스로 선출한 적이 있다. 알카이오스가 자신의 권주가에서 "그들은 모두 함께 큰 환호성을 지르며 비천한 가문 출신인 피타코스를 신들의 저주를 받은 불운한 국가의 참주로 세웠지"라고 비난한 것으로 보아 피타코스가 아이심네테스로 선출되었음이 분명하게 드러난다.

1285b1   이 세 번째 유형의 일인 통치는 지금이나 옛날이나 전제적이라는 점에서는 참주정과 같고, 시민들에 의해 선출되고 시민들이 자발적으로 복종한다는 점에서는 왕정과 같다.

일인 통치의 네 번째 유형은 영웅시대[176]에 존재했던 것으로, 시민들이 자발적으로 복종하며, 합법적이고 세습적인 왕정이다. 왕권이 대대로 세습되고 시민들이 왕에게 자발적으로 복종하는 이유는 왕조의 시조들이 어떤 기술이나 전쟁을 통해 혹은 시민들을 결집시키거나 땅을 나누어 줌으로써 대중에게 은혜를 베풀었기 때문이다.

이 왕들은 군대 통수권을 가졌으며, 제관이 필요 없는 경우에는 신들에 대한 제사를 주관했다. 그들은 또한 소송 사건에 판결을 내리는 권

....

아이심네테스로 선출되어 미틸레네를 잘 다스려 안정시킨 후 사임했고, 알카이오스 일파도 고국으로 돌아오게 했다. "안티메니데스"는 알카이오스의 형제다.

176 고대 그리스 보이오티아 출신 시인 헤시오도스(기원전 약 750-650년)는 『일과 날』에서 자기 시대까지의 인류 역사를 다섯 시대로 나눈다. 황금시대는 티탄 신족의 우두머리이자 제우스의 아버지인 크로노스가 통치하던 시대로, 이때 인간들은 신들과 함께 섞여 자유롭게 살았다. 은 시대부터 제우스가 다스리는 올림포스 신들의 시대가 시작되는데, 이때 인간은 서로 다투며 살긴 했지만, 죽어서는 "축복받은 혼백들"이 되어 낙원에서 살았다. 청동시대에는 인간들이 고집스럽고 거칠어져서, 청동으로 무기를 만들어 전쟁을 일삼았고, 이 시대는 대홍수로 끝이 났다. "영웅시대"는 영웅들이 테베와 트로이아에서 싸운 시대로, 이때 죽은 영웅들은 지상낙원인 "엘리시온"으로 갔다. 이 영웅들은 신은 아니었지만 초인적인 존재들이었다. 철 시대는 헤시오도스가 살아가던 시대로, 이때는 인간들이 철면피가 되어 악에 대한 수치심이나 분노가 없게 되었고, 신들은 인간들을 완전히 버렸다.

제3권 정치체제의 종류
....

한도 가지고 있었다. 맹세를 하고 판결을 내릴 때도 있었고, 맹세 없이 판결을 내릴 때도 있었는데, 맹세는 왕의 홀을 높이 드는 방식으로 했다.

과거에는 이 왕들이 국내외에서 모든 통치권을 행사했으나, 나중에는 일부 권한을 자발적으로 포기하거나 대중에 의해 박탈당해 제사 주관 15 권한만 남았다. 현재도 왕정으로 분류되는 국가들에서는 왕이 외국으로 원정을 갈 때만 군대 통수권을 가진다.

이것이 왕정의 유형이며, 총 네 가지다. 첫 번째 유형은 영웅시대의 20 왕정으로, 시민들은 왕에게 자발적으로 복종했지만, 왕의 권한은 특정 분야에만 한정되어 있었다. 왕은 장군이자 재판관이며 신들에 대한 제사와 의식을 주관하는 권한만 가졌다. 두 번째 유형은 이민족의 왕정으로, 대대로 세습되는 합법적인 전제 왕정이다. 세 번째 유형은 '아이심네 25 테스'라 불리는 것으로, 선출된 참주가 통치하는 형태다. 네 번째 유형은 라코니아의 왕정으로, 간단히 말해 세습되는 종신 장군직이다. 이것이 네 가지 유형의 왕정과 그들 간의 차이다.

하지만 다섯 번째 유형의 왕정이 존재한다. 각 부족이나 국가가 공무 처리 권한을 갖는 것처럼, 이 왕정에서는 모든 공무 처리 권한이 왕 30 한 사람에게 있다. 이것은 왕이 가장처럼 가정을 다스리는 것과 같다. 이 절대 왕정은 여러 국가나 한 부족이나 여러 부족을 마치 하나의 가정인 듯 다스린다.

왕정은 국익에 도움이 되는가

가장 완벽한 것으로 여겨지는 왕정은 절대적인 가부장적 왕정이지만, 그럼에도 가장 탁월한 한 사람의 통치는 부차적인 것으로, 가장 우수한 법들이 우선시되어야 한다. 다수의 의견이 한 사람의 판단보다 더욱 합리적이고, 다수는 개인에 비해 부패하기 어려우므로 최고의 왕정보다는 탁월한 귀족정이 더 낫다. 귀족정을 이룰 만큼 훌륭한 사람이 많지 않았던 시기도 있었지만, 훌륭한 사람들이 늘면서 왕정은 점차로 귀족정 또는 민주정과 귀족정을 혼합한 혼합정으로 이행했다. 그러나 사람들이 타락하면서 혼합정은 과두정으로 바뀌었고, 과두정은 참주정으로, 참주정은 민주정으로 변천되었다. 이제는 국가 규모가 커져 민주정 이외의 정치체제를 상상하기 어려워졌다.

다섯 가지 유형의 왕정 중에서 우리가 주목해야 할 것은 두 가지, 즉 35 마지막으로 언급한 다섯 번째 왕정과 처음 언급한 라코니아의 왕정이다. 나머지 세 유형의 왕정은 이 두 유형의 왕정 사이에 위치하며, 왕의 권한이 절대 왕정의 왕보다는 작고 라코니아 왕정의 왕보다는 크다.

그래서 우리가 깊이 있게 살펴볼 두 가지 주제는 다음과 같다. 하나는 종신 장군직이 국익에 이바지하는지의 여부, 그리고 만약 그렇다면 그 직책이 세습적으로 이어져야 하는지 아니면 교대로 맡아야 하는지에 대한 것이다. 다른 하나는 한 사람이 모든 권한을 갖는 것이 국익에 이바 1286a1 지하는지 아닌지에 대한 것이다. 이 중 종신 장군직 문제는 정치체제의 유형보다는 법과 관련된 것이다. 종신 장군직은 모든 정치체제에서 가능하므로 첫 번째 문제는 더 이상 살펴볼 필요가 없다. 그러나 두 번째 문 5 제는 왕정의 한 유형으로서 정치체제의 한 형태이므로, 우리는 이 왕정과 그에 내재된 문제점들을 살펴보아야 한다.

이 문제와 관련해 먼저 묻고자 하는 것은 가장 훌륭한 사람에 의한 통치와 최고의 법에 의한 지배 중 어느 것이 국익에 더 도움이 되는가 하는 것이다.

왕이 다스리는 것이 국익에 더 도움이 된다고 주장하는 사람들은 법 10 이라는 것은 일반적인 원칙만을 제시하고, 구체적인 사안들에 대해서는 지시하지 않기 때문에, 어떤 형태로든 성문법에 의존해 행동하는 것은 어리석다고 말한다.

실제로 아이깁토스[177]에서는 4일 전까지는 정해진 치료법과 다른 방법을 사용할 때 그 결과에 대해 의사가 책임져야 하지만, 4일이 지난 후에는 정해진 치료법과 다른 치료법을 사용하는 것이 허용된다. 이를 통해 얻을 수 있는 교훈은 성문법에 의해 다스리는 정치체제가 가장 훌륭 15 한 정치체제가 아니라는 것이다.

....

177 아르고스 지방의 강의 신 "이나코스"의 딸 "이오"는 제우스와 동침했다가 헤라 여신의 박해를 받아 지금의 이집트로 피신해 제우스와의 사이에서 "에파포스"를 낳는다. "아이깁토스"는 "에파포스"의 후손으로 지금의 이집트와 리비아를 다스리게 되는데, 이때부터 그가 다스린 국가는 그의 이름으로 불리게 되었다.

하지만 다스리는 사람들에게는 앞서 말한 일반적인 원칙이 필요하다. 감정이 완전히 배제된 것이 감정이 본성적으로 내재되어 있는 것보다 더 낫다는 것을 알 수 있다. 법에는 감정이 없지만, 인간의 모든 혼은 20 감정을 지니고 있을 수밖에 없다. 그러나 인간에게 그런 단점이 있음에도 불구하고 개별 사안들을 잘 판단할 수 있다고 누군가는 주장할 것이다. 그러므로 입법자는 국가의 최고 통치자여야 하며, 법이 통치할 수 없고 법을 어기는 일이 있을 때는, 한 사람이 법보다 우위에 있어서는 안되고, 다른 모든 경우에는 법이 최고 권력이 되어야 한다.

그러나 법이 결정하지 못하거나 적절히 결정할 수 없을 때는, 가장 25 뛰어난 한 사람이 다스려야 하는가, 아니면 모든 시민이 다스려야 하는가? 오늘날 시민들이 모여 재판을 하고, 심의하고, 결정을 내리는데, 이러한 결정들은 모두 개별 사안에 관한 것이다. 그런 시민들은 개별적으로 보면 가장 뛰어난 한 명보다 못할 것이다. 그러나 국가는 많은 개인으로 구성되어 있다. 그리고 많은 사람이 모여 마련한 연회가 한 사람이 마 30 련한 연회보다 더 훌륭하다. 이런 이유로 많은 일에서 다중[178]이 가장 뛰어난 한 사람보다 더 나은 결정을 내린다.

또한 다수는 부패함이 덜하다. 물이 많을수록 부패함이 덜 하듯이, 다수는 소수보다 부패함이 덜하다. 한 사람이 분노나 그런 종류의 어떤 다른 감정에 휘말리면, 그의 결정은 부패할 수밖에 없다. 반면 모든 사람 35 이 분노하여 잘못을 저지르기는 어렵다. 물론 그 다수는 자유민이고, 법에 어긋나는 결정은 전혀 하지 않으며, 오직 법이 빠뜨린 것에 대해서만

....

178 아리스토텔레스는 여기서 "민중"이나 "대중" 또는 "다수"라는 표현이 아닌, '오클로스'(ὄχλος)라는 표현을 사용한다. '오클로스'는 "무리, 군중"이라는 뜻으로, 여기서는 "한 사람"과 대비되는 "많은 사람"을 가리킨다.

결정한다는 전제가 있어야 한다. 사람들이 많으면 그런 전제를 충족시키기가 쉽지 않다. 그러나 훌륭한 사람들과 시민들이 다수라면, 한 사람의 훌륭한 통치자와 수적으로 다수인 모든 훌륭한 사람 중에서 어느 쪽이 40 덜 부패하겠는가? 다수일 것이 분명하다.

"하지만 다수는 파벌 싸움을 일삼지만, 한 사람은 그렇지 않다"라는 반론이 제기될 수 있다. 그러나 이런 반론에 대해 "다수도 한 사람만큼 훌륭할 수 있다"라는 말로 반박할 수 있다. 모두가 훌륭한 다수가 다스리는 것을 귀족정이라 하고, 훌륭한 한 사람이 다스리는 것이 왕정이라면, 국가에 훌륭한 사람들이 많을 경우에는 무력에 의존하여 다스리는 왕정이든 아니든, 왕정보다는 귀족정이 더 바람직하다. 5

예전에 국가들이 대체로 왕정이었던 이유는 미덕에서 월등하게 뛰어난 사람들이 많지 않았기 때문이다.[179] 특히 사람들이 작은 국가들에 흩어져 살았던 것도 그런 사람들을 찾기 어렵게 만들었다. 그리고 사람 10 들은 자신을 위해 좋은 일을 한 사람을 왕으로 추대했는데, 그런 일들은 훌륭한 사람들이 하는 일이었다. 그러나 미덕에서 대등한 사람이 많아지자, 사람들은 더는 왕에게 복종하지 않고, 공동으로 다스리는 일종의 정치체제를 찾아서 혼합정[180]을 수립했다.

하지만 사람들이 타락하여 공공의 것에서 사욕을 채우게 되면서 과두정이 생겨났다고 볼 수 있다. 사람들이 부를 숭상하게 되었기 때문이 15

....

179 만일 미덕에서 월등하게 뛰어난 사람들의 수가 어느 정도 되었다면 왕정이 아니라 귀족정을 채택했을 것이라는 말이다.

180 "혼합정"으로 번역한 '폴리테이아'($\pi o\lambda\iota\tau\epsilon\acute{\iota}\alpha$)는 "정치체제"를 가리키는 용어이지만, 앞서 말했듯 "혼합정"이라는 특정한 정치체제를 가리키기도 한다. 여기에서 왕정과 대비되는 정치체제로 언급된 "혼합정"은 민주정과 귀족정을 혼합한 정치체제를 가리킨다.

제15장 왕정은 국익에 도움이 되는가
....

다. 과두정은 처음에는 참주정으로, 다시 민주정으로 변모했다. 추악한 탐욕으로 권력이 점점 소수에게 집중되자, 이에 반발한 대중이 점차 세력을 키워 민주정을 세우고자 했고, 이렇게 해서 민주정이 탄생했다. 오늘날에는 국가 규모가 예전보다 커졌기에 민주정 외에 다른 정체가 생겨나기는 쉽지 않을 것이다.

왕정이 국가에 가장 적합한 정치체제라고 누군가가 주장하더라도, 왕의 자녀들에 관한 문제는 어떻게 해결해야 할까? 왕위는 세습되어야 하는가? 그러나 과거의 경우를 보면 왕의 자녀들의 자질이 형편없다면 국익에 피해를 주게 된다. "왕은 그런 자녀들에게 왕위를 물려주지 않으면 된다"라고 주장하는 사람도 있을 것이다. 그러나 그것은 인간 본성을 초월한 미덕을 요구하는 것이므로, 왕이 그렇게 하기는 어렵다.

또 다른 문제는 왕의 군사력에 관한 것이다. 왕이 되어 다스리고자 하는 자는 복종하지 않는 자에게 강제력을 행사할 수 있는 자신만의 군대를 갖추어야 하는가, 아니면 그럴 필요가 없는가? 그렇지 않다면, 왕은 어떻게 자신의 권위를 행사할 수 있는가? 법을 준수하는 군주라 해도, 법을 수호하려면 군대가 필요하다.

따라서 법에 따라 지배하는 왕정인 경우, 해당 문제를 해결하는 것은 그렇게 어렵지 않다. 왕은 자신의 군대를 가져야 한다. 그러나 그 군대는 한 개인이나 한 집단보다는 강력하되, 대중보다는 약해야 한다. 그래서 고대 사람들은 국가의 아이심네테스나 참주를 세울 때 이 원칙에 따라 친위대를 부여했다. 또한, 디오니시오스[181]가 친위대를 요구했을

....

181 "디오니시오스"(기원전 약 432-367년)는 시칠리아섬에 있던 그리스 식민도시 시라쿠사의 참주다. 그는 처음에는 군 장교였다가, 기원전 406년에 카르타고와의 전쟁에서 공을 세워 군 최고 사령관이 된다. 그가 참주가 될 수 있었던 첫걸음은 자신이 습격받아 죽을 뻔한 자작극을 벌여 시라쿠사인들로부터 600명의 용병으로

때, 시라쿠사인은 그에게 그런 규모의 친위대를 주는 것이 적절하다는
조언을 받았다.   40

....

된 친위대를 가질 수 있도록 허락받은 것이었다. 이렇게 해서 그는 1년 후에 정권
을 완전히 장악해 참주가 되었다.

제15장 왕정은 국익에 도움이 되는가
....

제16장

절대 왕정을 반대하는 자들의 논리

아리스토텔레스의 절대 왕정에 대한 반론을 살펴보자. 대등한 사람들로 이루어진 국가에서 한 사람에게 모든 권력을 주는 것은 공정하지 않다는 것이 그의 주장이다. 그러므로 법에 의한 지배가 더 바람직하다. 법은 욕망 없는 이성이기 때문이다. 또한, 한 사람이 모든 일을 처리하는 것은 어렵기 때문에 다양한 공직자들이 필요하며, 법이 이들을 교육시키면 훌륭한 결정을 내릴 수 있다.

1287a1   이제 살펴볼 것은 자기 뜻대로 행하는 왕이 지배하는 왕정이다. 앞서 언급했듯, 법에 따라 다스리는 왕은 특정한 정치체제로 분류되지 않
5   는다. 종신 장군직 같은 역할이 민주정이나 귀족정을 포함한 모든 정치체제에 존재할 수 있고, 한 사람에게 국정의 최고 권력을 부여하는 국가도 많기 때문이다. 에피담노스[182]에 그런 공직이 있고, 오푸스에도 비슷

....

182 "에피담노스"에 대해서는 각주 78을 참조하라. "오푸스"는 그리스 중서부에 있던 오푸스 로크리스의 수도로, 에우보이아섬 맞은편 해안에 있었다.

한 성격의 공직이 있다.

왕이 모든 것을 자기 마음대로 다스리는 정치체제를 절대 왕정[183]이라 부르는데, 절대 왕정에 대해 어떤 사람은 대등한 사람들로 이루어진 국가에서 모든 시민을 다스리는 최고 권력이 한 사람에게 주어져 있는 것은 전혀 자연스럽지 않다고 말한다. 본성적으로 대등한 자들에게 동등한 권리와 가치가 주어지는 것이 자연의 법칙이기 때문에, 공직과 관련하여 동등하지 않은 자들에게 동등한 몫이 주어지거나 동등한 자들에게 동등하지 않은 몫이 주어지는 것은 각자의 몸 상태와는 관계없이 음식과 옷이 주어지는 것처럼 해롭다고 말한다. 그래서 다스림과 다스림받는 것에서 누군가가 다른 사람들보다 더 큰 특권을 갖는 것은 전혀 공정하지 않으며, 모든 사람이 교대로 공직을 맡아야 한다는 것이다.

여기서 우리는 법과 마주하게 된다. 질서와 제도가 곧 법이기 때문이다. 따라서 시민 중에서 한 사람이 다스리는 것보다 법이 다스리는 것이 더 바람직하다. 이 논리에 따르면, 여러 사람이 다스리는 것이 더 낫다고 할지라도, 그들은 법의 수호자이자 법을 섬기는 종으로 임명되어야 한다. 국가에는 여러 가지 공직이 있어야 하지만, 모든 사람이 대등한데, 한 사람에게 공직을 맡겨 다른 모든 사람을 다스리게 하는 것은 정의롭지 않다는 것이다.

물론 법으로 정할 수 없는 경우도 있겠지만, 그럴 때는 인간도 그것을 정할 수 없다. 하지만 법은 그런 경우를 대비하여 공직자들을 교육시켜, 법이 정할 수 없는 부분을 공정하게 결정하고 처리할 수 있게 한다.

법은 기존의 법을 시행하다가도 더 나은 법이 제시될 경우 개정할

....

183 "절대 왕정"으로 번역한 '팜바실레이아'(παμβασιλεία)는 직역하면 "전권을 쥔 왕이 다스리는 곳"이다. "왕정"은 '바실레이아'(βασιλεία)다.

여지를 남겨둔다. 따라서 법을 지배자로 삼으려는 주장은 신과 이성이
30 지배해야 한다는 것과 같으며, 인간의 지배를 주장하는 것은 신과 이성
뿐만 아니라 짐승의 지배까지 요구하는 것이다. 욕망은 짐승과 같으며,
분노는 지배자들과 가장 훌륭한 사람들조차도 왜곡시킬 수 있다. 그러므
로 법은 욕망 없는 이성이라 할 수 있다.

　　법의 지배와 인간의 지배를 의학과 비교해볼 때, 법을 따르는 것이
의학 책을 보고 치료하는 것과 비슷하다고 평가절하하고, 인간의 판단에
의존하는 것은 전문가에게 치료받는 것과 같다고 주장하는 것은 오해에
35 따른 것이다. 의사들은 인간애와 전문성을 바탕으로 이성적 판단으로 환
자를 치료하며, 그 대가로 보수를 받는다. 반면, 공직자들은 때때로 개인
적 이해관계에 따라 편향적으로 일을 처리할 수 있다. 만약 의사가 이익
을 위해 자기 적들과 결탁하여 자신을 죽이려고 한다는 의심을 하게 되
40 면 사람들은 의술 서적을 보고 치료하는 것을 선택할 것이다. 하지만 의
1287b1 사들도 병이 나면 다른 의사들을 부르고, 체육 교사들도 자신이 훈련할
때는 다른 체육 교사의 지도를 받는다. 감정이 개입되면 바르게 결정할
수 없기 때문이다. 그래서 정의를 찾는 것은 중용을 찾는 것과 같다. 법
은 바로 이 중용을 대표한다.

5 　　또한, 관습법이 성문법보다 중요하다는 것을 기억해야 한다. 관습
법은 더 중요한 사항들을 다루기 때문이다. 인간이 다스릴 때 성문법보
다는 안전할 수 있지만, 관습법보다는 더 안전하지 않다. 한 사람이 많은
일을 관리하는 것은 쉽지 않으므로, 여러 공직자를 임명하지 않을 수 없
10 다. 그렇다면, 공직자들을 처음부터 두는 것과 한 사람의 통치자가 필요
할 때마다 임명하는 것 사이에는 어떤 차이가 있을까?

　　또한 앞서 말했듯, 훌륭한 사람 한 명이 다른 사람들보다 뛰어나서
국가를 다스리는 것이 옳다고 해도, 훌륭한 사람 두 명이 한 명의 훌륭한

사람보다 더 뛰어나다. 이로 인해 "두 사람이 함께 가면"[184]이라는 말이 15
생겼고, 아가멤논은 "내게 저런 책사를 열 명만 주소서"[185]라고 신에게
기도했다.

지금도 재판관 같은 공직자들은 법으로는 정할 수 없는 일부 사항에
대해 결정권을 갖는다. 그러나 법이 다스려야 하며, 법으로 정할 수 있는
것은 법이 결정해야 한다는 데는 이의가 없다. 하지만 법에 담을 수 있는
것과 담을 수 없는 것이 있어, 가장 좋은 법과 가장 좋은 사람 중 어느 쪽 20
이 다스리는 것이 더 바람직한가는 복잡한 문제다. 심의해야 하는 것은
법으로는 결정할 수 없는 사항들이기 때문이다. 법의 지배를 지지하는
사람들조차도, 이런 사항은 결국 인간이 결정해야 한다는 점에는 이의를
제기하지 않는다. 그들은 단지 결정을 내리는 것을 한 사람이 아니라 많
은 사람이 해야 한다고 주장할 뿐이다. 25

법에 따라 훈련받은 공직자라면 어떤 사람이든 훌륭한 결정을 내릴
수 있다. 한 사람이 두 눈, 두 귀로 관찰하고 판단하며 두 손 두 발로 행
동하는 것이, 많은 이들의 많은 눈과 귀, 손과 발로 하는 것보다 더 낫다
고 보는 것은 부적절한 판단이다. 그래서 군주들은 많은 사람의 눈과 귀
와 손과 발을 자신의 것으로 끌어들인다. 그들은 자신의 통치와 자신에 30
게 우호적인 친구들을 국정의 동반자들로 삼는다. 만약 그들이 친구가
아니라면, 군주의 의지에 따라 행동하지 않을 것이다.

....

184 이 구절은 호메로스의 『일리아스』 제10권 224행에 나온다. 아르고스의 왕 디오메
데스는 트로이아군을 정탐하는 임무를 맡은 후에 혼자보다는 둘이 낫다는 취지로
이 말을 하고 난 후에 이타케섬의 왕 오디세우스를 자신의 동행으로 선택한다.

185 이 구절은 호메로스의 『일리아스』 제11권 372행에 나온다. 그리스 연합군의 작전
회의에서 그리스군에서 가장 원로이자 지략이 많은 필로스의 왕 네스토르의 계책
을 듣고 총사령관 아가멤논이 한 말이다.

제16장 절대 왕정을 반대하는 자들의 논리
....

그러나 만약 그들이 군주와 그의 통치에 우호적인 관계에 있는 친구라면, 친구 사이에는 서로 동등함과 상호 존중이 기본이다. 따라서 군주가 그들에게 국정 참여를 요청할 경우, 그들은 자신을 군주와 동등하고 35 대등한 입장에서 국정에 참여하는 것이 정당하다고 여긴다. 이것이 바로 왕정에 반대하는 자들의 주장이다.

제17장

왕정이냐 귀족정이냐 혼합정이냐

변질된 정치체제에 반대하는 것은 당연하지만, 본성을 따르는 바른 정치체제들에 대해선 굳이 반대할 필요가 없다. 어떤 정치체제가 바른 것인지는 사람마다 다르기 때문이다. 따라서 왕정, 귀족정, 혼합정 같은 체제들은 바르게 운영될 수 있으며, 이들 중 어떤 체제가 적합한지는 그 나라 시민들이 누구인지에 따라 다르다. 정치적 미덕에서 뛰어난 가문이 국가를 이끄는 것을 대중이 거부감 없이 받아들인다면, 왕정이 적절할 수 있다. 반면에, 정치적 미덕에서 뛰어난 사람들이 자유민에게 걸맞은 통치를 통해 국가를 이끄는 것을 대중이 본성적으로 잘 받아들인다면, 귀족정이 적절하다. 또한, 재산등급에 따라 사람들에게 공직을 배분하는 법에 의해 다스림을 받기도 하고 행사하기도 하는 것을 본성적으로 잘 수행하는 호전적인 대중에게는 혼합정이 적절하다.

그러나 이러한 주장들은 상황에 따라 옳을 수도, 그렇지 않을 수도 있다. 어떤 사람에게는 전제정[186]이, 어떤 사람에게는 왕정이, 또 어떤 사람에게는 혼합정이 본성적으로 맞고 이로울 수 있다. 이는 사람마다 다

40 르기 때문이다. 그와는 대조적으로, 참주정과 같은 변질된 정치체제들은 본성을 따르지 않는다. 이런 정치체제들이 본성에 어긋나는 이유는 그들이 자신의 본성을 따르지 않기 때문이다.

1288a1 　　대등하고 동등한 사람들 사이에서 한 사람이 모든 사람을 다스리는 것은 이롭지도, 정의롭지도 않다. 이는 그 사람이 법을 따르지 않고 자신이 법이 되어서 다스리든, 법에 따라 다스리든 상관없다. 훌륭한 사람이 다른 훌륭한 사람들을 다스리든, 그렇지 않은 사람이 다른 그렇지 않은 사람들을 다스리든 상관없다. 그 사람이 미덕에서 다른 사람들보다 더

5 뛰어나다 해도, 특별한 경우를 제외하고는 이것이 그대로 적용된다. 이 예외적인 경우가 무엇인지는 이미 언급했다.

　　따라서 가장 먼저 고려해야 할 것은 어떤 사람에게 왕정이, 어떤 사람에게 귀족정이, 그리고 어떤 사람에게 혼합정이 적합한지를 판단하는

10 것이다. 정치적 미덕에서 뛰어난 가문이 국가를 이끄는 것을 대중이 본성적으로 잘 받아들인다면, 왕정이 적절하다. 반면에, 정치적 미덕에서 뛰어난 사람들이 자유민에게 적합한 통치를 통해 국가를 이끄는 것을 대중이 본성적으로 잘 받아들인다면, 귀족정이 적절하다. 마지막으로, 재산등급에 따라 사람들에게 공직을 배분하는 법에 따라 다스림을 받기도 하고 다스리기도 하는 것을 본성적으로 잘 수행하는 호전적인 대중에게

15 는 혼합정이 적절하다.

....

186 "전제정"으로 번역한 '데스포티코스'($\delta\epsilon\sigma\pi\sigma\tau\iota\kappa\acute{o}\varsigma$)는 직역하면 "노예 주인이 다스리는" 정치체제를 가리킨다. 즉, 노예주가 노예들을 다스리는 것처럼, 한 사람의 전제 군주가 시민들이 아닌 노예들을 다스리는 국가 체제다. 따라서 이것은 이민족의 국가 체제다. "왕정"은 한 사람의 군주가 시민들을 다스린다는 점에서 "전제정"과 다르고, "참주정"은 한 사람의 참주(독재자)가 시민들을 불법적으로 다스린다는 점에서 다르다.

그러므로 한 가문이나 어느 한 사람이 미덕에서 뛰어나 다른 모든 사람보다 우월하다면, 그 가문이나 사람이 왕권을 갖고, 그 사람이 왕이 되는 것은 정의롭다. 이는 귀족정, 과두정, 민주정 등 국가를 세운 모든 20 사람이 제시한 정의와 일맥상통한다. 그들은 모두 통치자는 동일한 우월함은 아니지만 어떤 우월함을 지니고 있어야 한다고 생각했기 때문이다. 이는 앞서 말한 것과도 부합한다. 그러므로 걸출한 사람을 죽이거나, 추 25 방하거나, 도편추방제를 이용해 일정 기간 추방하거나, 교대로 다스림을 받기를 요구해서는 안 된다. 부분은 전체보다 우월할 수 없는 것이 순리인데, 그 한 사람이 모든 사람보다 월등하게 우월하다면, 유일하게 남은 대안은 그 한 사람이 교대로 다스리게 하는 것이 아니라 그에게 전권을 맡겨 종신토록 다스리게 하고, 다른 모든 사람은 그에게 복종하는 것뿐이다.

왕정에 대한 논의에서, 왕정에는 어떤 유형이 있는지, 왕정이 국익 30 에 어떻게 영향을 미치는지, 그리고 왕정이 어떤 국가들에 어떤 방식으로 이로움을 주는지는 이것으로 해결되었다.

결론

올바른 정치체제에는 세 가지가 있으며, 그중 가장 이상적인 것은 가장 훌륭한 사람들이 국가를 마치 한 가정을 다루듯 다스리는 체제다. 가장 뛰어난 사람의 미덕과 가장 훌륭한 시민의 미덕은 결국 같은 것이다. 그러므로 훌륭한 사람을 만드는 교육과 습관을 통해 훌륭한 정치가와 왕을 만들 수 있다.

우리는 그동안 올바른 정치체제는 세 가지이며, 이 중에서 가장 이상적인 것은 가장 훌륭한 사람들이 국가를 마치 한 가정처럼 다스리는 체제라는 것을 알아보았다. 이 체제에서는 어떤 한 사람이나 한 가문, 또

35 는 다수의 사람이 미덕에서 다른 모든 사람보다 뛰어나며, 다스리는 사람과 다스림받는 사람이 모두 가장 바람직한 삶을 위해 살아가는 체제를 의미한다.

40 　　앞서 논증한 바와 같이 가장 훌륭한 사람의 미덕과 가장 훌륭한 시민의 미덕이 동일하다는 사실을 통해, 귀족정이든 왕정이든 가장 훌륭한 국가를 만드는 방법과 훌륭한 사람을 만드는 방법이 동일하다는 것은 분

명하다. 그러므로 훌륭한 사람을 만드는 교육과 습관이 훌륭한 정치가와 1288b1
왕을 만든다고 말할 수 있다.

이런 문제들이 해결되었으니, 이제 가장 훌륭한 정치체제가 본질적
으로 어떻게 생기고, 어떻게 세워지는지에 대해 논의할 차례다. 그러기
위해서는 다음과 같은 사항들을 살펴봐야 한다.   5

제18장 결론
········

제4권

현실의 다양한 정치체제

실현 가능한 정치체제와
법을 연구해야 하는 이유

정치학의 주요 고려 사항은 가장 훌륭한 정치체제는 무엇인지, 개별 국가에는 어떤 정치체제가 가장 적합한지, 그리고 각 국가들이 현재 어떠한 정치체제를 채택하고 있는지 살펴보는 것이다. 더불어, 모든 국가에 가장 잘 부합하는 정치체제가 무엇인지도 밝혀내야 한다. 그들이 이미 채택한 정치체제를 보완하고 향상하기 위한 노력의 일환으로, 다양한 유형의 정치체제를 파악하고, 가장 이상적인 법은 무엇인지, 각 정치체제에 어떤 법이 가장 적합한지를 알아볼 필요가 있기 때문이다. 정치체제는 국가 질서를 정하는 것으로, 공직 배분 방식, 최고 권력자 결정 그리고 국가 공동체의 목표 설정 등을 포괄한다. 반면, 법은 통치자들이 국가를 다스리거나 법을 위반하는 자들을 감시하는 수단이다.

전체를 포괄하는 모든 전문 기술과 학문은 그들이 연구하는 대상이 무엇인지를 알아내야 한다는 공통된 목표를 가지고 있다. 가령, 체력 단련의 경우 어떤 신체에 어떤 훈련이 최적인지, 최고의 훈련은 가장 훌륭한 신체를 가진 사람에게 적합할 것이므로 무엇이 최고의 훈련인지도 살펴야 하며, 거의 모든 신체에 이로워 모든 사람이 할 수 있는 훈련은 무엇인지를 살펴볼 필요가 있다. 이는 체육학의 주요 과제이다. 또한, 누군가가 체력 단련을 원하지만 경기에 나갈 정도의 신체 상태와 지식을 원하는 것은 아니라면, 그에게 적절한 체력 단련을 제공하는 것도 훈련자와 체육 교사의 역할이다. 의술, 배 만드는 기술, 옷 만드는 기술 등 다른 모든 기술에서도 같은 원리가 적용된다.

이러한 원리를 정치학에 적용하면, 우리는 먼저 가장 훌륭한 정치체제가 무엇인지, 그리고 그 정치체제의 이상적인 모습은 어떠해야 할지를 살펴보아야 한다. 이후에는 개별 국가들에 가장 적합한 정치체제가 무엇인지를 살펴보는 것이다. 많은 국가에서는 최상의 정치체제를 실현하는 것이 불가능하므로, 훌륭한 입법자와 진정한 정치가는 절대적으로 가장 훌륭한 정치체제와 그다음으로 훌륭한 정치체제를 모두 알고 있어야 한다. 세 번째로는 각 국가가 이미 채택하고 있는 정치체제를 살펴볼 필요가 있다. 그 정치체제가 어떻게 생겨났는지, 그리고 그 정치체제가 오래 존속하려면 어떻게 해야 하는지를 알아봐야 하기 때문이다. 이는 최상의 정치체제를 갖지 못하는 국가뿐 아니라, 주어진 현실에서는 최상의 정치체제보다 못한 정치체제가 시행되고 있기 때문이다.

이 외에도, 이 학문에서는 모든 국가에 가장 잘 부합하는 정치체제가 무엇인지도 밝혀내야 한다. 다수가 아름다운 말로 이상을 논하지만, 실질적으로 도움이 되지 않는다. 따라서 가장 훌륭한 정치체제뿐 아니라, 모든 국가에서 쉽게 도입할 수 있는 실현 가능한 정치체제도 알아보아야 한다. 그럼에도 일부 사람들은 많은 조건을 충족시키는 가장 완전한 정치체제만을 탐구하고, 일부는 모든 국가에 적용할 수 있는 정치체제를 탐구하지만 실제로 존재하는 다른 정치체제들을 무시하고, 라코니아나 그 밖의 다른 특정한 정치체제만을 찬양하는 경향이 있다.

국가들이 기존의 정치체제에 어떤 정책을 도입하도록 하려면, 그 정
치체제가 쉽게 받아들일 수 있는 것이어야 한다. 한번 학습한 지식을 고
치는 일이 처음부터 배우는 것만큼 어려운 것처럼, 기존 체제를 개혁하
는 것도 처음부터 만드는 것만큼 어렵다. 따라서 입법자와 정치인은 기 5
존 체제를 돕는 방법도 알아야 한다. 하지만 여러 유형의 정치체제를 모
르면 그것이 불가능하다. 어떤 사람은 민주정도 한 유형뿐이고 과두정도
한 유형뿐이라고 생각하지만, 그것은 사실이 아니다. 그러므로 우리는 10
각기 다른 유형의 정치체제가 있으며, 각각의 정치체제가 얼마나 다양하
게 구성되는지를 알아야 한다.

이어서, 가장 훌륭한 법은 무엇인지, 또 각각의 정치체제에 가장 적
합한 법은 무엇인지를 파악해야 한다. 법에 정치체제를 맞추는 것이 아
니라, 정치체제에 법을 맞추는 것이 중요하기 때문이다. 정치체제는 국 15
가의 질서를 결정하는 것으로, 공직의 배분 방식, 최고 권력자 그리고 각
국가 공동체의 목표를 정의한다. 반면, 법은 국가를 다스리는 자들이 법
을 위반하는 자들을 감시하는 데 사용하는 수단이다. 따라서 법을 제정 20
하기 위해서라도 각 정치체제의 다양한 유형과 특징을 알아야 한다. 예
컨대, 민주주정이나 과두정에는 한 가지 유형이 아니라 여러 유형이 있
으므로, 동일한 법이 모든 과두정이나 민주정에 이로운 것은 아니기 때 25
문이다.

제1장 실현 가능한 정치체제와 법을 연구해야 하는 이유

어떤 정치체제들을 살펴보아야 하는가

왕정과 귀족정이라는 가장 훌륭한 정치체제에 대해 이미 다루었으니, 이제는 혼합정, 과두정, 민주정, 참주정 등 현실적인 정치체제들과 그 다양한 유형에 대해 눈을 돌려야 한다. 그러고는 모든 정치체제와 각각의 정치체제를 파괴하거나 유지시키는 요인들 그리고 그런 일들이 일어나게 하는 가장 근본적인 원인에 대해 탐구해야 한다.

　　우리는 이전에 정치체제를 탐구하면서, 왕정, 귀족정, 혼합정이 올바른 정치체제라는 것을 확인했다. 반면에 왕정이 변질된 참주정, 귀족정이 변질된 과두정, 혼합정이 변질된 민주정은 변질된 정치체제라는 것
30　을 보았다. 이미 왕정과 귀족정에 관한 설명은 마친 상황이다. 왕정과 귀족정은 다양한 방법으로 미덕을 추구하기 위해 조직된 정치체제로, 이상적인 정치체제를 찾는 과정은 이들 두 체제를 탐구하는 것과 동일하다. 또한, 왕정과 귀족정이 어떻게 서로 다른지, 어떤 경우에 왕정을 채택해
35　야 하는지도 이미 설명했다. 이제 남은 것은 정치체제 전반을 아우르는

이름과 동일한 혼합정과, 과두정, 민주정, 참주정과 같이 구체적인 다른 체제 유형들을 살펴보는 것이다.

이 변질된 정치체제들 중에서 어느 것이 최악인지, 그다음으로 나쁜 것은 어느 것인지는 명확하다. 왕의 탁월한 미덕을 기반으로 하는 진정한 왕정은 올바른 정치체제 중에서 최고이자 가장 신성한 정치체제이므 40 로, 이 왕정이 변질된 것은 최악의 정치체제일 수밖에 없다. 따라서 최악 1289b1 의 정치체제는 올바른 정치체제로부터 가장 멀리 떨어진 참주정이며, 그 다음으로 나쁜 정치체제는 귀족정으로부터 멀어진 과두정이고, 그나마 괜찮은 것은 민주정이다.

이전에 어떤 사람이 이에 대해 자기 견해를 제시한 적이 있지만,[187] 5 그의 견해는 우리와 다르다. 그 사람은 과두정을 포함한 모든 정치체제가 제대로 작동할 때는 민주정이 최악이라고 말하고, 모든 정치체제가 제대로 작동하지 않을 때는 민주정이 최선이라고 주장했다. 하지만 우리는 이 변질된 세 가지 정치체제가 언제나 잘못된 것이며, 과두정이 다른 10 정치체제보다 나은 것이 아니라, 덜 나쁘다고 말해야 한다고 생각한다.

그러나 지금은 그런 문제를 일단 미루고, 먼저 민주정과 과두정과 같은 정치체제에도 여러 유형이 있으므로, 각각의 정치체제 유형들에는 어떤 것이 있는지 논의해보고, 그다음으로는 다음과 같은 질문을 논의해보자.

모든 국가가 채택할 수 있는 정치체제는 어떤 것인가? 가장 훌륭한 15

....

187 플라톤의 대화편인 『국가』와 『정치가』에서 소크라테스는 정치체제를 다루면서 모든 정치체제가 원래대로 작동했을 때는 "민주정"이 최악이라고 평가했고, 모든 정치체제가 제대로 작동하지 않았을 때는 참주정, 과두정 순으로 최악이고, 민주정은 그나마 낫다고 평가했다. 하지만 플라톤은 어느 경우에나 민주정에 대해 대단히 부정적인 견해를 피력한다.

제2장 어떤 정치체제들을 살펴보아야 하는가
....

정치체제 다음으로 바람직한 정치체제는 어떤 것인가? 대부분 국가에 적합하면서 잘 조직된 귀족정의 한 유형은 어떤 것인가? 각각의 사람에게 바람직한 다른 정치체제는 어떤 것인가? 어떤 사람에게는 과두정보다 민주정이 더 필요하고, 어떤 사람에게는 민주정보다 과두정이 더 필요하므로 이런 질문들은 중요하다. 그런 정치체제들, 즉 각각의 유형의 민주정과 과두정을 세우려면 어떻게 해야 하는가?

20

이 모든 질문을 최대한 간략하게 살펴본 후에, 마지막으로 모든 정치체제와 각각의 정치체제를 파괴하거나 존속시키는 것은 무엇이며, 그런 일이 일어나는 가장 본질적인 원인은 무엇인지 살펴보아야 한다.

25

혼합정과 과두정과 민주정의 관계

정치체제가 여러 가지인 것은 모든 국가를 구성하는 집단이 여럿이기 때문이다. 국가는 부자들, 가난한 자들, 중산층으로 이루어져 있다. 이렇게 국가를 구성하는 각 집단의 힘의 우위와 차이에 따라 정치체제의 수도 늘어난다. 그런데 사람들은 종종 정치체제는 민주정과 과두정, 이 두 가지뿐이라고 생각한다. 우리의 생각은, 잘 조직된 정치체제는 한두 가지의 형태를 보이고, 나머지는 훌륭하게 혼합된 정치체제의 변형이거나 가장 훌륭한 정치체제의 변형일 뿐이라는 것이다. 이때, 더 엄격하고 전제적인 것이 과두정이고, 더 방임적이고 부드러운 것이 민주정이다.

정치체제가 여러 가지인 것은 모든 국가를 구성하는 집단이 여럿이기 때문이다. 모든 국가는 우선 가정들로 이루어져 있으며, 다음으로 국가를 이루는 다수는 다시 부자들, 가난한 자들, 중산층으로 구분될 수밖 30에 없는데, 부자들은 무장할 수 있는 집단이고, 가난한 자들은 무장할 수 없는 집단이다. 그리고 알다시피 민중은 농민, 상인, 기술자로 구분된다.

35   귀족[188]도 부와 재산 규모에 따라 다시 구분된다. 말 사육 여부가 그 예다. 말 사육은 부자가 아니면 하기 어려우므로, 기병으로 구성된 군대를 보유한 국가들에서는 과두정이 시행된 것이다. 예를 들어, 에레트리

40   아,[189] 칼키스, 마이안드로스 강변의 마그네시아,[190] 아시아의 많은 국가가 여기에 해당한다.

          또한 상류층은 부에 따른 차이 외에도 가문이나 미덕과 관련된 차이

1290a1 도 있다. 우리가 귀족정을 다루면서, 국가를 구성하는 데 필수적인 부분 중 가문과 미덕을 언급한 바 있다.[191]

          국가를 구성하는 이런 집단들은 모두 국정에 참여할 수도 있고, 일

5   부만 참여할 수도 있다. 여기서 분명한 것은, 서로 다른 여러 집단이 국가를 구성하므로, 여러 종류의 정치체제가 존재할 수밖에 없다는 점이다. 정치체제란 공직에 대한 질서를 말하며, 모든 공직은 국정에 참여하는 집단들의 힘에 따라 배분되거나, 이 집단들 간의 평등 원칙에 따라 배

10   분된다. 예를 들어, 공직은 부자들과 가난한 자들의 힘에 따라 배분되거

....

188 아리스토텔레스는 앞에서 "부자들"(εὔπορος, '에우포로스'의 복수형)이라는 통상적인 단어를 사용했지만, 여기서는 이 책에서 몇 번밖에 사용하지 않는 '그노리모스'(γνώριμος)를 사용한다. '그노리모스'는 "유명한 자들"이라는 뜻으로, 재산이나 지위가 없는 "이름 없는 자들"의 반대말이다.

189 "에레트리아"는 고대 그리스 에우보이아섬 중서부 해안에 있던 도시로, 기원전 6-5세기에 중요한 도시국가였다. "칼키스"는 에우보이아섬에서 가장 큰 도시였다. 이 두 도시는 서로 앙숙이어서, 기원전 7세기 초 양국의 기사 계급의 귀족들 간의 싸움에서 에레트리아가 패해 비옥한 렐란토스 평야를 빼앗기기도 했다.

190 보통 "마그네시아"라고 하면 테살리아 지방의 남동 지역, 에게해 연안을 따라 길게 뻗어 있는 지역을 가리키지만, 여기에 언급된 "마그네시아"는 소아시아 서북부 리디아의 해안 "마이안드로스 강변"에 있던 도시를 가리킨다.

191 아리스토텔레스는 제3권 제12장에서 국가의 정의에 대해 다루면서, "훌륭한 가문 출신들과 자유민들과 부자들"은 국가에 없어서는 안 되는 집단들이고, 이 집단들이 공직을 두고 서로 경쟁하는 것은 합리적이라고 말했다.

나, 부자들과 가난한 자들 간의 평등 원칙에 따라 배분된다. 따라서 국가를 구성하는 집단들 간의 힘의 우위와 차이에 따른 질서만큼이나 다양한 정치체제가 존재할 수밖에 없다.

하지만 사람들은 대체로 정치체제는 두 가지뿐이라고 생각한다. 바람은 북풍과 남풍뿐이고, 나머지는 모두 이 두 바람의 변형이라고 말하 15 듯이, 정치체제도 민주정과 과두정, 이렇게 둘뿐이라는 것이다. 귀족정은 과두정적인 성향을 가지고 있어 과두정의 한 유형으로 보고, 혼합정이라 불리는 것도 민주정의 한 유형으로 본다. 이는 서풍이 북풍의 한 유형으로, 동풍이 남풍의 한 유형으로 여겨지는 것과 같다.

또한, 어떤 사람들은 이것이 선법에도 적용된다고 말한다. 선법은 20 도리아 선법과 프리기아 선법,**192** 두 가지만 있고, 음들의 모든 조합은 도리아 선법이나 프리기아 선법 중 하나로 불리기 때문이다.

정치체제와 관련해서도 사람들은 대체로 그렇게 생각한다. 하지만 우리의 분류 방식이 더 정확하고 적절하다고 본다. 즉, 잘 조직된 정치체제는 한두 가지이고, 나머지는 조화롭게 혼합된 정치체제의 변형이거나 25 최상의 정치체제의 변형이다. 이 중, 더 엄격하고 전제적인 것이 과두정이며, 더 방임적이고 부드러운 것은 민주정이다.

....

192 "도리아 선법"은 모든 선법 가운데 가장 균형 잡힌 선법으로, 도덕적 품성을 반영하며 안정감과 남성적 특성을 가장 잘 나타내는 것으로 평가받는다. 이러한 특성으로 청소년 교육에 매우 적합하며, 사람의 마음을 안정시키는 데 효과적이다. 한편, "프리기아 선법"은 기원전 7세기 소아시아의 프리기아 지역 출신인 작곡가 올림포스가 창안한 선법으로, 종교적 감정을 증폭시키고 열정을 불러일으키는 특성이 있어, 포도주 신 디오니소스를 기리는 축제에서 "디티람보스"와 같은 찬가를 작곡하는 데 사용되었다.

제3장 혼합정과 과두정과 민주정의 관계

민주정의 유형

국가는 여러 집단으로 구성된다. 자급자족을 위해서는 농민, 기술자, 상인, 일용노동자, 전사가 필요하고, 훌륭한 삶을 위해서는 재판관, 심의하는 자, 부자들, 공직자가 필요하다. 그러나 가장 중요한 구분은 역시 가난한 자들과 부자들이다. 이 때문에 사람들은 정치체제가 민주정과 과두정, 둘뿐이라고 생각한다. 민주정에는 여러 유형이 있겠지만, 법의 지배를 받아 민중이 국정 주체가 될 때만 진정한 민주정이라고 할 수 있고, 법이 아닌 민중의 의결이 국가의 최고 권력인 체제는 고유한 의미의 민주정이라고 보기 어렵다.

30 오늘날 어떤 사람들은 민주정을 단지 다수가 국가의 최고 권력을 갖는 정치체제라고 생각한다. 하지만 이는 오해다. 과두정을 포함한 모든 정치 체제에서 국가의 최고 권력은 대개 다수에게 속한다. 또한, 과두정을 단지 소수가 최고 권력을 가지는 정치체제라고 생각하는 것도 잘못된 견해다.

35 예를 들어, 인구 1,300명의 국가에서 1,000명이 부유하고 나머지

300명은 가난하지만 다른 모든 면에서 부유층과 동등한 자유민이라고 가정해보자. 이 경우 가난한 300명이 공직을 얻지 못하고 다수인 부유층이 최고 권력을 가지고 있다고 해서 그 국가를 민주정이라 부르는 사람은 없을 것이다. 반대로 가난한 사람들이 소수임에도 불구하고 다수인 부유층보다 더 강력한 영향력을 행사하여 부자들을 공직에서 배제한다면, 그런 체제를 과두정이라 부르는 사람도 없을 것이다.   40

따라서 국가의 최고 권력이 자유민에게 있다면 민주정이고, 부자들   1290b1
에게 있는 경우에는 과두정이라고 볼 수 있다. 국가의 최고 권력이 전자의 경우에 다수에게, 후자의 경우에 소수에게 있게 된 것은 단지 자유민이 많고 부자는 적어서 그렇게 된 것이다. 그렇지 않다면 키가 큰 사람들이나—아이티오피아[193]에서 그렇게 한다고 어떤 사람은 말한다—잘생긴   5
사람들에게 공직을 배분해도 과두정이 될 것이다. 잘 생기거나 키가 큰 사람은 소수이기 때문이다.

하지만 민주정과 과두정을 단지 자유민과 부자라는 기준으로만 구분하는 것은 충분하지 않다. 민주정과 과두정 국가는 여러 집단으로 이루어져 있으므로, 그런 기준만으로는 구분되지 않는다. 예컨대 소수의 자유민이 자유민이 아닌 다수를 지배하는 것은 민주정으로 볼 수 없다.   10
그런 정치체제가 이오니아해에 있는 아폴로니아 그리고 테라에 있었는데,[194] 이 두 국가에서는 최초 이주민들의 후손인 소수 귀족이 공직을 독

....

193 "아이티오피아"는 "아이깁토스"(이집트) 남쪽에 있던 지역으로, 나일강 제4급류의 상류라고 해서 상누비아라 불렸고, "아이깁토스"는 하누비아라 불렀다. '아이티오피아'는 "햇볕에 그을린 남자들의 땅"이라는 뜻으로, 고대 그리스인은 '아이티오피아'를 땅끝이라고 생각했다.

194 "아폴로니아"는 시칠리아섬에 있던 고대 그리스의 식민도시다. 같은 이름의 도시가 많았으므로, 여기서는 "이오니아해에 있는 아폴로니아"로 지칭했다. 또한 그리

점하고 다수를 지배했다. 또한, 부자가 다수이면서 국가의 최고 권력을
15 갖는 경우도 민주정이라고 보기 어렵다. 예전의 콜로폰[195]이 그랬는데,
그곳에서는 리디아와의 전쟁이 일어나기 전에 다수가 큰 재산을 모았기
때문에 그런 일이 벌어졌다. 하지만 국가의 최고 권력이 재산 없는 다수
의 자유민에게 있다면 민주정이고, 소수의 부유한 귀족들에게 있는 경우
20 에는 과두정이다.

정치체제의 다양성과 그 이유에 대해 이야기했으니, 이제 그보다 더
많은 정치체제가 존재하며 그것이 무엇인지, 그리고 그 이유는 무엇인지
살펴보겠다. 이에 대해 논의하기 위해 앞서 언급했듯, 모든 국가는 단일
한 집단이 아니라 여러 집단으로 구성되어 있다는 점에서 시작하겠다.

25 동물의 종류를 구분하려면, 먼저 모든 동물에게 필수적인 것을 분류
해야 한다. 여기에는 감각 기관, 음식물을 받아들여 소화하는 입과 위, 그
리고 동물의 움직임을 담당하는 운동 기관 등이 포함된다. 이와 같은 필
30 수적인 부분만으로도 충분하다. 입이나 위, 감각 기관, 운동 기관은 동물
마다 다르기에, 한 동물이 여러 종류의 입이나 귀를 가질 수 없다. 그래
서 이런 다른 부분의 조합은 필연적으로 많은 종류의 동물을 만들어낸
35 다. 따라서 이런 다양한 조합들을 모두 알게 된 후에야 우리는 동물의 종

....

스의 식민도시였던 시칠리아섬의 시라쿠사의 참주 디오니시오스 1세가 카르타고
의 침략에 대비해 전초 기지로 세운 도시이기도 하다. "테라"는 에게해 남부에 있
는 섬으로, 그리스 본토에서 200킬로미터쯤 떨어져 있다. 기원전 9세기에 도리아
인이 여기에 도시를 세우고 지도자 테라스의 이름을 따 "테라"라고 명명했다.

195 "콜로폰"은 소아시아에 있던 그리스 식민지 이오니아 지방에 속한 고대 도시다.
이오니아 동맹에 속하는 열두 도시 중에서 가장 오래된 곳 중 하나다. "콜로폰"은
이오니아의 도시들 중에서 가장 강력했는데, 기원전 7세기에 이웃 국가인 리디아
의 왕 기게스(기원전 약 680-644년)에게 정복당할 때까지 기병대와 시민들이 보인
사치스럽고 부유한 삶으로 유명했다.

류를 구분할 수 있다. 즉, 동물의 필수적인 부분들의 다양한 조합이 바로 동물의 종류를 결정한다.

이와 같은 원리는 정치체제에도 적용된다. 이미 여러 번 언급했듯, 국가도 한 부분이 아니라 여러 부분으로 이루어져 있다. 이 중 하나는 식 40 량 생산을 담당하는 대중인 농민 집단이다. 두 번째 부분은 국가 존립에 1291al 필수적인 기술을 가진 기술자 집단인데, 이 기술 중 일부는 반드시 있어야 하며, 일부는 사치스럽거나 품위 있는 삶을 살기 위한 것이다. 세 번째 부분은 상인 집단으로, 도매상이든 소매상이든 물건을 사고파는 행위 5 를 하는 사람들이 모두 속한다. 네 번째 부분은 일용노동자 집단이며, 다섯 번째 부분은 전사 집단이다. 전사 집단은 한 국가가 외부의 침공을 받아 노예 상태로 전락하지 않으려면 앞의 네 집단만큼이나 필수적이다. 노예근성을 가진 국가는 국가라고 부를 자격이 없다. 국가는 자급자족하 10 는 공동체이며, 노예는 그렇지 못하기 때문이다.

국가를 이루는 다양한 구성 요소에 대해 논의하는 것은 중요하므로, 플라톤이 『국가』에서 이 주제를 다룬 것은 적절했다. 하지만 그는 이 주제를 충분히 탐구하지는 않았다. 그는 국가 구성에 직조공, 농부, 제화공, 건축가, 이렇게 네 유형이 필요하다고 주장했다. 그러나 그는 이런 사람들만으로는 국가가 자급자족할 수 없다고 보았는지, 대장장이와 가축을 15 돌보는 목자, 그리고 도매상과 소매상을 추가했다. 그리고 이들 모두가 초기 국가의 구성원 전체라고 말했다.

모든 국가는 국민의 훌륭한 삶을 위한 것이 아니라, 생활필수품을 조달하려는 목적으로 조직된다. 그렇게 하려면 제화공과 농부가 동등하게 필요하다. 그러나 국가가 영토를 확장하다가 이웃 국가와 전쟁에 휩쓸리기 전까지는 전사 집단을 국가의 한 부분으로 여기지 않는다. 또한 20 국가를 구성하는 부분이 네 개든, 더 많든, 국가에는 정의를 회복하고 결정을 내리는 재판 기능을 하는 사람이 있어야 한다.

그리고 생물에서는 혼이 몸보다 중요한 부분이므로, 국가에서도 몸
25 의 필요를 충족시키는 부분들보다는 혼에 해당하는 부분들, 즉 전사 집
단, 재판을 통해 정의를 구현하는 집단, 그리고 심의를 담당하는 집단이
더 중요하게 다뤄져야 한다. 이러한 기능을 누가 맡든, 그것은 이 논의에
30 서 중요치 않다. 같은 사람이 농민이자 중무장 병사인 경우도 흔하다. 이
러한 기능을 담당하는 집단들이 국가의 구성 부분이 되어야 하므로, 전
사 집단도 국가의 한 부분이어야 한다는 것은 분명하다.

국가의 일곱 번째 부분은 자신의 재산으로 국가에 봉사하는 사람들
이며, 우리는 이들을 부자라 부른다. 국가의 여덟 번째 부분은 공직을 맡
35 아 국가와 국민에게 봉사하는 사람들이다. 이들 없이는 국가가 존재할
수 없다. 따라서 국가를 위해 교대로 공직을 맡아 다스리며, 공무를 처리
하는 집단이 반드시 있어야 한다.

이제 남은 것은 국가의 중요한 사항을 심의하는 집단과 소송 당사자
40 들 간의 분쟁을 해결하는 재판 역할을 담당하는 집단이다. 국가가 되려
면 이 모든 부분이 반드시 있어야 하고, 이 부분이 제대로 작동하려면 정
1291b1 치적 수완을 갖춘 사람들이 반드시 필요하다. 많은 사람은 동일한 사람
이 이런 능력을 동시에 가질 수 있다고 생각한다. 예를 들어, 한 사람이
전사이자 농부이며 기술자일 수 있고, 심의자와 재판관이 될 수도 있다.

5 그리고 모두는 자신에게 정치적 능력이 있으므로 공직을 맡아 국가
를 다스릴 수 있다고 생각한다. 하지만 한 사람이 동시에 가난하고 부유
할 수는 없다. 따라서 가난한 사람들과 부유한 사람들은 국가의 여러 부
분 중에서 가장 중요한 집단으로 보인다. 또한 가난한 사람들은 다수이
고, 부유한 사람들은 소수라는 사실이 이 두 집단을 국가의 여러 부분 중
10 에서 서로 적대적인 두 집단으로 만든다. 그래서 어느 쪽이 더 우세하냐

에 따라 정치체제가 결정되기 때문에, 사람들은 정치체제가 민주정과 과두정, 이 둘뿐이라고 생각한다.

그러므로 정치체제의 다양성과 그 이유에 대해서는 앞서 이야기했으니, 이제는 민주정과 과두정도 여러 유형이라는 것을 말해야 할 차례 15 다. 그 이유는 앞서 설명한 것에서 이미 분명해졌다. 즉, 민중과 귀족이라고 불리는 집단이 여러 유형이기 때문이다.

예를 들어, 농민도 민중이고, 기술자들도 민중이며, 사고파는 일에 종사하는 상인도 민중이다. 바다와 관련된 해군이나 해상 무역상, 배로 20 승객을 운송하는 사람, 어부들도 민중이다. 이런 여러 유형의 민중 중에서 어느 부류가 다수인지는 국가마다 다르다. 타라스와 비잔티온[196]에서는 어부가 다수이고, 아테네에서는 해군이 다수이며, 아이기나와 키오스 [197]에서는 해상 무역상들이 다수이고, 테네도스에서는 배로 승객을 운송하는 사람들이 다수다. 이 외에도, 일용노동자나 재산이 적어 여가 시간 25 이 없는 사람들, 부모가 모두 시민이 아닌 자들도 민중이다. 또 다른 유형의 민중은 더 많을 수 있다.

반면 귀족 유형은 부, 가문, 미덕, 교육에 따라 구분되고, 이런 것에서 차이가 날 때 서로 다른 유형의 귀족으로 분류된다. 30

이어서 민주정의 첫 번째 형태를 살펴보면, 이는 평등을 핵심 가치

....

196 "타라스"는 기원전 8세기에 스파르타인이 남부 이탈리아의 해안에 세운 식민도시였고, "비잔티온"은 흑해의 관문에 있는 도시로, 기원전 7세기에 메가라인에 의해 그리스 식민도시가 되었다.

197 "아이기나"는 아테네가 있는 아티카 반도와 아르고스 사이 사론만에 있는 섬이고, "키오스"는 에게해 북부 소아시아 서부 연안에 있는 섬으로, 그리스 식민지였던 이오니아 동맹의 열두 도시 중 하나였다. "테네도스"는 에게해 북부 헬레스폰토스 (지금의 다르다넬스 해협) 앞에 있는 섬이다.

로 삼는다. 이 유형의 민주정에서는 법이 부자든 가난한 사람이든 한쪽

35 이 다른 쪽을 지배하거나, 더 큰 권력을 가질 수 없도록 한다. 모든 사람
이 국정에 동등하게 참여할 수 있을 때, 자유와 평등이 최대한 보장된
다고 본다. 그러나 이 정치체제에서는 민중이 다수를 이루고, 그들의 의
견이 결정적인 힘을 가지므로, 이 체제는 민주정으로 분류될 수밖에 없
다.[198] 따라서 이러한 정치체제는 민주정의 한 유형이다.

40 두 번째 유형의 민주정은 재산등급에 따라 공직을 배분하되, 낮은
재산등급의 사람도 공직에 참여하게 한다. 이 체제에서는 재산이 있으면

1292a1 공직에 참여할 수 있고, 재산을 잃으면 공직에 참여할 수 없다. 세 번째
유형의 민주정에서는 결격 사유가 없는 시민이라면 누구나 공직에 참여
할 수 있지만, 법이 지배한다. 네 번째 유형의 민주정에서는 시민이라면
누구나 공직에 참여할 수 있지만, 역시 법이 지배한다. 다섯 번째 유형의

5 민주정은 다른 점은 동일하지만, 법이 아닌 다수의 대중이 국가의 최고
권력을 가진다. 이런 형태의 민주정은 법이 아닌 다수 의결이 국가의 최
고 권력을 가질 때 생긴다. 이런 상황은 대체로 민중 선동가들 때문에 발
생한다.

법이 지배하는 민주정이 시행되는 국가에서는 민중 선동가가 나오

10 지 않는다. 대신 가장 훌륭한 시민들이 가장 중요한 공직을 맡는다. 하지
만 법이 국가의 최고 권력을 가지지 않은 국가에서는 민중을 선동하는
자들이 생긴다. 다수가 결합되어 하나가 된 민중이 군주로 군림하기 때
문이다. 이때 다수는 각 개인이 아닌 전체로서 국가의 최고 권력을 가진

....

198 모든 시민의 "평등"을 내세울 때, 실제로는 다수인 민중이 국정을 장악하게 되고,
부자들은 밀려날 수밖에 없으므로, 결국 민중이 국정을 장악한다는 의미에서 "민
주정"이라는 말이다.

다. 호메로스는 다수의 통치는 좋지 않다고 말했는데, 이 말이 대중이 국가의 최고 권력을 가진 것을 지적하는 것인지, 아니면 개별 통치자가 많은 것을 지적하는 건지는 명확하지 않다.

법의 지배를 받지 않는 민중이 군주가 되어 독단적으로 통치하게 되 15
면 독재자가 되고, 아부하는 아첨꾼들이 존경받게 된다. 이런 유형의 민주정은 일인 통치 체제 중에서도 참주정과 비슷하다. 따라서 이 두 정치 체제는 성격이 비슷하며, 둘 다 훌륭한 자들을 박해한다. 이들 체제에서는 민중의 결정이 참주의 명령처럼 작용하며, 민중을 선동하는 자들은 20
아첨꾼들처럼 행동한다. 선동가와 아첨꾼이 큰 영향력을 발휘하는 이곳에서, 아첨꾼들은 참주에게, 선동가들은 민중에게 그 영향을 끼친다.

법이 아니라 민중의 의결이 국가의 최고 권력을 가지게 되는 것은, 모든 것을 민중에게 위임하는 민중 선동가들 때문이다. 그들이 그렇게 25
하는 이유는 민중이 모든 것을 지배하게 하고, 그들이 민중의 의견을 지배함으로써 자신들의 힘을 극대화하기 위해서다. 대중은 그들의 말에 귀를 기울인다. 또한, 공직자들을 비판하면서 민중이 결정해야 한다고 주장하는 사람들 또한 이런 상황을 조장한다. 민중은 그들의 제안을 적극 받아들이고, 모든 공직자는 힘을 잃게 된다. 30

이런 유형의 민주정은 정치체제라고 보기 어렵다. 법이 지배하지 않는 체제는 정치체제라고 볼 수 없기 때문이다. 모든 보편적인 것은 법의 지배 아래 있어야 하고, 공직자들은 세부적인 것들만 결정할 때만 민주정이라고 할 수 있다. 민주정은 정치체제들 중 하나이므로, 모든 것이 민 35
중의 의결로 결정되는 그런 체제는 고유한 의미에서 민주정이 아니라고 할 수 있다. 민중의 의결은 보편성을 지닐 수 없기 때문이다. 민주정의 유형에 대한 논의는 이 정도로 해두자.

제4장 민주정의 유형
········

제5장

과두정의 유형

과두정에 대해 네 가지 주요 유형으로 구분할 수 있다. 첫째, 재산을 기준으로 공직을 나누는 방식, 둘째, 오직 재산이 많은 이들에게만 공직 기회를 제공하는 방식, 셋째, 공직을 세습하는 체제, 그리고 마지막으로 법의 지배가 아닌 공직자 개인의 지배를 받는 족벌 체제가 그것이다. 그러나 정치 체제가 변화한 이후에는 법으로 정해진 체제와 실질적으로 운영되는 체제 사이에 차이가 발생하기도 한다.

40 　첫 번째 유형의 과두정은 재산등급에 의해 공직을 배분한다. 따라서 재산이 적은 자들은 다수라도 공직을 맡을 수 없고, 재산가들만이 국정 참여가 가능하다.

1292b1 　두 번째 유형의 과두정에서는 재산등급이 높아야만 공직을 맡을 수 있으며, 결원이 생기면 그들 내부에서 공직자를 선출하여 보충한다. 따라서 이 유형에서는 높은 재산등급에 속하는 모든 시민 중에서 공직자의 결원을 보충하면 귀족정에 가까워 보이고, 특정한 집단에서만 공직자들

을 선출하면 과두정에 가까워 보인다.

세 번째 유형의 과두정에서는 공직이 아버지로부터 아들에게 세습 5
된다.

네 번째 유형의 과두정에서는 공직이 세습되지만, 법의 지배를 받는
것이 아니라 공직자들의 지배를 받는다. 이 유형의 과두정은 일인 통치
체제 중에서는 참주정과 비슷하고, 민주정 중에서는 마지막으로 말한 유
형의 민주정과 비슷하다. 이 유형의 과두정은 족벌 체제라 불린다. 10

이상 과두정과 민주정의 여러 유형을 살펴보았다. 하지만 실제 많은
국가들에서 법에 의한 정치체제는 민주정이 아닌데도 관행과 학습으로
민주정처럼 운영되기도 하고, 반대로 어떤 국가들에서는 법에 따른 정치
체제는 민주정인데도, 교육과 학습의 영향으로 마치 과두정처럼 운용된 15
다는 것도 간과해서는 안 된다.

이는 특히 정치 체제의 변혁이 일어난 후에 자주 나타나는 현상이
다. 변혁 과정에서 새로운 세력이 기존 세력과 타협하며 진행되기 때문 20
에, 새로운 체제가 공식적으로는 수립되어도 실제로는 기존의 법과 관행
이 여전히 영향력을 미치는 경우가 많다.

변천 과정으로 본 민주정과 과두정의 유형

민주정에서 농민, 중산층, 출생에 의한 모든 시민, 모든 자유민이 최고 권력을 가지면 법의 지배를 받지만, 국부가 늘어나서 국정에 참여해 수입을 올릴 수 있게 되면 법이 아니라 대중의 의사가 지배하게 된다. 과두정에서는 재산을 가진 사람들의 수가 줄어들면 과두정이 강화되어 족벌정으로 변모하고, 결국에는 법이 아닌 소수의 사람이 지배하게 된다.

앞서 살펴본 내용에서 다양한 유형의 민주정과 과두정이 있음을 알 수 있다. 민중을 구성하는 모든 집단이 국정에 참여하거나, 일부는 참여하고 일부는 참여하지 않거나, 이 둘 중의 하나일 수밖에 없기 때문이다. 25 예를 들어, 농민과 중산층이 국가의 최고 권력을 갖게 되는 정치체제에서는 법에 의한 통치가 이루어진다. 이들은 생계를 위해 노동을 해야 하므로, 여가 시간이 부족하다. 그래서 이들은 법을 통해 통치하며, 민회는 꼭 필요할 때만 소집할 것이다.

30　　다른 시민들도 법에서 정한 재산등급에 따라 국정에 참여할 수 있

다. 즉, 재산이 있는 사람은 누구나 국정에 참여할 수 있는 것이다. 이는 과두정과 대조적으로, 민주정에서는 모든 시민이 원칙적으로는 국정에 참여할 수 있지만, 재산이 없어서 여가 시간이 부족한 경우, 실제로는 국정 참여가 어렵다. 이런 유형의 민주정은 특정 조건들이 만들어내는 결과이다.

　두 번째 유형의 민주정은 출생을 기준으로 국정 참여를 결정한다. 즉, 결격 사유가 없는 모든 시민이 국정에 참여할 수 있지만, 실제로는 여가를 가진 사람들만이 국정에 참여하게 된다. 그래서 이 유형의 민주정에서는 법이 국가를 지배하게 된다. 국정에 참여함으로써 얻을 수 있는 수익이 없기 때문이다. 35

　세 번째 유형의 민주정에서는 자유민이라면 누구나 국정에 참여할 수 있다. 하지만 앞서 언급한 이유로 실제로는 모든 자유민이 국정에 참여할 수 있는 것은 아니다. 그러므로 이 유형의 민주정에서도 법이 국가를 지배한다. 40

　네 번째 유형의 민주정은 국가들이 점점 커지고, 국가의 수입이 늘어남에 따라 발생했다. 국가 규모가 커지고 수입이 늘어나니, 다수 대중의 세력도 커졌다. 재산이 없던 시민들도 수당을 받게 되면서, 모든 시민이 여가를 갖고 국정에 참여할 수 있게 되었다. 실제로는 재산이 없는 사람들이 여가를 가장 많이 가지는데 그들이 재산 관리에 시간을 쓸 필요가 없기 때문이다. 반면, 부자들은 재산 관리에 시간을 할애해야 해서 민회와 재판에 참여하지 못하는 경우가 많다. 이런 상황에서는 법이 아닌, 재산이 없는 다수 대중이 국정의 최고 권력을 갖게 된다. 1293a1 5 10

　지금까지 우리는 민주정의 다양한 얼굴과 그것이 생겨나는 필연적인 원인에 대해 논의했다. 이제는 과두정의 다양한 모습과 이것이 어떻게 발생하는지에 대해 살펴보자.

제6장 변천 과정으로 본 민주정과 과두정의 유형
·········

첫 번째 유형의 과두정은, 시민들이 재산을 소유하고 있긴 하지만, 그럼에도 그 재산이 크지 않은 상황에서 발생한다. 이런 상황에서는, 재
15 산이 있는 사람이라면 누구든지 국정에 참여하게 한다. 그 결과, 국정에 참여하는 사람들이 다수가 되어, 사람들이 아니라 법이 국가의 최고 권력을 갖게 된다. 시민들의 재산이 너무 많지 않아서 여가를 즐길 여유가 있고, 동시에 너무 적지 않아 국가에 의존해야 하는 상황이 아니기 때문
20 에, 시민 스스로가 아닌 법이 지배하도록 요구할 것이기 때문이다.

그러나 재산을 가진 사람의 수는 줄고, 그들의 재산은 더 많아진 상황에서는 두 번째 유형의 과두정이 등장한다. 그들은 자신들이 강자인 까닭에 더 많은 몫을 요구하는 것이 정당하다고 생각한다. 그래서 그들
25 은 국정에 참여할 사람들을 자신이 직접 선출하지만, 아직은 그들의 힘이 약해 법 없이는 지배할 수 없다. 따라서 그들을 지배하기 위한 법을 제정한다.

재산을 가진 사람들의 수가 더 줄고 그들이 가진 재산은 더 많아지면 세 번째 유형의 과두정이 생긴다. 이들은 모든 공직을 독점하고, 공직이 아들에게 세습되도록 법을 만든다.

30 그러다가 마침내 그들의 재산과 세력이 막강해져서, 이런 유형의 족벌정이 군주정에 가까워지면, 법이 아니라 사람들이 국가의 최고 권력을 갖게 된다. 이것이 네 번째 유형의 과두정이고, 이 과두정은 마지막 유형의 민주정과 특징이 비슷하다.

제7장

귀족정의 유형

아리스토텔레스는 제2장의 마지막에서 두 가지 중요한 과제를 제시했다. 첫 번째 과제는 과두정과 민주정의 다양한 형태를 분석하는 것이었다. 이제 그는 두 번째 과제로 나아가려 한다. 이 과제는 가장 널리 인정받는 정치체제를 찾아내는 것이다. 하지만 그 전에, 나머지 정치체제인 귀족정, 혼합정, 참주정에 대한 논의를 진행한다. 이번 장에서는 귀족정에 초점을 맞춘다. 귀족정은 크게 세 가지 유형으로 나뉜다. 절대적으로 미덕이 뛰어난 이들이 지배하는 체제, 부와 미덕을 함께 고려해 공직자를 선출하는 체제, 그리고 부, 민중, 미덕을 모두 고려하는 체제다.

민주정과 과두정 외에 두 종류의 정치체제가 더 있다. 그중 한 종류 35
는 모든 사람이 네 종류의 정치체제 중 하나라고 말해 왔는데, 네 종류의
정치체제는 군주정, 과두정,[198] 민주정 그리고 네 번째로는 이른바 귀족
정이다. 또한, 모든 정치체제를 부를 때 사용하는 이름으로 불리는 다섯
번째 정치체제, 즉 혼합정이 있지만, 흔하지 않아서, 정치체제의 종류를 40

열거하려는 사람들은 이 정치체제를 간과하고, 플라톤처럼 네 가지 정치체제만을 언급한다.[200]

1293b1 우리가 첫 번째 논의에서 설명한 것만을 귀족정이라 부르는 것이 적절하다. 특정한 관점에서만 우수한 사람들이 아니라 절대적으로 미덕이 우수한 사람들이 지배하는 정치체제만을 귀족정이라 칭하는 것이 정확
5 하다고 본다. 이런 귀족정에서는 훌륭한 사람과 훌륭한 시민이 완전히 일치한다. 반면 다른 체제들에서 이른바 우수한 사람들은 그저 상대적 기준에 따른 것에 불과하다.

그럼에도, 과두정이나 혼합정과는 다르지만 귀족정이라 불리는 정
10 치체제가 있다. 이 정치체제에서는 부만이 아닌 미덕을 고려하여 공직자를 선출하기 때문이다. 이런 정치체제는 과두정이나 혼합정과는 다르기 때문에 귀족정이라 칭한다. 미덕을 국가의 기준으로 삼지 않은 국가들에도 미덕이 우수하다고 인정받아 존경받는 사람들이 있다. 예를 들어, 부
15 와 미덕, 민중을 고려하는 카르타고의 정치체제나, 미덕과 민중을 고려하는 라케다이몬의 체제, 혹은 민주정과 미덕을 혼합한 체제도 모두 귀족정으로 볼 수 있다. 그러므로 귀족정은 가장 우수한 첫 번째 유형 외에
20 도 이 두 가지 유형이 더 있으며, 세 번째 유형의 귀족정은 과두정적인 경향을 지닌 혼합정이다.

....

199 "군주정"으로 번역한 '모나르키아'(μοναρχία)는 "일인 통치"를 뜻하고, 앞에서는 그렇게 번역했다. 정치체제로서의 군주정으로는 "왕정"과 "참주정"이 있다.

200 플라톤은『국가』제8권과 제9권에서 자신의 이상적인 정치체제, 즉 철학자가 왕인 체제를 제외한 다른 네 가지 정치체제를 설명한다.

혼합정은 무엇인가

혼합정은 이름에서 알 수 있듯 과두정과 민주정의 요소를 섞어 놓은 정치체제다. 사람들은 민주정적인 경향을 지닌 것만을 혼합정이라 부르고, 교양과 훌륭한 가문이 동반된 과두정적 성향을 가진 혼합정은 귀족정이라고 부른다. 그러나 혼합정의 본질은 재산이 많은 자와 적은 자의 혼합이며, 자유와 부 그리고 미덕, 이 셋이 섞인 것은 변형된 귀족정으로 본다.

이제 우리가 논의해야 할 것은 '정치체제'라는 명칭으로 불리는 참주정과 혼합정이다. 내가 혼합정과 변형된 귀족정을 먼저 다루기로 한 이유는 이들이 처음부터 변질된 정치체제는 아니었지만, 결국 올바른 정 25 치체제에서 변형된 것이기 때문이다. 이러한 이유로, 원래부터 변질된 정치체제와 함께 논의되어야 한다고 생각한다. 참주정을 가장 나중에 다루는 것은, 지금까지 살펴본 모든 정치체제 중에서 가장 정치체제라고 부르기 어려운 것이 바로 참주정이기 때문이다. 이제 논의 순서에 대한 30 배경을 설명했으니, 혼합정에 대해 자세히 살펴보자.

우리는 이미 과두정과 민주정에 대해 자세히 알아봤으니, 혼합정이 무엇인지는 더욱 명확하게 이해할 수 있다. 혼합정은 과두정과 민주정의

35 요소를 합친 것이다. 그러나 사람들은 이 두 정치체제의 혼합 중에서 민주정적인 성향을 지닌 것만을 혼합정이라 부르고, 부자들에게는 대개 교양과 훌륭한 가문이 따른다는 이유로 과두정적인 경향을 지닌 것은 귀

40 족정이라고 부른다. 사람들은 부자들을 훌륭하고 고귀한 자라고 부른다. 귀족정은 가장 훌륭한 시민들에게 탁월함에 따라 공직을 배분하려 하므로, 사람들은 과두정 역시 훌륭하고 고귀한 자들이 다스리는 정치체제라고 말한다.

1294a1 사악한 자들이 지배하는 국가가 훌륭한 법률 아래 잘 운영될 수 없다는 것은 분명하다. 마찬가지로, 훌륭한 법률로 운영되지 않는 나라는 아무리 훌륭한 사람들이 이끈다 해도 진정한 귀족정이 될 수 없다. 좋은 법이 있다 하더라도, 그것을 따르지 않는다면, 그 법은 제 역할을 할 수

5 없다. 따라서 법을 잘 따르기 위해서는 먼저 그 준비가 되어 있어야 하며, 또한 사람들이 따르는 법 자체가 진정 좋은 법이어야 한다. 때로는 사람들이 악법도 따르기 때문이다. 좋은 법을 만드는 방법에는 두 가지가 있는데, 그것은 사람들이 실제로 따를 수 있는 최선의 법을 만들거나, 이상적으로 완벽한 법을 만드는 것이다.

귀족정의 가장 큰 특징은 공직 배분이 미덕에 기반을 두고 있다는

10 점이다. 귀족정은 미덕을, 과두정은 부를, 민주정은 자유를 각각의 중심으로 잡는다. 그러나 모든 정치체제에는 다수결의 원칙이 내재되어 있다. 과두정이든 귀족정이든 민주정이든, 국정에 참여하는 이들 중 다수가 결정한 것이 국가의 최고 권력을 갖기 때문이다.

15 대부분 국가에서는 재산이 있는 이들의 부와 재산이 없는 이들의 자유를 조화롭게 결합하려는 시도를 한다. 이러한 국가의 정치체제를 혼합

정이라 부른다. 대체로 사람들은 재산이 있는 이들이 아름답고 훌륭한 이들이라고 생각하기 때문이다. 하지만 혼합정에서는 자유, 부, 미덕, 이 세 가지를 동등하게 취급해야 한다는 요구가 있다.

훌륭한 가문이라는 네 번째 요소는 부와 미덕이 함께 수반되는 것이다. 즉, 훌륭한 가문이란 세습된 부와 미덕을 가리킨다. 따라서 명확히 말하자면, 혼합정이란 재산이 있는 이들과 없는 이들의 혼합을 가리키며, 자유와 부, 미덕이 혼합된 것은 변형된 귀족정을 의미한다. 그리고 가장 이상적인 귀족정을 제외하고는, 여러 변형된 귀족정 중에서 가장 귀족정적인 것을 귀족정으로 부른다.

이로써 군주정, 민주정, 과두정 외에 다른 종류의 정치체제에는 무엇이 있고, 여러 귀족정이 어떻게 다른지, 그리고 혼합정과 귀족정이 서로 어떻게 다른지를 살펴보았다. 그리고 귀족정들과 혼합정들은 서로 큰 차이가 없다는 것도 분명해졌다.

혼합정의 구성

민주정과 과두정의 특징을 결합해 만든 혼합정의 형성 방법에는 주로 세 가지 방식이 있다. 첫째는 두 체제의 법률을 모두 채택하는 것이고, 둘째는 두 체제 사이의 중간 지점을 택하는 것이며, 셋째는 각 체제의 일부 요소만을 선택해 조합하는 것이다. 이상적인 혼합정은 민주정과 과두정 양쪽의 요소를 포함하되, 둘 중 어느 한 쪽으로만 치우치지 않는 독특한 형태를 갖추어야 한다. 이러한 형태의 대표적인 사례로는 라케다이몬의 정치체제가 있다.

30   지금까지 말한 것에 이어서, 이제 우리는 민주정과 과두정이 어떻게 혼합돼 혼합정이 탄생하는지, 그리고 어떻게 혼합정을 구성해야 하는지에 대해 살펴보려 한다. 이 과정에서 두 체제의 차이점이 명확히 드러날 것이다. 혼합정은 민주정과 과두정의 결합체이므로, 두 체제의 특성

....

201 "부절"은 '쉼볼론'(σύμβολον)인데, 돌이나 대나무 옥 따위를 둘로 갈라 하나는 조정에 보관하고 하나는 본인이 가지고 다니며 신표로 사용한 물건을 가리킨다.

을 이해한 후 각각의 특징들을 가져와서 마치 부절(符節)²⁰¹처럼 조합해   35
야 하기 때문이다.

　조합 또는 혼합을 위한 방법은 세 가지다. 첫 번째 방법은 민주정과
과두정의 법률을 둘 다 받아들이는 것이다. 예를 들어, 재판에 대한 법은
과두정에서는 부자가 배심원으로 출석하지 않으면 벌금을 부과하고, 가
난한 사람이 배심원으로 출석해도 수당을 지급하지 않는다. 반면 민주정
에서는 가난한 사람에게 수당을 지급하고, 부자에게는 벌금을 부과하지   40
않는다. 혼합정에서는 이 두 법의 공통점이나 중간 지점을 선택한다. 이
것이 민주정과 과두정을 조합하는 한 방법이다.   1294b1

　두 번째 방법은 민주정과 과두정이 서로 다르게 정한 부분의 중간을
선택하는 것이다. 민주정에서는 민회 회원이 되려면 재산등급을 전혀 고
려하지 않거나 아주 낮은 재산등급을 요구하지만, 과두정에서는 높은 재
산등급을 요구한다. 이런 경우 혼합정에서는 양쪽을 선택하지 않고, 중   5
간값을 재산 기준으로 삼는다.

　세 번째 방법은 과두정과 민주정의 법규를 혼합해 적용하는 것이다.
예를 들어, 공직자 선출 방식에서 민주정은 제비뽑기를, 과두정은 투표
를 사용한다. 또한, 과두정에서는 공직자 선출 시 재산등급을 고려하는   10
반면, 민주정에서는 이를 고려하지 않는다. 이처럼 혼합정에서는 과두정
의 공직자 선출 방식과 민주정의 재산등급 고려 여부를 결합한다.

　이렇게 혼합정에서 민주정과 과두정을 혼합하는 방식을 살펴보았
다. 어떤 정치체제가 민주정이라고도 하고 과두정이라고도 할 수 있다
면, 그것은 두 체제가 잘 혼합되어 있음을 의미한다. 중간을 선택한 경우   15
에도 같은 말을 할 수 있다. 이런 혼합정에서는 민주정과 과두정 각각의
특징이 아주 선명하게 드러나게 된다.

　라케다이몬의 정치체제가 바로 그런 혼합정이다. 라케다이몬은 민

제9장 혼합정의 구성
....

20 주적인 성격을 많이 가지고 있어서, 민주정으로 묘사되는 경향이 있다. 그 예로 아이들의 양육 방식을 들 수 있다. 부자의 아들은 가난한 자의 아들과 동일하게 양육되고, 가난한 자의 아들도 부자의 아들이 받는 양육을 똑같이 받을 수 있기 때문이다. 부자의 아들과 가난한 자의 아들

25 은 미성년일 때나 성인이 되어서나 동등한 대우를 받는다. 부자와 가난한 사람을 구분 짓는 것이 없다. 사람들은 모두 같은 음식을 먹고, 부자가 입는 옷은 가난한 사람도 입을 수 있다. 민중은 국가의 중요한 두 공

30 직 중 하나인 원로원 의원들을 선출하고, '에포로스'라는 감독관 직책에는 직접 출마할 수 있다.

　그런데 라케다이몬의 정치체제를 과두정적 요소가 강하다고 보는 이들도 있다. 그들은 라케다이몬을 과두정으로 분류하려는 시도를 한다. 예를 들면, 라케다이몬에서는 모든 공직자를 투표로 선출하며, 사형이나 추방 같은 중대한 결정은 소수의 사람들이 내린다. 이외에도 과두정의 특성을 띠는 여러 제도가 존재한다.

35 　잘 혼합된 혼합정이 되기 위해서는 민주정과 과두정을 둘 다 포함하면서도 둘 중 어느 것으로도 규정되지 않아야 하며, 외부적인 요인이 아닌 내부적인 요인에 의해 유지되어야 한다. 이 말은 다수가 그 정치체제의 유지를 원한다는 것이 아니라—나쁜 정치체제도 다수가 그 존속을 바랄 수 있으므로—, 국가를 구성하는 모든 집단이 현재와 다른 정치체제를 원하지 않는다는 의미다.

40 　이로써 혼합정이 어떤 식으로 구성되어야 하는지, 그리고 귀족정이라는 정치체제가 어떤 식으로 구성되어야 하는지에 대해 설명했다.

참주정의 유형

앞서 언급했듯이, 법을 기반으로 한 참주정은 군주가 법을 따라 다스리는 점에서 왕정과 비슷하지만, 자신의 의지대로 전제적으로 통치한다는 점에서 참주정의 특성을 지닌다. 진정한 참주정은 참주가 자신의 이익을 위해 법이 아닌 강압을 통해 통치하는 것이다.

이제 참주정에 관해 논의해보자. 참주정에 대해서는 할 말이 많지 1295a1
않지만, 참주정을 정치체제의 한 종류로 분류했기 때문에 논의를 피할
수는 없다. 앞서 왕정에 대한 논의를 통해 일반적으로 말하는 왕정이라
는 것을 고찰하면서, 왕정이 국가에 무익한지, 아니면 유익한지 그리고 5
어떤 사람을 어디에서 데려와 어떻게 왕으로 세워야 하는지를 살펴보았
다.[202]

....

202 제3권 제14-17장을 보라.

또한 왕정에 관해 논의하면서 우리는 두 유형의 참주정을 구분했다.[203] 이 두 유형의 참주정은 법에 의해 다스린다는 점에서, 왕정과 유사하다. 일부 이민족 국가들에서는 절대 권력을 지닌 군주를 선출하고, 일부 헬레인 가운데서도 예전에는 '아이심네테스'라 불리는 군주가 있었다. 이 두 유형의 참주정은 몇 가지 점에서는 다르지만, 군주가 자발적으로 복종하는 자들을 법에 따라 다스린다는 점에서 왕정과 비슷하고, 자기 뜻대로 전제적으로 다스린다는 점에서는 참주정과 유사하다.

세 번째 유형의 참주정은 진정한 의미의 참주정으로, 왕정에서는 절대 왕정[204]에 해당한다. 필연적으로, 참주는 법적 책임을 지지 않으면서 자신보다 우수하거나 동등한 모든 사람을 자신의 이익을 위해 통치한다. 이로 인해 이 정치체제는 강압적이다. 자유로운 사람들 중에서 이런 통치에 자발적으로 복종하는 사람은 없다. 참주정의 유형으로는 이런 것이 있다. 그리고 각각의 참주정이 생겨나는 이유에 대해서는 앞서 이미 말했다.

....

203 제3권 제14장 1285a29-1285b30을 보라.

204 제3권 제14장을 보라.

가장 훌륭한 정치체제는 무엇인가

대다수 사람과 국가가 참여할 수 있는 것 중에서 가장 훌륭한 삶과 가장 훌륭한 정치체제는 무엇인가? 이는 결국 부자들과 가난한 사람들 사이에 위치한 중산층이 국정을 주도하는 것이다. 행복한 삶은 중용에 있기 때문이다. 하지만 현실에서는 중산층이 수가 적고 힘이 약해서, 부자들과 가난한 사람들이 각자의 이익을 대변하는 정치체제를 세우려는 경향이 있어 대다수 국가가 민주정이나 과두정이 된다.

　　대다수 국가와 인간에게 가장 이상적인 정치체제는 무엇이며, 그들 25
이 추구해야 할 최상의 삶은 무엇일까? 이 질문에 대한 대답을 찾기 위
해 우리는 타고난 재능이나 부유함만으로 얻을 수 있는 교육이나 이상적
인 정치체제를 필요로 하는 것이 아니라, 대다수 사람이 참여할 수 있는
삶과 대다수 국가가 참여할 수 있는 정치체제를 기준으로 생각해봐야 한 30
다. 이때, 이전에 언급한 귀족정은 대부분 국가에 적합하지 않으며, 일부
는 혼합정과 매우 유사하므로 별도로 논의할 필요가 없다.

35   그런데 이런 문제들은 모두 동일한 원칙에 따라 해결할 수 있다. 내가 『윤리학』에서 언급했듯, 행복한 삶이란 아무런 방해를 받지 않고 미덕에 따라 살아가는 삶이며, 미덕은 바로 중용이라고 말한 것이 옳다면,[205] 누구나 살아갈 수 있는 중용의 삶이 최상의 삶이라고 할 수 있다.

40   그런데 정치체제는 한 국가의 삶 그 자체이기 때문에, 국가와 정치체제의 좋고 나쁨을 평가할 때도 동일한 기준이 적용된다.

1295b1   모든 국가는 기본적으로 세 부분으로 구성되어 있다. 첫 번째는 부자들, 두 번째는 가난한 사람들, 그리고 세 번째는 이 둘 사이의 중산층이다. 중용과 중간이 최선이라고 생각한다면, 모든 행운의 선물을 소유

5   하는 것과 관련해서도 중간이 최선이 될 것이다. 그런 사람은 이성에 복종하기 쉬운 반면, 지나치게 훌륭하거나 지나치게 강하거나 지나치게 가문이 좋거나 지나치게 부자인 자들이나, 그런 자들과는 반대로 지나치게 가난하거나 지나치게 약하거나 지나치게 천한 자들은 이성을 따르기 어

10   렵다. 전자는 안하무인이 되어 큰 죄를 짓고, 후자는 불량배가 되어 작은 범죄를 저지른다. 전자가 죄를 짓는 것은 오만방자함 때문이고, 후자가 죄를 짓는 것은 사악함 때문이다. 공직을 기피하거나 공직을 탐내는 것 모두 국가에 해로우나, 이 두 가지 성향이 가장 적게 나타나는 곳이 중산층이다.

        이런 것 외에도 힘, 부, 인맥 같은 행운의 선물을 지나치게 받은 자

15   들은 다스림을 받으려고 하지도 않고 할 줄도 모른다. 이런 성향은 어렸을 때 가정에서부터 시작된다. 그런 자들은 가정에서 그런 식으로 양육되어서 학교에서도 다스림을 받는 습관을 들이지 않았기 때문이다. 반

....

205 "행복한 삶"에 대한 정의는 아리스토텔레스의 『니코마코스 윤리학』 1153b9-12에 나오고, "미덕은 중용"이라고 말한 것은 1107a2에 나온다.

면 이런 행운의 선물들에서 지나치게 결핍된 자들은 너무 비굴하다. 그 래서 한쪽은 다스리는 것을 모르고 노예처럼 다스림을 받는 것만 알며, 20 다른 한쪽은 다스림을 받는 것을 모르고 노예 주인처럼 다스리는 것만을 안다. 이렇게 해서 자유민들의 국가가 아니라, 노예들과 주인들의 국가 가 형성되고, 한쪽은 상대방을 시기하여 앙심을 품고, 다른 한쪽은 경멸 하고 멸시한다. 이것보다 더 우애와 국가 공동체로부터 거리가 먼 것은 없다. 국가 공동체는 우애[206]의 공동체이기 때문이다. 서로에게 적대감을 25 지닌 자들은 함께 길을 가려고 하지 않는다.

국가는 최대한 대등하고 동등한 사람들로 구성되는 것이 바람직한 데, 그러한 조건을 충족시키는 집단은 중산층이다. 따라서 우리가 앞서 말한 국가의 자연스러운 구성 요소 중에서 중산층이 주축이 된 국가가 가장 훌륭한 정치체제라고 할 수 있다.

그리고 국가를 구성하는 시민들 중에 중산층이 가장 안전하다. 중산 층은 가난한 자들과는 달리 남의 것을 탐내지 않고, 가난한 자들은 부자 30 들의 것을 욕심내지만 중산층의 것을 욕심내지는 않기 때문이다. 이렇게 중산층은 남을 해치려고 음모를 꾸미지도 않고, 다른 사람도 그들을 해 치려고 음모를 꾸미지도 않기 때문에 아무런 위험 없이 안전하게 살아갈 수 있다. 그래서 포킬리데스[207]가 "중산층이 여러 가지로 가장 좋으니, 나 는 국가에서 중산층이 되고 싶다"라고 말한 것은 옳다.

....

[206] "우애"로 번역한 '필리아'(φιλία)는 어머니가 자식들을 아끼고 사랑하듯이 사람들이 서로를 친구처럼 선의로 우호적으로 대하는 것을 가리킨다. "사랑"으로도 번역할 수 있다. 아리스토텔레스는 『니코마코스 윤리학』에서 사람들과 공동체의 모든 미 덕의 두 기둥을 "우애"(또는 사랑)와 "정의"로 요약한다.

[207] "포킬리데스"(기원전 560년경에 태어남)는 고대 그리스 식민지 이오니아 지방 밀레 토스 출신의 시인으로, 주로 교훈시나 격언시로 유명하다.

제11장 가장 훌륭한 정치체제는 무엇인가
....

35 　따라서 중산층이 주축이 된 국가 공동체가 가장 훌륭한 정치체제이고, 중산층이 부자들과 가난한 자들을 합한 것보다 더 많고 더 강하거나, 그렇지 않다면 둘 중 어느 쪽보다도 더 많거나 더 강한 국가는 훌륭한 정치체제를 가질 수 있다. 후자의 경우에 부자들과 가난한 자 중 어느 한쪽의 세력이 커졌을 때 중산층이 반대편에 가담하여 힘을 실어줌으로써 어느 한쪽의 전횡을 막을 수 있기 때문이다.

40
1296a1 　그래서 중간 정도의 적당한 재산을 지닌 시민들이 국가의 핵심을 이루는 것은 국가에 큰 행운이다. 재산이 지나치게 많거나 전혀 없는 사람들이 주축이 되면 극단적인 민주정 또는 과두정이 생겨나며, 이 두 정치체제가 더욱 극단으로 치달으면 참주정이 발생한다. 참주정은 극단적인
5 민주정이나 과두정에서 발생하기 때문이다. 중도적이거나 중도에 가까운 정치체제에서 참주정이 발생하는 경우는 매우 드문데, 그 이유는 나중에 정치체제의 변혁에 대해 논의할 때 설명하겠다.

　따라서 중산층이 주축을 이루는 중도적인 정치체제가 가장 적절하다는 것은 명백하다. 중산층이 다수인 곳에서는 시민들 사이에 분열과 갈등이 발생할 가능성이 가장 적기 때문이다. 이런 정치체제에서만 파벌을 이루어 정쟁을 벌이는 일이 없을 것이다. 큰 국가들에서는 중산층이
10 다수를 차지해 파벌 간 싸움이 없지만, 작은 국가들에서는 중산층이 적고 대부분 시민이 가난하거나 부유하여 쉽게 둘로 갈라진다.

　민주정이 과두정보다 더 안정적이고 더 오래 지속될 수 있는 이유도
15 중산층 덕분이다. 중산층은 다수이며, 과두정보다 민주정에서 공직에 더 많이 참여하기 때문이다. 중산층이 사라지고 가난한 사람들이 많아져 다수가 되면 문제가 생기고, 민주정은 빠르게 붕괴된다.

　입법자들 중 가장 우수한 사람들이 중산층 시민이었다는 사실도 중
20 산층의 중요성을 입증한다. 솔론은 그의 시에서 알 수 있듯이 중산층 시

민이었고, 왕이 아닌 입법자였던 리쿠르고스와 카론다스를 포함한 거의
모든 입법자도 중산층 시민이었다.

대다수 국가가 민주정이나 과두정을 선택하는 이유를 위의 주장들
이 설명한다. 대부분 국가에서 중산층 비율이 적고, 재산이 풍부한 사람
이나 일반 대중이 주를 이루기 때문이다. 이 두 집단 중 어느 한쪽이 우   25
세하면, 중도적인 정치체제를 벗어나 자신의 이익에 맞는 정치체제를 추
구하게 되어 민주정 또는 과두정이 발생한다. 또한, 대중과 부유층은 서
로 대립하고 싸움을 피할 수 없는데, 이 싸움에서 승리한 집단은 서로에   30
게 공평한 참여를 보장하는 공동의 정치체제를 만드는 대신, 자신들에게
유리한 정치체제를 세우고 이것을 전리품으로 여긴다. 이로 인해 민주정
또는 과두정이 수립된다. 또한, 헬라스를 이끌었던 두 국가[208]가 각자의
정치체제를 소중히 여겨서, 자신의 지배 아래 있는 국가들의 이익은 생
각하지 않고 자기 이익만을 추구하며 그들에게 각각 민주정과 과두정을   35
세우게 한 것도 그 이유 중 하나다.

이런 이유로 중도적인 정치체제는 거의 등장하지 않았고, 몇몇 국가
에서만 간헐적으로 나타났다. 과거 헬라스를 주도한 인물 중에 단 한 명
만이 특정 국가에 중도적인 정치체제를 도입하도록 했는데,[209] 어느새 국   40
가들은 평등을 바라는 것이 아니라, 지배하려고 하거나 더 강한 힘을 지

....

208 "두 국가"는 민주정의 아테네와 과두정의 스파르타를 가리킨다. 페르시아 전쟁(기
원전 492-479년) 후에 아테네는 페르시아의 재침공을 대비하기 위해 군사 동맹을
결성한다. 처음에는 본부를 델로스섬에 두었으므로 "델로스 동맹"이라 불렸다. 델
로스 동맹에 대항해 스파르타가 펠로폰네소스 반도에 있는 도시국가들을 중심으
로 결성한 것이 "펠로폰네소스 동맹"이다.

209 "오직 한 명"이 누구인지에 관해 학자들 사이에서 많은 논의가 있었지만, 만족할
만한 대답을 발견하지 못했다.

닌 국가에 굴복하는 것이 습관이 되어버렸기 때문이다.

이로써 가장 이상적인 정치체제가 무엇이며 그 이유가 무엇인지는 명확해졌다. 이렇게 우리가 가장 훌륭한 정치체제를 결정함으로써, 앞서 5 언급한 여러 유형의 민주정과 과두정 등 다른 정치체제들을 더 좋은 것에서 시작해 더 나쁜 것까지 순서대로 나열할 때, 어느 것이 첫 번째이며 두 번째이며 그다음은 무엇인지 알기 어렵지 않다. 가장 이상적인 정치체제에 가까운 것이 더 좋은 정치체제이고, 중도적인 것에서 더 많이 벗어난 것이 더 나쁜 정치체제일 수밖에 없다. 물론, 특정 상황에서는 판단 10 이 달라질 수 있다. 이렇게 말한 이유는, 어떤 정치체제가 객관적으로는 더 바람직하다 할지라도, 특정한 사람들에게는 다른 정치체제가 더 유익할 수 있기 때문이다.

제12장

국가의 정치체제는 어떻게 결정되는가

모든 정치체제의 보편적인 원칙은, 그 체제를 유지하길 원하는 집단이 그렇지 않은 집단보다 더 강한 힘을 가져야 한다는 점이다. 국가의 정치체제는 자유, 부, 교육, 훌륭한 가문과 같은 질적 요소와 수적 우위인 양적 요소 중 어느 쪽이 우세한가로 결정된다. 질적 요소가 우세한 곳에서는 과두정이, 양적 요소가 우세한 곳에서는 민주정이 등장한다. 그럼에도, 중산층이 수적으로 우세한 곳에서는 혼합정이 유지될 수 있다.

이제 우리가 살펴볼 것은 어떤 정치 체제가 어떤 사람들에게 유리한가이다. 여기에는 모든 정치 체제가 따라야 하는 기본 원칙이 있는데, 그 15 것은 바로 정치 체제를 유지하고자 하는 집단이 그렇지 않은 집단보다 강해야 한다는 점이다.

모든 국가는 질적인 요소와 양적인 요소로 이루어져 있다. 질적인 요소는 자유, 부, 교육, 훌륭한 가문을 말하고, 양적인 요소는 수적 우위를 말한다. 국가를 구성하는 집단 중에서 질적인 요소를 지닌 집단과 양

20 적인 요소를 지닌 집단은 서로 다를 수 있다. 예컨대 비천한 가문 사람이 훌륭한 가문 사람보다 수적으로 더 많고, 가난한 자가 부자보다 수적으로 더 많을 수 있다. 하지만 양적 우위가 질적 열세를 능가하지 못할 때는 질적 우위를 가진 집단이 더 큰 힘을 가질 수 있다. 따라서 질적인 요소와 양적인 요소를 종합적으로 비교해야 한다.

25 따라서 질적인 요소와 양적인 요소를 비교했을 때, 가난한 사람의 수가 질적 우위를 능가하면 자연스럽게 민주정이 생긴다. 어떤 유형의 민주정이 생길지는 민중 중에서 누가 수적으로 우세한지에 따라 결정된다. 예를 들어, 농민이 수적으로 우세하면 첫 번째 유형의 민주정이 생기
30 고, 기술자와 일용노동자가 수적으로 우세하면 마지막 유형의 민주정이 생기며, 두 유형 사이에 있는 다른 여러 유형의 민주정도 그런 식으로 결정된다.

부자와 귀족의 질적 우위가 양적 열세를 능가하는 곳에서는 과두정이 생기며, 어떤 유형의 과두정이 생길지는 여러 부류의 부자와 귀족 중 누가 우세한지에 따라 결정된다.

35 입법자는 항상 중산층을 정치체제 속으로 끌어들여야 한다. 과두정적인 입법을 할 때는 중산층을 지향해야 하고, 민주정적인 입법을 할 때는 그 법들을 중산층과 밀착시켜야 한다.

중산층이 부자와 가난한 사람들을 합친 것보다 수적으로 우세하거
40 나, 각각의 집단에 비해 수적으로 우세한 곳에서는 혼합정이 지속될 수
1297a1 있다. 부자와 가난한 사람들 사이에는 서로 종속되고 싶지 않은 마음이 있으며, 이들 모두에게 유리한 정치 체제가 혼합정이기 때문에, 이 두 집단이 힘을 합쳐 혼합정을 붕괴시키려는 시도는 드물다. 또한, 부자와 가난한 사람들은 서로 불신하기 때문에, 교대로 다스리는 것을 용납할 수
5 없고 중재자는 항상 중간에 서 있는 것이 가장 이상적이다.

혼합이 잘 조정될수록 더 오래 지속된다. 귀족정을 세우려는 사람 중에는 부자에게 더 많은 권력을 주거나, 민중을 위한다고 가장하며 기만하는 경우가 많다. 그러나 거짓된 이익은 시간이 지나면 큰 재앙을 초 10 래하며, 부자의 탐욕은 민중의 탐욕보다 정치체제를 파괴하는 힘이 더 크다.

제13장

혼합정을 유지하기 위한 방법

정치체제를 유지하기 위해 입법에는 기만적인 요소가 들어간다. 과두정에서는 모든 시민이 이론적으로 민회와 재판에 참여할 수 있지만, 실제로는 민중이 참여하지 못하도록 유도하는 책략을 사용한다. 반면 민주정에서는 부자들이 민회와 재판에 참여하지 못하도록 유도하는 책략을 사용한다. 그래서 혼합정을 유지하려면 양쪽의 책략을 결합해 사용해야 한다.

15   정치체제들에서 민중을 기만하기 위해 사용되는 책략에는 민회, 공직, 법정, 무기 소유, 체력 단련에 관한 것, 이렇게 다섯 가지가 있다.

   민회와 관련해서는 모든 시민이 민회에 참석할 수 있지만, 민회에 참석하지 않았을 때는 부자들에게만 벌금을 부과하거나, 부자들에게는
20 훨씬 더 많은 벌금을 부과한다. 공직과 관련해서는 부자들은 자신이 공직을 맡을 여건이 되지 않는다고 맹세하고서 공직을 사양하는 것이 허용되지 않지만, 가난한 자들에게는 그렇게 하는 것이 허용된다.

   민회 참여를 장려하기 위한 책략은 모든 시민이 민회에 참석할 수

있도록 하되, 참석하지 않는 부자들에게는 더 무거운 벌금을 부과하는 것이다. 공직 배정과 관련된 책략에는 부자들이 공직을 맡는 것을 거부할 수 없게 하고, 가난한 사람들에게는 그러한 거부가 허용된다는 점이 포함된다.

법정과 관련된 책략은 부자들이 배심원이 되었을 때 출석하지 않으면 벌금이 부과되지만, 가난한 자들은 벌금이 면제되거나, 카론다스의 법처럼 부자들에게는 많은 벌금이 부과되고 가난한 자들에게는 적은 벌금이 부과되는 것이다.

일부 국가에서는 모든 시민이 민회 참석이나 배심원 활동을 위해 명   25 부에 이름을 올릴 수 있지만, 일단 명부에 이름을 올린 후 민회 참석이나 배심원으로 활동하지 않으면 높은 벌금이 부과된다. 이러한 방식은 벌금에 대한 두려움으로 인해 사람들이 처음부터 명부 등록을 기피하게 만들어, 결국 민회 참여나 배심원 활동 기회를 스스로 박탈하게 하는 효과를 의도한 것이다.

무기 소유나 체력 단련에 관한 책략도 마찬가지로 동일한 내용의 법이 제정되어 있다. 가난한 사람들은 무기를 소유하지 않아도 되지만, 부   30 자들이 무기를 소유하지 않았을 때는 벌금이 부과된다. 체력 단련도 비슷하게, 가난한 사람들은 참여하지 않아도 벌금이 부과되지 않지만, 부자들에게는 벌금이 부과된다. 이 모든 것은 부자들을 벌금으로 참여하게 하고, 벌금을 걱정할 필요가 없는 가난한 사람들은 참여하지 않게 하여 실제로는 부자들만을 위한 체제를 구축하려 한다. 이런 것이 과두정을 만들려는 사람들이 사용하는 책략들이다.   35

반면 민주정에서는 이와 반대되는 책략을 사용한다. 가난한 사람들이 민회에 참석하거나 배심원으로 출석하면 수당을 주지만, 부자들이 민회에 참석하지 않거나 배심원으로 출석하지 않더라도 벌금을 부과하지 않는다.

따라서 과두정과 민주정을 제대로 혼합하려면 이 두 가지 책략을 결
40 합해, 가난한 사람들이 출석하면 수당을 주고, 부자들이 출석하지 않으
면 벌금을 부과해야 한다. 이렇게 해야 모든 사람이 참여하고, 그렇지 않
으면 가난한 사람이나 부자 중 어느 한쪽만을 위한 정치체제가 되기 때
문이다.

1297b1 혼합정은 무기를 소유한 자들만이 국정을 운영해야 한다. 하지만 재
산과 관련된 절대적인 자격 요건이 정해졌거나 어느 정도의 재산을 가
지고 있어야 한다고 말할 수는 없다. 대신, 국정에 참여하는 자들의 수가
5 국정에 참여할 수 없는 자들의 수보다 더 많아지는 재산 수준을 찾아 그
수준의 재산 소유를 자격 요건으로 삼아야 한다. 이렇게 하면 가난한 자
들이 공직에 참여하지 못하더라도, 모욕받지 않고 재산을 빼앗기지 않는
다면 그들은 잠자코 있을 것이다. 하지만 국정에 참여하는 자들이 언제
나 자비로운 것은 아니므로, 공직에 참여하지 못하는 가난한 자들이 모
10 욕당하지 않고 재산을 보호하는 것은 쉬운 일이 아니다. 그리고 가난한
자들은 식량이 주어지지 않으면 종군하는 것을 꺼리지만, 식량이 주어지
면 종군하려는 경향이 있다.

일부 국가들에서는 현역으로 종군하는 자들뿐만 아니라, 이전에 종
군한 자들도 국정에 참여하게 한다. 예를 들어, 말레아[210]에서는 그런 사
15 람들로 시민이 구성된다. 그러나 공직자들은 현역들 중에서만 선출된다.
헬라스인 사이에서 왕정이 폐지된 후에 처음으로 등장한 것은 전사들이
국정을 맡는 정치체제였는데, 처음에는 기병들이 국정을 맡았다. 당시에

....

210 "말레아"는 소아시아의 그리스 식민지 레스보스섬에 있던 도시다.

전쟁에서의 군사력은 기병들로 결정되었기 때문이다. 보병은 전투대형 없이는 무용지물인데, 예전에는 전투대형에 관한 경험과 전술이 부재하 20 여 군사력은 기병들에 의존했다.

그러나 국가가 성장하고, 무기를 소유한 자들이 더 큰 힘을 갖게 되면서 국정에 참여하는 자들의 수도 늘어났다. 이런 변화로 지금 우리가 혼합정이라 부르는 정치체제가 생겼는데, 당시에는 사람들이 이를 민주정이라 불렀다. 예전의 정치체제는 대체로 과두정이나 왕정이었고, 인구 25 가 적어 중산층은 많지 않았다. 중산층은 수가 적고 결속력이 약해 지배받는 자의 지위를 감내해야 했다.

지금까지 우리는 여러 정치체제가 존재하는 이유, 민주정이나 그 밖의 다른 정치체제가 서로 다른 유형을 갖는 이유, 여러 유형의 정치체제 30 간의 차이와 그 차이가 생긴 이유 등에 대해 다뤘다. 또한 일반적으로 가장 훌륭한 정치체제는 무엇이며, 그 밖의 다른 정치체제 중 어떤 것이 어떤 사람에게 적합한지에 대해서도 논의했다.

심의 부문

아리스토텔레스는 각각의 정치체제에 대한 토론을 마치고, 이제 모든 정치체제가 공통으로 가진 세 가지 부문, 즉 심의, 공직, 재판 부문에 대해 논의하려고 한다. 국가의 최고 권력인 심의 부문에서는 모든 시민이 최종 결정권을 갖게 하는 방법을 채택한다. 과두정에서는 이 권력을 공직자들에게 주고, 귀족정에서는 전쟁과 평화, 감사 등의 문제에 대해서는 모든 시민이, 나머지 문제들은 선출된 공직자들이 결정하도록 한다.

35   이제 우리는 적절한 시작점을 찾아서 또 다른 주제를 일반적으로 먼저 논의한 후, 각각의 정치체제와 관련해 논의하려고 한다. 모든 정치체제에는 심의, 공직, 재판의 세 부문이 있다. 훌륭한 입법자는 이 세 부문에서 각각의 정치체제에 도움이 되는 것이 무엇인지를 고려해야 한다.
40 이 세 부문이 잘 구성되어 있으면 정치체제 전체가 잘 구성되어 있고, 이 세 부문 중 하나라도 달라지면 정치체제 전체가 달라진다.

　　이 세 부문 중 첫 번째는 공무를 심의하는 것이다. 두 번째 부문은

공직에 관한 것으로, 어떤 공직이 필요하고, 각 공직에 어떤 권한을 부여
하며, 어떤 사람을 어떤 방법으로 공직자로 선출할 것인지를 결정하는
것이다. 세 번째 부문은 재판에 관한 것이다.

심의 부문에서는 전쟁과 평화, 동맹의 체결과 폐기, 법령, 사형, 추
방, 재산 몰수, 공직자 선출 및 감사에 관한 권한을 갖는다. 이 모든 권한 5
은 전체 시민에게 주어지거나, 전체 시민 중 일부에게 주어질 수 있다.
예를 들어, 한 명 또는 소수에게 권한을 주거나 서로 다른 공직자에게 권
한을 분산할 수 있다. 어떤 권한은 전체 시민에게, 어떤 권한은 그중 일
부에게 주어져야 한다.

전체 시민이 참여하여 모든 공무를 심의하고 결정하는 것은 민주정 10
의 특징이다. 민중은 이러한 평등을 추구하기 때문이다. 하지만 전체 시
민이 참여해 심의하고 결정하는 방법에는 여러 가지가 있다.

한 가지 방법은 전체 시민이 한꺼번에 참여하는 것이 아니라 순차적
으로 참여하는 것이다. 예를 들어, 밀레토스의 텔레클레스[211]의 정치체제
가 이런 방식을 채택했고, 다른 정치체제에서도 모든 공직자가 함께 모
여 공무를 심의하긴 하지만, 모든 시민이 공직에 참여할 수 있도록 부족 15
이나 가장 작은 행정 단위에 속한 시민이 순차적으로 공직을 맡게 한다.
그리고 전체 시민은 법을 제정하거나, 정치체제와 관련된 문제를 심의하
거나, 공직자들의 업무 보고를 청취할 때만 모인다.

또 다른 방법은 전체 시민이 공직자들을 선출하고, 법을 제정하며, 20

....

211 "밀레토스의 텔레클레스"에 대해서는 알려진 것이 없다. "밀레토스"는 소아시아
서부 해안에 있던 그리스 식민지 이오니아의 중심 도시였고, 흑해와 동방 무역의
중심지로 그리스 세계에서 부와 인구에서 최고 도시가 되었고, 특히 동방의 풍부
한 지식과 경험을 받아들임으로써 자연철학의 아버지인 탈레스를 비롯한 유명한
자연철학자들을 배출해 그리스 문화의 중심지가 되었다.

제14장 심의 부문
....

전쟁과 평화에 대한 문제를 심의할 때만 모이고, 다른 안건들에 대해서는 전체 시민이 모인 곳에서 투표나 제비뽑기를 통해 공직자들을 선출하여 각각의 문제를 심의하게 하는 것이다.

25 또 다른 방법은 전체 시민이 공직자들의 선출과 감사, 전쟁과 동맹에 대한 문제를 심의하기 위해서만 모이고, 가능한 한 다른 안건은 각 안건에 대해 반드시 전문 지식을 갖춘 공직자들을 선출하여 심의를 맡기는 것이다.

네 번째 방법은 공직자들이 어떤 안건에 대해서도 직접 결정하지 않
30 고 사전 심의만 하게 하고, 전체 시민이 모든 안건을 심의하고 결정하는 것이다. 이 방법은 앞서 언급한 족벌 체제의 과두정과 참주정적 군주정에 해당하는 마지막 유형의 민주정이 오늘날 채택해 사용하는 방법이다. 이 네 가지 방법은 모두 민주정에서 사용한다.

반면에 일부 시민만이 모든 안건을 심의하는 것은 과두정의 특징이
35 다. 하지만 여기에도 다양한 방식이 있다. 재산등급이 중간 정도이며, 심의하는 사람 수가 많고, 법을 잘 지키며, 재산과 관련된 자격 요건만 갖
40 추면 누구나 참여할 수 있을 때 이것은 과두정 형태이긴 하지만, 중도 입장을 취하고 있다는 점에서 혼합정 성격을 지닌다.

반면, 오직 재산과 관련된 조건을 충족한 일부 선출된 사람들만이
1298b1 심의에 참여하고, 모든 것이 법에 따라 진행될 때, 이는 순수한 과두정이다. 심의 권한이 있는 사람들이 서로를 선출하고, 이 공직이 부모로부터 자식으로 이어지며, 그들이 법을 지배하는 경우에도 마찬가지다.

5 특정한 시민들이 특정한 안건들을 심의할 때, 예를 들어 전쟁과 평화, 감사에 관한 안건들은 전체 시민이 심의하고, 다른 안건들은 제비뽑기가 아니라 투표로 선출된 공직자들이 심의할 때, 이런 정치체제는 귀족정이다.

어떤 안건은 투표로 선출된 공직자들이 심의하고, 어떤 안건은 모든 시민이나 예비 선거로 결정된 후보자 중에서 제비뽑기로 결정된 공직자가 심의하거나, 투표로 선출된 공직자와 제비뽑기로 결정된 공직자가 공 10 동으로 심의할 때, 이런 정치체제는 일부는 귀족정적이고, 일부는 혼합정적인 성격을 보인다.

이로써 여러 정치체제의 심의 방식이 어떻게 다를 수 있는지 살펴보았다. 각각의 체제는 자신만의 독특한 방식으로 심의 과정을 운영한다. 하지만 오늘날 진정한 의미의 민주정, 즉 민중이 법을 주도하는 그런 체 15 제에서는 과두정에서 볼 수 있는 법정 관련 규정을 채택하여 심의 과정을 개선하는 것이 국익에 도움이 될 것이다.

과두정에서는 부자들이 배심원으로 출석하기를 바라기 때문에 출석하지 않는 경우에는 벌금을 부과하지만, 민주정에서는 가난한 자들이 배심원으로 출석하기를 바라기 때문에 출석하는 경우에 수당을 지급한다. 따라서 민주정이 과두정의 이런 규정을 민회에 도입한다면 국익에 20 도움이 될 것이다. 민중이 귀족들과 함께하고, 귀족들이 대중과 함께해서, 모든 시민이 공동으로 심의한다면 더 잘 심의하게 되기 때문이다.

국가를 구성하는 각각의 집단에서 동일한 수로 투표나 제비뽑기에 의해 선출된 사람들이 심의 부분을 구성하는 것이 국익에 도움이 될 것이다. 그리고 심의 부문에 참여하는 민중의 수가 귀족 수보다 많을 경우, 모든 사람에게 수당을 지급하는 것이 아니라, 귀족들과 동일한 수의 사 25 람들에게만 수당을 지급하거나, 그들 중에서 제비뽑기를 통해 귀족의 수와 동일한 수를 선출하는 방식이 국익에 도움이 될 것이다.

과두정에서는 대중으로부터 추가로 선출한 사람들을 심의 부문에 배치하거나, 일부 국가들에서 볼 수 있는 사전심의위원회나 법의 수호자들이라고 불리는 성격의 기구를 두는 것이 유익하다. 이 기구가 미리 심 30

의한 안건들만 심의기구에서 다루도록 하면, 민중은 국가 문제에 참여하고 있다는 느낌을 받겠지만 실제로는 기존 정책을 변경할 수 없게 된다. 결과적으로 대중은 심의기구가 회부한 안건에 대한 사전 심의만 가능하고, 결정이나 투표권은 없게 되어 심의만 가능할 뿐이다. 모든 결정은 공직자들이 계속 담당하게 된다.

35   과두정에서는 혼합정과 정반대 방식을 택해야 한다. 즉, 대중에게는 안건을 부결시킬 권한만 부여하고 안건을 통과시킬 권한은 없게 해야 한다. 그래서 안건이 부결되면 공직자들에게 다시 회부하는 것이다. 반대로 혼합정에서는 공직자들에게 안건을 부결시킬 수는 있지만 통과시킬 수 있는 권한은 없다. 따라서 언제나 안건이 부결되면 다시 대중에게 회

40   부해야 한다.

1299a1   정치체제에서 최고의 권력을 지닌 심의 부문에 대해서는 이 정도로 해두자.

공직 부문

국정을 심의하고, 결정하고, 명령하는 권한을 가진 직무를 공직이라고 부른다. 이 공직에 관련해 결정해야 할 사항은 다양하다. 공직의 수는 얼마나 되어야 하며, 공직자의 종류는 정치체제에 따라 어떻게 달라지는가 등이다. 공직자 임명에 영향을 미치는 세 가지 주요 요소에는 누가 임명하느냐, 누가 공직자가 되느냐, 어떤 방법으로 임명하느냐가 있다. 이 세 가지 요소를 조합한 결과, 총 열두 가지의 임명 방법이 나오며, 각각은 민주정, 과두정, 혼합정, 귀족정 중 하나의 특성을 반영한다.

심의 부문 다음으로 살펴볼 부분은 공직 부문이다. 정치체제의 이 부분에 대해서도 공직의 수가 얼마나 되어야 하며, 각 공직에 어떤 권한을 부여해야 하며, 공직의 임기는 얼마나 되어야 하는지 등에 대해 다른   5 정치체제 간에 큰 차이가 있다.

어떤 국가에서는 공직의 임기가 6개월이며, 어떤 국가에서는 그보다 짧고, 또 어떤 국가에서는 1년이며, 다른 국가에서는 그보다 길다. 공

직의 임기는 종신직이어야 하는가, 아니면 짧아야 하는가? 한 사람이 여
10 러 번 공직을 맡아도 되는가, 아니면 동일한 사람은 오직 한 번만 공직을
맡아야 하고 두 번 맡아서는 안 되는가? 또한 공직 임명에 관해서도, 공
직을 맡을 수 있는 사람은 누구인가, 어떤 방법으로 공직자들을 선출해
야 하는가 등을 고려해야 한다.

이런 각각의 사항에 대해 가능한 방법이 얼마나 많을지 확정하고,
그다음에 어떤 방법이 어떤 정치체제에 적합하고 유익한지 결정해야 한
15 다. 그러나 공직이란 용어를 정의하는 것조차 쉽지 않다. 국가 공동체의
일을 처리하기 위해 많은 사람이 필요하지만, 투표로 선출되거나 제비뽑
기로 결정된 모든 사람을 공직자라고 할 수는 없다. 예를 들면, 제관, 합
창가무단 단장, 전령, 사절단으로 선출된 사람들이 그렇다.

정무를 돌보는 공직자들이 있다. 그들 중에는 군대에서 복무하는 장
20 군처럼 시민 전체를 돌보는 공직도 있고, 여성 감독관이나 아동 감독관
처럼 특정 부분의 시민만을 돌보는 공직도 있다. 국가 재정을 관리하는
공직자들도 있다. 이들 중에는 곡물 배급관이 종종 선출된다. 또한, 천한
일들을 처리하는 공직자들이 있는데, 잘사는 국가에서는 이 공직을 노예
들에게 맡긴다.

25 간단히 말해, 국정과 관련된 안건을 심의하거나 결정하거나 명령하
는 권한이 있는 직무, 특히 명령하는 권한을 갖는 직무를 공직이라고 할
수 있다. 명령하는 것은 공직의 중요한 특징이다. 그러나 공직이란 용어
의 정의에 대한 논란은 여전히 계속되고 있어서, 이 문제는 앞으로도 연
30 구해야 할 과제이긴 하지만, 이 문제를 다루는 것은 실익이 없다.

모든 정치체제, 특히 작은 국가들에서 해결해야 할 문제는 용어의
정의가 아니라, 국가 존립을 위해 필요한 공직의 수와, 뛰어난 정치체제
구축에 도움이 되는 공직의 수가 어느 정도인지에 대한 것이다.

큰 국가에서는 하나의 공무에 하나의 공직을 배정하는 것이 가능하 35
다. 시민 수가 많아 공직을 맡을 사람도 많기 때문이다. 그래서 어떤 공
직은 오랜 시간이 지나야 다시 맡을 수 있고, 어떤 공직은 평생 한 번만
맡을 수 있다. 그리고 한 명의 공직자가 여러 공무를 돌보는 것보다는 한
가지 공무만을 돌보는 것이 더 좋다.

그러나 작은 국가에서는 공직을 겸해야 하는 경우가 많다. 시민 수 1299bl
가 적어서 공직을 맡을 사람이 부족하고, 누군가의 임기가 끝나도 그 공
직을 이어받을 후보를 찾기도 어렵기 때문이다. 물론 작은 국가에서도
큰 국가처럼 다양한 공직과 법률이 필요한 때도 있다. 하지만 큰 국가에 5
서는 그런 것이 자주 필요한 반면, 작은 국가에서는 가끔 필요하다. 그러
므로 작은 국가에서는 한 사람이 여러 공직을 겸해도 상관없다. 그 공직
들이 서로 방해하지 않을 것이기 때문이다. 시민 수가 적은 곳에서는 한
공직자가 여러 역할을 수행해야 한다. 따라서 모든 국가에서 필요한 공 10
직의 수와, 꼭 필요하지 않더라도 유용한 공직의 수를 파악할 수 있다면,
어떤 종류의 공직을 하나로 통합하는 게 적절한지도 판단할 수 있다.

또한, 각 지역별로 여러 명의 공직자를 두어 공무를 처리해야 하는
공직은 무엇인지, 한 명의 공직자가 모든 지역을 총괄해 공무를 처리해 15
야 하는 공직은 무엇인지도 고려해야 한다. 예를 들어, 각 시장마다 시장
질서를 감독하는 공직자를 두는 것이 적합한가, 아니면 한 명의 공직자
가 모든 시장의 질서를 감독하는 것이 적합한가?

그리고 공직은 공무에 따라 구분해야 하는가, 아니면 공무 대상인
사람들에 따라 구분해야 하는가도 중요한 문제다. 예를 들어, 질서를 유
지하는 모든 공무를 하나의 공직으로 묶어야 하는가, 아니면 아동과 관
련된 질서를 담당하는 공무와 여성과 관련된 질서를 담당하는 공무를 서
로 다른 공직으로 구분해야 하는가? 20

제15장 공직 부문
········
271

또한, 공직자의 종류가 정치체제에 따라 달라지는지, 아니면 그렇지 않은지도 알아야 한다. 예를 들어, 민주정, 과두정, 군주정에서 공직자들

25 은 서로 다른 집단에서 선출되지만, 귀족정에서는 교육받은 자들 중에서, 과두정에서는 부자들 중에서, 민주정에서는 자유민들 중에서 선출된다. 하지만 서로 다른 집단에서 선출된 공직자라고 해도 그들이 가진 권력이 동일해야 하는가? 아니면 정치체제에 따라 공직의 권한이 달라져

30 야 하며, 그렇게 되면 어떤 경우에는 권한이 동일한 것이 이롭고, 어떤 경우에는 권한이 다른 것이 이로운가?

어떤 공직은 특정 정치체제에서만 볼 수 있다. 예를 들어, 사전 심의

30 위원회는 민주정적이지 않지만, 평의회는 민주정적이다.[212] 민중은 바쁜 일상 속에서 모든 안건을 직접 심의할 시간이 없어, 사전 심의를 담당하는 기관이 필요하다. 그렇지만 이 기관의 구성원 수가 적다면, 그것은 과두정의 특징을 띤다. 사전 심의위원회가 바로 그 예로, 구성원 수가 적어

35 과두정적 성격을 갖는다. 이 두 기구가 함께 있을 때, 사전 심의위원회는 민주정적인 평의회를 견제한다. 평의회는 민주정적 성격을 띠지만, 사전 심의위원회는 과두정적이기 때문이다. 민중이 모든 안건을 직접 처리하

1300a1 는 민주정에서는 평의회의 역할이 줄어든다. 민회에 참석하는 시민들이 많은 수당을 받고 여가를 즐기며, 직접 모든 결정을 내리기 때문이다.

5 아동 감독관이나 여성 감독관 등과 같은 역할을 하는 공직자를 둔다

....

212 "평의회"는 "모의, 계획, 결정" 등을 뜻하는 '불레'(βουλὴ)를 번역한 것이다. 아테네에서는 기원전 594년에 솔론이 400명으로 '불레'를 구성했다. 그 후에 기원전 508년에 클레이스테네스는 '불레'의 정원을 500명으로 늘리고, 10개 부족에 각각 50명씩을 할당했다. "사전 심의위원회"는 '프로불레'(προβουλὴ)를 번역한 것이다. 이 단어의 형용사형 '프로불로스'는 "사전에 심의하는"을 뜻한다. 따라서 "민회"와 "평의회"와 "사전 심의위원회"가 서로 조합되어 국정과 관련된 안건 심의를 담당한다.

는 것은 민주정적이지도, 과두정적이지도 않다. 이는 오히려 귀족정적인 성격을 띤다. 민주정에서는 가난한 사람들의 아내들이 외출하는 것을 막는 것은 불가능하며, 과두정에서는 지배층의 아내들이 사치스럽고 제멋대로이기 때문이다.

공직에 대한 논의를 마치고, 이제부터는 공직자들의 임명에 대해 좀 더 자세히 살펴보자. 공직자 임명에 차이를 만들어내는 세 요인이 있으 10 며, 이 세 가지를 조합하면 다양한 경우의 수를 파악할 수 있다.

이 세 가지 요인에는 누가 공직자를 임명하는지, 어떤 사람 가운데서 임명하는지, 그리고 어떤 방법을 사용해 공직자를 임명하는지가 포함된다. 각각의 요인마다 두 가지 방법이 가능하다. 첫 번째 요인에 따르면, 15 전체 시민이 공직자를 임명할 수도 있고, 일부 시민이 임명할 수도 있다. 두 번째 요인에 따르면, 모든 시민 중에서 공직자를 임명하거나, 재산등급이나 가문이나 미덕이나 그와 비슷한 다른 조건을 갖춘 자들 중에서만 임명할 수도 있는데, 예컨대 메가라에서는 추방당했다가 다시 돌아와 민중에 맞서 함께 싸운 자들만 공직자로 임명될 수 있었다. 세 번째 요인에 따르면, 투표로 선출하거나 제비뽑기로 선출하는 방법이 있다.

이 방법들은 서로 조합될 수 있어, 다양한 방식으로 공직자를 임명할 수 있다. 예를 들어, 전체 시민이 투표나 제비뽑기를 통해 공직자를 20 임명할 수도 있고, 일부 시민만이 이런 방법으로 임명할 수도 있다. 또한, 모든 시민 가운데서 또는 일부 시민 가운데서 공직자를 임명할 수 있다.

이렇게 다양한 방법을 결합하면, 총 여섯 가지 방법이 나온다. 전체 시민이 공직자를 임명할 때는, 모든 시민을 대상으로 하거나 일부 시민만을 대상으로 할 수 있으며, 투표나 제비뽑기로 임명하는 방법이 있다.

공직자 임명 방법은 상황에 따라 달라질 수 있다. 예를 들어, 모든 25 시민이 공직자를 임명할 때는 부족이나 구역, 씨족별로 순서를 정해 임명할 수도 있고, 언제든지 모든 시민 중에서 임명할 수도 있다. 공직에 따라서는 임명 방법을 달리 적용할 수도 있다.

다음으로, 일부 시민이 공직자를 임명하는 경우를 살펴보자. 일부 시민은 모든 시민 중에서 투표로 임명하거나, 제비뽑기로 임명하거나, 30 또는 일부 시민 중에서 투표 또는 제비뽑기로 임명할 수 있다. 물론, 각 공직마다 투표나 제비뽑기를 선택적으로 사용할 수 있다. 즉, 어떤 공직 자는 모든 시민 중에서 투표로 임명하고, 어떤 공직자는 모든 시민 중에 서 제비뽑기로 임명하며, 어떤 공직자는 일부 시민 중에서 투표로 임명 하고, 어떤 공직자는 일부 시민 중에서 제비뽑기로 임명할 수 있다. 이렇 게 나머지 두 가지 요인을 조합하면, 총 열두 가지 방법이 가능하다.

이 중에서 세 가지 방법, 즉 전체 시민이 모든 시민 중에서 투표나 제비뽑기로 공직자들을 임명하거나, 어떤 공직자들은 제비뽑기로, 어떤 공직자들은 투표로 임명하는 것은 민주정적이다.

35 반면에, 전체 시민이 아니라 일부 시민이 모든 시민이나 일부 시민 중에서 제비뽑기나 투표, 또는 이 둘을 혼합해 공직자들을 임명하거나, 어떤 공직자는 모든 시민 중에서, 어떤 공직자는 일부 시민 중에서 임명 하는 것은 혼합정적이다. 그리고 일부 시민이 모든 시민 중에서 투표나 40 제비뽑기, 또는 이 둘을 혼합해 임명하는 것은 과두정적이다. 그중에서 투표나 제비뽑기를 혼합하는 방법을 사용하는 것이 더 과두정적이다. 일 부 시민이 어떤 공직자는 모든 시민 중에서, 어떤 공직자는 일부 시민 중 1300b1 에서, 어떤 공직자는 투표로, 어떤 공직자는 제비뽑기로 임명하는 것은 혼합정적인 특징을 지닌 귀족정적인 방식이다.

그러나 일부 시민이 일부 시민을 대상으로 투표나 제비뽑기로 공직 자를 선출하는 과정(이 두 방법은 절차는 다르지만 결과적으로 같은 효과를 낸다)이나, 투표와 제비뽑기를 혼합해 공직자를 선출하는 경우는 과두정적인 성격을 띤다. 반면, 일부 시민이 전체 시민을 대상으로 공직자를 선 출하거나, 전체 시민 중 일부만을 대상으로 공직자를 선출하는 것은 귀 5 족정적인 특성을 드러낸다.

이렇게 공직자를 임명할 때 사용할 수 있는 방법은 다양하며, 이 방 법들은 정치체제에 따라 달라진다. 어떤 방법이 어떤 정치체제에 도움이 되는지, 그리고 공직자들을 어떤 식으로 임명해야 하는지는 공직의 권한 을 살펴보면 분명해진다. 여기서 공직의 권한이란 국가 세입이나 국방에 10 관한 권한 등을 말한다. 예를 들어, 장군의 권한과 시장에서 이루어지는 계약들을 감독하는 공직의 권한은 서로 다르다.

재판 부문

법정을 결정하는 요소는 세 가지다. 첫째, 법정의 종류. 둘째, 배심원을 어떤 사람들 중에서 선정하는가. 셋째, 배심원 선정 방식. 주요 법정의 종류로는 공직자 감사, 공동 이익 침해 범죄, 정치 체제 관련, 벌금 분쟁, 민사 계약 분쟁, 살인 사건, 외국인 사건 등이 있다. 배심원 선정 방식에 있어서, 모든 사건의 배심원을 모든 시민 중에서 선정하는 것은 민주정적인 반면, 특정 사건의 배심원을 일부 시민 중에서만 선정하는 것은 과두정적이다. 개별 사건에 따라 배심원 선정 범위를 달리하는 것은 귀족정적이고 혼합정적인 특징을 보인다.

이제 정치체제의 세 가지 요인 중 남은 것은 재판에 관한 부분이다. 재판과 관련해서도, 서로 다른 어떤 방법들이 있는지를 살펴볼 필요가 15 있다. 이를 위해 법정은 세 가지 요소에 의해 구분된다. 어떤 사람 중에서, 무엇에 대해, 어떤 방법으로.

여기서 "어떤 사람 중에서"는 배심원들을 모든 시민 중에서 선출하느냐, 아니면 일부 시민 중에서 선출하느냐를 의미한다. "무엇에 대해서"

는 법정의 종류를 어떻게 설정하느냐를 의미한다. 마지막으로 "어떤 방법으로"는 배심원들을 제비뽑기로 선출하느냐, 아니면 투표로 선출하느냐를 의미한다.

　먼저 법정의 종류가 몇 가지나 되는지 살펴보자. 첫 번째는 공직자들의 감사를 다루는 법정이고, 두 번째는 공동의 이익을 침해하는 범죄를 다루는 법정이며, 세 번째는 정치체제와 관련된 사안을 다루는 법정이고, 네 번째는 벌금 부과를 둘러싼 공직자와 사인 간의 분쟁을 다루는 법정이며, 다섯 번째는 사인들 간에 맺어진 큰 규모의 계약과 관련된 사안을 다루는 법정이다.

　이 외에도 살인 사건을 다루는 법정이 있고, 외국인과 관련된 법정이 있다. 살인 사건을 다루는 법정은 네 종류가 있고, 배심원들은 동일할수도 있고 다를 수도 있는데, 각각 계획적인 살인, 과실치사, 정당방위 여부를 다투는 살인, 살인하고 외국으로 도망갔다가 다시 귀국해 기소된 사건을 다룬다. 예컨대 네 번째 종류의 법정은 아테네에 있던 프레아토스 법정[213]이었다고 한다. 하지만 그런 소송은 역사 전체를 통틀어서도 아주 드물고 큰 국가들에서도 거의 일어나지 않는다.

　외국인과 관련된 법정은 두 가지로 나뉘며, 이들 법정은 각각 외국인들 간의 사건과 외국인과 시민 간의 사건을 다룬다. 또한, 1드라크마[214]에서 5드라크마까지 혹은 이보다 약간 더 큰 금액에 관련된 소규모 계약을 다루는 법정도 있다. 이러한 사건에 대한 재판이 필요하다는 것에 주목해야 한다. 그러나 이런 사건에서는 많은 배심원이 필요하지는 않다.

....

213 "프레아토스 법정"은 아테네의 외항 페이라이에우스의 동쪽 항구인 제아에 있던 법정으로 추정된다. "프레아토스"는 한 영웅의 이름이다.

214 "1드라크마"는 고대 그리스에서 일용노동자의 하루 임금이었다.

제16장 재판 부문
....

사인들 간의 계약, 살인 사건, 외국인과 관련된 사건을 다루는 법정에 대한 이야기는 여기까지 하고, 이제 국가와 관련된 소송을 다루는 법정에 대해 다루겠다. 이 법정이 제대로 운용되지 않으면 내분과 정치체제 변혁이 발생할 수 있기 때문이다.

40 모든 사건을 전체 시민이 재판하게 되는 경우, 배심원 선출 방법은 주로 투표나 제비뽑기로 이루어진다. 이때 모든 사건의 배심원들을 모든 시민 중에서 일부는 제비뽑기로, 일부는 투표로 선출하는 방식 혹은 몇몇 사건의 배심원들을 모든 시민 중에서 일부는 제비뽑기로, 일부는 투표로 선출하는 방식이 있다. 이처럼 모든 시민 중에서 배심원을 선출하는 방법에는 네 가지[215]가 있다.

1301a1 마찬가지로, 모든 배심원을 일부 시민 중에서 선출하는 경우에도 네 가지 방법이 있다. 모든 사건의 배심원을 일부 시민 중에서 투표로 선출하거나, 제비뽑기로 선출하거나, 어떤 사건에서는 제비뽑기로, 어떤 사건에서는 투표로 선출하거나, 어떤 사건에서는 일부는 제비뽑기로, 일부는 투표로 선출하는 방식이 있다.

이런 방법들은 앞서 말한 방법들과 서로 대응되는 방식이다. 더불어, 이 두 종류의 방법들은 서로 조합될 수 있다. 예를 들어, 어떤 사건에서는 모든 시민 중에서 배심원을 선출하고, 어떤 사건에서는 일부 시민 중에서 선출하며, 또 어떤 사건에서는 둘 다에서 선출한다. 즉, 일부 배심원은 모든 시민 중에서, 일부 배심원은 일부 시민 중에서 선출하며, 제비뽑기와 투표를 혼합해 사용한다. 이는 법정 구성의 다양한 가능성을 나

....

215 첫 번째로 열거한 방법을 두 가지 방법으로 계산해야 하기 때문이다. 즉, 모든 사건의 모든 배심원을 투표로 임명하는 것이 한 가지 방법이고, 모든 사건의 모든 배심원을 제비뽑기로 임명하는 것이 또 다른 한 가지 방법이다.

타낸다.

이 중 전체 시민 중에서 배심원을 선출하는 첫 번째 방식은 민주정적인 성격을 띤다. 반면, 일부 시민 중에서 배심원을 선출하는 두 번째 방식은 과두정적으로 볼 수 있다. 마지막으로, 사건에 따라 전체 시민 중이나 일부 시민 중에서 배심원을 선출하는 세 번째 방식은 귀족정적이면서도 혼합정적인 성향을 드러낸다. 15

제5권

정치체제의 변혁

분쟁과 변혁의 일반적인 원인인 불평등

아리스토텔레스는 제1장부터 제4장까지 모든 유형의 정치체제에서 분쟁과 변혁의 일반적인 원인들을 다룬다. 각 정치체제는 상대적인 정의만을 지니고 있어, 국가를 구성하는 어떤 집단이 평등하지 않다고 느끼게 되면 분쟁이 시작된다. 정치체제 변혁은 두 가지 방식으로 일어나는데, 하나는 기존 정치체제를 다른 형태로 바꾸는 것이고, 다른 하나는 국가의 최고 권력을 장악하거나 정치체제 일부만을 변경하는 것이다. 일반적으로 분쟁의 원인은 불평등이며, 불평등한 대우를 받고 있다고 느끼는 집단이 평등을 추구할 때 분쟁이 발생한다. 평등에는 두 종류가 있다. 하나는 수에 따른 평등이고, 다른 하나는 자격에 따른 평등이다. 이 두 평등 중에서 어느 하나에서 평등하다고 느끼면 모든 것에서 평등하다고 생각하게 되어 민주정이 탄생하고, 어느 하나에서 평등하지 않다고 느끼면 모든 것에서 평등하지 않다고 생각하게 되어 과두정이 탄생한다. 그러나 어느 한 가지 평등에만 의존하는 정치체제는 좋지 않다. 민주정은 과두정보다는 더 안정적이고, 중산층으로 이루어진 정치체제는 과두정보다는 민주정에 가깝다. 이런 정치체제들 중에서 가장 안정적인 것은 중산층이 기반인 정치체제다.

우리가 논의하고자 한 모든 것에 대해 거의 다 말했다. 이제 정치체
20 제의 변혁을 일으키는 원인은 어떤 것이고, 어떤 종류인지, 그리고 각각
의 정치체제를 파괴하는 것은 무엇인지, 어떤 정치체제가 다른 정치체제
로 바뀌는지, 그리고 모든 정치체제와 각각의 정치체제의 안전을 보장해
주는 것은 무엇인지, 또한 각 정치체제의 안전을 보장하기 위한 최선의
25 수단은 무엇인지를 차례대로 살펴봐야 한다.

첫 번째로, 앞에서도 이미 지적했듯, 모든 사람이 정의를 비례적 평
등으로 인식한다는 점에 동의함에도 불구하고, 실제로 많은 정치체제는
이 정의에 대한 오해에서 비롯되었다는 점을 우리는 기억해야 한다.

30 민주정은 평등이라는 개념에서 출발한다. 민주정에서는 모든 사람
이 똑같이 자유민이므로 모든 것에서 평등하다고 생각한다. 반면 과두정
은 평등하지 않다는 개념에서 출발한다. 과두정에서는 사람들이 재산 면
에서 평등하지 않기 때문에 모든 것에서 평등하지 않다고 여긴다.

민주정에서는 모든 사람이 평등하므로 모든 것에 참여하는 것이 마
땅하다고 생각한다. 반면 과두정에서는 사람들이 평등하지 않기 때문에,
35 우월한 자들이 더 많이 갖는 것이 당연하다고 생각한다. 더 많이 갖는 것
은 평등하지 않다는 것이기 때문이다.

민주정과 과두정은 어느 정도의 정의를 갖추었지만, 절대적인 의미
의 정의라는 관점에서 보면 잘못되었다. 그러므로 각 정치체제에서 사람
들은 자신이 생각한 대로 참여하지 못하면 분쟁을 일으킨다.

사실, 오직 미덕에서 탁월한 사람들만이 진정한 의미에서 절대적으
40 로 평등하지 않기 때문에, 모든 사람 중에서 분쟁을 일으킬 자격이 있는
1301b1 사람은 바로 그들이지만, 실제로 그런 자들은 거의 분쟁을 일으키지 않
는다. 또한, 뛰어난 가문에서 태어난 사람들은 자신이 태생적으로 다른
사람과 평등하지 않기 때문에, 남과 똑같이 평등한 대우를 받는 것은 옳

지 않다고 생각한다. 그들은 미덕과 부를 조상들로부터 물려받았기 때문에, 태생적으로 고귀한 자들로 여기기 때문이다.

이러한 불평등이 바로 분쟁[216]의 근원이다. 그래서 정치체제 변화는 5 크게 두 가지 방식으로 진행된다. 첫 번째는 기존의 정치체제를 다른 형태로 전환하는 것이다. 이는 민주정을 과두정으로, 과두정을 민주정으로, 또는 민주정 혹은 과두정을 혼합정이나 귀족정으로 변혁하는 것을 의미한다. 혼합정이나 귀족정을 민주정이나 과두정으로 바꾸는 것도 포 10 함된다.

두 번째는 과두정이든 군주정이든, 기존의 정치체제를 변혁하지 않고 그대로 유지하면서 최고 권력을 장악하는 것이다. 더 나아가, 기존의 정치체제를 강화하거나 완화하는 것도 가능하다. 예를 들어, 기존의 과두정을 강화 혹은 완화하거나, 민주정을 강화 혹은 완화하거나, 그 밖에 15 다른 기존의 정치체제를 강화하거나 완화하는 것이다.

또한, 기존의 정치체제 일부를 변화시키는 것도 가능하다. 새 공직을 도입하거나 기존의 공직을 폐지하는 것이 이에 해당한다. 예를 들어, 리산드로스[217]는 라케다이몬에서 왕 직위를 폐지하려 했으며, 파우사니 20

········

216 제5권의 핵심 단어 중 하나인 "분쟁"은 '스타시스'($\sigma\tau\acute{\alpha}\sigma\iota\varsigma$)를 번역한 것이다. '스타시스'는 정치체제의 변혁을 목적으로 파벌을 만들어 분란을 일으키는 것을 뜻한다. 어떤 경우에는 "내분"으로도 번역했다. 그리고 또 다른 핵심 단어인 "변혁"은 "변화"를 뜻하는 '메타볼레'($\mu\epsilon\tau\alpha\beta o\lambda\acute{\eta}$)를 번역한 것이다.

217 "리산드로스"(기원전 395년에 죽음)는 스파르타의 군사 및 정치 지도자로, 기원전 405년에 아이고스포타미 해전에서 아테네 함대를 격파함으로써 아테네의 항복을 받아내고 펠로폰네소스 전쟁을 끝냈다.

218 "파우사니아스"는 기원전 445-427년과 409-395년에 스파르타의 왕이었다. 펠로폰네소스 전쟁을 승리로 이끈 "리산드로스"가 아테네를 완전히 장악해 스파르타를 제국으로 키우고자 했을 때, "파우사니아스"는 그에 맞서 왕권을 강화하고자 한 인물이다.

제1장 분쟁과 변혁의 일반적인 원인인 불평등
········

아스왕[218]은 '에포로스'라는 감독관 직위를 폐지하려 했다. 에피담노스[219]에서는 부족장 회의를 폐지하고 평의회를 설치함으로써 정치체제 일부를 변혁했다. 따라서 지금도 공직자를 투표로 선출할 때 모든 공직자는 평의회에 참석하는 것이 의무다. 이 정치체제에서 최고 통치자가 한 명인 것은 과두정의 특징을 잘 보여준다.

분쟁은 어디에서나 불평등에서 비롯된다. 그러나 불평등하게 대우받는 이들이 자신의 지위에 걸맞은 대우를 받게 된다면, 불평등은 해소될 수 있다. 예컨대, 세습 왕정은 오직 평등한 사람들 사이에서만 불평등을 초래한다. 일반적으로, 평등을 추구하는 과정에서 분쟁이 발생한다.

그러나 평등에는 두 가지 유형이 있다. 하나는 수적 평등이고, 다른 하나는 자격에 따른 평등이다. 수적 평등은 동일한 수나 크기를 의미하며, 자격에 따른 평등은 동등한 비율을 의미한다. 예를 들어, 수적으로 보면 3과 2의 차이는 2와 1의 차이와 같다. 하지만 비례적으로 보면, 2와 4의 관계는 1과 2의 관계와 같다. 이는 4에서 2가 차지하는 부분과 2에서 1이 차지하는 부분이 모두 절반으로 동일하기 때문이다.

사람들은 자격에 따라 정당한 것이 결정된다는 절대적 정의의 개념에 대부분 공감한다. 하지만 실제로는 이를 마음속 깊이 받아들이지 않는다. 어떤 이들은 한 분야에서의 평등을 모든 분야에서의 평등으로 확대 해석하고, 반면 다른 이들은 한 영역에서의 불평등이 모든 영역에서의 불평등을 의미한다고 본다.

이런 이유로 인해, 민주정과 과두정이라는 두 정치체제가 생긴다. 훌륭한 가문과 미덕은 소수에게 있지만, 사람 수나 재산은 대부분 다수

....

219 각주 78을 보라.

에게 있기 때문이다. 훌륭한 가문과 미덕을 지닌 훌륭한 사람은 어느 국
가에서도 백 명이 되지 않지만, 가난한 사람과 부자는 어느 국가에서나
많다.

　　그러나 이 두 가지 평등 중에서 하나에만 의존하여 정치체제를 구축
하는 것은 바람직하지 않다. 그 결과가 이를 명확하게 보여주고 있다. 어
느 한 가지 평등에만 의존한 정치체제는 오래 지속되지 못했다. 시작부 　5
터 잘못된 기반에서 출발한 체제가 좋은 결과를 가져올 수 없다는 것은
자명하다. 따라서 상황에 따라 수적 평등을 적용하기도 하고, 어떤 경우
에는 자격에 따른 평등을 적용해야 한다.

　　그럼에도 민주정은 과두정보다는 더 안정적이고, 분쟁에서 더 자유
로운 경향이 있다. 과두정에서는 파벌 간 분쟁과 민중과의 분쟁, 이렇게 　10
두 가지 분쟁이 동시에 발생하지만, 민주정에서는 파벌 간 분쟁만 발생
하며, 민중과의 관계에서는 중요한 분쟁이 거의 발생하지 않는다. 또한,
중산층이 구성원인 정치체제는 과두정보다는 민주정에 더 가깝고, 이러
한 정치체제들 중에서는 가장 안정적이다. 　15

제1장 분쟁과 변혁의 일반적인 원인인 불평등

제2장

분쟁의 구체적인 발단과 원인

분쟁과 변혁은 세 가지 주요한 원인에서 발생한다. 이 원인들은 분쟁의 기본적인 근원, 목적 그리고 발단이 되는 요소다. 앞서 언급했듯, 분쟁의 근본적인 원인은 불평등이다. 분쟁을 일으키는 목적은 이득과 명예를 얻거나, 반대로 불이익과 불명예를 피하는 것이다. 분쟁의 발단이 되는 원인은 이득, 명예, 오만함, 두려움, 우월함, 경멸 그리고 어느 한 집단이 과도하게 비대해지는 것 등 일곱 가지가 필연적인 원인이며, 선거 공작, 부주의, 사소한 변화, 동질성 결여 등은 우연적인 원인이다.

20 우리는 분쟁과 정치체제의 변혁이 발생하는 원인을 분석하고 있으므로, 그 발단과 원인을 전반적으로 살펴보는 것이 필요하다. 이러한 발단과 원인은 대략 세 가지로 분류될 수 있다. 세 가지 중 첫 번째는 사람들이 어떤 생각에서 분쟁을 일으키는지, 두 번째는 분쟁을 일으키는 목적이 무엇인지, 그리고 세 번째는 정치적 혼란과 분쟁의 발단이 무엇인지를 살펴보는 것이다.

사람들이 어떤 생각에서 정치체제를 변혁하려고 하는지에 대한 일반적인 이유는 이미 앞서 언급했다. 즉, 평등을 추구하는 사람들은 자신이 더 많이 가진 자들과 평등하다고 생각하는데도 불구하고 적게 가지고 있다고 느껴 분쟁을 일으키며, 자신이 다른 사람들과 평등하지 않고 우월하다고 생각하는 사람들은 스스로 평등하게 갖거나 더 적게 가졌다고 느낄 때 분쟁을 일으킨다. 이러한 생각은 정의로울 수도 있고, 그렇지 않을 수도 있다. 덜 가진 사람들은 평등하게 가지기 위해 분쟁을 일으키고, 평등하게 가진 사람들은 더 가지기 위해 분쟁을 일으킨다. 이것이 사람들은 어떤 생각에서 분쟁을 일으키는지에 대한 대답이다. 25 30

다음으로, 사람들이 분쟁을 일으키는 목적은 이득과 명예를 얻거나, 불이익과 불명예를 피하는 것이다. 사람들은 자신이나 그들이 소중하게 여기는 사람의 불명예와 손해를 피하기 위해 분쟁을 일으킨다.

사람들이 분쟁을 일으키게 만드는 원인과 계기는 크게 일곱 가지 이상으로 분류할 수 있다. 그중 두 가지는 앞서 언급한 이득과 명예이지만, 그 방식은 앞서 언급한 것과 동일하지 않다. 사람들은 이득과 명예를 위해 서로 싸우지만, 그것을 얻기 위해 싸우는 것이 아니라, 때로는 다른 사람들이 정당하게, 때로는 부당하게 그것을 더 많이 가졌다고 생각했을 때 분쟁을 일으킨다. 35 40 1302b1

그 외 다른 원인으로는 오만함, 두려움, 우월함, 경멸 그리고 국가 내 어느 한 집단이 비정상적으로 비대해지는 것 등이 있고, 추가 원인으로는 선거 공작, 부주의, 사소한 변화, 동질성 결여 등이 있다. 5

각 원인별 구체적 사례들(1)

아리스토텔레스는 분쟁을 일으키는 다양한 원인을 구체적으로 설명한다. 오만함, 이득 추구, 명예, 우월함, 두려움, 경멸, 국가의 한 부분이 비대해지는 것, 선거 공작, 부주의, 사소한 변화, 동질성의 결여 등이 그것이다.

오만함과 이득 추구가 분쟁의 원인이 되는 방식은 꽤 명확하다. 공직자들이 오만하고 이기적일 때, 그들의 탐욕은 공적인 재산과 개인적인 재산에 모두 영향을 미친다. 이럴 때 사람들은 이러한 공직자들에 맞서

10　싸우고, 그들에게 권력을 주는 정치체제와도 싸우기 때문이다.

명예 추구가 어떻게 분쟁의 원인이 되는지는 분명하다. 자격 없이 명예를 얻거나, 자격 있음에도 불명예를 당하는 것은 불의하다. 반대로, 자격에 걸맞게 명예를 얻고, 자격 없이 불명예를 당하는 것은 정의롭다. 이에 비추어볼 때, 사람들은 자신이 불명예를 당하거나 다른 이가 명예를 얻는 것을 보고 분쟁을 일으킨다.

15　우월함도 분쟁의 원인이 될 수 있다. 한 사람이나 소수가 국가와 정

부 권력보다 더 큰 권력을 가질 때, 이는 군주정이나 족벌정으로 이어질 수 있다. 이런 이유로 아르고스[220]나 아테네와 같은 몇몇 국가에서는 도편추방제를 시행한다. 하지만 이런 일이 일어나고 나서 나중에 고치려는 것보다 처음부터 지나친 권력을 가진 사람들이 나타나지 않도록 주의하는 것이 중요하다. 20

두려움 역시 분쟁을 일으키는 요인이다. 범죄를 저지른 후 처벌받을 것을 두려워하거나, 앞으로 부당한 일을 당할 것을 두려워하는 사람들은 부당한 일을 당하기 전에 먼저 공격한다. 예를 들어, 로도스[221]에서는 민중이 귀족에게 소송을 제기했을 때, 귀족들이 한데 뭉쳐 민중에 맞선 일이 있었다.

경멸 또한 분쟁의 불씨가 된다. 과두정 체제하에서는 국정 참여가 25 금지된 다수가 자신들이 더 우월하다고 여기거나, 민주정에서 부자들이 나라의 혼란과 무정부 상태를 비웃을 때 분쟁이 발생한다. 예를 들어, 테베에서는 오이노피타 전투[222] 이후에 나타난 국정 부패로 민주정이 와해되었고, 메가라에서는 무질서와 무정부 상태로 인한 전쟁 패배로 민주정 30

....

220 "아르고스"는 펠로폰네소스 반도 중동부에 있던 도시국가다. 기원전 2,000년경에 발칸반도 북부에서 내려온 아카이아인이 건설했고, 기원전 7세기 페이돈 왕 치세 아래에서 전성기를 구가해 펠로폰네소스 반도의 패권을 두고 스파르타와 경쟁했으며, 델로스 동맹과 펠로폰네소스 동맹이 싸울 때도 중립을 지켰다.

221 "로도스"는 소아시아(아나톨리아) 서남부 해안 카리아 지방 아래 에게해에 있는 그리스 식민지인 섬이다. 헬라스인인 이오니아인과 도리아인이 이 지방의 서쪽 해안에 식민도시로 건설한 섬들을 그리스어로 '도데카네사'($\Delta\omega\delta\epsilon\kappa\acute{\alpha}\nu\eta\sigma\alpha$, "열두 개의 섬")라 불렀는데, "로도스"는 그중에서 가장 큰 섬이다.

222 "오이노피타 전투"는 제1차 펠로폰네소스 전쟁 시기인 기원전 457년에 아테네와 보이오티아 도시국가들 사이에서 벌어졌다. 그리스 중부 최대의 도시국가 "테베"는 스파르타의 도움으로 보이오티아를 장악하려다 아테네군에게 패했다. "메가라"는 그리스 남부 코린토스 지협 남안에 있는 도시국가다.

제3장 각 원인별 구체적 사례들(1)
....

이 와해되었다. 시라쿠사에서는 겔론[223]이 지배자가 되기 전에 이미 민주정이 와해된 상태였고, 로도스에서는 귀족들이 민중을 경멸해 봉기함으로써 민주정이 와해되었다.

국가의 한 부분이 과도하게 부풀어오르는 것도 분쟁을 일으키는 요인이다. 몸의 여러 부분이 균형을 이루어야 하듯이, 국가의 여러 부분도 균형을 이루어야 한다. 이 균형이 맞지 않으면, 예를 들어, 두 발은 4페퀴스[224]인데 몸통은 3스피타메라라면, 국가의 몸통이 망가진다. 그리고 국가의 한 부분이 양적으로 뿐만 아니라 질적으로도 과도하게 커지면, 그 국가는 다른 동물의 모습을 갖추게 될 수도 있다.

국가란 것도 여러 부분이 합쳐진 복잡한 구조다. 그리고 그중 한 부분이 알지 못하는 사이에 비정상적으로 커지는 경우가 자주 발생한다. 이런 현상은 민주정과 혼합정에서 특히 두드러지는데, 가난한 사람들의 수가 과도하게 늘어나는 것이 그 예다. 이런 변화는 때때로 우연히 일어나기도 한다. 예를 들어, 타라스[225]에서는 메디아 전쟁 직후에 귀족들이 이아피기아인과의 전투에서 패배하여 많은 수가 죽었고, 이로 인해 기존의 혼합정이 민주정으로 전환되었다. 아르고스에서는 일곱째 날의 사람

....

223 "겔론"(기원전 478년에 죽음)은 시칠리아섬의 그리스 식민도시인 "시라쿠사"와 겔라의 참주였다. 겔론은 원래 겔라의 참주였는데, 시라쿠사 민중이 그들의 통치자인 가모리를 추방하자 귀족들이 겔론에게 도움을 요청했다. 이렇게 시라쿠사는 민중의 주도 아래서 거의 무정부 상태로 있다가 겔론에 의해 별다른 저항 없이 무너졌다.

224 '페퀴스'는 손목부터 팔꿈치까지의 길이이고, '스피타메'는 엄지손가락에서 새끼까지의 한 뼘의 길이다.

225 "타라스"는 기원전 8세기에 스파르타인이 남부 이탈리아의 해안에 세운 식민도시다. 고대 그리스인은 "페르시아 전쟁"(기원전 492-479년)을 "메디아 전쟁"이라고 불렀다. "이아피기아인"은 기원전 1,000년부터 1세기까지 남동 이탈리아의 "이아피기아"라는 도시에 살던 사람들이다.

들[226]이 라콘인의 왕 클레오메네스에게 죽임을 당하자, 농민들 중 일부를 시민으로 받아들일 수밖에 없었다. 아테네에서는 라콘인과의 전쟁에서 보병들이 패배하여 징집 명단에 따라 참전한 귀족들이 전사하면서 그 수가 줄었다. 이런 일은 드물긴 하지만 민주정에서도 발생한다. 부자들의 수가 늘어나거나 그들의 재산이 늘어나면 민주정은 과두정이나 족벌정으로 바뀌기 때문이다.

선거 공작 또한 정치체제의 변혁을 가져올 수 있다. 헤라이아[227]에서는 선거 공작을 벌인 자들만 공직에 선출될 수 있었기에, 공직자 선출 방식이 투표제에서 제비뽑기로 바뀌었다.

정치체제 변혁은 때로는 부주의에서 비롯될 수 있다. 기존의 정치체제에 우호적이지 않은 사람들이 국가의 최고 권력을 지닌 공직으로 진출하는 경우, 정치체제 변혁으로 이어질 수 있다. 예를 들어, 과두정이었던 오레오스[228]에서 헤라클레오도로스가 최고 통치자 중 한 명이 되어 과두정은 와해되고, 혼합정 또는 민주정이 세워졌다.

가끔 사소한 변화가 정치체제의 변화를 촉발시킬 수 있다. 이러한 사소한 변화가 무시되었을 때, 뜻하지 않게 정치체제의 큰 변화를 불러

....

226 "클레오메네스"(재위 기원전 약 524-490년)는 스파르타의 왕들 중에서 가장 중요한 인물 중 하나다. 기원전 494년에 "클레오메네스"는 아르고스를 침공해 티린스 근방의 세페이라에서 6,000명에 달하는 아르고스의 대군을 전멸시켰다. 이 전투가 그달 제7일에 벌어졌기 때문에 이 전투에서 전사한 자들은 "일곱째 날의 사람들"이라 불린 것으로 보인다.

227 "헤라이아"는 펠로폰네소스 반도 중부 아르카디아 지방에서 가장 중요한 도시로, 북서부의 엘리스 지방과 경계를 이루고 있다. 아르카디아에서 엘리스에 있는 고대 그리스의 성지 올림포스까지 뻗어 있는 대로상에 있다.

228 "오레오스"는 고대 그리스 에우보이아섬 북쪽 해안에 있던 도시다. "헤라클레오도로스"에 대해서는 알려진 것이 없다.

제3장 각 원인별 구체적 사례들(1)
....

오는 경우가 자주 있다. 예를 들어, 암브라키아[229]에서는 공직자가 되기
25 위한 재산 요건을 낮추었다가, 결국 재산 요건을 폐지해버렸다.

종족이 다른 경우에도 그들이 서로 동화될 때까지는 분쟁의 원인이
된다. 잡다한 사람들이 모여 국가를 이루었다고 해서 항상 국가가 형성
된 것은 아니다. 다른 종족들을 이주민이나 거주민으로 받아들인 국가에
서는 거의 항상 분쟁이 발생했다. 예를 들어, 아카이아인[230]과 트로이젠
인은 시바리스를 함께 개척하고 살았지만, 아카이아인의 수가 늘어나자
30 트로이젠인을 추방했다. 이로 인해 시바리스인은 저주를 받았다. 투리오
이에서 시바리스인은 그 지역이 자기 영토라고 주장하며 다른 종족과 싸
웠고, 결국 그 지역에서 추방된 것이다. 비잔티온에서는 이주민들이 반
란을 일으켰지만 실패하고, 무력으로 추방당했다.
35 안티사인[231]은 키오스 출신의 망명자들을 받아들였다가, 나중에는

....

229 "암브라키아"는 기원전 650년경에 코린토스의 참주 키프셀루스의 아들 고르고스
가 그리스 북부 에피로스 지방 해안에 건설한 도시다. 고르고스의 아들 페리안드
로스가 추방된 뒤에는 강력한 민주정이 실시되었다.

230 "아카이아"는 펠로폰네소스 반도 북동부 지방의 명칭이다. 고전 시대 이후에 "아
카이아인"은 아카이아 지방에 사는 사람들을 가리킨다. "트로이젠"은 펠로폰네
소스 반도 남동부에 있는 도시로, 아테네의 남서쪽에 있다. "시바리스"와 "투리오
이"는 그리스인이 남부 이탈리아 해안에 세운 식민도시들로, "시바리스"는 기원전
720년에 아카이아인과 트로이젠인이 남부 이탈리아 타란토만(灣)에 세웠고, "시
바리스"와 인접한 "투리오이"는 기원전 443년에 아테네인이 세웠지만, 트로이젠
인은 그곳이 시바리스의 관할 지역이라며 자신의 소유권을 주장했다. "비잔티온"
은 흑해의 관문에 있는 도시로, 기원전 7세기에 메가라인에 의해 그리스 식민도시
가 되었다.

231 "안티사"는 소아시아 서부 에게해에 있는 그리스 식민지 레스보스섬의 한 도시다.
레스보스섬에서 가장 크고 유명한 도시는 "미틸레네"다. "키오스"는 레스보스 옆
에 있는 섬으로, 이오니아 동맹의 열두 도시국가 중 하나였다.

무력을 사용해 그들을 추방했다. 잔클레인[232]은 사모스 출신의 이민자들을 받아들이다가 오히려 그들에게 추방당했다. 흑해 연안의 아폴로니아인[233]은 이주민들을 받아들였다가 분쟁이 발생했고, 시라쿠사에서는 참주들의 시대가 끝난 후 외국인들과 용병들에게 시민권을 주었다가 분쟁 1303b1 이 일어나 내전으로 빠져들었다. 암피폴리스[234]에서는 칼키디케 출신의 이주민들을 받아들였다가 오히려 그들에게 대부분 추방당했다.

앞서 말했듯 과두정에선 대중이 국정 참여에 있어 소수인 귀족들과 동등함에도 불구하고, 그들이 부당하게 대우받아 국정 참여에 제약을 느끼는 상황에서 분쟁이 일어난다. 반면, 민주정에서는 귀족들이 스스로를 5 민중과 동등하지 않다고 여기면서도 국정에 평등하게 참여한다고 생각해 불만을 품고 분쟁을 일으키곤 한다.

영토 자체가 국가를 이루기에 적합하지 않다면, 그 지리적 위치 또한 분쟁의 원인이 될 수 있다. 예를 들어, 클라조메나이[235]에서는 본토에 사는 키톤 사람들과 섬에 사는 사람들 사이에 분쟁이 일어났다. 콜로폰 10

....

232 "잔클레"는 기원전 8세기에 그리스인이 건설한 식민도시로, 시칠리아섬 북동쪽 끝에 있다. "사모스"는 소아시아 서부 에게해에 있는 그리스 식민지로, 키오스 남쪽에 있는 섬이다.

233 "아폴로니아"는 시칠리아섬에 있던 고대 그리스의 식민도시다. 그리스의 식민도시였던 시칠리아섬의 시라쿠사의 참주 디오니시오스 1세가 카르타고인의 침략에 대비해 전초 기지로 세운 도시다.

234 "암피폴리스"는 기원전 437년에 아테네인이 북부 트라케 지방의 해안에 세운 항구 도시다. "칼키디케"는 트라케 지방에서 에게해 북서쪽으로 뻗어 나온 큰 반도다.

235 "클라조메나이"는 원래 소아시아 이오니아 지방 해안에 있던 고대 그리스 식민도시였는데, 그 주민들은 기원전 5세기 초에 페르시아에 반기를 들었다가 해안에서 조금 떨어진 카란티나섬으로 이주당했고, 그 후 기원전 5세기 말에 원래 있던 해안 지역에는 "키톤"이라는 도시가 건설되었다. 이 두 도시 간에는 알력이 아주 심했다.

제3장 각 원인별 구체적 사례들(1)
·········

인[236]은 노티온인과 분쟁을 일으켰다. 아테네에서도 모든 사람이 동일하지 않아, 페이라이에우스에 사는 사람들은 도시 중심부에 사는 사람들보다 더 민주적이라는 차이가 있었다.

전쟁에서 아무리 작은 강이라도 그곳을 건너는 과정에서 대오가 흐트러지는 것처럼, 모든 차이는 분열을 만들어낸다. 그중에서 가장 큰 분열을 만들어내는 것은 미덕과 악덕의 차이이고, 그다음으로는 부와 가난의 차이가 있다. 이 외에도 크고 작은 차이들이 크고 작은 분열을 만들어내는데, 그중 하나가 방금 언급한 지리적 차이로 발생하는 분열이다.

....

236 "콜로폰"은 기원전 1천 년경에 소아시아 이오니아 지방에 있던 고대 그리스 식민도시다. 이오니아 동맹에 속한 열두 도시 중 가장 오래된 도시였던 것으로 보인다. "노티온"은 소아시아 아이올리스 지방에 있던 고대 그리스 식민도시로, "콜로폰"과 가까운 해안에 있던 항구 도시다.

각 원인별 구체적 사례들(2)

사소한 분쟁이라도 국가의 최고 권력자들 사이에서 발생하면 엄청난 결과를 초래한다. 국가의 특정 부분이나 공직이 명성을 얻거나 비대해지면, 이는 그 자체로 정치체제의 변혁을 일으킬 수 있다. 일반적으로, 국가의 분쟁을 일으키는 주체는 국가를 강대국으로 만드는 데 중요한 역할을 하는 개인, 공직자, 부족 또는 국가의 일부를 이루는 어떤 집단이다. 또한 국가에 서로 대립하는 두 집단(예를 들어 부자와 민중)이 존재하고, 중산층이 없거나 극히 적은 경우에도 정치체제의 변혁이 발생한다. 이러한 변혁은 무력이나 기만을 통해 이루어진다.

분쟁은 사소한 일로부터 발생하지만, 그 이면에는 사소하지 않은 큰 문제가 숨어 있다. 사소한 분쟁일지라도 국가의 최고 권력을 지닌 자들 사이에서 발생하면 그 파급력은 엄청나다. 과거 시라쿠사에서 발생한 일 20 이 그 예이다. 공직에 있던 두 젊은이가 동성애 연인 때문에 발생한 사소한 분쟁으로 인해 정치체제가 바뀌었다. 두 젊은이 중 한 명이 집을 떠나 있는 동안, 다른 한 명이 그의 동성애 연인을 유혹했다. 이에 분노한 그

25 젊은이는 상대방의 아내를 유혹하여 자신에게 오게 했고, 이로 인해 국
가의 지배층 전체가 둘로 갈라져 각각 파당을 이루었다.

그러므로 이런 분쟁은 애초에 일어나지 않도록 조심해야 하며, 국가
지도자들 사이에 분쟁이 발생한 경우에는 즉시 종식시켜야 한다. 문제는
30 시작 단계에서 발생하며, 시작이 반이라는 말처럼, 시작 단계에서 저지
른 작은 잘못은 그 후의 모든 잘못을 합한 것만큼이나 큰 결과를 초래할
수 있기 때문이다.

귀족들[237]이 서로 분쟁하게 되면, 이는 대체로 국가 전체를 분쟁에
휘말리게 만든다. 예를 들어, 헤스티아이아[238]에서는 메디아와의 전쟁
후, 아버지의 유산을 두고 두 형제간에 분쟁이 일어났다. 재산이 많은 형
35 제가 아버지의 유산과 보물을 공개하지 않자, 재산이 적은 형제는 민중
의 지지를 얻기 위해 노력했고, 재산이 많은 형제는 부자들의 지지를 얻
기 위해 노력했다.

델포이[239]에서는 혼인을 둘러싼 분쟁이 훗날 많은 분쟁의 시작점이
1304a1 되었다. 신랑이 신부 집에 와서 우연한 사건을 불길한 전조로 보고 신부
를 데리고 가지 않고 홀로 떠나버렸다. 이에 격노한 신부 쪽 사람들이 신
랑이 제사를 지내는 동안 그의 물건에 성물을 숨겨 넣었다가 도난범으로
몰아 죽였다. 이 일이 계기가 돼 훗날 델포이에서 많은 분쟁이 빚어졌다.

....

237 "귀족들"로 번역한 '그노리모스'(γνώριμος)는 "유명한 자들"이라는 뜻이다.

238 "헤스티아이아"는 그리스 중부 에우보이아섬 북부 해안에 있던 도시다. 앞에서는
"오레오스"로 지칭했는데, 기원전 5세기 이전에는 "헤스티아이아"로 불렸다. "메
디아와의 전쟁"은 페르시아 전쟁을 가리킨다.

239 "델포이"는 신탁으로 유명한 아폴론의 신전이 있던 고대 도시로, 그리스 중부 포
키스 지방에 있다.

미틸레네[240]에서는 상속녀들을 둘러싸고 벌어진 분쟁이 아테네인과 5
의 전쟁을 다시 일으켜, 파케스에 의해 도시가 점령되는 등 수많은 재앙
의 시작점이 되었다. 티모파네스라는 부유한 사람이 두 딸을 남긴 채 세
상을 떠나자, 덱산드로스가 그 딸들을 자기 아들들의 아내로 삼으려다
거절당하면서 분쟁이 일어났다. 이로 인해 현지 아테네인이 분노하게 되
어, 그들을 보호하기 위해 그곳에 주둔하고 있던 파케스가 도시를 점령 10
하게 된 것이다.

포키스인[241] 사이에서는, 므나손의 아버지 므나세아스와 오노마르코
스의 아버지 에우티크라테스가 상속녀를 두고 분쟁을 벌이면서, 결국 포
키스인 전체가 연루된 신성 전쟁의 발단으로까지 번졌다.

에피담노스에서도 결혼 문제로 인해 분쟁이 일어나 정치체제가 변

....

240 "미틸레네"는 소아시아 서부 해안 그리스 식민지인 레스보스섬의 가장 큰 도시다.
여기에 언급되지는 않았지만, "티모파네스"는 아테네인이었고, "덱산드로스"는 미
틸레네인이었으며, "파케스"는 그곳의 아테네인을 보호하기 위해 주둔해 있던 군
대의 지휘관이었을 것이다. 고대 그리스 역사가 투키디데스(기원전 약 460-400년)
는 기원전 428년에 일어난 미틸레네의 반란을 자세하게 서술한다. 그는 결혼을
둘러싼 분쟁에 대해서는 전혀 언급하지 않지만, 이 작은 사건이 그들의 반란을 점
화시킨 불씨가 되었을 것이다.

241 "포키스"는 그리스 중부에 있는 지방으로 코린토스만 연안에 있다. "신성 전쟁"은
고대 그리스에서 아폴론 신에 대한 모독 행위를 막기 위해 결성된 인보동맹이 델
포이의 아폴론 신전에 대해 불경죄를 범한 도시들과 세 번에 걸쳐 싸운 전쟁을 가
리킨다. "포키스인"은 기원전 449-448년에 델포이를 점령했다가 스파르타와 전
쟁을 벌였고(제2차 신성 전쟁), 기원전 356년에 다시 델포이를 점령함으로써 제3차
신성 전쟁이 발발해 10년 동안 싸우다가 결국 패해 인보동맹에서 축출되었다. 여
기에 언급된 것이 어느 신성 전쟁의 발단이 되었는지는 확실하지 않다. 인보동맹
(Ἀμφικτυονία, Amphictyony)은 고대 그리스에서 특정 신전이나 성지를 중심으로 형
성된 종교적 동맹을 말한다. "므나세아스"와 "에우티크라테스"는 최고 공직자들이
었을 것이고, 각자 자기 아들을 상속녀와 결혼시키려다 분쟁이 일어났던 것으로
보인다.

제4장 각 원인별 구체적 사례들(2)
....

15 혁되었다. 어떤 사람이 자기 딸을 한 젊은이와 약혼시켰는데, 나중에 그 젊은이의 아버지가 공직을 맡게 되자 그 딸의 아버지에게 벌금을 부과했고, 그러자 그 딸의 아버지는 국정에서 배제된 사람들을 규합해 기존의 정치체제를 위협했기 때문이었다.

　　국가의 특정 공직이나 부분이 명성을 얻거나 비대해지면, 정치체제

20 가 과두정, 민주정 또는 혼합정으로 바뀔 수 있다. 예를 들어, 아테네에서는 아레이오스 파고스 평의회가 페르시아 전쟁 동안 명성을 얻게 되어 기존의 정치체제가 강화되는 것처럼 보였다. 하지만 민중이 해군에 참여하여 아테네가 살라미스 해전에서 승리하고 해상 권력을 장악함으로써, 민주정이 다시 강력해졌다.[242]

25 　　아르고스에서는 귀족들이 만티네이아 전투에서 라케다이몬인을 상대로 승리하면서 명성을 얻게 되자, 민주정을 무너뜨리려는 시도가 있었다.[243] 시라쿠사에서는 아테네인과의 전쟁에서 결정적인 역할을 한 민중이 혼합정을 민주정으로 바꾸었다.[244] 칼키스에서는 민중이 귀족들과 손

....

242 "아레이오스 파고스 평의회"는 아테네의 최고 통치자인 '아르콘'을 역임한 사람들로 이루어진 원로회의였다. 이 평의회는 페르시아 전쟁에서 지도력을 보여줌으로써 귀족들의 힘이 강화되었지만, 기원전 480년에 페르시아 전쟁을 승리로 이끈 살라미스 해전에서 가난한 시민들이 8드라크마를 받고 해군으로 들어가 큰 전공을 세우면서 도리어 민중의 세력이 강화되어 민주정이 더욱 힘을 얻게 되었다.

243 "만티네이아"는 펠로폰네소스 반도 중부 아르카디아 지방의 도시다. 기원전 418년에 "만티네이아 전투"라고도 불리는 육지 전투가 벌어졌는데, 이는 아테네를 중심으로 한 델로스 동맹과 스파르타를 중심으로 한 펠로폰네소스 동맹간의 대규모 충돌이었다. 여기서 "아르고스"는 아테네 편에 섰다. 이 전투에서 최후의 승리는 스파르타에 돌아갔다. 하지만 "아르고스의 귀족들"은 잘 싸웠고, 반면 아르고스의 민중은 형편없이 패배한 데다 민주정을 대표하는 아테네가 패배하자 사기가 저하되어 있었다. 그러자 귀족들은 이 기회를 이용해 스키온의 민주정을 폐하고, 아르고스의 민주정도 전복시키고자 했다.

244 기원전 415-413년, 아테네인은 펠로폰네소스 전쟁을 위해 더 많은 자원을 확보하

잡고 참주 폭소르를 축출한 후, 이어서 정권을 잡았다.²⁴⁵ 암브라키아에 　30 서도 비슷한 사건이 벌어졌다. 민중이 참주 페리안드로스의 반대자들을 도와 참주를 축출한 후 자신들이 정권을 장악해버렸다.²⁴⁶

분쟁을 일으키는 자들은 국가를 강한 국가로 만드는 데 결정적인 역 할을 한 개인이나 공직자나 부족이나 국가의 일부인 어떤 집단일 수 있 　35 다는 것을 잊어서는 안 된다. 그런 자들은 자신이 다른 사람들보다 우월 하다고 여기는 까닭에 남과 동등하게 대우받는 것에 만족하지 않고, 또 한 그들이 명예를 얻는 것을 시기하는 자들이 분쟁을 일으키기도 한다.

국가를 이루고 있는 두 대립 집단, 예컨대 부자들과 민중이 있고, 중 산층이 없거나 극히 적은 경우에도 정치체제의 변혁이 발생한다. 국가를 　1304b1 이루고 있는 집단들 중에서 어느 한 집단이 월등히 강하면, 다른 집단들 은 자신보다 강하다는 것이 명백하게 드러나는 그 집단을 상대로 싸우려 는 용기를 낼 수 없기 때문이다. 따라서 미덕에서 뛰어난 사람들은 자신 이 다수보다 소수라는 것을 알고 있으므로 분쟁을 일으키지 않는다고 할 　5 수 있다.

모든 정치체제에서 분쟁과 변혁의 발단과 원인은 이런 것이다. 정치 체제는 어떤 때는 무력으로, 어떤 때는 속임수로 바뀐다. 때로는 즉시 힘 을 사용하기도 하고, 때로는 시간을 두고 힘을 발휘하기도 한다. 속임수 　10

....

고자 시라쿠사와 전쟁을 벌였다. 그러자 시라쿠사인은 스파르타의 지원을 받아 수천 명에 달하는 아테네인을 죽이거나 굶주려 죽게 했고, 200척의 함선들을 파 괴했다.

245 "칼키스"는 에우보이아섬의 주요 도시에서 가장 큰 도시다. "참주 폭소르"에 대해 서는 알려진 것이 없다.

246 "암브라키아"는 기원전 650년경에 코린토스의 참주 키프셀루스의 아들 고르고스 가 그리스 북부 에피로스 지방 해안에 건설한 도시다. 고르고스의 아들 페리안드 로스가 추방된 뒤에는 강력한 민주정이 실시되었다.

제4장 각 원인별 구체적 사례들(2)
....

를 쓰는 방법도 두 가지가 있다. 하나는 처음부터 속임수로 사람들의 동의를 얻어 체제를 바꾸고, 그 다음에는 힘으로 그 체제를 지키는 것이다. 예를 들어, 아테네의 400인회는 라케다이몬인과의 전쟁에 필요한 자금을 페르시아 왕이 지원하겠다고 거짓말로 민중을 속였다가, 거짓임이 드러나자 무력으로 정치체제를 유지하려 했다.[247] 다른 하나는 처음에도 민중을 설득해 정치체제를 변혁시키고, 그런 후에도 계속해서 민중을 설득하여 동의를 얻어 정치체제를 유지하는 것이다.

결국, 이런 원인들이 모든 정치체제에서 변혁을 일으키는 것이다.

....

[247] 기원전 411년, 아테네의 시라쿠사 원정이 실패로 끝나면서 재정난에 직면하자, 민주정에 반대하던 멜로비우스와 피토도로스를 중심으로 한 귀족들은 엘리트 중심의 과두정 수립을 모의했다. 이들은 스파르타와의 전쟁 자금을 페르시아 왕이 지원하기로 했다고 민중을 속인 뒤, 400인회라는 과두정 체제를 세웠다. 그러나 이 과두정은 온건파와 강경파 간의 내분으로 인해 불과 4개월 만에 붕괴되고 말았다.

민주정과 정치체제의 변혁

민주정에서는 주로 민중 선동가들이 오만방자하게 굴기 때문에 변혁이 발생한다. 예전에는 민중 선동가가 장군이었으므로 정치체제의 변혁이 일어나면 참주정으로 바뀌곤 했다. 또한, 국가의 중요한 공직이 몇몇 사람에게 집중되었기 때문이기도 하고, 국가가 크지 않은 데다가 민중에게 여가가 없었기 때문이기도 했다. 하지만 지금은 민중 선동가들에 의해 주도되는 민주정은 기존의 민주정과는 달리 민중이 법 위에 있는 가장 새로운 형태의 민주정이다.

이제 이런 변혁의 원인들이 각각의 정치체제에서 어떤 식으로 일어나고, 그런 일이 일어났을 때 무슨 일이 벌어지는지를 하나씩 자세히 살 20 펴보자.

민주정에서는 주로 민중 선동가들이 오만방자하게 굴기 때문에 변혁이 발생한다. 민중 선동가들은 부자들을 개별적으로 거짓 고발하여 몰락시키는 한편, 대중을 선동하여 부자 계층 전체를 공격한다. 그러면 아무리 사이가 나쁜 사람들도 공동의 위협 앞에서는 단결하는 법이어서,

25 부자들이 똘똘 뭉치게 된다. 우리는 이런 일이 자주 일어나는 것을 본다.

　　예를 들어, 코스[248]에서는 사악한 민중 선동가들의 등장으로 인해 귀족들이 단결하면서 민주정이 변혁되었다. 로도스에서 민주정이 변혁된 것도 민중 선동가들이 시민들에게는 수당을 지급하면서 삼단노선 선장들에게는 비용을 지불하지 않았고, 이로 인해 삼단노선 선장들이 재판에

30 회부되기까지 하자,[249] 단결해서 민주정을 무너뜨릴 수밖에 없었기 때문이었다.

　　헤라클레이아에서도 식민지 개척 직후에 민중 선동가들 때문에 민주정이 무너졌다. 민중 선동가들에게 박해를 받아 도시를 떠난 귀족들이 세력을 규합한 후에 다시 귀국하여 민주정을 무너뜨렸기 때문이다. 마찬

35 가지로 메가라에서도 민주정이 그런 식으로 무너졌다. 민중 선동가들이 귀족들의 재산을 몰수해 국고로 귀속시키기 위해 많은 귀족을 추방했는데, 그렇게 추방된 귀족들의 수가 많아지자, 그들은 세력을 규합해 다시 귀국해서 민중과 싸워 이긴 후에 과두정을 세웠기 때문이다. 키메에서도

....

248 "코스"는 소아시아 서부 에게해 동남부에 있는 고대 그리스 식민지인 12개 섬 중 하나다. 기원전 11세기에는 도리아인이 이 섬에 식민지를 건설했고, 의학의 아버지 히포크라테스(기원전 약 460-377년)의 고향이기도 하다. "로도스섬"은 소아시아 카리아 지방 아래 에게해에 있다. 소아시아 서부 에게해에 있는 그리스 식민지인 12개의 섬 중에서 가장 큰 섬이다.

249 "삼단노선"은 노 젓는 자리를 3단으로 설치해 빠른 기동력을 발휘하는 배로, 기원전 7-4세기에 지중해를 지배하는 전함 역할을 했다. "삼단노선 선장들"은 아테네에서 재산등급 제1등급인 "500메딤나이급"에 속한 가장 부유한 시민이었다. 삼단노선은 국유였고 함선을 지휘하는 것은 함장이었지만, 함선을 유지하고 보수하는 데 드는 비용은 모두 선장이 부담했다. 그런데 민중 선동가들이 선장들에게 국고 보조금을 주지 않자, 선장들은 함선을 유지하고 보수하는 일에 동원한 기술자들에게 비용을 지불하지 못하거나 그럴 수 없었고, 이 때문에 기술자들의 고소로 재판에 회부되기까지 했다.

그런 일이 일어나서, 민주정이 트라시마코스에 의해 무너졌다.[250]

다른 국가들을 살펴보아도 정치체제의 변혁이 이런 식으로 일어난다는 것을 알 수 있다. 민중 선동가들은 민중의 환심을 얻기 위해 귀족들에게 공공 봉사[251]를 부과해 그들의 재산이나 수입을 줄어들게 하거나, 부자들의 재산을 몰수해 국고로 귀속시키기 위해 거짓으로 고발하는 방식으로 귀족들과 부자들을 박해함으로써 그들로 단결하게 만들기 때문이다.

예전에는 민중 선동가인 동시에 장군이었던 사람들이 참주정으로 변혁을 이끌었다. 이들 참주들은 대부분 민중 선동가 출신이었다. 장군들이 민중 선동가였던 예전과 달리, 지금은 수사학이 발달하여 말을 잘하는 사람들이 민중 선동가가 되지만, 그들은 전쟁에 무지하기 때문에 장군이 되려고 하지는 않는다.

또한, 예전에 참주정이 더 많았던 것은 국가의 중요 공직이 소수에게 맡겨져 있었기 때문이기도 했다. 예컨대 밀레토스에서는 여러 중요한 권한을 가진 '프리타니스'라는 공직이 있었으므로 참주정을 세울 수 있

....

250 "헤라클레이아"는 흑해 연안에 있던 도시로, "메가라"의 식민지였다. 메가라는 그리스 남부 코린토스 지협 남쪽에 있는 도시국가로, 아테네와 코린토스 사이에 있었다. "키메"는 소아시아 서부 해안에 있는 고대 그리스의 식민도시로, 리디아 근방 아이올리스 지방에 있었는데, 아이올리스 지방에서 가장 크고 중요한 교역 중심지였다. 아이올리스 지방은 소아시아 서부와 북서부 연안과 레스보스를 비롯한 인근 섬들로 이루어진 고대 그리스 식민지였다. "트라시마코스"에 대해서는 알려진 것이 없다.

251 "공공 봉사"로 번역한 '레이투르기아'(λειτουργία)는 고대 그리스 아테네에서 부유한 시민들에게 주어졌던 공공 봉사 의무를 가리킨다. '레이투르기아'의 사례로는 종교 제전에서 합창가무단과 관련된 일체의 비용, 제전이나 축제 때 공동식사 비용, 삼단노선을 유지하고 보수하는 비용을 대는 것 등이 있었다.

제5장 민주정과 정치체제의 변혁
....

었다.[252]

또한, 예전에는 국가가 크지 않았고, 민중은 시골에서 일하느라 시
20 간적인 여유가 없어서, 전쟁에 능숙한 민중 지도자들이 참주정을 세우고
자 했다. 이들은 부자들에 대한 적대감을 표현하며 민중의 신임을 얻은
후에 참주정을 세웠다. 예컨대 아테네의 페이시스트라토스는 평지당에
25 맞서 분쟁을 일으켰고,[253] 메가라에서는 부자들이 자신의 가축 떼를 강
변에 있는 다른 사람의 땅에 방목하자, 테아게네스[254]는 그 가축 떼를 도
륙해버렸다. 시라쿠사에서는 디오니시오스가 다프나이오스 등 부자들을
배신하고 고발함으로써[255] 참주가 될 자격을 인정받았다. 그가 부자들에
대해 적대감을 보이자, 민중은 그를 민주정 지지자로 인식하고 그를 신
임했기 때문이었다.

이제는 대대로 전해 내려온 민주정이 가장 새로운 형태의 민주정으
30 로 변혁되고 있다. 공직자들이 재산 자격 요건 없이 선출되고, 민중이 공
직자들을 선출하게 되면서, 공직을 얻고자 하는 사람들이 민중의 환심을

....

252 "밀레토스"는 소아시아 서부 해안에 있던 이오니아 지방의 고대 그리스 식민도시
로, 상업이 발달했고, 최초의 자연철학자이자 밀레토스 학파의 창시자인 탈레스
를 배출한 곳이기도 하다. '프리타니스'(πρύτανις)는 "의장"이라는 뜻이다.

253 고대 그리스 아테네에서는 기원전 9세기부터 과두정을 통해 귀족들이 정권을 장
악해왔으며, 기원전 6-5세기에는 유력한 귀족 가문들 간의 당쟁이 치열하게 벌어
졌다. 리쿠르고스는 과두정을 지지하는 부자들 중심인 평지당을 주도했고, 메가
클레스는 중도 정치를 지향하는 해안당을 이끌었다. 한편, 페이시스트라토스는
민주정을 옹호하는 민중 중심의 산지당을 이끌었다. 결국, 페이시트라토스는
기원전 561년에 민중의 지지를 얻어 참주가 되었다.

254 "테아게네스"는 기원전 7세기에 "메가라"의 참주였다. 그는 부자들의 가축 떼를
도륙함으로써 민중의 지지를 얻어 참주가 되었다.

255 "디오니시오스 1세"(기원전 약 432-367년)는 카르타고와의 전쟁에서 공을 세운 후,
"다프나이오스"가 이끄는 과두정이 전쟁을 수행한 방식을 비판함으로써 민중의
지지를 받아 참주가 되었다.

얻기 위해 민중이 법보다 더 큰 권한을 갖는 방향으로 민중을 이끌고 있기 때문이다. 이런 문제를 해결하거나 최소화하려면, 공직자 선출을 민중 전체가 아닌 부족 단위로 실시해야 한다. 민주정에서는 대부분 이런   35
원인들로 정치체제의 변혁이 일어난다.

제6장

과두정과 정치체제의 변혁

과두정에서 정치체제의 변혁은 주로 두 가지 원인으로 일어난다. 첫 번째는 과두정부의 부당한 억압으로 내부에서 대중이 반란을 일으키는 것이며, 두 번째는 소수가 공직을 독점하면서 공직에서 배제된 부자들이 과두정을 무너뜨리는 것이다. 과두정부의 내부 인사들이 경쟁하며 민중 선동가가 되는 경우나, 방탕한 삶을 즐기며 재산을 낭비하는 경우도 체제 변혁에 큰 영향을 미친다. 또한 과두정 내부에서 또 다른 과두정이 형성되는 경우에도 과두정은 붕괴된다. 변혁은 전시나 평시에도 발생한다. 과두정의 지배층 중 어떤 사람이 결혼이나 소송문제로 모욕을 당해 별도의 파벌을 형성하게 되는 것도 분쟁이 발생하는 주요 경우 중 하나다. 또한, 재산상의 자격 요건과 같은 우연한 요인에 의해 정치체제 변혁이 일어나기도 한다.

　　과두정에서 체제 변혁의 가장 두드러지는 원인 두 가지 중 하나는 과두정부가 대중을 부당하게 억압하는 경우다. 이럴 때는 누구라도 과두정을 무너뜨리는 선봉장이 될 수 있지만, 특히 과두정부의 내부 인사가

이를 주도하면 더욱 그렇다. 실제로 낙소스에서 릭다미스는 이런 역할을 40
맡아[256] 결국 참주가 되었다.

　　과두정부 밖에서 분쟁이 시작되는 다양한 사례 중 한 가지는, 소수 1305b1
가 공직을 독점한 상황에서 부자들이 공직에서 배제됐을 때 그들이 직접
나서서 과두정을 무너뜨리는 것이다. 이런 경우는 마살리아[257], 이스트
로스, 헤라클레이아를 비롯해 많은 국가에서 발생했다. 이들 국가에서는 5
배제된 자들이 정치체제를 변혁시켜 처음에는 형제 중에서 형이 공직을
맡고, 나중에는 동생이 다시 공직을 맡을 수 있게 될 때까지 계속해서 소
요를 일으켰다. 일부 국가들에서는 아버지와 아들이, 혹은 형과 동생이
동시에 공직을 맡지 못하도록 금지하고 있었기 때문이었다.

　　이런 방식으로 마살리아에서는 과두정이 혼합정으로, 이스트로스에 10
서는 과두정이 결국 민주정으로 바뀌었으며, 헤라클레이아에서는 정권
이 소수에서 600명에게로 넘어갔다. 크니도스[258]에서도 국정을 독점하던
소수 귀족의 내분으로 인해 과두정에 변혁이 발생했다. 앞서 말했듯 아
버지가 공직을 맡으면 아들은 맡을 수 없고, 형제 중에서는 장남만이 공 15
직을 맡을 수 있었던 것이 원인이었다. 내분으로 귀족 세력이 약해지자,

....

256 "낙소스"는 그리스 본토에서 남동쪽 에게해에 있는 키클라데스 제도에 속한 섬이
다. "릭다미스"는 기원전 6세기 후반 "낙소스"의 참주다. 그는 처음에는 낙소스를
다스렸던 과두정부의 일원이었지만, 아테네의 참주 페이시스트라토스를 도와주
고 나서 그의 도움으로 참주가 되었다.

257 "마살리아"는 기원전 600년경에 소아시아 해안 그리스 식민지 포카이아에 살던
이오니아인이 오늘날 론강 동쪽에 있는 프랑스의 지중해 해안에 세운 그리스 식
민도시다. "이스트로스"는 소아시아 서부 그리스 식민지인 12개의 섬 중 하나다.
"헤라클레이아"는 메가라인이 흑해 연안에 세운 식민도시다.

258 "크니도스"는 라케다이몬인과 아르고스인이 소아시아 서부 카리아 지방에 세운
식민도시다.

민중이 그 기회를 틈타 귀족 중 한 명을 민중의 지도자로 선택하여 귀족들을 제압했다. 에리트라이[259]에서는 과거 바실리스 가문이 과두정을 세우고 국정을 잘 처리했지만, 소수 지배에 반기를 든 민중이 정치체제를 변혁했다.

과두정부 내부의 경쟁자들이 민중을 선동하면 과두정은 내부에서 붕괴될 수 있다. 이러한 민중 선동은 크게 두 가지로 나뉜다. 하나는 과두정부 자체를 대상으로 선동하는 경우다. 과두정부를 이끄는 인원이 극히 소수일지라도, 그중에서도 민중 선동가가 있기 때문이다. 예를 들어, 아테네에서는 30인 참주회 시대에 카리클레스 일파가 30인 참주회를 선동하여 세력을 확장했고,[260] 400인회 시대에는 프리니코스 일파가 400인회를 선동하여 득세했다.[261]

다른 하나는 과두정부의 내부 인사들이 민중을 대상으로 선동하는 경우다. 예를 들면, 라리사에서는 시민 수호자들[262]이 민중에 의해 선출되기 때문에 민중이 선동 대상이 되었다. 재산등급이 높은 계층이나 특

....

259 "에리트라이"는 이오니아인이 소아시아 서부에 세운 식민도시들 중 하나다.

260 "30인 참주회"는 기원전 404년에 펠로폰네소스 전쟁에서 승리한 스파르타가 아테네에 세운 과두정부의 명칭이다. 이 과두정부는 불과 8개월 존속했지만, 그동안에 아테네 인구의 5퍼센트를 죽이고, 시민 재산을 몰수하며, 민주정 지지자들을 국외로 추방하는 등 악명이 높아서 "참주회"라는 명칭을 얻었다. "카리클레스"에 대해서는 별로 알려진 것이 없다.

261 기원전 411년에 아테네의 시라쿠사 침공이 실패로 돌아가면서 재정 위기에 봉착하자, 민주정에 반감을 갖고 있던 멜로비우스와 피토도로스를 주축으로 한 귀족들이 엘리트 중심의 과두정을 세우기 위해, 스파르타인과의 전쟁 자금을 페르시아 왕이 지원하기로 했다고 민중을 기만한 후 400인회라는 과두정을 수립했지만, 이 과두정은 온건파와 과격파 사이의 내분으로 4개월 만에 와해되었다. "프리니코스"는 아테네의 장군으로, 기원전 411년 400인회의 쿠데타를 지지한 인물이다.

262 "라리사"는 그리스 중부 테살리아 지방에서 가장 큰 도시다. "시민 수호자들"(πολιτοφύλαξ, '폴리토퓔락스')은 "라리사"에서 과두정 최고 통치자들의 명칭이다.

정 집단에서 공직자들이 선출되더라도, 공직 출마 계층이 아닌 중무장보   30
병이나 민중이 공직자를 선출하는 과두정 국가에서 이와 같은 일이 발생
하며, 아비도스[263]가 그 예다.

또한 배심원 전체가 지배층에 속하지 않은 곳에서는 재판에서 유리
한 결과를 얻기 위해 민중 선동이 일어나기도 하며, 이 과정에서 정치체   35
제가 변혁되는 경우도 있다. 흑해 연안에 있는 헤라클레이아에서 실제로
그런 일이 일어났다. 또한, 과두정을 이끄는 몇몇 인사가 과두정의 지배
층을 축소하려 할 때도 정치체제 변혁이 발생한다. 이럴 때 공직에 공정
하게 참여하려는 사람들은 민중의 지원을 받아야만 하는 상황이 되기 때
문이다.

과두정의 핵심 인사들이 방탕한 삶을 즐기며 재산을 탕진할 때도 과   40
두정에 변혁이 발생한다. 이런 사람들은 현 상황을 변화시키기를 원하
며, 스스로 참주가 되거나 다른 사람을 참주로 세우기도 한다. 예를 들면,   1306a1
시라쿠사에서는 히파리노스가 디오니시오스를 참주로 세웠고,[264] 암피폴
리스에서는 클레오티모스라는 사람이 칼키디케에서 이민자들을 받아들
인 후 그들이 도착하자마자 파당을 형성해 부자들에게 대항했다.[265] 아이
기나에서도 카레스와 거래하던 사람이 이러한 이유로 정치체제를 변혁   5

....

263 "아비도스"는 헬레스폰테스(다르다넬스 해협)에서 소아시아 연안에 있는 도시다.
펠로폰네소스 전쟁에서 아비도스는 스파르타 편에 서서 아테네에 대항했다.

264 "히파리노스"는 시칠리아섬 시라쿠사의 참주 디온(기원전 408-354년)의 아버지다.
큰 부자였던 그는 사치와 방탕한 삶으로 재산을 탕진하자, 자기 권력을 유지하기
위해 사위 디오니시오스 1세(기원전 약 432-367년)를 참주로 세웠다.

265 "암피폴리스"는 기원전 437년에 아테네인이 북부 트라케 지방의 해안에 세운 항
구 도시다. "칼키디케"는 트라케 지방에서 에게해 북서쪽으로 뻗어나온 큰 반도
다. "클레오티모스"에 대해서는 알려진 것이 없다.

하려 했다.[266]

그런 인물들은 정치체제의 변혁을 추진하거나, 공금을 도둑질하기도 한다. 후자의 상황에서는 공금을 도둑질한 자들이 파벌을 만들어 지배층 전체를 공격하려 하거나, 그 반대로 지배층 전체가 공금을 도둑질한 자들을 공격하는 경우도 있다. 흑해 연안의 아폴로니아[267]에서는 이런 일이 실제로 벌어졌다. 그러나 지배층이 한마음으로 뭉쳐 있으면 과두정이 내부에서 쉽게 무너지지는 않는다. 파르살로스[268]의 정치체제가 이를 증명한다. 거기서는 지배층이 소수임에도 불구하고, 서로 친밀하고 사이가 좋아서 다수를 지배하고 있었다.

또한, 과두정 내부에서 다른 과두정이 생성될 때도 과두정은 무너진다. 이는 과두정을 이루는 지배층이 아무리 소수라도 모두가 최고의 공직에 오르지 못할 때 발생한다. 이런 일은 과거에 엘리스[269]에서 발생했다. 그곳에서는 지배층이 소수임에도 불구하고, 원로원 의원 정원이 90명에 이르렀고, 라케다이몬의 원로원 의원들처럼 소수의 유력한 가문에서만 선출되는 족벌 체제였기 때문에, 지배층 중에서도 소수만이 원로원 의원이 될 수 있었다.

과두정의 변혁은 전시나 평시에서 모두 발생한다. 전시에 과두정의 변혁이 발생하는 원인은 과두정 지배층이 민중을 불신하고 용병을 동원

....

266 "아이기나"는 사로니코스만에 있는 여러 섬 중 하나다. 사로니코스만은 아테네가 속한 아티카 반도와 아르고스 사이에 있는 만으로, 에게해의 일부다. "카레스"는 기원전 4세기 아테네의 최고 사령관 중 한 명이다.

267 "아폴로니아"는 소아시아에서 흑해가 포함된 리디아 지방에 있는 도시다.

268 "파르살로스"는 그리스 중부 테살리아 지방에 있는 도시로, 테살리아 제1의 도시 라리사의 남쪽에 있다.

269 "엘리스"는 펠로폰네소스 반도 북서부 지방에 있던 도시국가다.

해야 하는 상황일 때, 이때 용병을 지휘한 자가 대개 스스로 참주가 되기 때문이다. 실제로 코린토스에서 티모파네스[270]가 그렇게 했다. 용병을 지휘한 자가 여러 명이면 파벌을 형성한다. 또한, 이러한 상황을 우려한 과두정 지배층이 민중을 동원할 수밖에 없게 되어 민중을 국정에 참여시키는 경우도 있는데, 이로 인해 과두정이 붕괴되기도 한다. 25

평시에 과두정의 변혁이 발생하는 원인은 과두정 지배층이 서로 불신하게 되어, 국가를 지키는 책임을 용병에게 맡기고 중립적인 인물을 용병 지휘자로 선정하는데, 이때 종종 이 인물이 양측보다 더 큰 권력을 갖기 때문이다. 이런 사례로 라리사에서 알레우다이 가문[271]의 시모스가 30 지배하던 시대와, 아비도스에서 이피아데스가 지배하던 시기가 있다.[272]

또한, 과두정의 지배층 중에서 결혼이나 소송 문제로 다른 사람들에게 모욕을 당해 별도의 파벌을 만드는 경우에도 분쟁이 발생한다. 결혼 문제가 정치체제 변혁의 원인이 될 수 있다는 것은 앞서 언급했으며, 에 35 레트리아에서 디아고라스가 결혼 문제로 모욕을 당하자 기병 가문들로 구성된 과두정을 무너뜨린 사례가 있다.[273]

....

270 펠로폰네소스 전쟁(기원전 431-404년)이 끝난 후 기원전 360년대에 국제 정세가 혼란한 시기에 민주정이었던 코린토스는 혁혁한 전공을 세워 시민들 사이에서 인기가 높았던 "티모파네스"에게 400명의 용병으로 이루어진 군대를 맡겼다. 그는 상당수의 유력 인사들을 살해하고 참주가 되었지만, 그의 동생 티몰레온에게 암살되었다.

271 "알레우다이"는 고대 테살리아 라리사에서 가장 강력한 귀족 가문이었다. "시모스"에 대해서는 알려진 것이 없다.

272 "아비도스"는 헬레스폰테스(다르다넬스 해협)에서 소아시아 연안에 있는 도시다. "이피아데스"는 기원전 360년경에 참주가 되었고, 그 이전에는 "필리스코스"가 참주였다.

273 "에레트리아"는 고대 그리스 에우보이아섬 중서부 해안에 있던 도시로, 기원전 6-5세기에 중요한 도시국가였다. 이 도시국가에서는 "기병"을 보유한 가문들이

헤라클레이아와 테베에서는 법정 판결의 결과로 분쟁이 생겼다. 과두정 지배층들은 헤라클레이아에서는 에우리티온을, 테베에서는 아르키아스를 간통죄로 기소했고, 정당하게 처벌했다.[274] 그러나 처벌 과정에서 파벌 간의 알력이 개입되어, 이 두 사람이 광장으로 끌려나가 기둥에 묶이게 된 것이었다.

또한 과두정이 지나치게 전횡을 일삼을 때는 거기에 불만을 지닌 일부 지배층이 과두정을 무너뜨리는 경우도 종종 있는데, 실제로 그런 일이 크니도스[275]와 키오스의 과두정에서 일어났다.

우연한 요인에 의해서도 정치체제의 변혁이 일어날 수 있다. 혼합정이라 불리는 정치체제 그리고 재산등급에 따라 평의회 의원이나 배심원이나 그 밖의 다른 공직에 참여하는 과두정에서 그런 일이 일어난다.

재산 자격 요건이 처음 설정될 때, 일반적으로 과두정에서는 소수가, 혼합정에서는 중산층이 국정에 참여하도록 규정된다. 그러나 태평성대가 이어지거나 그 밖의 다른 행운으로 국가가 번영하게 되면, 재산 자격을 충족하는 사람들의 수가 증가하여 모든 시민이 국정에 참여할 수 있게 된다. 이런 변혁은 눈치채지 못하는 사이에 조금씩 일어나기도 하고, 때로는 더욱 빠르게 진행되기도 한다.

이와 같은 요인들로 인해 과두정에서 분쟁이 발생하고 변혁이 일어난다. 일반적으로 민주정과 과두정은 서로 완전히 대립되는 정치체제가 아니라, 종종 동일한 종류의 정치체제 중에서 다른 유형으로 변화하기도

....

과두정을 장악했다. "디아고라스"에 대해서는 알려진 것이 없다.

274 "에우리티온"과 "아르키아스"에 대해서는 알려진 것이 없다.

275 "크니도스"는 라케다이몬인과 아르고스인이 소아시아 서부 카리아 지방에 세운 식민도시다. "키오스"는 에게해 북부 소아시아 서부 연안에 있는 섬으로, 그리스 식민지였던 이오니아 동맹의 열두 도시 중 하나였다.

한다. 예를 들어, 법률에 기초한 민주정과 과두정이 권위주의적인 민주   20
정과 과두정으로 바뀌거나, 그 반대가 되는 것이 그러하다.

귀족정과 정치체제의 변혁

귀족정에서 분쟁이 발생하는 이유는 주로 소수 지배층이 공직에 참여하기 때문이다. 특히, 대중 일부가 자신도 지배층과 같은 미덕을 지니고 있다고 믿을 때, 또는 위대한 인물이 고위 공직자에게 모욕을 당했을 때, 지배층 일부는 과도하게 가난하고 일부는 지나치게 부유한 경우, 그리고 어떤 탁월한 인물에게 더 큰 기회가 주어질 때 이러한 변화가 일어난다. 혼합정과 귀족정이 무너지는 주된 이유는 그들의 정치 체제가 바람직한 형태를 잃어버리기 때문이다. 특히 혼합정이 귀족정보다 더 안정적인 경향이 있다. 귀족정은 미세하게 무너져 눈치채지 못하는 사이에 변혁된다. 주변에 정반대되는 정치체제가 있거나, 또는 멀리 있어도 세력이 강하다면 외부적인 요인에 의해 귀족정이 무너지기도 한다.

귀족정에서 분쟁이 발생하는 것은 소수가 공직에 참여하기 때문이다. 앞서 말했듯 이것은 과두정에서 분쟁이 발생하는 원인이기도 하다. 25 귀족정도 일종의 과두정이기 때문이다. 비록 귀족정과 과두정에서 지배층이 소수인 이유는 서로 다르지만, 지배층이 소수라는 점에서는 동일하므로 귀족정은 일종의 과두정으로 간주된다.

특히 대중 가운데 일부가 자신들도 지배층만큼의 미덕을 지니고 있다고 여길 때 분쟁이 발생한다. 예를 들면, 라케다이몬에서 일등 시민의 서자들인 파르테니오스인[276]이 모반을 꾀하다가 발각되어 타라스에 식 30 민시를 건설하도록 보내졌다.

그리고 미덕에서 결코 뒤지지 않는 위대한 인물들이 고위 공직자들로부터 모욕을 당할 때도 분쟁이 발생한다. 라케다이몬의 왕들에게 모욕을 당한 리산드로스[277]의 사례가 그렇다. 용맹한 사람이 공직에 참여하지 못하는 경우에도 분쟁이 발생한다. 아게실라오스왕이 지배하던 시기에 35 키나돈[278]이 스파르타인에 대항해 분쟁을 일으킨 사례가 그러하다.

....

276 "파르테니오스인"은 "처녀들의 아들들"이라는 뜻이다. 그들이 누구인지에 대해서는 세 개의 전승이 있는데, 아리스토텔레스는 그들을 "일등 시민의 서자들"로 규정한다. 그들은 공직에서 차별을 받았기에 모반을 꾀했다가, 기원전 706년에 남부 이탈리아로 보내져 "타라스"라는 식민도시를 건설했다. "일등 시민"으로 번역한 '호모이오스'(ὅμοιος)는 "대등한 자"라는 뜻으로 완전한 시민권을 지닌 자를 가리킨다. "일등 시민의 서자들"로 번역한 구절은 직역하면 "일등 시민들로부터 존재하게 된 자들"이다. "파르테니오스인"이 제1차 메세니아 전쟁(기원전 743-724년) 동안에 생겼다고 하는 것을 보면, 그들은 이때 스파르타의 일등 시민들이 납치해 온 메세니아 처녀들에게서 낳은 아들들일 가능성이 높다.

277 "리산드로스"(기원전 395년에 죽음)는 스파르타의 장군이자 정치 지도자로, 펠로폰네소스 전쟁 기간 동안 기원전 405년에 아이고스포타미 해전에서 아테네 함대를 격파해 아테네에게 항복을 받아내 이 전쟁을 끝내는 데 공을 세웠다. 이후 10년 동안 영향력이 커진 그는 스파르타의 왕직을 선출직으로 바꾸려고 했다.

278 스파르타에서는 겁쟁이이거나 가난해서 공동식사 비용을 내지 못하면 시민권을 잃고, 완전한 일등 시민인 '호모이오이'에서 이등 시민인 '휘포메이오네스'로 전락한다. "키나돈"은 가난한 집안 출신의 유명한 장교로 일등 시민 부럽지 않은 신분이었지만, 가난 때문에 이등 시민이 되었다. 그래서 그는 이등 시민인 자들을 모아서 기원전 399년에 쿠데타를 일으켰지만 실패하고 말았다. "아게실라오스왕"(기원전 약 442-358년)은 펠로폰네소스 전쟁(기원전 431-404년)이 끝난 후에 스파르타가 헬라스의 패권을 쥔 시기에 가장 중요한 왕으로 평가된다.

지배층 내에서 일부는 극심한 빈곤에 시달리고, 일부는 과도한 부를 누리는 경우에도 분쟁이 일어난다. 메세니아 전쟁[279] 당시 라케다이몬에서 이런 상황이 특히 두드러졌다. 티르타이오스[280]의 「훌륭한 질서」라는 시에서는 이런 상황이 분명하게 드러난다. 전쟁으로 인해 궁핍해진 지배층 중 일부가 토지를 재분배하는 것이 합당하다고 주장했기 때문이다.

1307a1

어떤 위대한 인물에게 더욱 강력해질 기회가 주어질 때, 이런 인물이 일인 통치를 위해 분쟁을 일으키기도 한다. 라케다이몬의 장군이었던

5 파우사니아스[281]와 카르타고의 안논[282]이 그런 경우다.

....

279 "메세니아 전쟁"은 메세니아와 스파르타 사이에서 기원전 8세기부터 4세기까지 벌어진 세 차례의 전쟁을 가리킨다. 메세니아는 펠로폰네소스 반도 남서부에 있던 지방이자 도시국가의 명칭이다. 제1차 메세니아 전쟁(기원전 743-724년)에서 패배한 메세니아인은 스파르타의 국가 노예인 '헤일로스'로 전락했다. 제2차 메세니아 전쟁(기원전 685-668년)은 '헤일로스'로 전락한 메세니아인이 아르고스의 지원을 받아 반란을 일으키면서 시작되었다. 제3차 메세니아 전쟁(기원전 464-454년)은 '헤일로스'인 메세니아인과 그 밖의 다른 속국민들('페리오이코이')이 일으킨 반란으로 발생했다. 여기서는 제2차 메세니아 전쟁을 가리키는 것으로 보인다.

280 "티르타이오스"는 기원전 7세기 중반에 스파르타에서 활동한 비가 시인이다. 「훌륭한 질서」에서 그는 시민들에게 왕과 평의회와 민중의 신적이고 법적인 역할을 존중할 것을 상기시키며 제2차 메세니아 전쟁에서 국가를 위해 죽기까지 싸우라고 독려했다.

281 "파우사니아스"(기원전 477년경에 죽음)는 스파르타의 장군으로, 기원전 479년에 플라타이아 전투에서 승리함으로써 제2차 페르시아 전쟁을 끝내지만, 1년 후 페르시아의 왕 크세르크세스 1세와 내통했다는 혐의로 고발되자 성소로 피신했다가 굶어 죽는다. 역사가 투키디데스와 플루타르코스에 의하면, "파우사니아스"가 오만방자했기 때문에 이런 일을 겪게 되었다고 한다. "페르시아 전쟁"은 그리스어 원문에는 "메디아와의 전쟁"으로 표현되어 있다.

282 "안논 1세"는 기원전 4세기 카르타고의 정치가이자 장군이다. 그는 기원전 367년에 카르타고의 함선 200척을 이끌고 해전을 벌여 시칠리아의 그리스인에게 결정적인 패배를 안겼다. 그 후 20여 년 동안 카르타고에서 가장 영향력 있고 가장 부유한 자였던 그는 기원전 340년대에 참주가 되려고 했다가 결국 발각되어 반역자로 처형당한다.

혼합정과 귀족정이 붕괴되는 주된 원인은 각각의 정치체제가 갖추어야 할 이상적인 형태에서 벗어나게 되기 때문이다. 구체적으로, 혼합정은 민주정과 과두정의 균형이 깨질 때, 귀족정은 민주정, 과두정, 미덕의 조화가 무너질 때 붕괴된다. 특히, 민주정과 과두정이 적절히 혼합되어 있지 않으면 더욱 그렇다. 혼합정과 귀족정은 민주정과 과두정을 혼합한 형태인데, 이 둘의 차이점은 민주정과 과두정을 어떻게 혼합하느냐에 있다.

이런 이유로 혼합정은 귀족정보다 더 안정적이다. 이들 중에서 과두정 성향이 강한 정치체제를 귀족정이라 부르고, 대중 성향이 강한 정치체제를 혼합정이라 부른다. 이 때문에 혼합정이 귀족정보다 더 안정적인데, 그 이유는 다수 대중은 견고할 뿐 아니라 그들이 균등하게 재산을 가지면 만족하는 반면, 부자들은 정치체제에 의해 자신들의 지위가 보장되면 오만해져서 더 많은 재산을 탐내기 때문이다.

일반적으로, 정치체제가 민주정적이든 과두정적이든, 기존 지배층이 세력을 강화하면서 정치체제는 계속해서 그 방향으로 변화한다. 따라서 혼합정은 민주정으로, 귀족정은 과두정으로 변화한다. 그러나 반대 방향으로 바뀌는 경우도 있다. 가령, 빈곤한 계층이 부당한 대우를 받고 있다고 느낄 때, 정반대 방향으로 바꾸려고 하므로, 귀족정은 민주정으로 변화하게 된다. 마찬가지로 혼합정은 과두정으로 변화하게 된다. 정치체제가 안정되는 유일한 길은 가치에 따른 평등[283]이 이루어지고 각자가 마땅히 받아야 할 몫을 얻을 때뿐이다.

....

283 "가치에 따른 평등"은 자유민 가운데서도 미덕, 공적, 교육, 가문 등에 의해 차등을 두는 비례적 평등을 말한다. 여기서도 아리스토텔레스는 비례적 평등, 즉 각자가 받아야 할 몫을 받는 정의가 이루어질 때 사람들의 불만이 사라지게 된다고 주장한다.

제7장 귀족정과 정치체제의 변혁
....

실제로 투리오이[284]에서 이런 일이 발생했다. 공직에 참여할 수 있는 재산 자격요건이 매우 높아, 정치체제가 과두정적 성향을 강하게 보이며, 귀족들이 불법적으로 국토 전체를 차지하게 되었다. 그러나 전쟁을 통해 힘을 기른 민중이 수비대보다 강해지자, 귀족들은 불법적으로 점유한 토지를 내놓았고, 재산 자격요건이 낮아져 더 많은 사람이 공직에 참여할 수 있게 되었다.

모든 귀족정에는 과두정적 성향이 강하게 나타나므로 귀족들이 탐욕스러워지기 쉽다. 라케다이몬에서는 재산이 소수 귀족에게 집중되어 귀족들이 자기가 원하는 대로 행동하고, 결혼도 자유롭게 할 수 있었다. 이 때문에 한 시민의 딸이 디오니시오스와 결혼한 것이 로크리스인의 도시 멸망의 원인이 되었다.[285] 이런 일은 민주정과 다른 요소들이 잘 조화되어 있는 귀족정에서는 발생하지 않는다.

1307b1 우리는 이전에 모든 정치체제가 사소한 원인으로 인해 변혁된다고 언급했다. 특히 귀족정은 서서히 무너져 변화가 일어나는데, 이는 쉽게 인지하기가 어렵다. 정치체제의 한 요소를 포기하면, 이후에는 이런저런 중요한 것들도 쉽게 바뀌어, 결국 전체 체제가 바뀌게 된다.

투리오이의 정치체제가 그런 사례다. 투리오이에는 장군이 같은 직위를 맡으려면 5년을 기다려야 한다는 법이 있었다. 그런데 명성이 높

....

284 "투리오이"는 기원전 443년에 아테네인이 남부 이탈리아에 세운 식민도시다.

285 여기에 언급된 "디오니시오스"는 시라쿠사의 참주 "디오니시오스 1세"(기원전 약 432-367년)를 가리키고, "로크리스인의 도시"는 기원전 680년경에 오푸스 로크리스인이 이오니아해의 남부 이탈리아 쪽 해안에 건설한 "서쪽으로 이주해온 로크리스인"의 식민도시인 "로크리"를 가리킨다. "디오니시오스"는 남부 이탈리아에 있던 그리스 식민도시들에 대한 원정을 감행하여 로크리를 멸망시키고, 로크리를 돕고자 했던 투리오이와 크로톤도 초토화시켰다.

고 용감한 몇몇 젊은이들이 국정을 맡은 이들을 경멸하고, 자신들이 쉽 10
게 그들을 제압할 수 있으리라 생각했다. 그래서 민중이 자신들을 장군
으로 선출할 것이라는 확신 속에, 그 법을 폐지하여 동일 인물이 장군직
을 연속해서 맡을 수 있게 하려 했다. 처음에는 평의회 의원들이라 불리
는 공직자들이 이 법 폐지에 반대했지만, 젊은이들이 정치체제와 관련된 15
다른 부분은 건드리지 않을 것이라는 생각에 결국 그들의 제안을 수용했
다. 그러나 후에 젊은이들이 또 다른 변화를 시도하려 하자, 평의회가 이
를 저지하려 했지만 이미 통제할 수 없는 지경에 이르렀다. 이런 변화들
이 계속되어 투리오이는 변혁을 주도한 자들의 족벌정으로 변질되었다.

　　모든 정치체제는 내부적인 요인으로 변화하기도 하지만, 반대되는 20
정치체제가 가까이 있거나, 혹은 멀리 있어도 세력이 강한 경우에는 외
부적인 요인에 의해 무너지기도 한다. 아테네인과 라케다이몬인이 강력
한 세력을 가졌을 때 그런 일이 있었다. 아테네인은 어디든 과두정을 무
너뜨렸고, 라케다이몬인은 어디든 민주정을 무너뜨렸다.

　　이상으로 정치체제들의 변혁과 분쟁에 대해 대략 살펴보았다. 25

민주정과 과두정을 파괴시키는 원인들

아리스토텔레스는 정치체제가 보존되는 원인을 알아내기 위해 먼저 파괴 원인을 살펴본다. 그는 특히, 작은 불법을 저지르지 않도록 해야 한다고 강조한다. 또한, 대중을 기만하는 술수는 사용해서는 안 되고, 지배자들은 국정에서 배제된 이들과 참여하는 이들 모두와의 관계를 좋게 유지해야 한다. 그리고 체제 파괴의 위험을 항상 경계해야 하며, 귀족들 사이의 파벌 싸움과 분쟁은 물론, 아직 가담하지 않은 이들이 파벌 싸움에 휘말리는 일을 방지해야 한다. 또한, 과두정과 혼합정에서는 재산상의 자격 요건을 유지하면서, 돈이 많으면서도 정치체제의 변혁을 일으킬 수 있으므로, 국가 전체의 재산 평가액을 이전과 비교해 살펴봐야 한다. 어떤 사람도 다른 사람들보다 지나치게 많은 권력을 갖지 않게 해야 하며, 작은 공직의 임기는 길게, 중요한 공직의 임기는 짧게 설정해야 한다. 사생활을 감독하고, 한 집단이 다른 집단보다 월등히 잘되게 하지 않아야 하며, 공직을 통해 이익을 얻는 것을 방지해야 한다. 민주정에서는 부자들을, 과두정에서는 가난한 사람들을 보호해야 한다.

다음으로 살펴볼 것은 모든 정치체제와 각각의 정치체제가 보존되는 원인들이다. 정치체제가 파괴되는 원인을 알면, 그 반대인 보존되는 원인도 알 수 있다. 파괴와 보존은 서로 반대되는 결과이기 때문에, 이들은 서로 반대되는 원인에 의해 발생한다.

모든 요소가 조화롭게 혼합된 정치체제에서는, 특히 작은 불법을 저 30 지르지 않도록 경계해야 한다. 불법은 눈치채지 못하는 사이에 천천히 침투해 국가를 파괴하기 때문이다. 이는 작은 비용이 쌓여 결국 큰 손실을 가져오는 것과 같다. 하지만 작은 비용을 지출하는 것은 한 번에 큰돈 35 이 나가는 것이 아니라서, 사람들은 "개별적인 것이 작으면 전체도 작다"라는 궤변처럼 이 문제에 대해 잘못 생각한다. 이 궤변은 맞기도 하고 틀리기도 하다. 작은 것이 모여 전체를 이루고 있다면, 그 전체는 결코 작지 않기 때문이다. 따라서 우리는 정치체제가 파괴되는 시작점인 작은 불법을 저지르는 것을 경계해야 하는 것이다.

다음으로는 대중을 기만하는 술수를 믿어서는 안 된다는 것이다. 앞 40 서 언급한[286] 정치적 술수들을 신뢰해서는 안 된다는 점은 역사적 사실 1308a1 들에 의해 이미 입증되었다. 그런 술수들을 믿어서는 안 된다는 것은 역사적 사실들에 의해 이미 증명되었다.

다음으로, 몇몇 귀족정 또는 과두정이 존속하는 것은 그들이 안정적인 체제를 가지고 있기 때문이 아니다. 오히려, 공직자들이 국정에서 배 5 제된 이들과 국정에 참여하는 이들 모두와의 관계를 잘 유지하고 있기 때문이다. 이러한 국가에서 공직자들은 국정에서 배제된 이들을 부당하게 대하지 않으며, 그들의 지도자들을 국정에 참여시키고, 명예를 중시

········
286 제6장 1305b22-25를 보라.

제8장 민주정과 과두정을 파괴시키는 원인들
········
323

10 하는 이들을 모욕하지 않는다. 또한, 그들의 이익을 해치지 않는다. 한편, 국정에 참여하는 이들에게도 민주적으로 대하는데, 이런 평등한 대우는 서로 대등한 이들 사이에서도 정의롭고 유익하기 때문이다.

그래서 국정에 참여하는 자들의 수가 많으면 민주정에 속한 많은 제
15 도를 도입하는 것이 유익하다. 공직의 임기를 6개월로 정하여, 대등한 이들 모두가 국정에 참여할 수 있게 하는 것은 이러한 원칙을 실현하는 한 가지 방법이다. 대등한 이들이 많을수록, 그들은 이미 민중과 다르지 않아, 민중 선동가들이 자주 등장하게 되기 때문이다.

공직의 임기가 짧을수록 과두정과 귀족정이 족벌정으로 전락하는
20 일이 드물다. 임기가 짧으면 공직자들이 해악을 도모하기 어렵기 때문이다. 임기가 길면 과두정과 민주정에서 참주정이 생기기 쉽다. 가장 힘 있는 이들, 즉 민주정에서는 민중 선동가들, 참주정에서는 족벌들, 또는 오랜 기간 공직을 맡은 최고위 공직자들이 참주정을 도모하기 때문이다.

25 정치체제는 그 체제를 파괴할 위험이 멀리 있을 때만이 아니라, 가까이 있을 때도 보존된다. 이는 사람들이 체제 붕괴의 위험이 가까이 있다는 것을 두려워하고, 체제를 더욱 지키려 하기 때문이다. 그러므로 기존의 정치체제를 보존하려는 이들은 위험이 멀리 있더라도 마치 가까이
30 있는 것처럼 두려움을 조장해야 한다. 이를 통해 모든 사람이 체제가 무너지지 않도록 마치 야경꾼처럼 경계하고 지킬 수 있게 된다.

또한, 입법을 통해 귀족들 간의 파벌 싸움과 분쟁을 막아야 하며, 아직 파벌 싸움에 가담하지 않은 이들이 분쟁에 휘말리지 않도록 하는 것도 중요하다. 재앙의 단초를 알아내는 것이 정치가 해야 할 주요한 일이기 때문이다.

35 과두정과 혼합정에서 재산 자격 기준은 그대로 유지하면서도, 시중에 돈이 넘친다면 정치체제 변혁이 발생할 수 있다. 따라서 국가 전체 재

산의 현재 가치를 과거와 비교 평가하는 것이 필요하다. 1년 단위로 국가 전체의 재산을 평가하는 국가들에서는 계속 그렇게 하고, 더 큰 국가 40 들에서는 3년 또는 5년마다 그렇게 해야 한다.

1308b1

이를 통해 현재의 국가 전체의 재산 평가액이 과두정이나 혼합정이 도입되었을 때의 평가액보다 몇 배나 많거나 적은지를 알 수 있다. 이에 따라 법을 통해 재산상의 자격 요건을 적절히 조정해야 한다. 즉, 국가 5 전체의 재산 평가액이 몇 배로 늘어났을 때는 재산상의 자격 요건을 올리고, 국가 전체의 재산 평가액이 몇 배로 줄어들었을 때는 재산상의 자격 요건을 내려야 한다. 이렇게 하지 않으면, 혼합정이 과두정으로, 과두정이 족벌정으로 변질되거나, 혼합정이 민주정으로, 과두정이 혼합정이나 민주정으로 변모하는 일이 발생할 수 있다. 10

모든 정치체제, 즉 민주정과 과두정 그리고 군주정에 이르기까지, 공통으로 지켜야 할 원칙은 아무도 다른 사람보다 지나치게 큰 권력을 획득하지 못하도록 하는 것이다. 이를 위해 작은 공직의 임기는 길게, 그리고 중요한 공직의 임기는 짧게 설정해야 한다. 이는 사람들이 쉽게 부패하고, 모든 사람이 권력의 책임을 감당할 수 있는 게 아니기 때문이다. 15 따라서 권력은 일시에 부여되어서는 안 되며, 단계적으로 주어져야 하고, 마찬가지로 일시에 박탈되어서는 안 되며 점진적으로 회수되어야 한다. 특히, 어떤 사람도 자신의 인맥이나 재력을 이용하여 지나치게 강력한 힘을 갖지 못하게 하는 데 필요한 법적 조치가 있어야 한다. 그렇게 되지 않을 때는 그런 자들을 국외로 추방해야 한다.

또한, 정치체제의 변혁은 개인의 사생활에 의해 촉발될 수 있으므 20 로, 해당 정치체제에 맞지 않는 방식으로 살아가는 사람들을 감시하는 공직이 필요하다.

동일한 이유로, 국가의 한 집단이 다른 집단보다 현저히 우위에 서 25

제8장 민주정과 과두정을 파괴시키는 원인들
········

는 것도 경계해야 한다. 이 문제에 대한 해결책은 엘리트[287]와 대중, 가난한 사람들과 부자들 등 상충되는 집단들을 혼합하여 국정과 공직을 맡기

30 거나, 중산층이 국정과 공직을 맡는 비율을 높이는 것이다. 이를 통해 불평등으로 인한 분쟁을 해소할 수 있다.

모든 정치체제에서 가장 중요한 것은, 법과 제도를 통해 공직이 이익을 얻는 수단이 되지 않도록 하는 것이다. 특히 과두정에서는 이러한

35 문제를 특히 주의해야 한다. 그렇게만 된다면, 대중은 자신이 공직에서 배제된 것에 분노하는 대신, 정부가 각자에게 자신의 생업에 전념할 수 있는 여건을 제공해준 것을 기뻐하게 된다. 그러나 공직자들이 공금을 횡령하는 것으로 인식된다면, 대중은 자신이 공직에 참여하지 못하는 것과 이익에 참여하지 못하는 것, 이 두 가지 모두에 대해 분노하게 된다.

이처럼 제도적 장치를 마련하여 공직이 이익을 추구하는 수단이 되

40 지 않도록 한다면, 민주정과 귀족정은 서로 조화를 이룰 수 있다. 귀족들

1309a1 과 대중이 각자가 원하는 것을 얻을 수 있기 때문이다. 민주정은 모든 시민이 국정에 참여할 수 있는 것이고, 귀족정은 귀족들이 공직을 맡는 것인데, 이 둘은 공직을 통해 이득을 얻을 수 없을 때 서로 결합될 수 있다.

5 공직을 통해 이익을 얻을 수 없다면, 가난한 사람들은 자신의 생업에 집중하려 하고, 부자들은 공금을 횡령할 필요가 없어 공직을 맡을 수 있을 것이다. 이를 통해 가난한 자들은 자신의 생업에 매진하여 부를 축적할 수 있고, 귀족들은 어중이떠중이들[288]의 지배를 받지 않을 수 있다.

10 공금 횡령을 방지하기 위해서는 모든 시민이 참석한 자리에서 공금

....

287 "엘리트들"로 번역한 '에피에이케스'(ἐπιεικής)는 "유능한 자들"이라는 뜻이다.

288 '튕카노'(τυγχάνω)는 "우연히 마주치다"를 뜻하는 동사인데, "어중이떠중이들"로 번역한 '튀콘톤'은 이 동사의 분사형으로 "우연히 마주친 자들"이라는 뜻이다.

의 인계가 이루어져야 하며, 회계장부 사본을 모든 씨족, 부대, 부족에 비치해두어야 한다. 공직을 훌륭하게 수행해 이익을 구하지 않은 사람들에 대해서는 법에 따라 포상해야 한다.

민주정에서는 부자들을 존중하고 보호해야 한다. 부자들의 재산과 15 그 재산을 통해 얻은 수익은 재분배되어서는 안 된다. 그럼에도, 몇몇 민주정에서는 이런 일이 은연중에 자행되고 있다. 예를 들어, 합창가무단이나 횃불 경주[289] 같이, 비용은 많이 들면서 실익은 적은 공공 봉사 비용을 부자들이 부담하고 싶어 하더라도, 그렇게 하지 않도록 막는 것이 더 바람직하다.

과두정에서는 서민층에게 관심을 기울여야 한다. 이익을 얻을 수 있 20 는 공직은 가난한 사람들에게 주어져야 하고, 부자가 가난한 사람들에게 불공평하게 행동한 경우, 같은 부자에게 잘못을 저지른 경우보다 더욱 엄한 처벌을 내려야 한다. 유산은 다른 사람에게 증여되어서는 안 되며, 가족이 상속해야 하며, 같은 사람이 두 번 이상 상속받는 것을 방지해야 25 한다. 이러한 조치를 통해 재산 분배가 평등해지고, 더 많은 가난한 사람이 부유해질 수 있다.

민주정과 과두정에서, 국가의 주요 공직은 전적으로 또는 대부분 지배층이 맡아야 하지만, 그 외의 공직에서는 국정에서 배제된 이들, 즉 민 주정에서는 부자들, 과두정에서는 가난한 사람들에게 공평한 기회나 우 30 선권을 주는 것이 국가에 유익하다. 이렇게 함으로써, 모든 사람이 공정하게 대우받으며, 그 결과 국가 전체가 더욱 발전할 수 있을 것이다.

....

289 "횃불 경주"(λαμπαδηδρομία, '람파데드로미아')는 고대 그리스 아테네에서 불과 관련 된 신들인 프로메테우스, 헤파이스토스, 아테나를 위한 축제에서 성벽 바로 아래 있던 이 신들의 공동 제단에서부터 시내 중심부인 아크로폴리스까지 경주자들이 횃불을 옮기는 의식이다.

제8장 민주정과 과두정을 파괴시키는 원인들
....

민주정과 과두정을 보존하는 원인들

민주정과 과두정을 유지하는 원인들에는 여러 가지가 있다. 국가의 주요 공직을 맡을 사람들은 세 가지 자격을 갖추어야 한다. 기존의 정치체제에 대한 애정, 국정 수행 능력, 그리고 각각의 정치체제에 부합하는 미덕과 정의로움이다. 정치체제를 유지하려면, 각 정치체제를 보존하는 데 유익한 모든 법을 잘 지켜야 한다. 극단으로 치우치지 않고 중용을 유지하고, 각 정치체제에 맞는 교육을 시민들에게 제공해야 한다.

공직을 맡을 사람들은 세 가지 자격을 갖추어야 한다. 첫째, 기존의
35 정치체제를 존중하고 사랑하는 마음이 있어야 하고, 둘째, 국정을 수행할 수 있는 능력이 있어야 하며, 셋째, 그들이 속한 정치체제에 부합하는 미덕과 정의로움이 있어야 한다. 각각의 정치체제에 따라 정의로운 것이 동일하지 않다면, 정의도 달라질 수밖에 없다.

하지만 한 사람이 세 가지 자격을 모두 갖추지 못했다면, 어떤 사람
40 을 선출해야 할지에 대한 고민이 생긴다. 예를 들어, 한 사람은 장군으로

서 능력은 탁월하지만 악하고 기존 정치체제에 대한 애정이 없고, 다른 사람은 정의롭고 기존의 정치체제를 사랑하지만 장군으로서 능력은 부족하다면, 어떤 사람을 장군으로 선출해야 하는가? 이런 상황에서는 어떤 자질이 더 중요하고 어떤 자질이 상대적으로 덜 중요한지를 판단해야 한다.

따라서 장군을 선출할 때는 미덕보다는 장군으로서의 경험과 능력을 더 중시해야 한다. 이는 장군으로서 능력을 갖춘 사람이 드물지만, 미덕을 갖춘 사람은 많기 때문이다. 반면에 재산 관리인이나 재무관을 선출할 때는 미덕을 더 고려해야 한다. 이는 그런 공직 수행에 필요한 지식은 많은 사람에게 있지만, 미덕이 더 중요하기 때문이다.

어떤 사람들은 능력과 정치체제를 아끼고 사랑하는 마음, 이 두 가지만 갖추었어도 공직을 충분히 수행할 수 있을 텐데 왜 미덕이 필요한지 의문을 가질 수 있다. 하지만 이 두 가지만 갖추고 있으면서 자제력이 없는 사람들은 공무에서도 종종 잘못을 저지르기 마련이다. 이는 마치 자신을 알고 아끼고 사랑하는 마음이 있는데도 자기 일을 잘 돌보지 못하는 것과 같다.

대체적으로, 우리가 이야기한 정치체제를 유지하는 데 도움이 되는 모든 법을 잘 지키면, 정치체제는 유지된다. 그러나 가장 기본적이고 중요한 것은, 정치체제를 지키려는 사람이 그렇지 않은 사람보다 수적으로 많고 더 강해야 한다는 것이다.

변질된 정치체제들이 간과하는 중요한 원칙 중 하나는 중용이다. 민주정을 무너뜨리는 것 중에는 민주정적이라고 여겨지는 것이 많고, 과두정을 무너뜨리는 것에는 과두정적이라고 여겨지는 것이 많기 때문이다. 자신이 지지하는 정치체제가 유일하게 탁월하다고 생각하는 사람들이 그 정치체제를 극단으로 몰아간다.

제9장 민주정과 과두정을 보존하는 원인들

아름다운 코가 약간 벗어나 매부리나 납작한 코가 되더라도 여전히
25 매력적일 수 있다. 하지만 이러한 벗어남이 극단으로 치달으면 처음에는
균형이 무너지고, 결국 매부리코는 지나치게 위로 솟아오르고 납작코는
너무 납작해져 코 같지 않아 보인다. 이와 유사한 현상은 다른 신체 부위
30 나 정치체제에서도 발생하지만, 문제는 사람들이 이를 자각하지 못한다
는 점이다.

과두정과 민주정은 이상적인 정치체제로부터 이탈한 것이지만 그
래도 존속할 수 있다. 하지만 이 둘 중 어느 정치체제든 극단으로 치달으
면, 처음에는 정치체제가 악화되다가 결국에는 전혀 정치체제가 아니게
35 된다. 따라서 입법자와 정치가는 민주정에서 시행되는 정책 중에서 어느
것이 민주정을 보존하고 어느 것이 민주정을 파괴하는지 그리고 과두정
에서 시행되는 정책 중에서 어느 것이 과두정을 보존하고 어느 것이 과
두정을 파괴하는지를 알아야 한다.

과두정과 민주정이 존속하려면 부자들도 있어야 하고 대중도 있어
40 야 한다. 따라서 재산을 평준화하면 과두정과 민주정은 다른 정치체제로
1310a 바뀔 수밖에 없다. 그런데도 극단적인 입법을 통해 부자들과 대중의 차
이를 없애려다가 정치체제 자체를 없애버리는 경우가 있다.

민주정과 과두정에는 각각 독특한 문제점이 있다. 민주정에서는 대
중이 법 위에 서 있는 상황이 펼쳐지며, 민중 선동가들이 부자들의 대리
5 인처럼 보이지만 실제로는 부자들과의 대립을 통해 사회를 분열시키는
일이 자주 발생한다.

과두정에도 문제가 없는 것은 아니다. 이 체제에서는 과두정부가 민
중의 목소리를 대변하는 것처럼 보이지만, 실제로는 그들이 추구하는 목
표에 반대되는 행동을 할 때가 많다. 일부 과두정에서 과두정부는 민중
10 에 대한 해악을 가하고 싶다고 공언함에도 불구하고, 실제로는 "민중에

게 해를 끼치지 않겠다"라고 맹세하며, 이러한 약속을 지키기 위해 노력해야 한다.

이처럼 정치체제의 유지를 위해 필요한 모든 요소 중에서 가장 중요하지만 오늘날에는 별로 주목받지 못하는 것이 바로 교육이다. 모든 시 15 민이 찬성하여 유익한 법을 제정하더라도, 정치체제에 따른 적절한 교육을 받지 않아 민주정의 법을 민주정적으로, 과두정의 법을 과두정적인 방식으로 지키지 않는다면 그 법은 무색하게 될 것이다. 이는 개인이 무질서하면 국가 역시 무질서해질 수 있기 때문이다.

교육이라는 것은 과두정부나 민주정부가 원하는 방향으로 사람들 20 을 이끄는 것이 아니라, 사람들이 각 체제에 맞는 행동을 할 수 있도록 하는 것이다. 그러나 현재 과두정에서는 부유한 공직자의 자녀들은 사치스럽게 살고, 가난한 자의 아들들은 훈련과 고된 노동으로 단련되어서 정치체제를 바꾸려는 의지와 능력을 키우며 살아가고 있다. 25

민주정 역시 문제가 다분하다. 이 체제에서는 보존에 유리한 행동보다는 오히려 그 반대 행동을 하는데, 이는 자유의 의미를 잘못 해석했기 때문이다. 민주정에서는 다수의 지배와 자유가 중요시되지만, 평등을 최 30 고의 가치로 여기고 이를 다수의 권력으로 해석하며, 자유와 평등을 개인이 원하는 대로 행동하는 것으로 이해한다. 따라서 민주정에서는 각자가 원하는 삶을 살아간다는 에우리피데스의 말처럼 행동한다. 그러나 이는 잘못된 해석으로, 정치체제에 맞게 살아가는 것이 노예의 삶이 아니 35 라 안전을 보장받는 삶이라는 사실을 인식해야 한다.

결론적으로, 지금까지 우리가 논의한 내용은 정치체제가 변화하거나 붕괴하는 원인인 동시에, 해당 체제를 유지하고 지속시키는 방법이기도 하다.

참주정과 왕정이 파괴되는 원인들

아리스토텔레스는 군주정을 파괴되는 원인들을 살펴보기 전에 먼저 군주정에 속한 왕정과 참주정의 차이를 설명한다. 참주정이 무너지는 주된 원인은 모욕, 공포 그리고 참주에 대한 경멸이다. 더 강력한 국가가 참주정에 반대하거나, 지배층 간의 내분이 생길 경우, 참주정은 빠르게 파괴될 수 있다. 왕정에 반기를 드는 두 가지 주된 원인은 증오와 경멸이다. 왕정은 지배층 간에 내분이 일어나거나, 왕이 참주처럼 통치할 때 파괴된다. 오늘날에는 왕정이 더 이상 생겨나지 않는다.

이제 우리가 살펴볼 것은, 어떤 원인이 군주정을 파괴하는가, 그리고 어떤 원인이 군주정을 보존하는가이다. 앞서 다룬 다양한 정치체제의 특징은 왕정과 참주정에도 대부분 적용된다. 왕정은 귀족정과 유사하며, 참주정은 과두정과 민주정의 극단적인 형태가 결합된 것이다. 참주정은 두 개의 부정적 정치체제가 결합된 형태로, 이 두 체제의 결함과 폐해를 모두 내포하고 있어 피지배자들에게 가장 큰 피해를 준다.

40
1310b1

5

왕정과 참주정은 기원부터 서로 대척점에 있다. 왕정은 귀족들이 민중으로부터 보호받을 수 있도록 설계된 체제이며, 여기서는 미덕, 성과, 가문 등을 기준으로 귀족 중 최고로 평가받는 인물이 왕으로 선출된다. 반대로 참주정은 민중이 귀족의 억압으로부터 자유로워질 수 있는 방식으로, 민중과 대중의 의지로 결정된다. 역사는 이러한 현상을 명확히 증명해왔다. 대부분의 참주는 귀족을 비난하며 민중의 지지를 얻은 선동가들에 의해 등장했다. 국가가 이미 발전한 상황에서 참주가 나타나는 것은 주로 이런 방식을 따른다.

그러나 그 이전에는 왕이 전통적인 통치에서 벗어나 더 전제적으로 통치하려는 시도에 따라 참주가 등장하기도 했다. 예전에는 민중이 뽑은 '데미우르기아'[290]와 '테오리아'라는 공직의 임기가 길었으므로 최고위 공직에 선출된 자들 중에서 참주가 나오기도 했다. 과두정을 이끄는 통치자 중에서 특정 인물을 선출해 최고 권력을 부여하는 방식으로도 참주가 등장하기도 했다.

이런 경우, 왕이나 최고위 공직자가 이미 최고 권력을 쥐고 있었으므로, 원한다면 참주가 되는 것은 쉬운 일이었다. 예를 들어, 아르고스의 페이돈[291]은 처음에는 왕이었다가 나중에 참주가 되었고, 이오니아의 참

....

290 '데미우르기아'(δημιουργία)는 '데미우르고스'(δημιουργός)라는 직책을 가리키는데, 데미우르고스는 원래 "사람들을 위해 일하는 자"라는 뜻으로 숙련된 기술자, 수공업자 등을 가리켰다. 하지만 어떤 국가에서 이 단어는 최고 통치자의 명칭이기도 했다. '테오리아'(θεωρία)는 '테오로스'(θεωρός) 직책을 가리키는데, 여기서 '테오로스'는 "감독자"를 뜻한다.

291 "페이돈"(기원전 약 710-670년)은 펠로폰네소스 반도 동부에 있던 "아르고스"의 참주다. 처음에는 왕이었지만, 이때의 왕정에서 왕은 실권 없는 명목상 왕이었으므로, 그는 하층민의 지지를 업고 당시 지배층인 귀족을 제압하고 참주가 되었다.

주들과 팔라리스[292]는 원래 최고 공직자였다. 마찬가지로 레온티노이의
30 파나이티오스, 코린토스의 킵셀로스, 아테네의 페이시스트라토스, 시라
쿠사의 디오니시오스[293] 등도 민중 선동가들이었다.

앞서 언급했듯, 왕정은 귀족정과 유사한 성격을 보인다. 이는 왕정
이 개인의 미덕, 공적 또는 그런 것들과 능력이 결합된 가치를 기반으로
35 세워지기 때문이다. 국가나 민족에 실질적인 공헌을 한 사람이나, 그런
능력이 있는 사람들이 왕이 되었다. 그들 중에는 코드로스[294]처럼 전쟁에
져서 자국민이 노예가 되는 것을 막은 자들도 있었고, 키루스[295]처럼 자

....

292 "이오니아"는 그리스인 개척 식민지들이 있던 소아시아 서부의 해안과 에게해 동
부의 섬들로 이루어진 지역을 가리키는 명칭이다. "팔라리스"는 기원전 570-554
년경에 시칠리아섬의 그리스 식민도시 아크라가스의 참주다. 그는 도시의 성채
안에 제우스 신전을 짓는 일을 맡았다가 그 직위를 이용해 참주가 되었다.

293 "레온티노이"는 기원전 729년에 시칠리아섬의 남동부에 세워진 그리스 식민도시
이고, "파나이티오스"에 대해서는 알려진 것이 없다. "킵셀로스"(재위 기원전 657-
627년)는 코린토스 최초의 참주다. 군대 최고 지도자라는 자신의 직책을 이용해
왕정을 폐지하고 참주가 되었다. 뒤를 이어 참주가 된 아들 "페리안드로스"(기원
전 627-585년)는 고대 그리스 일곱 현인 중 한 명이다. 아테네는 기원전 7세기부터
왕정에서 귀족정 또는 과두정으로 이행했는데, "페이시스트라토스"(기원전 약 600-
527년)는 세 개의 족벌 가문 중 하나에서 태어나, 솔론의 개혁 후에 평민과 귀족의
싸움을 이용해 참주가 되었다. "시라쿠사의 디오니시오스 1세"(기원전 405-367년)
는 원래 장교였다가 카르타고와의 전쟁에서 공을 세운 후, 당시 과두정이 전쟁을
수행한 방식을 비판함으로써 민중의 지지를 받아 참주가 되었다.

294 "코드로스"(기원전 약 1089-1068년)는 고대에서 애국심과 자기희생의 모범이 된 아
테네의 왕이다. 기원전 1068년경에 도리아인은 펠로폰네소스를 침공하면서, 아
테네의 왕이 해를 입지 않는 한 아테네를 점령할 것이라는 델포이 신탁을 듣는다.
이 신탁을 알게 된 코드로스는 농부로 변장하고서 도리아인의 진영으로 들어가
죽임을 당하여 도리아인으로 하여금 퇴각하게 함으로써 아테네를 위기에서 구했
다.

295 "키루스 2세"(재위 기원전 559-529년)는 페르시아 제국의 건설자다. 소국이었던 "안
산"의 왕자였던 그는 바빌로니아 제국과 강대국 메디아를 멸망시키고 제국을 건
설했다.

국민을 해방시킨 자들도 있었으며, 라케다이몬인이나 마케돈인,[296] 몰로시아인[297]의 왕들처럼 식민지를 건설하거나 영토를 확장한 사람들도 있었다. 40

왕은 수호자 역할을 하여, 재산을 가진 사람들이 부당한 대우를 받지 않도록 하고, 민중이 억압받지 않도록 노력했다. 그러나 앞서 여러 번 언급했듯, 참주는 자신에게 이익이 없는 경우에는 공익에는 관심을 두지 않는다. 참주가 추구하는 것은 쾌락이고, 왕이 추구하는 것은 고귀함[298]이다. 따라서 참주는 재산에 왕은 명예를 누리게 하는 것에 관심을 가진다. 또한, 왕의 친위대는 시민으로 구성되는 반면, 참주의 친위대는 용병으로 구성된다. 1311a1 5

참주정이 민주정과 과두정의 폐해를 동시에 내포하고 있다는 점은 명백하다. 참주는 재산이 있어야만 친위대를 유지하고 사치스러운 삶을 누릴 수 있으므로, 참주정은 재산을 목표로 한다. 이는 과두정에서 비롯된 특성이다. 또한, 대중을 전혀 믿지 않아 대중으로부터 무기를 빼앗고, 민중을 억압하거나 도성에서 쫓아내 흩어져 살게 하는 것도 과두정과 참주정의 공통점이다. 10 15

....

296 발칸반도 중부에 있는 "마케돈"(또는 마케도니아)에 살았던 "마케돈인"은 기원전 1100년경부터는 도리아인에게 장악되어 그리스 영토가 되었지만, 기원전 4세기 중반에 필리포스 2세 때 강대국이 되어 도리어 그리스를 지배하게 되었고, 그의 아들 알렉산드로스 대왕은 마케도니아 제국을 건설해 헬레니즘 시대를 열었다.

297 "몰로시아인"은 미케네 문명(기원전 1600-1100년) 시대에 그리스 북서부 에피로스 지방 핀도스산 중부와 서부에서 산재해 살아가던 그리스 부족이었다. 하지만 기원전 6세기 초부터 이 지역에서 강대국으로 발전했고, 기원전 370년에는 에피로스 전체를 장악해 통일 국가를 건설했다.

298 그리스어 원문은 '토 에뒤'(τὸ ἡδύ, '쾌락')과 '토 칼론'(τὸ καλόν)을 대비시키는데, '토 칼론'은 "도덕적으로 아름답고 고귀한 것"을 가리킨다. 왕은 자신이 도덕적으로 훌륭한 일을 해서 고귀한 자, 즉 성군으로 추앙받기를 원한다는 것이다.

참주정이 귀족들과 대립하여 은밀하게 또는 공개적으로 그들을 파멸시키고, 정권 경쟁자나 장애물로 여기는 사람들을 추방하는 것은 민주정에서 비롯된 것이다. 그리고 사실상 참주정을 무너뜨리려는 음모를 꾸미는 주체는 귀족들이다. 귀족들은 정권을 잡기 위해, 노예가 되지 않기 위해 음모를 꾸민다. 트라시불로스가 페리안드로스에게 조언을 구했을 때, 페리안드로스는 들판에서 가장 높이 자라는 이삭들을 잘라내는 것을 보여주며 조언을 대신했는데, 다른 사람들보다 뛰어난 시민들을 계속해서 제거해야 한다는 의미였다.[299]

앞서 언급했듯, 정치체제가 변화하는 원인은 다른 정치체제나 군주정에서나 동일하다. 피지배자들이 군주정에 반기를 드는 원인은 부당한 대우와 두려움, 경멸 등이다. 그중에서 가장 중요한 원인은 모욕감이며, 때때로 개인 재산의 몰수도 원인이 된다.

참주정과 왕정에서 변혁을 일으키는 목적은 다른 정치체제에서도 동일하다. 군주들에게는 큰 부와 명예가 있고, 이는 사람들이 모두 바라는 것이다. 군주정에 반기를 드는 사람 중에는 통치자의 목숨을 노리는 사람도 있고, 통치자의 권좌를 노리는 사람도 있다. 특히, 모욕을 당해 군주정에 반기를 드는 사람들은 주로 통치자의 목숨을 겨냥한다.

모욕의 형태는 다양하지만, 모든 모욕은 분노를 일으키며, 이 분노한 자들 중 대부분은 야심 때문이 아니라 복수를 위해 군주정에 반기를

....

299 제3권 제13장 1284a26-33을 보라. "페리안드로스"(기원전 약 585년에 죽음)는 고대 그리스 코린토스의 참주였다. 그는 국정 운영 능력이 뛰어나 코린토스에 번영을 가져와서 코린토스를 그리스에서 가장 부유한 도시 중 하나로 만들었다. 고대 그리스 일곱 현인 중 한 명으로 언급된다. "트라시불로스"는 기원전 7세기에 소아시아의 그리스 식민지인 이오니아 지방 밀레토스의 참주로, 페리안드로스의 동맹이었다.

든다. 예를 들어 하르모디오스와 아리스게이톤이 페이시스트라토스 일파에 반기를 든 것은 페이시스트라토스 일파가 하르모디오스의 누이에게 무례한 언동을 하여 누이를 모욕했기 때문이었다. 따라서 하르모디오스는 누이를 위해, 아리스게이톤은 하르모디오스를 위해 페이시스트라토스 일파에 맞서 반기를 들었다.[300]

암브라키아의 참주 페리안드로스를 축출하고자 한 음모가 발생한 것도 그가 자신의 측근들과 함께 술 마시는 자리에서 자신의 동성애 연인에게 "지금쯤은 내 아이를 잉태했겠지"라고 물었기 때문이었다.[301] 40 1311b1

파우사니아스가 필리포스에게 반기를 든 것은 필리포스가 그를 아탈로스 일파에게 모욕을 당하도록 내버려두었기 때문이었다.[302] 데르다스가 아민타스 2세에게 반기를 든 것은 아민타스 2세가 그의 꽃다운 몸을 즐겼다고 공개적으로 자랑했기 때문이었다.[303] 키프로스의 에우아고 5

....

300 "하르모디오스"와 "아리스토게이톤"은 동성애 연인 관계에 있던 자들로, 고대 그리스 아테네에서 귀족정 또는 과두정을 무너뜨리고 참주가 된 페이시스트라토스의 뒤를 이어 참주가 된 그의 아들 히파르코스를 암살한 후 기원전 514년에 처형되었다. 참주 히파르코스가 하르모디오스에게 동성애 연인 관계를 제안했다가 거절당하자, 앙심을 품고 그의 가문에 수모를 주기 위해, 그의 누이동생에게 판아테네 축제에서 순결한 처녀로 하여금 제물이 든 바구니를 들고 축제 행렬을 인도하는 역할을 제안했다가, 대중이 보는 앞에서 그녀가 처녀가 아니라는 거짓 이유를 들어 공개적으로 쫓아낸 것이 발단이 되었다.

301 "암브라키아"는 그리스 북서부에 있는 에피로스 지방에 있는 도시로, 기원전 650-625년 사이에 코린토스의 참주 킵셀로스의 아들 고르고스가 정복했다. "페리안드로스"는 고르고스의 아들이다.

302 "파우사니아스"는 마케돈의 왕 "필리포스 2세"의 경호원이자 동성애 연인이었다. "아탈로스" 장군의 동성애 연인이 "파우사니아스"에 의해 공개적으로 모욕당한 후 자살하자, 아탈로스는 파우사니아스를 술에 취하게 한 후 강간했다. 하지만 필리포스 2세는 아탈로스를 전혀 문책하지 않았고, 기원전 336년에 파우사니아스는 이러한 처사에 분노해 왕을 암살했다.

303 "아민타스 2세"는 마케돈의 왕으로, 기원전 393년경에 왕이 되었지만, 얼마 안 있

라스는 그의 아들에게 아내를 빼앗기는 모욕을 당한 내시에 의해 살해당했다.[304]

신하의 몸을 욕되게 했다가 축출된 군주들도 많았다. 크라타이오스가 아르켈라오스에게 반기를 든 것이 대표적이다.[305] 크라타이오스는 자신과 아르켈라오스왕의 동성애 관계를 혐오했기 때문에, 사소한 일을 계기로 왕에게 반기를 들었다. 물론, 왕이 딸들 중 한 명을 그에게 주기로 약속했으면서도, 시르라스와 아라바이오스와의 전쟁에서 궁지에 몰리자 큰딸을 엘리메이아의 왕에게 주고, 전처와의 사이에서 태어난 아민타스가 클레오파트라와의 사이에서 태어난 아들과 싸우지 않게 하기 위해 작은딸을 아민타스에게 주었기 때문에 그가 왕에게 반기를 든 것일 수도 있다. 하지만 그와 왕의 사이가 틀어지게 된 결정적인 이유는 왕과의 동성애 관계에 대한 혐오감 때문이었다.

라리사 출신 헬라노크라테스 역시 아르켈라오스왕에게 반기를 든

....

어 상부 마케도니아의 귀족 데르다스에게 암살되었다.

304 "에우아고라스"(기원전 411-374년)는 훌륭한 왕이었지만, 기원전 374년에 사적인 앙심을 품은 내시에 의해 암살되었다. "키프로스"는 소아시아 서남부 동부 지중해에 있는 섬이다.

305 "아르켈라오스 1세"(재위 413-399년)는 마케돈의 왕으로 내정과 군사와 교역에서 유능하고 훌륭한 왕이었다. "아르켈라오스왕"의 동성애 연인이었던 "크라타이오스"는 왕과 함께 사냥을 나갔다가, 아래에 언급된 "헬라노크라테스," "데캄니코스"와 모의해 왕을 암살했다. "아라바이오스"(재위 기원전 423-393년)는 상부 마케돈 최북단의 산지에 있던 "린케스티스" 왕국의 왕이었고, 이 기간에 "시르라스"는 그의 사위이자 왕족으로서 이 왕국의 섭정이었다. 이 두 사람은 기원전 5세기 말에 "린케스티스"의 지배권을 놓고 마케돈의 왕 "아르켈라오스 1세"와 전쟁을 벌였다. 아르켈라오스 1세가 죽은 후 후처인 클레오파트라와의 사이에서 태어난 "오레스테스"가 미성년자로서 왕이 되지만, 10여 년 후인 기원전 390년에는 "시르라스"의 딸 에우리디케와 결혼한 "아민타스"가 마케돈의 왕이 된다. "엘리메이아"는 서부 마케도니아에 있던 도시국가다.

사례 중 하나다. 그는 왕과의 동성애 관계에 있었으며, 왕이 그에게 고향
으로 돌아가는 것을 약속했음에도 이를 지키지 않아 분노했다. 왕이 그
와의 동성애 관계를 유지하는 것이 그에 대한 욕망이 아니라 그를 모욕   20
하기 위한 것으로 생각했기 때문이었다.[306]

아이노스 출신인 피톤과 헤라클레이데스는 아버지의 원수를 갚기
위해 코티스를 파멸시켰고, 아다마스는 코티스가 어린 자신을 거세시킨
것을 모욕으로 받아들여 코티스를 배신했다.[307]

몸에 채찍질을 당한 것에 분노해 모욕을 당했다고 생각해서, 공직자
든 왕족이든 구분 없이 자신을 모욕한 자들을 파멸시킨 경우도 많았다.   25
미틸레네에서는 곤봉을 지니고 돌아다니며 사람들을 때리던 펜틸로스
가문 사람을 메가클레스가 친구들과 함께 공격해 죽였다. 아내 앞에서
채찍질을 당한 후 끌려나간 스메르데스는 펜틸로스 가문의 사람을 죽였
다.[308]

또한 데캄니코스가 아르켈라오스왕에게 반기를 드는 데 앞장선 것   30

....

306 "라리사"는 그리스 중부 테살리아 지방에 있던 도시국가다. "헬라노크라테스"는
앞에 언급된 마케돈의 왕 "아르켈라오스"의 동성애 연인으로, "크라타이오스" 등
과 공모해 왕을 암살했다.

307 "코티스 1세"(재위 기원전 384-360년)는 트라케 지방에 있던 오드리시아이인의 왕
이다. "아이노스"는 트라케에 있던 한 도시. "피톤"과 그의 동생 "헤라클레이데
스"는 플라톤의 제자들로서, 기원전 360년경에 궁에서 열린 연회에서 "코티스 1
세"를 암살하고 아테네로 돌아왔다. "아마다스"에 대해서는 알려진 것이 없다.

308 "펜틸로스"는 소아시아 그리스 식민지 레스보스섬의 오래된 왕조인 "펜틸로스 가
문"의 시조다. 그의 손자 "그라스"는 이오니아와 미시아 사이에 있던 "아이올리스"
의 건설자였다. 아이올리스에는 그리스 식민지인 도시들과 섬들이 많았는데, 레
스보스섬도 그중 하나였다. 소아시아의 서부 해안과 섬들 중 상부는 아이올리아
인이 식민지들을 세운 "아이올리스 지방"에 속했고, 중부는 이오니아인이 식민지
들을 세운 "이오니아 지방"에 속했으며, 하부는 도리아인이 식민지들을 세운 지역
이었다. "마가클레스"와 "스메르데스"에 대해서는 알려진 것이 없다.

제10장 참주정과 왕정이 파괴되는 원인들
....

은 왕이 그를 에우리피데스에게 넘겨주어 채찍질하게 한 데 분노한 것이 원인이었다.[309] 이러한 상황은 에우리피데스가 자신의 입에서 악취가 난다고 말한 데캄니코스에게 격분했기 때문이었다. 이러한 사례처럼 많은

35 사람이 암살과 음모에 가담했다.

참주에게 반기를 든 원인 중 하나는 두려움이다. 다른 정치체제에서와 마찬가지로 군주정에서도 두려움은 반기를 드는 원인이 될 수 있다. 예컨대 아르타파네스는 크세르크세스가 식사 도중에 말한 것을 기억하지 못할 것이라 판단하고, 그의 지시가 없었어도 자기가 다레이오스를 죽여도 용서받을 것이라 생각하여 그를 목졸라 죽였다. 하지만 그 후에

40 처벌받을 것이 두려웠기에 크세르크세스를 살해한 것이 그런 예이다.[310]

I3I2aI　　또한, 참주가 경멸받을 만한 언행을 하는 것 역시 반기를 드는 원인이 된다. 사르다나팔로스[311]가 여자들과 함께 양모를 빗는 모습을 본 어떤 사람이 그를 죽였다. 이야기꾼들이 전하는 이 말이 사실인지 확인할 수는 없지만, 그에게 그런 일이 일어나지 않았더라도, 다른 사람에게 충

....

309 앞의 각주에서 설명했듯 "데캄니코스"는 마케돈의 왕 아르켈라오스 1세를 암살한 3인 중 한 명이다. "에우리피데스"(기원전 약 484-406년)는 고대 그리스 3대 비극시인 중 한 명이다. 인간의 정념과 여자의 심리 묘사가 뛰어났던 그는 말년에 마케돈의 아르켈라오스왕의 궁정에 몸을 의탁하고 지내다 2년 후에 죽었다.

310 "크세르크세스 1세"(재위 기원전 486-465년)는 페르시아 제국의 네 번째 왕으로 보통 "크세르크세스 대왕"이라 불린다. "아르타파네스"는 "크세르크세스 1세"의 왕궁 수비대장이었고, "다레이오스"는 왕의 장자였다.

311 "사르다나팔로스"는 메소포타미아에 있던 아시리아의 왕으로, 기원전 7세기에 살았던 것으로 추정된다. 그는 죽을 때까지 사치와 방종에 빠져 살았다. 여자들의 옷을 입었고, 화장을 했으며, 수많은 여자와 남자를 자신의 처첩으로 두었다고 한다. 하지만 이것은 페르시아 제국의 일부가 된 카리아의 크니도스 출신의 역사가 "크테시아스"(기원전 4세기 활동)가 아시리아와 바빌로니아의 역사에 관해 쓴 『페르시카』에 나오는 이야기다.

분히 그런 일이 벌어질 수 있다. 디온의 경우, 디오니시오스 2세가 항상 5
술에 취해 있고 시민들로부터 멸시받는 것을 보고 왕을 경멸해 반기를
들었다.[312]

참주의 신임을 받는 측근들 역시 참주를 경멸하여 반기를 드는 경우
가 있다. 그들은 참주를 경멸하기도 쉽고, 반란을 일으켜도 발각될 위험
이 없다고 생각하기 때문이다. 자신이 정권을 장악할 수 있다고 생각하
는 사람들은 위험을 과소평가해서 경솔하게 실행에 옮긴다. 이러한 점에 10
서 참주에게 반기를 드는 원인은 어떤 면에서는 경멸 때문이라고 볼 수
있다. 이런 이유로 장군들이 군주에게 반기를 드는 경우가 많다. 예를 들
어, 사치스럽고 방탕한 삶을 살아가는 아스티아게스의 권력이 약화된 것
을 보고 키루스는 그의 생활방식과 권력을 경멸하여 반기를 들었고,[313]
세우테스가 장군으로 재직하던 무렵 아마도코스왕에게 반기를 든 것도
그런 이유 때문이었다.[314]

때로는 다양한 원인이 복합적으로 작용하여 참주에게 반기를 드는 15

....

312 "디오니시오스 2세"(기원전 약 397-343년)는 시칠리아섬 시라쿠사의 참주다. 그는
30세가 채 안 된 나이에 참주가 되어 국정 운영에 미숙했기 때문에, 외삼촌 "디온"
의 후견 아래 통치했다. 그러자 방탕한 생활을 일삼는 왕을 못마땅하게 생각한 디
온은 플라톤을 초빙해 개혁을 시도했지만, 디오니시오스 2세는 개혁에 반대하는
세력과 함께 디온을 추방해버린다. 플라톤이 디온을 돌아오게 하라고 권했지만,
도리어 왕은 디온의 재산을 몰수하고 디온의 아내를 다른 사람에게 주어버린다.
결국, 디온은 기원전 357년에 돌아와 디오니시오스 2세를 축출한다.

313 "아스티아게스"(재위 564-550년)는 메디아 왕국의 마지막 왕이다. 바빌로니아 제국
을 멸망시키고 페르시아 제국을 건설한 자신의 외손자 "키루스 2세"에 의해 기원
전 550년에 폐위되었다.

314 "아마도코스 1세"는 기원전 5세기 말과 4세기 초 트라케의 왕이다. 그는 전에 세
우테스의 아버지 마이사데스가 다스렸던 트라케 남동부 일부를 자신의 장군인
"세우테스"에게 주어 왕으로 다스리게 했다.

경우도 있다. 미트리다테스[315]가 아리오바르자네스에게 반기를 든 것은 경멸과 탐욕이 복합적으로 작용한 결과였다. 용감하고 대담한 본성을 가진 자들이 군주에 의해 군대 요직에 임명될 때는 여러 원인이 복합적으로 작용하여 십중팔구 반기를 든다. 용감함과 권력이 결합되면 대담해지

20 기 때문에, 이 두 가지가 결합하면 자신이 쉽게 이길 수 있을 것이라 생각하여 반기를 드는 것이다.

명예욕으로 인한 반기는 앞서 언급한 원인에서 비롯된 반기와 다른 목적이 있다. 어떤 사람은 이익과 지위에 대한 욕망 때문에 참주에게 반

25 기를 들지만, 명예욕을 갖고 모험을 감행하는 사람은 그렇지 않다. 전자는 이익과 지위를 위해 참주에게 반기를 들지만, 후자는 참주를 제거함으로써 자기 이름을 널리 알리고 더욱 유명해지는 것을 목표로 반기를 든다. 그들이 추구하는 것은 참주의 지위가 아니라 명성이다.

30 그러나 명예욕 때문에 참주에게 반기를 드는 경우는 흔치 않다. 실패하면 생존이 어렵기 때문에, 이러한 부담감이 그들을 억제한다. 디온

35 처럼 이러한 위험을 감수하려는 사람들은 드물다. 디온[316]은 디오니시오스를 치기 위해 얼마 안 되는 군대를 이끌고 진격하면서, 자기는 이 일에 참가한 것으로 만족하므로, 이 일을 어디까지 이루어내든 그리고 비록 상륙한 직후에 자신이 죽는다고 해도 좋다고 생각했고 그렇게 말했다.

40 참주정은 다른 정치체제와 마찬가지로, 더 강력한 국가에 의해 위협

1312b1 받을 수 있다. 더 강력한 국가는 자신의 이익을 위해 참주정을 약화시키려고 할 것이 분명하다. 여러 정치체제가 참주정을 적대시하는데, 민주

....

315 "아리오바르자네스"(기원전 약 368-330년 재임)는 페르시아 제국의 왕족이자 페르시스의 태수였다. "미트리다테스"는 아리오바르자네스의 아들이다.

316 각주 313을 참고하라.

정의 궁극적인 형태인 참주정은 지배층 내에서 내분이 일어나면 내부적
인 원인으로 인해 약화될 수 있다. 헤시오도스의 "도공은 도공을 시기한   5
다"라는 말처럼,[317] 참주정은 내부적 원인으로 인해 쇠퇴할 수 있다. 민주
정은 참주정을 적대시하며, 왕정과 귀족정도 마찬가지로 참주정에 반대
하기 때문에 참주정을 적대시한다. 이러한 이유로 라케다이몬인은 대부
분 참주정을 해체했으며, 시라쿠사인 역시 훌륭한 정치체제하에서 살아
오는 동안 참주정을 와해시켰다.

　겔론 일족과 디오니시오스 2세의 일족을 예로 들어보자. 겔론 일족   10
에서는 히에론의 동생 트라시불로스가 참주 자리를 노려 겔론의 아들을
방탕한 길로 이끌었다. 이에 겔론 일족은 참주정 체제를 유지하면서 트
라시불로스만 제거하려고 지지자들을 모았다. 그러나 이 지지자들은 기   15
회를 잡자마자 겔론 일족 전체를 추방해버렸다.[318] 반면 디오니시오스
2세 일족에서는 그의 인척 디온이 민중의 지지를 얻어 군대를 이끌고 나
서 디오니시오스를 축출했지만, 결국 디온 역시 추방되어 목숨을 잃었
다.[319]

....

317 "헤시오도스"는 기원전 8세기 말에 활동한 고대 그리스의 서사시인이다. 이 구절
은 그의 대표작 중 하나인 『일과 날』 25행에 나온다.

318 "겔론"은 시칠리아섬의 겔라와 시라쿠사의 참주였고, 그가 죽은 후에는 그의 동생
"히에론"이 기원전 478-467년까지 시라쿠사의 참주였다. 히에론이 죽은 후에 그
의 동생 "트라시불로스"는 기원전 466-465년에 11개월 동안 시라쿠사의 참주였
다. 하지만 원래는 겔론의 아들이 후계자였던 것 같다. 겔론 일족에 의한 참주정
이 무너진 후에 시라쿠사는 민주정이 되었다.

319 "디온"이 시라쿠사를 해방시키는 것을 돕기 위해 아테네에서 따라온 자들 중에는
플라톤의 제자였던 칼리포스도 있었는데, 그는 디오니시오스 2세로부터 뇌물을
받고 음모를 꾸며 결국 디온을 따라 용병으로 왔던 잔키토스섬 사람들과 함께 디
온의 집을 급습해, 페르세포네 여신의 축일에 연회를 벌이고 있던 디온을 살해했
다.

참주에게 반기를 드는 두 가지 주요 원인은 증오와 경멸이다. 이 둘
20 중 증오는 참주와 항상 따라다니는 것이고, 경멸 또한 참주정이 약화되
는 주요 원인이다. 자기 힘으로 참주가 된 사람들은 대체로 자신의 지위
를 유지하지만, 세습을 통해 참주가 된 사람들은 대부분 즉시 지위를 잃
는다. 후자는 사람들로부터 경멸받는 행위를 즐기면서, 반란을 일으키려
25 는 사람들에게 어떤 빌미를 제공하기 때문이다.

분노는 증오와 비슷하게 작용하지만, 그 결과는 더욱 강력하다. 분
노는 감정에 휩싸여 이성을 상실하게 만들어, 사람들로 하여금 무모하게
30 반란을 일으키도록 부추긴다. 특히, 모욕을 받았을 때 사람들은 가장 분
노한다. 페이시스트라토스 일족 등 많은 참주정이 모욕으로 인해 망한
사례가 있다. 반면, 증오는 분노만큼 강력한 효과를 가져오지 않는다. 분
노는 고통이 동반되어 이성적 사고를 방해하지만, 증오에는 고통이 없기
때문이다.

요컨대, 우리가 이전에 극단적 과두정과 극단적 민주정을 파괴하는
35 원인으로 언급한 것들은 모두 참주정을 파괴하는 원인이기도 하다. 극단
적인 과두정과 민주정은 국가의 최고 권력을 여럿이 나눠 가진다는 점만
제외하면, 그 자체가 참주정이기 때문이다.

왕정은 외부적인 원인으로 파괴될 가능성이 가장 적어서 오랫동안
40 존속되지만, 내부적인 원인에 의해 파괴된다. 왕정이 파괴되는 원인은
1313a1 두 가지인데, 하나는 지배층 사이의 내분, 다른 하나는 왕이 법을 무시하
고 더 많은 권한을 요구하여 참주처럼 통치하려는 것이다.

오늘날 왕정은 더 이상 생기지 않는다. 오늘날에 생기는 군주정은
5 왕정이 아니라 참주정이다. 왕정에서는 왕이 사람들의 자발적인 복종 아
래에서 국가의 중대사를 결정하는 최고 권력을 갖지만, 오늘날에는 훌륭
한 자들이라고 해도 미덕이 비슷비슷하고, 왕이라는 중차대한 공직을 맡

을 수 있을 정도로 탁월한 사람이 없기 때문이다. 그래서 사람들은 자발
적으로 복종하지 않고, 속임수나 무력을 통해 왕으로 통치하려는 자는   10
왕이 아닌 참주로 여겨진다.

세습 왕정에서는 왕들이 오만방자하게 행동하며, 경멸받게 되는 것
이 왕정이 파괴되는 추가 원인이 된다. 왕은 신민들의 지지를 잃으면 즉   15
시 왕의 지위를 잃지만, 참주는 신들들의 지지를 잃어도 여전히 참주의
지위를 유지한다.

군주정은 이런 원인과 그 외 비슷한 다른 원인에 의해 파괴된다.

군주정을 보존하는 원인들

왕정이 보존되려면 온건하게 이끌어야 한다. 참주정을 유지하는 방법은 두 가지가 있으며, 이들은 서로 반대되는 개념이다. 한 가지는 다스림을 받는 자들을 불신하게 만들고, 그들이 반란을 일으킬 힘을 없애며, 그들에게 자신은 하찮은 존재라는 인식을 심어준다. 반면, 다른 한 가지는 자신이 참주가 아니라 좋은 왕의 역할을 하는 것처럼 보이게 하는 것이다.

20 군주정을 보존하는 것은 앞서 말한 것들과 반대되는 요소들이다. 왕정의 경우, 왕이 온건하게 국가를 이끌 때 그 지위가 더욱 견고해진다. 왕이 권력을 적게 행사하면, 그의 자리는 더욱 오래 유지된다. 왕이 과도한 권력 행사를 자제하면, 다스림을 받는 자들과의 거리가 좁혀지고, 그들의 불만이나 시기도 줄어든다. 이런 방식으로 몰로시아인[320]의 왕정은

....

320 "몰로시아인"은 미케네 문명(기원전 1600-1100년) 시대에 그리스 북서부 에피로스 지방 핀도스산의 중부와 서부에서 산재해 살아가던 그리스 부족으로, 기원전 6세

오랫동안 지속됐다.

또한, 라케다이몬인의 왕정이 오랫동안 지속될 수 있었던 것도 처음 25
부터 두 명의 왕을 세워 왕권을 나누었고, 테오폼포스왕[321]이 '에포로스'
라는 감독관직을 도입하여 왕권을 제한했기 때문이다. 그는 왕의 권한을
축소시켰지만, 이는 왕권을 약화시킨 것이 아니라 오히려 오랫동안 유지
될 수 있도록 강화한 것이었다. 그래서 왕비가 이런 약화된 왕권을 아들 30
에게 물려주는 것이 부끄럽지 않느냐고 그에게 물었을 때, 그는 "나는 더
오랫동안 지속될 왕권을 물려주는 것이므로 전혀 부끄럽지 않소"라고 대
답했다.

참주정을 장기간 유지하는 방법에는 두 가지가 있으며, 이 둘은 서
로 상반된 개념이다. 그중 하나는 대대로 전해져 내려오는 방법인데, 대 35
부분 참주가 이 방법을 따른다. 이 방법에는 코린토스의 페리안드로스[322]
가 도입한 것이 다수 포함되어 있으며, 그중 많은 것은 페르시아인의 통
치 방식[323]에서 가져왔다.

....

기 초부터 이 지역에서 강대국으로 발전했고, 기원전 370년에는 에피로스 전체를
장악해 통일 국가를 건설했다.

321 "테오폼포스"는 기원전 8세기 말과 7세기 초에 걸쳐 스파르타를 다스린 왕이다.
그의 치세 중 가장 큰 사건으로는 제1차 메세니아 전쟁(기원전 743-724년)에서 승
리하여 펠로폰네소스 반도 중서부 지역에 있던 메세니아를 병합했고, 메세니아인
은 국가 노예들인 '헤일로스'들이 되었다. 하지만 국가 노예가 된 메세니아인은 이
후 스파르타 정세를 끊임없이 불안하게 만들었다.

322 "페리안드로스"(기원전 약 585년에 죽음)는 고대 그리스 코린토스의 참주였다. 그는
국정 운영 능력이 뛰어났고 코린토스에 번영을 가져와 코린토스를 그리스에서 가
장 부유한 도시 중 하나로 만들었다. 흔히 고대 그리스 일곱 현인 중 한 명으로 언
급된다. 페리안드로스가 기원전 7세기에 소아시아의 그리스 식민지인 이오니아
지방 밀레토스의 참주이자 자신의 동맹인 "트라시불로스"에게 탁월한 자들을 제
거하라고 조언한 일화는 이 책에서 두 번이나 언급된다.

323 "페르시아인의 통치 방식"은 크세노폰이 쓴 『키루스의 교육』에 잘 나타나 있다.

제11장 군주정을 보존하는 원인들
....

이 방법에는 참주정을 보존하는 방법이 포함되어 있다. 즉, 뛰어난
사람들을 제거하고, 사람들의 자신감을 없애는 것이다. 또한, 공동식사
나 모임, 교육 등을 금지하고, 사람들 간의 신뢰와 자신감을 불러일으키
는 모든 것을 감시하며, 학교나 다른 학습 모임이 생기지 않도록 해야 한
다. 사람들이 서로 알게 되면 신뢰가 생기기 때문에, 모든 다스림을 받는
자들이 최대한 서로를 알지 못하도록 하는 모든 조치를 취해야 한다.

도시에 사는 사람들은 항상 눈에 띄게 하고, 성문 앞에서 시간을 보
내게 해야 한다. 그렇게 하면 사람들이 음모를 꾸미기 힘들어지며, 노예
처럼 살다 보면 자신을 하찮게 여기는 것이 습관이 된다.

페르시아인과 이민족의 참주들이 사용하는 모든 방법도 참주정을
유지하는 데 도움이 된다. 다스림받는 자들이 어떤 말을 하고 어떤 행동
을 하는지를 모두 알아야 하며, 시라쿠사의 여자 첩자들이나, 히에론[324]
이 집회나 모임에 보냈던 '엿듣는 자들' 같은 첩자들이 있어야 한다. 이
런 첩자들이 있다면 사람들은 공개적으로 말하기를 두려워하는데, 그럴
경우 쉽게 들키기 때문이다.

사람들을 이간질하여 친구와 친구, 민중과 귀족, 부자와 부자가 서
로 싸우게 만들어야 한다. 참주는 다스림을 받는 자들을 가난하게 만들
어서, 그들이 군대를 양성할 수 없게 하고, 일상 생활에 바쁜 나머지 음
모를 꾸밀 시간이 없게 해야 한다. 아이깁토스에 건설된 피라미드들, 킵

....

324 형인 "겔론"의 뒤를 이어 시라쿠사의 참주가 된 "히에론"(재위 기원전 478-467년)은
그리스 역사상 최초로 비밀경찰을 창설한 인물로 유명하다. 그럼에도 시라쿠사를
강대국으로 만들었고, 문학과 문화의 후원자가 되어 많은 시인과 교류했으며, 판
아테네 경기대회에도 출전해 기마 경기와 전차 경주에서 여러 번 우승하기도 했
다.

셀로스 가문[325]이 신전을 세우고 사람들에게 제물을 바치게 한 것, 페이시스트라토스 가문이 올림포스의 주신 제우스 신전을 세운 것, 폴리크라테스가 사모스섬에서 대규모 토목 공사를 벌인 것이 대표적인 예다. 이런 방식으로 참주들은 다스림을 받는 자들이 여가를 가질 수 없게 하고 가난하게 만든다. 25

또한, 세금을 부과하여 징수하는 것으로도 동일한 목적을 달성할 수 있다. 시라쿠사에서는 디오니시오스 1세[326]의 통치 기간에 사람들이 자신의 모든 재산을 세금으로 바쳤다. 그리고 참주는 전쟁광이다. 전쟁을 벌이면 다스림받는 자들은 여가 시간이 없어지며, 계속해서 지도자를 필요로 하게 된다.

왕정은 친구들에 의해 보존되지만, 참주는 친구들을 극도로 불신한다. 모든 사람이 참주를 죽이고 싶어 하지만, 참주를 죽일 수 있는 사람 중에서도 친구들이 가장 위험하기 때문이다. 극단적인 민주정을 보존하기 위해 사용되는 모든 방법은 참주정에서도 그대로 사용된다. 여성들에게 가정을 관리하며 남편을 고발하게 하거나, 노예에게 관대하게 대하는 주인의 약점을 찾아내 고발하는 등이 그러하다. 노예와 여성들은 참주에 대해 음모를 꾸미지 않고, 참주정 아래에서도 문제없이 잘 지내기 때문 30 35

....

325 "아이깁토스"는 현재의 이집트다. "킵셀로스"(재위 기원전 657-627년)는 코린토스 최초의 참주다. 그는 군대 최고 지도자라는 자신의 직책을 이용해 왕정을 폐지하고 참주가 되었다. "페이시스트라토스"(기원전 약 600-527년)는 고대 그리스 아테네의 참주다. 족벌 귀족이면서도 민중이 주축이 된 산지당을 이끌어 참주가 된 인물이다. "폴리크라테스"(재위 537-523년)는 소아시아의 에게해에 있던 그리스 식민지에 속한 섬인 "사모스"의 참주다. 수도 시설, 항구 축조, 헤라 신전 건축 등 3대 토목 대공사를 한 것으로 유명하다.

326 "시라쿠사"는 시칠리아섬의 유명한 그리스 식민도시다. 이곳의 참주 "디오니시오스 1세"(기원전 약 430-367년)는 무자비한 최악의 폭군으로 유명했다.

에 참주정에 호의적이다. 노예와 여성들은 민주정에도 호의적인데, 이것은 민중도 권력을 원하기 때문이다.

40 그런 이유로 참주정과 민주정에서는 아부하는 자들이 득세한다. 즉, 민주정에서는 민중에게 아부하는 자가 바로 민중 선동가이므로 민중 선동가가 득세하고, 참주정에서는 참주들이 굽실거리는 자들과 어울리는

1314a1 데, 이런 자들이 바로 아부하는 자들이다. 그런 이유로 참주는 사악한 자들을 좋아한다. 자유민의 정신을 지닌 자는 아무도 아부하는 것을 원치 않는다. 고귀한 자들[327]은 군주를 사랑하기는 해도 아부하지는 않기 때문이다.

사악한 일에는 사악한 자들이 필요하다. 못이 못을 뺀다는 속담처럼

5 말이다. 참주는 당당하거나 자유로운 사람들을 좋아하지 않는다. 자신만이 당당하고 자유롭다고 생각하는 참주는, 자신의 특권과 지배권을 위협하며 당당하고 자유로운 태도를 보이는 사람들을 미워한다. 그래서 그런

10 사람들을 자신의 통치를 무너뜨리는 적으로 여긴다. 더욱이 참주는 시민보다는 외국인들과 식사하고 어울리는 것을 선호한다. 이는 시민들은 적이지만, 외국인들은 적대적이지 않기 때문이다.

이러한 특성들은 참주정을 유지하는 일부 전략이며, 여기에는 악의적인 요소가 전혀 빠짐없이 동원된다. 이 모든 것은 세 가지 범주로 요약

15 된다. 참주의 목표가 세 가지이기 때문이다.

첫 번째는, 다스림을 받는 사람들이 자신을 하찮은 존재로 여기게 하는 것이다. 자신을 하찮게 여기는 사람들은 모반을 꾸미지 않기 때문이다.

....

327 "고귀한 자들"로 번역한 '에피에이케스'(ἐπιεικής)는 앞서 "유능한 자들"로 번역한 단어다. 이 단어에는 도덕적으로 "훌륭한"이라는 뜻도 있다.

두 번째는, 다스림을 받는 사람들 사이의 불신을 조장하는 것이다. 참주정은 지배받는 사람들이 서로 믿기 전까지는 무너지지 않는다. 따라서 참주는 자신의 지배를 위협할 수 있는 고귀한 사람들을 경계한다. 이 20 들은 압제를 당연시하지 않으며, 자신들 사이뿐만 아니라 타인에게도 신뢰를 보이며, 자신이 속한 집단이나 타인을 고발하지 않기 때문이다.

세 번째는, 다스림을 받는 사람들을 모반할 힘이 없게 만드는 것이다. 불가능한 일에는 아무도 도전하지 않으므로, 그들에게 참주정을 전복할 힘이 없다면, 그런 시도를 하지 않을 것이다.

이렇게 참주들이 추구하는 것은 세 범주로 요약된다. 참주들이 추구 25 하는 모든 것은 다음의 세 가지 목표로 귀결되기 때문이다. 다스림을 받는 사람들이 서로 불신하게 만드는 것, 그들에게 모반할 힘이 없게 만드는 것, 그들이 자신을 하찮은 존재라고 생각하게 만드는 것.

이런 것이 참주정을 보존하는 첫 번째 방법이다. 30

두 번째 방법은 앞서 말한 것과 반대로 참주정을 점차 왕정으로 변화시키는 것이다. 왕정이 파괴되는 원인 중 하나는 왕정이 참주정으로 변화되는 것이기 때문에, 참주정을 보존하는 방법은 그것을 왕정으로 변 35 화시키는 데 있다. 이때 참주는 국가의 최고 통치자로서 권한만은 지켜야 한다. 그 권한을 포기하는 것은 참주로서의 지위를 포기하는 것과 같기 때문이다.

참주는 국정의 최고 통치자로서의 권한은 포기하지 않으면서, 다른 측면에서는 왕처럼 행동하거나 그렇게 보이도록 해야 한다는 원칙을 따 40 른다. 먼저, 공금을 신중히 사용하는 것처럼 보여야 하며, 대중이 분노할 1314b1 만한 일에 공금을 사용해서는 안 된다. 사람들은 힘들게 일해 번 돈을 참주들이 후궁들이나 외국인 손님들, 기술자들에게 아낌없이 쓰는 것을 보면 분노하기 때문이다.

5 또한, 일부 참주들이 이미 실행하듯이, 수입과 지출을 대중에게 보고해야 한다. 그렇게 함으로써 참주는 대중에게 참주로 보이는 것이 아니라, 공금을 맡아 관리하는 자로 보일 것이다. 그리고 참주는 국가의 최고 권력을 쥐고 있는 동안에는 언젠가 돈이 바닥나지는 않을지 걱정할 필요가 없다.

국외로 원정을 떠나는 상황에서, 참주들은 돈을 많이 모아놓고 떠나
10 는 것보다는 돈을 다 써버리고 떠나는 것이 더 유익하다. 국외로 원정을 나가 있는 참주들에게 있어 국내에 남아서 참주의 재산을 관리하는 자들이 함께 원정을 나온 시민들보다 더 위험한데, 돈을 다 써버리면 그들이 모반할 가능성이 줄어들기 때문이다.

15 다음으로, 세금과 공공 봉사는 국가 운영에 필요한 비용과 전시 자금을 마련하는 목적으로 징수되어야 한다는 점을 명확히 해야 한다. 참주는 개인적인 축적보다는 공금을 보호하고 관리하는 자세를 유지해야 한다.

또한 참주는 까다로운 사람이 아니라 당당하게 보여야 하며, 만나는
20 사람들이 그를 두려워하는 것이 아니라 경외하게 만들어야 한다. 그러나 참주가 경멸받을 만한 자라면, 사람들이 그를 경외하기는 쉽지 않다. 그래서 참주는 다른 미덕들을 소홀히 하더라도, 전쟁과 관련된 미덕만은 소홀히 하지 않아서 장군으로서의 명성은 반드시 확보해야 한다.

게다가 참주나 그의 측근들이 소년이든 소녀든 다스림을 받는 자들
25 중 누구에 대해서도 성적으로 학대했다는 말이 돌게 해서는 안 된다. 참주의 집안 여자들도 다른 여자들에 대해 그런 행동을 하지 않아야 한다. 여자들의 오만방자한 행동거지로 인해 많은 참주정이 무너진 사례가 있기 때문이다.

참주는 육체적인 쾌락을 즐기는 것에 있어서는 오늘날 일부 참주들

이 하는 것과 정반대로 행동해야 한다. 오늘날 일부 참주들은 날이 밝자 마자 며칠 동안 연달아 쾌락에 빠져 있으면서, 이런 모습을 공공연히 보 30 여 다른 사람들이 참주들의 행복한 삶을 감탄하게 만든다. 하지만 참주 는 이러한 행동을 최대한 자제하며, 만약 그것이 불가능하다면 그런 모 습을 다른 사람들에게 보여주거나 알리지 않아야 한다. 사람들은 술에 35 취해 정신이 없는 사람이나 잠에 취해 쓰러져 있는 사람을 공격하고 경 멸하기 때문이다.

참주는 앞서 언급한 참주의 행태와는 완전히 반대로 행동해야 한다. 국가를 정비하고 관리하는 역할을 수행함으로써 참주가 아니라 관리인 으로 보여야 한다는 것이다.   40

또한 참주는 신들을 공경하는 일에서 사람들보다 더 특별한 열정을 보여야 한다. 자신들을 통치하는 이가 신을 두려워하고 공경한다는 것을 알게 되면, 통치받는 이들은 불법적인 행위를 당하리라는 걱정이 줄고,   1315a1 신이 통치자의 편에 서 있다고 느껴 반란을 일으킬 가능성도 줄어든다. 그러나 참주는 신에 대한 공경심을 보여야 하지만, 너무 과도하게 종교 에 몰두하는 모습은 피해야 한다.

어떤 사람이 훌륭한 일을 한 경우에, 시민들이 그에게 상을 수여했 더라도, 참주는 그보다 더 큰 상을 하사하며, 참주가 직접 수여해야 한다.   5 벌은 다른 공직자들과 법정을 통해 부과해야 한다.

모든 군주정에서 공통으로 유념해야 할 것은 어느 한 사람을 큰 인 물로 만들어서는 안 된다는 것이다. 만약 누군가를 큰 인물로 만들어야 한다면, 여러 사람을 그렇게 만들어 서로 견제하게 해야 한다. 만약 어느 한 사람을 큰 인물로 만들어야 한다면, 대담한 성격을 가진 사람을 큰 인   10 물로 만들어서는 안 된다. 그런 성품을 지닌 사람은 모든 일에서 위험한 모험을 감행할 것이기 때문이다. 그리고 누군가의 권력을 빼앗고자 할 때는 점진적으로 해야 하며, 한꺼번에 모든 권력을 빼앗아서는 안 된다.

15   또한, 참주는 횡포를 부리거나 모욕을 주는 일을 하지 않아야 하며, 특히 체벌하는 것과 젊은 사람들을 성적으로 학대하는 것을 하지 않아야 한다. 체벌과 관련해서는 명예를 중요시하는 사람들을 체벌할 때 매우 주의해야 한다. 재물에 대한 욕심이 강한 사람들은 금전적 손실을 입었을 때, 명예를 중요시하는 사람들이 모욕을 당해 명예가 훼손되었을 때

20   참지 못하기 때문이다. 그래서 참주는 그런 사람들을 체벌해서는 안 되며, 체벌해야 할 때는 그들을 무시하거나 비하하는 것이 아니라 아버지 같은 마음으로 하는 것으로 보여야 한다. 그리고 젊은 사람들과 성적인 관계를 맺을 때는 권력을 이용하는 것이 아니라 사랑하는 마음에서 그렇게 하는 것으로 보여야 한다. 요컨대, 누군가가 자기 명예가 훼손되었다고 생각할 때는 그에게 더 큰 명예를 수여해서 보상해야 한다.

25   참주를 살해하고자 하는 사람들 중 특히 조심해야 할 이들은, 자신의 목숨조차 아끼지 않는 자들이다. 이런 사람들은 자기나 사랑하는 이들이 모욕을 받았다고 느낄 때, 분노에 사로잡힌다. 그런 자들은 자신을

30   잘 돌보지 않는다. 그래서 헤라클레이토스[328]는 "분노는 목숨을 대가로 내어주고 자신이 원하는 것을 사기 때문에 맞서 싸우기 까다롭다"라고 말했다.

국가는 빈민층과 부유층으로 나뉘어 있다. 참주는 이 두 집단 모두 자신 덕분에 다른 집단으로부터 부당한 대우를 받지 않고 안전하게 살

35   수 있다고 인식하게 해야 한다. 그러나 만약 둘 중 어느 한 집단이 강하

....

328 "헤라클레이토스"(기원전 약 540-480년)는 고대 그리스 식민지 이오니아 지방 에페소스 출신으로 소크라테스 이전 시기의 주요 철학자 중 한 명이다. 만물의 근원을 불이라고 주장했고, 만물의 생성과 변화를 대립물의 충돌과 조화로 설명했다. 현존하는 단편 85에 이것과 비슷한 구절이 나온다.

다면, 그 집단을 자기 편으로 만들어야 한다. 그렇게만 된다면, 참주는 노예들을 해방시키거나 시민들의 무기를 빼앗을 필요가 없다. 참주의 힘에 그 집단의 힘이 더해지면, 그들을 공격하는 자들을 제압하는 데 충분한 힘을 갖게 되기 때문이다.

하지만 이런 것을 일일이 말하는 것은 불필요하다. 참주정을 유지하 40 기 위해 참주가 추구해야 하는 목표는 분명하다. 즉, 참주는 다스림받는 1315b1 사람들에게 자신이 참주가 아니라 국가의 관리인이자 왕이며, 국고를 착복해 축적하는 사람이 아니라 국고를 관리하는 자임을 보여야 한다. 또한, 방탕하고 사치스러운 삶이 아니라 검소하고 절제된 삶을 살아가는 사람으로 보여야 하며, 귀족들과의 교류를 통해 민심을 얻어야 한다.

참주가 이런 방식으로 행동한다면, 그의 통치는 더욱 훌륭하고 바람 5 직해질 것이다. 그리고 그는 비굴한 자들이 아니라 더 훌륭한 자들을 다스릴 것이다. 그 결과, 다스림받는 사람들은 참주를 증오하거나 두려워하지 않을 것이며, 그의 통치는 더 오래 지속될 것이다. 또한, 그의 성품도 진정으로 선량해지거나 적어도 절반은 선량해져서 미덕을 추구하게 될 것이며, 악하더라도 절반 정도만 악할 것이다.   10

결론

정치체제의 변혁에 관해 말한 제5권의 결론인 이번 장에서 아리스토텔레스는 모든 정치체제 중에서 지속 기간이 가장 짧은 것은 과두정과 참주정이라고 말한다. 『국가』에서 소크라테스가 정치체제들의 변혁에 대해 이야기한 것, 특히 자연의 주기가 변혁의 원인이라고 말한 것, 그리고 과두정이 민주정으로, 민주정이 참주정으로 변혁된다고 말한 것을 반박한다.

과두정과 참주정이 가장 짧은 수명을 가진 정치체제라는 사실을 감안할 때, 가장 오랜 기간 존속했던 참주정은 오르타고라스[329]와 그의 자손이 시키온에 수립한 것으로, 이는 100년 동안 유지되었다. 이 참주정이 오랫동안 유지될 수 있었던 이유는 피지배자들을 온건하게 대하고 대

....

329 "오르타고라스"는 기원전 676년부터 "시키온"의 최초의 참주였다. 시키온은 펠로폰네소스 반도 북부 코린토스와 아카이아 사이에 있던 도시다. 제5대 시키온의 참주였던 "클레이스테네스"(재위 기원전 약 600-560년)는 아르고스와의 전쟁을 성공적으로 치렀다.

체로 법을 준수했기 때문이다. 또한, 클레이스테네스가 전쟁에 관련된 미덕을 갖추고 있어 사람들로부터 경멸받지 않았으며, 많은 사람을 도우며 민심을 얻었기 때문이었다. 그는 자신이 패배했다고 판정한 심판에게 월계관을 씌워주었으며, 어떤 사람들은 시키온 광장에 세워진 좌상이 그 심판의 조각상이라고 주장하기도 한다. 아테네의 참주 페이시스트라토스[330]도 법정에 소환되었을 때 그 소환 명령에 복종했다고 한다.

두 번째로 오랜 기간 존속했던 것은 킵셀로스 일족이 코린토스에 수립한 참주정으로, 이는 73년 6개월 동안 존속했다. 킵셀로스는 30년 동안 참주로 있었고, 페리안드로스는 40년 4개월 동안, 그리고 고르고스의 아들 프삼메티코스[331]는 3년 동안 참주로 있었다. 이 참주정이 오랜 기간 유지될 수 있었던 원인은 앞서 언급한 것과 동일하다. 킵셀로스는 민심을 얻었고, 참주로 있는 동안 계속해서 친위대를 두지 않았다. 페리안드로스는 참주였지만, 전쟁에 뛰어난 위대한 인물이었다.

세 번째로 오랜 기간 존속했던 것은 페이시스트라토스 일족이 아테네에 세운 참주정이지만, 이는 계속되진 않았고 도중에 중단된 적도 있다. 페이시스트라토스는 참주로서 통치하는 동안 두 번이나 망명해야 했기 때문에, 실제로는 33년의 재위 기간 중에서 17년만 참주로 통치했다. 그의 아들들은 18년 동안 참주로 있었다. 따라서 이 참주정의 전체 존속

....

330 아테네는 기원전 7세기부터 왕정에서 귀족정 또는 과두정으로 이행했는데, "페이시스트라토스"(기원전 약 600-527년)는 세 개의 족벌 가문 중 하나에서 태어나, 먼 친척인 솔론의 개혁 후에 평민과 귀족의 싸움을 이용해 참주가 되었다.

331 "킵셀로스"(재위 기원전 657-627년)는 코린토스 최초의 참주다. 그는 군대 최고 지도자라는 자신의 직책을 이용해 왕정을 폐지하고 참주가 되었다. 그의 뒤를 이어 참주가 된 아들 "페리안드로스"(재위 기원전 627-585년)는 고대 그리스 일곱 현인 중 한 명이다. "프삼메티코스"(재위 기원전 587-584년)는 페리안드로스의 뒤를 이어 참주가 된 인물이다. "고르고스"에 대해서는 알려진 것이 없다.

제12장 결론
....

기간은 35년이었다.[332]

　　나머지 참주정 중에서 오랜 기간 존속한 것으로는 히에론과 겔론 일
35　족이 시라쿠사에 세운 참주정이다. 이 참주정은 오랫동안 존속하지는 못
했고, 20년에서 2년이 모자란 기간 이어졌다. 겔론은 7년을 참주로 지냈
고 8년째에 사망했으며, 히에론은 10년 동안 참주로 있었고, 트라시불로
스는 10개월 동안 참주로 있었다가 폐위되었다. 일반적으로 참주정의 수
40　명은 매우 짧다는 것을 알 수 있다.[333] 지금까지 다양한 정치체제와 군주
정이 붕괴되는 원인과 유지되는 원인에 대해 대체로 설명했다.

1316a1　　『국가』에서 소크라테스는 정치체제들의 변혁에 관해 이야기하지만,
제대로 설명하지는 않는다. 그는 최초이자 가장 훌륭한 정치체제에 대
해 말하며, 이 정치체제가 변혁되는 고유한 원인에 대해서는 설명하지
않는다. 소크라테스는 가장 훌륭한 정치체제가 변혁되는 원인을 이렇게
5　설명한다. 즉, 그에 따르면 영원히 지속되는 것은 없고, 모든 것은 일정
한 주기로 변한다. 이 모든 변화의 원인은 "3과 4를 곱하고, 거기에 다시
5를 곱한 수(60)에 그 수(60)를 세제곱한 수(216,000)를 곱하면 얻어지는
(12,960,000) 두 가지 조화"[334]에 의해 주기가 생기고, 이러한 자연의 주기

....

332 참주로 있었던 기간은 "페이시스트라토스"는 기원전 561, 559-556, 546-528년,
그의 아들 "히피아스"는 기원전 527-510년이었다.

333 시칠리아섬 시라쿠사의 최초의 참주는 "데이노메네스"의 장남 "겔론"(재위 기원전
491-478년), 둘째 아들 "히에론"(기원전 478-466년), 셋째 아들 "트라시불로스"(재위
기원전 466-465년)로 이어졌고, "트라시불로스"가 추방되면서 민주정이 회복되었
다.

334 이 내용은 플라톤의 『국가』 546c에 나온다. 3과 4와 5는 직각 삼각형의 세 변을 나
타내는 기본적인 인수들이고, 각 인수들의 세제곱을 더한 것은 $3^3 + 4^3 + 5^3 = 216$
이다. 이 216이라는 수는 인간이 태어나기 위해 필요한 최소한의 회임 일수이다.
그리고 정상적인 회임 일수는 270일이다. 플라톤이 말하는 "완전수"는 회전 운동
을 하는 모든 천체가 원래의 제자리로 돌아오는 기간이다. 날수로는 12,960,000

변화가 교육으로는 바꿀 수 없는 형편없는 인간들을 생산한다고 말한다.

소크라테스의 이러한 견해가 완전히 잘못되었다고 볼 수는 없다. 일 10
부 사람들은 교육으로는 개선하기 어려운 경우도 있으니 말이다. 하지만
이것이 모든 정치체제와 인간의 변화를 초래하는 원인이 될 수 있을까?
또한, 그는 만물의 변화가 주기에 의해 발생한다고 말한다. 그렇다면 그 15
주기가 도래했을 때, 가령 전날에 생겨난 것부터 시작해 각기 다른 시기
에 발생한 모든 것들이 동시에 변화한다는 의미인가?

또한, 대체로 모든 정치체제는 비슷한 게 아니라 반대되는 정치체제
로 변혁되는 것이 일반적인데, 그가 가장 훌륭한 정치체제가 라코니아의
정치체제로 변혁된다고 주장하는 근거는 무엇일까? 그가 말한 다른 정 20
치체제들에 대해서도 동일한 의문을 가질 수 있다. 그는 라코니아의 정
치체제가 과두정으로, 과두정은 민주정으로, 민주정은 참주정으로 변혁
된다고 말한다. 하지만 실제로는 정치체제들이 그가 주장한 것과 반대
방향으로 변화하는 경우가 더 빈번하다. 예를 들어, 민주정은 군주정이
아니라 과두정으로 변혁되는 경우가 더 많다.

게다가 그는 참주정과 관련하여 참주정이 변혁하는지 여부, 변혁한 25
다면 그 원인과 함께 어떤 정치체제로 변모하는지에 대해 전혀 언급하지
않는다. 그가 그런 것에 대해 말하지 않은 이유는 그의 논리에 따라 참주
정의 변천을 설명하기 어려웠기 때문일 것이다. 그가 말한 변혁 주기가
유효하려면 참주정은 최초이자 가장 훌륭한 정치체제로 다시 돌아간다
고 말해야 하기 때문이다.

········

일이고, 햇수로는 36,000년이다. 또 다른 완전수는 처음 네 개의 정수인 1, 2, 3, 4
를 합한 수인 10이다. 완전수 12,960,000과 또 다른 완전수 10의 관계는 4,800×
2,700=(480×10)×(270×10) = (480×270)×10², 또는 360²×10²이다.

제12장 결론
········

359

30   하지만 실제로는 시키온에서 미론이 세운 참주정이 클레이스테네스의 참주정으로 바뀐 것처럼[335] 참주정은 또 다른 형태의 참주정으로 변혁되기도 하고, 칼키스에서 안틸레온이 수립한 참주정처럼 과두정으로 변모되기도 한다.[336] 시라쿠사에서 겔론 일족이 세운 참주정처럼 민주정이 되거나,[337] 라케다이몬의 카릴라오스[338]와 카르타고의 참주정처럼 귀족정으로 전환되기도 한다.

35   그리고 시칠리아에서 과거에 세워진 많은 과두정이 참주정으로 변했다. 레온티노이의 과두정은 파나이티오스의 참주정으로,[339] 겔라의 과두정은 클레안드로스의 참주정으로,[340] 레기온의 과두정은 아낙실라오스

....

335 "시키온"은 펠로폰네소스 반도 북부 코린토스와 아카이아 사이에 있던 도시국가다. 수 세기 동안 아르고스의 속국으로 있던 시키온은 기원전 676년에 최초의 참주 "오르타고라스"가 정권을 잡으면서 독립했고, 그의 일족 "미론 1세"에 의한 참주정은 "미론 2세"를 거쳐 "이소데모스" 대에서 끝났다. 참주의 직위가 이 도시 건설자의 손자 "클레이스테네스"(재위 기원전 600-560년)에게 넘어갔기 때문이다.

336 "칼키스"는 그리스 중부 에우보이아섬의 주요 도시다. "안틸레온"은 기원전 6세기 칼키스의 참주다. 그에 대해 자세한 것은 알려지지 않았다.

337 "겔론"(재위 기원전 491-478년)은 시칠리아섬 "시라쿠사" 최초의 참주다. 그의 뒤를 이어 아우들인 히에론(재위 기원전 478-466년), 트라시불로스(재위 기원전 466-465년)가 참주가 되었지만, 트라시불로스가 추방된 후 민주정이 복원되었다.

338 "라케다이몬"(또는 스파르타)의 참주 "카릴라오스"에 대해서는 알려진 것이 없다.

339 "레온티노이"는 기원전 729년 시칠리아섬 남동부에 건설된 그리스 식민도시다. "파나이티오스"는 기원전 615년과 609년 사이에 레온티노이의 참주가 되었다.

340 "겔라"는 기원전 698년에 로데스인과 크레타인이 시칠리아섬 남부 해안에 세운 그리스 식민도시다. "클레안드로스"(재위 기원전 505-498년)는 과두정을 폐지하고 참주가 되었다. 기원전 498년에 민주정을 세우고자 했던 사빌로스라는 시민에게 살해된 후, 그의 동생 "히포크라테스"(재위 기원전 498-491년)가 참주가 되었고, 그 뒤에는 "겔론"(재위 기원전 491-485년)에 의해 "데이노메네스" 가문의 참주정이 시작되어, 히에론을 거쳐 트라시불로스에서 끝났다.

의 참주정으로 변했고,[341] 많은 다른 국가에서도 마찬가지의 변혁이 있었다.

소크라테스가 과두정에서 참주정으로의 변화 원인 중 하나로 공직자들의 탐욕과 영리 활동을 언급한 것은 이해하기 어렵다. 사실 그 원인은 부유층이 가난한 사람들과 동등한 권리로 정치에 참여하는 것을 부당하게 여기기 때문이다. 실제로 많은 과두정 국가에서는 공직자의 영리 활동을 법으로 금지하고 있으며, 민주정이 시행되는 카르타고에서는 공직자의 영리 활동이 허용되지만 아직까지 정치체제가 변화한 적은 없다.

과두정을 채택한 국가에서 부자들의 국가와 가난한 자들의 국가가 공존한다는 주장도 이상하다. 이렇게 보면 라코니아를 비롯한 모든 국가에서도 재산이나 품위가 다른 사람들이 있으니, 두 국가가 공존한다고 말해야 한다. 이런 상황에서 빈민층이 다수를 이룬다면 과두정은 민주정으로 전환된다. 그리고 부자들이 대중보다 더 큰 힘을 가지고, 대중은 정치에 무관심한 반면 부자들은 정치에 큰 관심을 가진다면, 민주정은 과두정으로 바뀐다.

과두정이 민주정으로 변화하는 데에는 여러 원인이 있지만, 소크라테스는 한 가지만 제시한다. 즉, 모든 사람이나 대다수가 원래는 부유했다가 방탕한 삶을 살며 빚을 지고 가난해진 것이 원인이라고 한다. 그러나 이는 별로 타당한 주장이 아니다. 과두정의 지도자들이 재산을 잃으면 변화를 시도하지만, 다른 사람들이 재산을 잃는다고 해서 우려할 만한 일이 일어나지는 않기 때문이다. 또한 변화가 일어난다 해도 민주정

40

1316b1

5

10

15

20

....

341 "레기온"은 남부 이탈리아 끝에 있던 그리스 식민도시다. 메시나 해협을 사이에 두고 시칠리아섬과 마주 보고 있다. "아낙실라오스"(재위 기원전 494-476년)는 "레기온" 최초의 참주로, 그의 치세 동안 레기온은 남부 이탈리아의 그리스 식민도시들에서 가장 중요한 도시 중 하나가 되었다.

제12장 결론
....

이 아닌 다른 정치체제로 변모하는 경우가 더 많다.

마찬가지로, 소크라테스가 말한 것처럼 지나친 자유로 인해 사람들이 재산을 탕진하게 되는 것이 체제 변혁의 원인이라는 주장에도 문제가 있다. 실제로는 사람들이 재산을 탕진하지 않았더라도, 공직에서 배제되거나 불공정한 대우를 받거나 모욕을 당했을 때는 내분을 일으키고 정치체제를 변혁하고자 한다. 또한 과두정과 민주정에는 다양한 유형이 존재함에도 불구하고, 소크라테스는 과두정과 민주정이 각각 단일한 형태인 것처럼 가정하고 변화에 대해 논한다.

제6권

여러 유형의 민주정과 과두정의 조직

제1장

서론

아리스토텔레스는 제1-5장까지는 여러 유형의 민주정을 어떻게 조직해야 하는지를 살핀다고 말한다. 서론인 1장에서는 민주정이 여러 유형으로 존재하는 첫 번째 이유는 민중을 이루는 집단의 특성이 다양하기 때문에 민중의 성격이 달라지고, 두 번째 이유는 민주정의 특성이 어떻게 조합되느냐에 따라 서로 다른 형태의 민주정이 탄생하기 때문이라고 설명한다.

　　앞서 우리는 국정 심의 기구, 국정 최고 권력을 지닌 기구, 공직 체　31
계 그리고 사법 기구인 법정이 어떤 형태를 가지는지, 그리고 이들이 어
떤 식으로 조직되어야 하는지에 대해 논의했다. 더불어, 각각의 정치체
제가 어떤 부류의 사람들에 의해, 그리고 어떤 원인들로 인해 파괴되거　35
나 유지되는지에 대해서도 논의했다.
　　하지만 민주정을 비롯한 다른 정치체제에도 여러 유형이 존재한다.
그래서 지금까지 다루지 않았던 유형들에 대해서도 이 세 기구를 어떤
형태로, 어떻게 구성해야 하는지를 검토하는 것이 중요하다. 또한, 이 세　40

기구를 어떻게 조합할 수 있는지에 대한 모든 경우의 수를 살펴보아야

1317a1 한다. 기구들의 조합 방식에 따라 정치체제의 성격이 중첩되어, 귀족정이 과두정적 특성을 띠거나 혼합정이 더욱 민주정적 특성을 지니게 되기 때문이다.

　이 세 가지 기구를 서로 결합하는 방식과 관련해 아직 살펴보지 않

5 은 것으로는, 예컨대 심의 기구와 공직자 선출 방식은 과두정적으로 조직되어 있지만 법정은 귀족정적으로 조직되어 있는 경우, 또는 법정과 심의 기구는 과두정적으로 조직되어 있지만 공직자 선출 방식은 귀족정적으로 조직되어 있는 경우, 또는 이 세 기구가 모두 각각의 정치체제에 고유한 방식이 아닌 어떤 다른 방식으로 조직되어 있는 그 밖의 경우들이다.

10 　민주정 중에서 어떤 유형이 어떤 국가에 적합한지, 과두정 중에서 어떤 유형이 어떤 대중에게 적합한지, 그리고 다른 각각의 정치체제의 어떤 유형이 어떤 대중에게 유익한지에 대해서는 이미 논의했다. 하지만 우리는 각 정치체제의 어떤 유형이 각각의 국가에 적합한지에 대해서만

15 아니라, 민주정과 과두정을 비롯한 다른 정치체제의 각각의 유형을 어떻게 조직해야 하는지도 명확히 해야 한다. 그래서 이에 대해 간단히 살펴보고자 한다.

　먼저, 민주정에 대해 살펴보자. 그럼 민주정과 반대되는 것, 즉 사람들이 과두정이라 부르는 정치체제와 관련해서도 이 문제가 명확해질 것

20 이다. 이를 위해 민주정을 구성하는 모든 요소를 파악해야 한다. 이 요소들을 다양하게 조합하면 서로 다른 유형의 민주정이 생겨나는데, 민주정은 한 가지가 아니라 여러 유형으로 존재한다.

　민주정은 다양한 형태로 존재하는데, 그 원인은 크게 두 가지로 볼 수 있다. 첫 번째는, 민중이 구성하는 집단의 성격에 따라 민주주의의 특

성이 달라진다. 예를 들어, 민중이 농민으로 이루어져 있을 수도 있고, 기   25
술자나 일용노동자일 수도 있다. 이런 집단들이 여러 형태로 조합되면,
민주정은 질적으로 달라져서 더 좋아지거나 나빠질 뿐만 아니라, 그 성
격이 바뀌어 다른 유형의 민주정으로 전환될 수도 있다.

그리고 지금부터 우리가 말하려는 것이 바로 두 번째 원인이다. 즉,
민주정에 수반되고 민주정에 고유한 것으로 여겨지는 것이 어떤 식으로   30
조합되느냐에 따라 서로 다른 유형의 민주정이 생긴다. 이러한 특성 중
일부만을 가지는 민주정도 있고, 더 많은 특성을 가진 민주정도 있으며,
이러한 특성을 모두 갖춘 민주정도 있다. 여러 유형의 민주정 중에서 어
느 하나를 새롭게 조직하고자 하거나 기존의 민주정을 개혁하려는 사람
은 민주정의 이 모든 특징을 알아두는 것이 유용하다. 정치체제를 새롭   35
게 정립하려는 사람들은 자신의 국가 이념에 부합하는 것은 모두 한데
모아 결합시키려고 하지만, 앞서 정치체제의 파괴와 보존을 다룰 때 말
했듯 그렇게 하는 것은 잘못이다.

그러면 이제 민주정 각각의 유형이 추구하는 이념과 성격과 목표에
대해 살펴보자.

모든 유형의 민주정의 공통된 특징과 조직

민주정의 토대는 자유다. 이 자유는 모든 사람이 자신이 원하는 방식으로 살아갈 수 있게 하는 것, 그리고 다수결의 원칙을 특징으로 한다. 과두정이 훌륭한 가문과 부유함, 교양을 특징으로 한다면, 민주정은 그와 반대되는 특성, 즉 변변치 못한 가문과 가난 그리고 비천함을 특징으로 한다. 이는 민주정과 민중이 지향하는 정의관, 즉 모든 시민은 수에 따른 평등을 누리는 것이 합리적이라는 믿음에서 기인한다.

40
1317b1

민주정의 토대이자 전제는 자유다. 사람들은 오직 민주정에서만 자유를 누릴 수 있고, 모두가 자유를 누리게 하는 것이 모든 민주정이 추구하는 목표라고 말하곤 하기 때문이다.

이 자유 중 한 가지는 교대로 다스리기도 하고 다스림받기도 하는 것이다. 민주정에서는 가치에 따른 평등이 아니라 수에 따른 평등이 정의이기 때문이다. 민주정에서 정의는 그런 의미이므로, 다수가 국가의 최고 권력을 가져야 한다. 그리고 민주정에서는 모든 시민이 평등하므

5

로, 다수의 견해와 결정이 최종적인 것이어야 하고, 다수의 견해와 결정이 정의일 수밖에 없다고 사람들은 말한다. 그래서 민주정에서는 가난한 자들이 부자들보다 더 힘이 있다. 가난한 자는 다수이고, 다수의 견해와 결정이 국가의 최고 권력을 갖기 때문이다.

　　민주정의 주요 특징 중 하나는 자유이다. 이것은 모든 민주정 지지　10
자들이 공통적으로 말하는 것이다. 이 자유의 증거 중 하나는 모든 사람이 자신이 원하는 방식으로 살아갈 수 있는 것이다. 그들은 자신이 원하는 대로 살아가지 못하는 것을 노예의 삶이라고 보며, 사람들이 각자 원하는 방식으로 살아갈 수 있게 해주는 것이 바로 자유의 역할이라고 주장한다. 이것은 민주정의 두 번째 특징이다.

　　누구에게도 지배받지 않는 것이 가장 이상적이지만, 그것이 불가능　15
하다면 교대로 지배받기도 하고 지배하기도 하는 것이 좋다는 생각은 민주정의 두 번째 특징에서 비롯된 것이다. 이것은 평등을 기반으로 한 자유에 중요한 역할을 한다.

　　이것은 민주정의 기본 원칙이자 전제이므로, 국정 운영과 관련해서 민주정적이라고 할 때 아래와 같은 내용을 포괄한다. 공직자들은 모든 시민 중에서, 모든 시민에 의해 선출된다. 각각의 시민은 교대로 다른 시　20
민을 지배하며, 다시 교대로 다른 시민에 의해 지배를 받는다. 모든 공직 또는 전문 지식을 필요로 하지 않는 공직은 제비뽑기를 통해 선출된다. 공직 취임에 필요한 재산 기준은 가능한 한 낮게 설정된다. 동일인이 공직을 중복 수행하는 것을 제한하되, 이는 전쟁 관련 일부 직책을 제외하고 적용된다. 모든 공직의 임기는 가능한 한 짧게 정한다.　25

　　모든 시민 또는 모든 시민 중에서 선출된 배심원들이 임기가 끝난 공직자에 대한 감사, 정치체제에 대한 범죄, 개인 간의 계약 등 중대한 사건들을 대부분 또는 전부 재판한다. 모든 사안 또는 가장 중대한 사안

에 대한 최종 권한은 민회에 귀속된다. 공직자들에게는 최종 권한이 없

30 거나 소수의 문제에 대해서만 그러한 권한을 갖는다. 그러나 국가 재정

으로 모든 시민에게 수당을 지급할 수 없는 곳에서는 공직자들로 구성된

평의회가 설치되어야 하며, 이 역시 민주정적인 방식이다. 이 평의회가

최고 권력을 가진다. 하지만 국가 재정 상황이 모든 시민에게 수당을 줄

수 있을 만큼 여유롭다면, 앞서 언급했듯 민중이 모든 문제에 대한 결정

35 권을 갖게 되어 평의회의 권한은 소멸된다. 수당은 가능한 한 모든 시민,

즉 민회에 참석한 사람들과 배심원들과 공직자들에게 주어지지만, 그렇

게 할 수 없는 경우에는 공직자들과 배심원들과 평의회 의원들과 아주

중요한 안건을 심의하기 위해 열린 민회에 참석한 사람들, 또는 공직자

들 중에서 함께 공동식사를 해야 하는 공직자들에게 지급된다.

이와 함께, 민주정의 특징 중 하나는 변변치 못한 가문과 빈곤, 천한

40 신분이라는 점이다. 이는 과두정의 특징이라는 훌륭한 가문, 부유함, 교

양 등과는 반대되는 개념이다. 또한 민주정에서는 어떤 공직도 종신직이

1318a1 아니다. 만약 이전의 정치체제가 변혁되었는데도 종신직이 남아 있다면,

그 권한을 박탈하고 제비뽑기를 통해 새 공직자를 선출한다.

이 모든 것이 민주정에 공통으로 적용된다. 하지만 전형적인 민주정

5 과 민중은 민주정적인 정의관, 즉 모든 시민은 수에 따른 평등을 누린다

는 정의관에서 비롯된다. 이는 빈민층이 부유층보다 더 많이 국정에 참

여한다거나 빈민층이 국정을 독점한다는 의미가 아니라, 모든 시민이 수

적으로 동등하게 국정에 참여한다는 것을 뜻한다. 이것은 그렇게 했을

10 때 국가에 평등과 자유가 존재할 수 있다고 믿기 때문이다.

제3장

어떻게 해야 평등이 확보될 수 있는가

평등을 확보하는 방법에 대한 문제를 논의하기 위해, 시민을 부자와 가난한 사람의 두 집단으로 나누어보자. 각 집단의 대부분 또는 전체가 결정한 것이 최종 권한을 가져야 하며, 두 집단이 상반된 결정을 내렸을 때는 재산 평가액이 더 큰 쪽의 결정이 최종 권한을 가져야 한다.

하지만 이것과 관련해 어떻게 해야 평등이 확보될 수 있는가 하는 문제가 아직 남아 있다. 재산 평가액이라는 관점에서 시민을 두 집단으로 나누었을 때 시민 1000명의 재산과 시민 500명의 재산이 동일하다면, 이 두 집단에 동일한 권한을 부여해야 하는가? 아니면 그런 식으로 평등을 확보해서는 안 되고, 시민을 두 집단으로 나누기는 하지만, 이 두 집단에서 동일한 수의 대표자를 선출해 그들에게 공직자 선출과 법정에 관한 최종 권한을 부여해야 하는가?

이것이 과연 민주정의 정의관에 따른 가장 공정한 정치체제인지, 아니면 다수결 원칙이 더 민주정적인 정치체제인지 고민해봐야 한다. 민주

20 정주의자들은 다수의 의견과 결정이 정의라고 주장한다. 반면, 과두정주의자들은 재산 크기가 결정적이어야 한다고 주장하면서 재산이 많은 사람의 의견과 결정이 정의라고 주장한다.

그러나 이 두 주장 모두 내재적인 불평등과 불의를 포함하고 있다. 만약 소수 의견과 결정이 정의라면, 그런 정치체제는 과두정이 될 것이다. 한 사람의 재산이 다른 부자들의 재산을 합한 것보다 크다면, 과두정적인 정의관에 따르면 그 한 사람만 다스려야 공정하다는 논리가 성립한
25 다. 반면에 다수 의견과 결정이 정의라면, 앞서 언급했듯 소수인 부자들의 재산을 강제로 몰수하는 불의를 저지르게 될 것이다.

따라서 우리는 두 집단의 정의관에 비추어 두 집단이 모두 동의하는 평등이 어떤 것인지를 살펴보아야 한다. 두 집단은 모두 시민 중에서 다
30 수의 견해와 결정이 최종 권한을 지녀야 한다고 말한다. 물론 그렇게 해야 하지만, 모든 경우에 그렇게 해서는 안 된다. 국가는 부자들과 가난한 자라는 두 집단으로 이루어져 있으므로, 각 집단의 전부 또는 다수가 결정한 것은 최종 권한을 가져야 한다. 하지만 두 집단이 서로 반대되는 결정을 한 경우에는 다수, 즉 재산 평가액이 더 큰 쪽의 결정이 최종 권한을 가져야 한다. 예컨대 10명의 부자와 20명의 가난한 자 중에서 6명의
35 부자와 15명의 가난한 자가 서로 다른 결정을 했다고 하자. 이것은 4명의 부자가 다수의 가난한 자에게 동의하고, 5명의 가난한 자가 다수의 부자에게 동의한 것이 된다. 그럴 때는 부자냐 가난한 자냐를 떠나서 각각의 결정을 한 사람들의 재산을 모두 합해 그 평가액이 더 많은 쪽이 내린 결정이 최종 권한을 가져야 한다. 하지만 양쪽 재산 평가액이 동일하
40 다면, 이는 오늘날 민회나 법정에서 찬반이 정확히 양분되었을 때와 마
1318b1 찬가지로 해결하기 난해한 문제가 될 수밖에 없다. 그럴 때는 제비뽑기나 비슷한 방법을 통해 결정해야 한다.

평등과 정의를 추구하는 일은 그 자체로 쉽지 않은 과제이다. 하지만 강자들의 탐욕을 억제하는 것보다는 상대적으로 수월하다. 평등과 정의를 갈망하는 이들은 대개 약자들인 반면, 강자들은 이 둘 중 그 어느 것에도 관심을 기울이지 않기 때문이다. 5

민중의 구성에 따른 민주정의 유형

민주정의 네 가지 유형 중에서, 가장 이상적인 민주정은 민중이 농민으로 구성되어 있는 형태다. 그다음으로 이상적인 것은 민중이 목동으로 이루어진 민주정이다. 이런 민중은 생업에 종사하는 데 바쁘기 때문에 공직자 선출과 감사만을 직접 수행하고, 나머지 국정은 고귀한 사람들과 귀족들에게 맡기게 된다. 이렇게 하면 두 집단 간의 균형과 견제가 잘 이루어진다. 그러나 민중이 기술자, 상인, 일용노동자로 이루어진 다른 유형의 민주정들은 민주정을 시행하기에 더 부적합하다. 마지막 유형의 민주정은 모든 사람이 국정에 참여하므로 오래 지속하기 어렵다. 민중 선동가들은 이 마지막 유형의 민주정을 만들기 위해 가능한 한 많은 수의 사람을 시민으로 받아들인다. 그러나 대중이 귀족과 중산층을 수적으로 앞설 때까지만 그렇게 해야 하며, 그 이상으로 받아들이면 안 된다.

네 가지 유형의 민주정 중에서 가장 훌륭한 것은 앞서 소개한 첫 번째 유형이다. 이 유형은 민주정의 모든 유형 중에서 가장 오래된 것이다. 이를 첫 번째 유형이라고 부른 이유는 민중에 대한 분류와 관련이 있다.

민주정에 가장 적합한 민중은 농민이기 때문이다. 따라서 대중이 농업과 10
목축에 종사하는 곳에서는 민주정을 시행하는 것이 가능하다.

농민들은 재산이 많지 않고 생계를 위해 농사에 전념하기 때문에 여
가가 부족하다. 그들은 다른 사람의 재산을 탐내지 않으며, 공직에서 큰
이익을 얻을 수 없다면 국정 참여나 공직 수행보다 농사일을 더 선호한 15
다. 이는 대중이 이익을 명예보다 우선시하기 때문이다. 만약 누군가가
그들의 일을 방해하거나 재산을 빼앗지 않는다면, 농민들은 과거에는 참
주정을, 현재에는 과두정을 수용하고 있다는 사실이 이를 입증한다. 그 20
렇게만 된다면, 농민 중 일부는 신속하게 부자가 되고, 다른 일부도 가난
해지지는 않기 때문이다.

농민들에게 약간의 명예욕이 있다면, 공직자를 선출하고 그들의 임
기가 끝난 후 감사하는 권한만으로도 그들의 욕구는 충족될 것이다. 일
부 민주정에서는 대중이 공직자 선출에 참여할 수 없으며, 만티네이아[342]
의 경우처럼 대중에서 교대로 선출된 일부 시민만 공직자 선출에 참여한 25
다. 그럴 때도 대중은 국정을 심의할 수 있는 권한만 주어진다면 충분하
다고 생각하고 만족한다. 그러므로 우리는 만티네이아에서 시행된 이러
한 정치체제를 민주정의 한 형태로 인정해야 한다.

방금 언급한 유형의 민주정에서는 모든 시민이 공직자들을 선출하
고 감사하며, 법정에서 배심원이 되어 재판하는 역할을 맡는다. 고위 공 30
직자들은 재산상 자격 요건에 따라 선출되며, 고위직일수록 더 높은 재
산상 자격이 요구되거나, 아니면 재산 자격을 전혀 요구하지 않는 경우
에는 능력 있는 사람들에게 공직을 맡기는 것이 유익한데, 이렇게 하는

....

342 "만티네이아"는 펠로폰네소스 반도 중부 아르카디아 지방에 있던 도시다.

것이 관행이기도 하다.

　　그런 식으로 국정을 운영하는 국가는 정책이 효율적으로 시행될 수밖에 없다. 민중의 의견에 따라 가장 우수한 사람들이 공직자가 되고, 민중은 우수한 사람들에 대한 적대감이나 시기심이 없기 때문이다. 또한, 고귀한 사람들과 귀족들도 자신보다 못한 사람들의 통치를 받지 않아도 되는 이런 체제에 만족할 것이고, 그들을 감사할 권한이 민중에게 있기 때문에 정의롭게 통치할 것이다.

　　공직자들이 민중의 통제 아래 있어서 모든 것을 그들이 원하는 대로 할 수 없다는 것은 유익하다. 누구나 자신이 원하는 것을 무엇이든지 할 수 있는 힘을 갖게 되면, 자신의 나쁜 성향을 통제할 수 없기 때문이다. 1319a1 이런 민중과 공직자 간의 관계는 어떤 정치 체제에서든 가장 유익할 것이다. 고귀한 사람들은 통치하면서도 잘못을 저지르지 않고, 대중은 전혀 불이익도 겪지 않을 것이다.

　　따라서 이러한 유형의 민주정이 최선의 민주정이라는 것은 분명하며, 민중이 특정한 부류의 사람들, 즉 농민들로 이루어져 있는 것이 그 원인이라는 것도 분명하다. 민중이 농민으로 이루어지게 하려면 예전에 많은 국가에서 시행했던 몇몇 법을 활용하면 무척 유용할 것이다. 그중 하나는 모든 국토 또는 도시에서 일정 거리 이내의 토지에 대해 한 사람이 소유할 수 있는 면적을 제한하는 법이다. 또한, 예전에는 많은 국가에서 처음에 분배받은 토지를 팔 수 없게 하는 법이 있었다. 이렇게 각자에게 분배된 토지 중 일정 부분에 대해 담보로 잡고 돈을 빌려줄 수 없게 한 옥실로스 법[343]도 그런 효과가 있다.

....

343 "옥실로스"는 펠로폰네소스 반도 북서부에 있던 엘리스의 왕이다.

그러나 오늘날과 같은 상황에서는 아피티스인[344]의 법에 따라 이를 바로잡아야 한다. 이 법은 우리가 지금 논의하는 문제와 관련이 있어 유 15 용하다. 아피티스인은 인구가 많고 국토가 작음에도 불구하고 모두가 농민으로 살아간다. 전체 재산을 평가하는 것이 아니라, 재산을 여러 부분으로 세분화해 평가함으로써, 가난한 사람들도 재산상의 자격 요건을 충족시킬 수 있다.

대중이 농민으로 구성된 경우를 제외하면, 그다음으로 가장 이상적 20 인 민중은 가축을 키우는 목자들이다. 목자들은 여러 면에서 농민들과 매우 비슷하며, 생활 속에서 단련되어 체력이 좋고 야영 생활에 익숙해서 전쟁이 벌어졌을 때 실전에 아주 적합하다.

그 외 다른 유형의 민주정을 구성하는 대중은 일반적으로 농민이나 목동에 비해 민주정에 훨씬 더 적합하지 않다. 그들의 생활 조건은 열악 25 하며, 대중 사이에서 기술자, 상인, 일용노동자들의 일은 미덕과 거리가 멀기 때문이다. 또한, 이들은 주로 시장이나 도시 중심지를 돌아다니므로 민회에 참석하기가 쉽다. 30

반면 농민들은 시골에 흩어져 살아가기 때문에 민회에 참석하지 않고 그 필요성도 느끼지 못한다. 시골이 도시에서 멀리 떨어져 있는 곳에서는 민주정이나 혼합정을 시행하기가 쉽다. 대중은 도시에서 멀리 떨어 35 진 농촌에 거주할 수밖에 없는 까닭에, 도시에 사람들이 다소 있다 하더라도 시골에 있는 대중 없이는 민회를 열 수 없다.

그동안 우리는 가장 우수한 첫 번째 유형의 민주정이 어떻게 구성되어야 하는지에 대해 말했다. 다른 유형의 민주정들이 어떻게 구성되어야 40

....

344 "아피티스"는 트라케 지방에서 에게해 북서쪽으로 뻗어나온 큰 반도인 칼키디케의 서쪽 끝에 있던 도시다.

하는지도 분명해졌다. 가장 우수한 민주정에서 한 단계씩 아래로 내려갈 때마다, 각 단계에서는 주축이 되는 민중만 포함하고, 그 이하 집단들은 배제하기만 하면 된다.

1319b1 　　마지막 유형의 민주정은 모든 사람이 국정에 참여하므로 모든 국가에서 시행될 수 있는 것이 아니다. 법과 관습을 통해 적절하게 조율되지 않는다면 지속하기 어렵다. 이 정치체제와 그 외 다른 정치 체제들이 어

5 떤 원인으로 붕괴되는지에 대해서는 앞에서 거의 다루었다.

　　민중 선동가들은 이런 유형의 민주정을 세워 민중의 힘을 강화하고자 한다. 그들은 더 많은 사람을 시민으로 받아들이며, 시민이 되기에 결격 사유가 전혀 없는 자들만 아니라, 부모 중 한쪽만 시민인 자들, 즉 아

10 버지나 어머니만 시민인 자들과 서자들까지 포함한다. 이런 조치들은 모두 이런 유형의 민주정에 적합하다. 그래서 민중 선동가들은 그런 방식으로 민주정을 조직한다.

　　그러나 시민으로 받아들이는 것은 대중이 귀족과 중산층을 수적으로 능가할 때까지만 이루어져야 하며, 그 이상으로는 수용하지 말아야

15 한다. 그 한계를 넘어서면 정치체제는 혼란스러워지고, 분노한 귀족들은 민주정을 받아들이기 어려워진다. 이는 키레네[345]에서 내분의 원인이 된 바 있다. 악을 초래하는 것이 작을 때는 무시할 수 있지만, 커지면 더 큰 주목을 받게 되기 때문이다.

20 　　또한, 민주정을 조직하는 데에는 클레이스테네스[346]가 아테네에서

....

345 "키레네"는 고대 그리스인이 아프리카 리비아에 세운 다섯 식민도시 중 가장 오래되고 가장 중요한 도시였다. 그리스 전승에 의하면, 키레네는 남부 에게해에 있는 그리스의 섬 테라 사람들이 기원전 631년에 건설했다고 한다.

346 "클레이스테네스"(기원전 약 570-508년)는 기원전 510년에 참주 히피아스를 추방해 참주정을 끝내고, 기원전 508년에 귀족들의 혈연적 특권을 약화시키고 모든

민주정을 강화하려고 시도했던 것과 키레네에서 민주정을 세운 사람들의 방식도 참고가 된다. 그들은 기존 것보다 더 많은 부족과 씨족을 새롭게 만들고, 많은 사적인 종교 행사를 소수의 공적인 종교 행사들로 통합하려고 했다. 이는 시민들이 작은 집단에서 소수와 교류하던 데서 벗어나 모든 시민과 자유롭게 교류하도록 하기 위한 것이었다.

또한, 참주들이 시행한 것도 모두 민주정적인 것으로 볼 수 있다. 예를 들어, 노예들과 여성들, 아이들을 방임하여 각자가 원하는 대로 살도록 내버려두는 것이 그런 것이다. 노예들을 방임하는 것은 참주정에 어느 정도 도움이 될 것이다. 대부분은 절제된 삶보다는 무절제한 삶을 선호하므로, 이런 조치는 이런 유형의 민주정에 많은 도움이 될 것이다.

....

시민에게 완전히 평등한 참정권을 부여하는 것을 목적으로 하는 '이소노미아'라는 개혁을 추진함으로써 아테네 민주정의 기초를 확립했다. 그는 전통적인 4부족 체제를 해체하고 거주지에 따라 10부족제로 재편하여 귀족의 권력 기반을 약화시켰다.

제4장 민중의 구성에 따른 민주정의 유형
....

제5장

민주정의 올바른 조직

민주정을 세우는 것은 중요하지만, 그보다 더 중요한 것은 그것을 어떻게 존속시킬 것인가에 대한 고민이다. 진정으로 민주정적이거나 과두정적이라면, 그것을 오랜 기간 존속시킬 수 있어야 하기 때문이다. 민중이 재산을 함부로 몰수하지 않도록 하고, 부자들에게 과도한 재정적 부담을 주지 않아야 한다. 국가의 수입이 남는 경우에는 그것을 모아 두었다가 민중에게 목돈으로 지급해야 한다.

35 민주정을 조직하는 사람들이나 입법자들에게는, 그런 정치체제를 세우는 것 자체보다는 어떻게 해야 그것을 존속시킬 수 있을지를 고민하는 것이 더 중요하다. 어떤 정치체제라도 하루나 이틀, 사흘간 존속시키는 것은 그렇게 어렵지 않다.

따라서 우리가 앞서 살펴본 정치체제들이 어떻게 유지되거나 붕괴되는지에 따라, 그러한 유형의 민주정을 안정화시키는 제도를 마련하고,
40 체제를 파괴할 요소를 신중히 걸러내며, 체제를 최대한 보호하고 지속시
1320a1 킬 수 있는 불문법과 성문법을 갖추기 위해 노력해야 한다. 그리고 민주

정이나 과두정을 오랜 기간 존속시키는 것이야말로 진정으로 민주정적이거나 과두정적인 것이라는 신념을 지녀야 한다.

오늘날 민중 선동가들은 민중의 환심을 사기 위해 법정을 통해 많은 재산을 몰수해 국고에 귀속시키고 있다. 그러므로 정치체제를 불안정하게 만드는 그런 조치들을 걱정하는 사람들은, 법정의 판결을 통해 몰수된 재산들을 국고나 공공 재산으로 귀속시키는 것이 아니라, 신전에 귀속되게 하는 법을 제정해야 한다. 이렇게 되면, 범죄자들은 여전히 재산 몰수라는 처벌을 받게 되어 범죄를 저지를 때 조심할 것이다. 반면 민중 10 은 재산 몰수로 인한 직접적인 이익을 얻지 못하므로, 재산 몰수형을 예전보다 드물게 선고할 것이다.

또한, 무작위로 부자들을 고발하여 재판을 통해 막대한 벌금을 부과해서 재산을 몰수하는 것을 최소화해야 한다. 이런 고발로 재산이 몰수되는 사람들은 대부분 민중이 아니라 귀족들이기 때문이다. 가능하다면, 15 모든 시민이 정치체제에 호의적이어야 하지만, 그렇지 못할 때는 국가의 최고 권력을 지닌 자들을 적대시하게 만들어서는 안 된다.

극단적인 민주정에서는 시민들이 많고, 그들은 수당이 지급되지 않으면 민회에 참석하기 어렵다. 이는 국가의 수입이 부족한 경우에 귀족들에게 적대적인 상황을 만들어낸다. 그럴 때는 국가가 수당을 지급하는 20 데 필요한 경비를 세금과 재산 몰수와 부당한 재판을 통해 확보해야 하기 때문이다. 바로 이런 이유로 이전에 많은 민주정이 전복되었다.

따라서 국가의 수입이 부족할 때는 민회 소집 횟수를 줄이고, 법정도 배심원의 수를 줄일 수 없다면 법정을 여는 일수를 줄여야 한다. 그렇게 하면, 부자들은 수당 지급에 필요한 경비를 부담하는 것을 두려워하지 않게 되고, 배심원 수당이 부자들에게는 지급되지 않고 가난한 사람 25 들에게만 지급되어도 아무런 문제가 없을 것이다. 그리고 재판 절차도 훨씬 개선되어 부자들이 좋아하게 된다. 부자들은 짧은 시간은 괜찮지만, 여러 날 동안 개인적인 일을 처리하지 못하는 상황을 원하지 않기 때문이다.

30 하지만 국가의 수입이 넉넉할 때는, 오늘날 민중 선동가들이 하듯이 국가 수입 중 남은 것을 무턱대고 민중에게 나눠 주는 식의 행동은 삼가야 한다. 민중은 받자마자 또다시 요구하므로, 결국은 구멍 난 항아리에 물을 붓는 것과 같다. 물론, 민주정의 기본 원칙에 따라, 대중이 지나치게 가난해지지 않도록 보살펴야 한다. 대중이 가난하면 민주정의 기반이 흔

35 들릴 수 있기 때문이다. 따라서 국가는 어떻게 하면 번영을 지속해서 유지할 수 있을지 다양한 방법을 강구해야 한다. 이는 결국 부자들에게도 이익이 된다.

국가의 수입이 넉넉한 경우, 모아둔 수입을 나중에 가난한 사람들에게 한꺼번에 나눠 주는 것이 좋다. 가장 이상적인 방법은 모든 가난한 자에게 토지를 구입할 수 있을 만큼의 금액을 나눠 주는 것이지만, 그것이 불가능하다면 장사하거나 농사짓는 것을 시작할 정도의 목돈을 주는

1320b1 것이다. 만약 모든 가난한 사람들에게 나눠 줄 수 없다면, 부족별로 또는 다른 기준에 따라 차례대로 나눠 줄 수 있다. 그리고 부자들에게는, 민회나 배심원 등 필요한 모임에 참석한 가난한 자들에게 수당을 지급하는 데 필요한 비용을 부담하게 하는 대신에, 불필요한 공공 봉사를 면제해 주는 것이 좋다.

....

347 "타라스"는 남부 이탈리아에 있던 그리스 식민도시다. 기원전 8세기에 스파르타인이 건설했다. 그리스인은 기원전 750년부터 550년까지 지중해와 흑해에 대대적으로 식민도시를 건설했는데, 이 시기를 "그리스 식민 시대"라고 부른다. 로마인들은 이때 남부 이탈리아와 시칠리아섬에 세워진 그리스 식민도시들을 총칭해 "마그나 그라이키아"(Magna Graecia, "더 큰 그리스")라고 불렀다.

카르타고인은 이런 식으로 통치해 민심을 얻었다. 그들은 민중 일부 5
를 인근 지역으로 보내 부자가 되게 했기 때문이다. 또한, 귀족들은 가난
한 사람들을 돕기 위해 그들이 생계를 유지할 수 있도록 지원했다. 타라
스인[347]이 했던 일도 본받아야 한다. 그들은 공동 재산을 마련해 가난한 10
사람들이 함께 사용할 수 있게 함으로써 대중의 호감을 얻었다.

타라스인들은 또한 모든 공직을 두 부류로 나누어, 일부는 투표로,
일부는 제비뽑기로 선출했다. 전자는 국정 수행의 효율성을 높이기 위
해, 후자는 민중이 공직에 참여하게 하려는 것이었다. 같은 공직을 맡은
공직자들이 여러 명일 때도 이 방법을 적용하면, 일부는 제비뽑기로, 일 15
부는 투표로 선출함으로써 동일한 결과를 얻을 수 있다.

지금까지 우리는 민주정을 어떻게 조직하고 유지해야 하는지에 대
해 살펴보았다.

재산상의 자격 요건에 따른
여러 유형의 과두정

제6장에서 제7장까지는 과두정, 즉 소수 지배체제를 구성하는 방법에 대해 다루고 있다. 공직자 선출과 재산에 기반한 자격 요건에 따라 다양한 형태의 과두정이 만들어진다. 안정적인 과두정을 구축하기 위해서는, 재산 기준을 통해 국정에 참여할 사람들을 선별하여, 이들의 영향력이 국정에서 배제된 사람들보다 강해야 한다는 점이 중요하다. 이는 곧 훌륭한 질서의 유지를 의미한다.

20 　　또한 지금까지의 설명으로, 과두정을 어떻게 조직해야 하는지는 거의 명확해졌다. 민주정과 반대되는 요소들을 모아 과두정을 조직하면 된다. 첫 번째 유형의 과두정은 여러 요소가 잘 혼합된 형태로, 이는 혼합정에 가깝다. 이 유형에서는 공직자를 선출할 때 재산 요건을 낮은 것과 25 높은 것으로 나눠서, 필수적인 공직자는 낮은 요건으로, 더 큰 권한을 가진 공직자는 높은 요건으로 선출한다.

　　재산 요건을 충족하는 누구나 국정에 참여할 수 있어야 한다. 이런 방식으로 국정 참여자를 선정함으로써, 국정에 참여하는 이들의 세력이 참여하지 못하는 이들보다 강력해야 한다. 하지만 항상 민중 중에서도 우수한 이들을 선출해 국정에 참여시켜야 하는 것이 중요하다.

같은 원칙을 적용하되 재산 요건을 약간 강화하면 두 번째 유형의 30 과두정이 조직된다. 극단적 민주정에 대응하는 과두정은 여러 유형의 과 두정 중 가장 비판받는 형태로, 족벌정과 참주정에 가장 근접하므로 이 러한 체제를 유지하기 위해서는 각별한 주의가 요구된다. 튼튼한 체질의 사람이나 유능한 선원이 탄 배는 큰 실수를 해도 견딜 수 있지만, 병약한 35 사람이나 무능한 선원이 탄 배는 작은 실수에도 쉽게 파손되듯이, 최악 의 정치체제를 유지하려면 더욱 주의가 필요하다.

대체로, 민주정은 가치에 따른 정의 대신에 수에 따른 정의를 채택 1321aI 하고 있으므로 시민 수가 많을 때 잘 유지된다. 반면에 과두정을 유지하 려면 훌륭한 질서가 필요하다는 것은 분명하다.

군대에 따른 여러 유형의 과두정

군대는 기병, 중무장보병, 경무장보병, 해군의 네 가지 부류로 나뉜다. 기병과 중무장보병을 주축으로 세운 국가는 강력한 과두정이 자리 잡기 좋은 토양이 된다. 반대로, 경무장보병과 해군은 민주정, 즉 다수를 대표하는 군대로서, 기병과 중무장보병의 힘을 견제하는 역할을 한다. 과두정에서는 다양한 방법으로 대중을 국정에 참여시키며, 최고의 공직을 맡은 이들에게는 공공 봉사 의무를 부여해야 한다.

5   대중이 대체로 농민, 기술자, 상인, 일용노동자의 네 부류로 나뉘는 것처럼, 군대도 기병, 중무장보병, 경무장보병, 해군의 네 부류로 나뉜다. 기병 유지에 적합한 지형을 가진 국가는 강력한 과두정을 구성하기에 적

10 합하다. 그 이유는 주민 안전을 확보하려면 기병의 군사력이 필요하며, 말을 사육하는 일은 재산이 충분한 사람들만 가능하기 때문이다. 중무장보병 유지에 적합한 지형을 가진 국가는 두 번째 유형의 과두정을 구성하기에 적합하다. 중무장보병으로 무장하는 일은 부자들만 수행할 수 있

기 때문이다.

경무장보병과 해군은 전적으로 민주정의 군대이다. 그래서 경무장 15
보병과 해군이 많은 국가에서 내분이 일어나면, 과두정 세력이 권력 투
쟁에서 열세에 처하는 경우가 많다. 이를 막기 위해, 장군들이 사용하는
해결책을 받아들여 기병과 중무장보병 그리고 적절한 수의 경무장보병
을 한데 묶어 부대를 구성해야 한다. 권력 투쟁에서 민중이 부자들보다
우세한 이유는 경무장보병을 쉽게 동원하여 기병과 중무장보병에 맞서 20
싸울 수 있기 때문이다.

그러므로 과두정에서 민중으로 이루어진 경무장보병을 두는 것은
과두정을 무너뜨릴 군대를 두는 것이므로, 연령대를 기준으로 둘로 나누
어, 경무장보병을 나이 많은 사람과 젊은이로 구성된 군대로 편성하며,
과두정 지배층 아들들이 어릴 때부터 경무장보병 기동 훈련을 받다가 성 25
인이 되면 실전에서 그 역할을 수행하게 해야 한다.

과두정에서 대중을 국정에 참여시키는 방법으로는 앞서 언급한 바
와 같이 재산 요건을 충족한 사람들을 참여시키는 방법, 테베[348]처럼 일
정 기간 기술자의 직업에 종사하지 않은 사람들을 참여시키는 방법, 마
살리아에서와 같이 현재 국정에 참여하고 있는지 여부와 상관없이 참여 30
자격을 갖춘 사람들을 선발하는 방법 등이 있다.

....

348 "테베"(또는 테바이)는 그리스 중부 보이오티아에 있던 도시다. 페르시아전쟁 때는
페르시아 편을 들었고, 펠로폰네소스 전쟁 후에는 아테네 편에 들어 스파르타와
대립했다. 기원전 371년 레욱트라 전투에서 스파르타를 무찌르고 한동안 그리스
의 패권을 잡았지만 오래가지 않았고, 기원전 362년 만티네이아 전투 후 얼마 되
지 않아 패권을 잃었다. 그 뒤 마케도니아의 알렉산드로스 대왕에게 패해 멸망했
다. "마살리아"는 기원전 600년경에 소아시아 해안 그리스 식민지 포카이아에 살
던 이오니아인이 오늘날 론강 동쪽에 있는 프랑스의 지중해 해안에 세운 그리스
식민도시다.

제7장 군대에 따른 여러 유형의 과두정
········

또한, 반드시 과두정 지배층이 맡아야 하는 최고 권한의 공직자들에게는 공공 봉사 의무를 부과해야 한다. 그러면 민중은 그런 공직을 맡지 않으려 할 것이며, 그런 공직을 맡기 위해 많은 대가를 치른 공직자들에게 관대한 태도를 보일 것이다. 그런 공직자들은 취임하면서 신들에게 많은 제물을 바쳐 성대하게 제를 지내며, 공공건물을 세우는 것이 좋다. 그러면 민중은 제사 의식과 연회에 참석하고, 도시가 봉헌물과 공공건물로 장식되는 것을 보면서, 현재의 정치체제가 유지되기를 바랄 것이다. 그리고 귀족들은 자신이 국가를 위해 재물을 희사했다는 사실을 입증하는 기념물을 갖게 된다. 하지만 오늘날 과두정의 지배층은 그와 반대로 행동한다. 그들은 명예뿐만 아니라 사익도 함께 추구하기 때문이다.

이상에서 알 수 있듯 이런 과두정들은 작은 민주정이라고 볼 수 있다. 지금까지 우리는 민주정과 과두정이 어떻게 조직되어야 하는지를 살펴봤다.

제8장

공직의 조직

이번 장에서는 공직에 대한 조직 구조를 살펴본다. 모든 정치체제에는 공직이 필수적이기 때문이다. 필수 공직으로는 시장 감독관, 도성 관리관, 농촌 관리관, 재무관, 서기, 형벌 및 죄수 감시와 벌금형을 다루는 집행관, 국가 수호 임무를 맡은 공직들과 군사적 필요를 위해 설치된 공직들, 회계관, 예비 심의회 또는 평의회, 신들과 관련된 공무 담당 공직 등이 있다. 그리고 선출에 의해 국가의 최고 권한을 갖게 되는 세 가지 공직인 법률 수호자, 예비 심의회, 평의회 가운데서 법률 수호자는 귀족정에 속하고, 예비 심의회는 과두정에 속하며, 평의회는 민주정에 속한다.

이어서 논의해야 할 주제는 공직의 세밀한 구분에 관한 것이다. 앞   5
서 언급했듯이, 공직의 수, 필요한 공직의 종류, 그리고 그 공직들을 누가 맡아야 하는지에 대해 숙고해야 한다. 국가가 존재하려면 필수 공직이 있어야 하고, 국정을 잘 운영하려면 훌륭한 공직 체계가 필요하다. 또한, 앞서 말했듯 작은 국가들에는 공직이 적어야 하지만, 큰 국가들에는 공   10

직이 많아야 한다. 그래서 우리는 어떤 공직을 통합해야 하고 어떤 공직을 분리해야 하는지를 명확히 알아야 한다.

필수적인 공직 중 첫 번째로, 시장을 감독하는 공직이 있다. 시장과 관련된 계약 감독과 질서 유지를 담당하는 이 공직은 모든 국가에 필수적이다. 이는 사람들이 필요한 상품을 구입하고 판매하여 자급자족을 실현하는 시장 활동이 국가의 자급자족 목표를 달성하는 데 있어 가장 효과적인 수단이기 때문이다.

시장 감독과 유사한 필수 공직으로는 도성 관리관이 있다. 이 공직은 공적 재산 및 사유재산의 질서를 유지하고, 건물과 도로의 보존 및 수리를 담당하며, 토지 경계 감독을 통해 분쟁을 방지하는 역할을 한다. 특히 인구가 많은 국가에서는 이 공직을 여러 부분으로 나누어 성벽 보수관, 샘물 감독관, 항만 감독관 등으로 세분화하기도 한다.

세 번째로 필수적인 공직 또한 두 번째 공직과 매우 유사한 업무를 수행하지만, 차이가 있다면 이 일은 도성 밖의 농촌 지역에서 이루어진다는 점이다. 이 공직자들은 농촌 관리관 혹은 산림 관리자라고 불린다.

국가의 운영을 위해 필요한 공직은 많이 있다. 가장 기본적인 공직 외에도, 국가의 수익을 거두고 보관한 뒤, 필요에 따라 각 부서에 배분하는 업무를 맡은 공직이 있다. 이들은 징세관이나 재무관이라 불린다.

또 다른 필수적인 공직은 사적 계약이나 법정 판결문을 등기하는 역할을 담당한다. 이들은 재판 과정을 기록하고, 소장을 접수하는 등 재판을 준비하는 일을 담당한다. 일부 국가에서는 이 공직이 여러 부분으로 세분되지만, 어떤 곳에서는 하나의 공직이 모든 업무를 처리하기도 한다. 이 공직을 맡은 사람들은 신성 서기, 감독관, 서기 등 다양한 명칭으로 불린다.

이 공직과 연계된 다음 공직은 가장 필수적이지만, 모든 공직 중에서 가장 힘든 업무를 맡게 된다. 법정에서 내려진 판결의 형벌을 집행하고, 벌금이 부과된 자들을 공시하고 벌금을 징수하며, 죄수들을 구금하고 감시하는 일을 맡는다. 1322a

이 업무가 힘든 이유는, 사람들로부터 미움을 많이 받기 때문이다. 이 업무를 통해 큰 이익을 얻을 수 없는 국가에서는, 이 공직을 맡길 원치 않거나, 맡더라도 법대로 수행하지 않는 경우가 많다. 하지만 이 공직 5 은 필수적인 역할을 한다. 판결이 집행되지 않는다면, 재판을 통해 정의를 세우는 것도 의미가 없기 때문이다. 재판 없이 공동체가 존재할 수 없듯, 판결 집행 없이도 공동체는 존재할 수 없다.

그래서 이 공직은 한 사람에게 맡기는 것이 아니라, 여러 법정에 소속된 사람에게 분담하는 것이 더 좋다. 마찬가지로, 벌금을 부과하고 징수하는 업무도 여러 사람이 분담하는 것이 바람직하다. 10

또한, 벌금을 부과하고 징수하는 업무를 담당하는 공직자는 서로 달라야 한다. 한 공직자가 벌금을 부과했다면, 그 벌금을 징수하는 업무는 다음에 부임한 공직자가 맡는 것이 바람직하다. 만약 이렇게 할 수 없다면, 벌금을 부과하는 공직자와 벌금을 징수하는 공직자는 다른 사람이어야 한다. 예를 들면, 시장 감독관이 부과한 벌금은 도시 관리관이 징수하도록 하고, 도시 관리관이 부과한 벌금은 또 다른 공직자가 징수해야 한다. 벌금을 징수하는 공직자가 사람들에게 미움을 덜 받는다면, 부과된 15 벌금을 징수하는 업무가 더욱 원활해지기 때문이다. 그러나 벌금을 부과하고 징수하는 업무를 동일한 공직자가 맡는다면, 이 공직자는 사람들로부터 두 배의 미움을 받게 된다. 이 업무를 동시에 맡는다면 모두의 적이될 위험이 있다.

많은 국가에서는 죄수를 감시하는 공직과 형벌을 집행하는 공직을 별도로 두고 있다. 아테네의 11인 위원회[349]라는 공직이 대표적인 예다. 20

따라서 죄수를 감시하는 공직을 별도로 두는 것은 당연하며, 이 공직이 사람들로부터 미움을 받지 않도록 적절한 장치를 마련해야 한다.

죄수를 감시하는 공직은 형벌을 집행하는 공직만큼 필수적이다. 하지만 훌륭한 사람들은 이 업무를 맡길 꺼리고, 자질이 부족한 사람들은 오히려 감시 대상이 되어야 하므로 이들에게 이 공직을 맡기는 것은 위험하다. 따라서 죄수를 감시하는 일은 특별히 이를 위해 설치된 공직이나 동일한 공직이 계속해서 맡는 것이 아니라, 군인이나 경찰관 등 훈련받은 젊은이 중에서 파견된 자들이 맡거나, 공직자들이 교대로 맡아야 한다.

지금까지 언급한 것은 국가에서 일차적으로 필수적인 공직들이다. 그 외에도 못지않게 필수적이면서도 많은 경험과 신뢰가 요구되는 까닭에 더 중요하고 무게감 있는 공직들이 있다. 국가를 수호하거나 군사적 필요에 의해 설치된 공직들이 그것이다. 성문과 성벽을 지키고, 시민을 감독하고 감시하며 훈련시키는 공직은 전시든 평시든 필요하다. 이런 업무를 맡은 공직자 수는 국가의 크기에 따라 다르다. 작은 국가에서는 하나의 공직이 모든 업무를 담당하며, 이들은 장군이나 사령관 등으로 불린다.

1322b1 또한, 기병대나 경무장보병대, 궁수대, 해군 등을 보유한 국가들에서는 각 군대마다 별도의 공직을 두고 있다. 이들은 해군사령관, 기병대

········

349 아리스토텔레스는 158개 그리스 도시국가의 정치 체계를 연구했고, 그가 조사한 자료 중 완전하게 남아 있는 유일한 기록은 『아테네인의 정치체제』 하나다. 이 문헌에 따르면, 제비뽑기로 선정된 "11인 위원회"는 죄수의 감시와 형 집행을 담당하는 중요한 공직을 맡았다. 이 위원회는 강도, 유괴, 절도와 같은 범죄자들을 처리했는데, 범인이 죄를 자백하면 처형했고, 자백하지 않으면 법정에 송치해 정식 재판을 받게 했다.

장, 경무장보병대장 등으로 불린다. 이 공직자들 휘하에는 각 부대를 맡고 있는 삼단노선 함장, 보병부대장, 기병부대장 등이 있으며, 이들 아래 에도 다양한 공직이 있다. 이러한 공직들은 모두 전쟁과 관련된 업무를 맡는 한 종류의 공직이다. 이 공직에 대해서는 이 정도로 해두자.

모든 공직이 그렇진 않지만, 어떤 공직들은 상당히 큰 규모의 공금을 다루고 있어서, 다른 일과 분리하여 집중적으로 경비 사용 내역을 점검하고 회계를 감사하는 별도의 공직이 반드시 필요하다. 이런 공직자들은 국가에 따라 감사관, 회계관, 심사관, 공익 대변인 등 다양한 이름으로 불린다.

그 외에도, 모든 공직 중에서 가장 큰 권력을 가진 공직이 있다. 이 공직은 모든 안건을 최종적으로 결정하고, 안건을 회부하는 권한이 있다. 민중이 최고의 권한을 가진 국가에서는 민회의 의장을 맡는다. 국정의 최고 권한을 가진 민회를 소집할 권한이 필요하기 때문이다. 이 공직은 어떤 국가에서는 안건들을 미리 심의하는 역할을 한다고 예비 심의회라 불리며, 대중이 최종 권한을 갖는 국가에서는 평의회라 불린다.

이런 공직들은 대부분 국정 관련 업무를 담당하지만, 신들과 관련된 공무를 담당하는 또 다른 종류의 공직이 있다. 예를 들어, 제관과 신전 관리인이다. 신전 관리인들은 기존의 신전 건물들을 보존하고, 허물어져 가는 신전 건물들을 보수하며, 신과 관련된 그 밖의 모든 업무를 담당한 다. 작은 국가를 비롯한 일부 국가에서는 이 모든 업무를 한 공직이 담당 하지만, 어떤 국가에서는 제관과 분리되어 제물 검사관, 신전 관리관, 신전 재무관 같은 별도의 공직자들이 각각의 업무를 맡는다.

이 공직과 연관이 있는 것으로, 국가의 제단에서 법적으로 제관 소관이 아닌 모든 공적인 제사를 바치는 명예를 누리는 공직이 있다. 이 공직자는 아르콘, 왕, 프리타니스³⁵⁰라고 불린다.

요약하자면, 이러한 필수 공직들은 다음과 같은 주요 업무를 담당한다. 종교, 국방, 국가의 수입과 지출, 시장, 도성, 항만, 농촌, 법정, 계약 등기, 판결 집행, 죄수 감시, 회계, 공직자에 대한 감독과 감사, 마지막으로 공공 안건에 대한 심의.

이에 더하여, 시민들에게 더 많은 여가를 제공하고, 더 큰 번영을 누리게 하며, 더 나은 질서를 만들고자 하는 국가에는 여성 감독 공직, 법률 수호 공직, 아동 감독 공직, 체력 단련을 관장하는 공직이 마련되어 있다. 또한 체전, 디오니소스 축제 등 여러 공공 행사를 관리하는 공직도 있다. 이 중에서 여성 감독 공직과 아동 감독 공직 같은 것은 분명히 민주정의 공직이 아니다. 가난한 사람들은 노예가 없어서 여자와 아동에게 일을 시키지 않을 수 없기 때문이다.

국가의 최고 권력을 선출에 의해 부여받는 세 가지 공직인 법률 수호자, 예비 심의회, 평의회 중에서 법률 수호자는 귀족정에 속하고, 예비 심의회는 과두정에 속하며, 평의회는 민주정에 속한다. 이로써 대부분의 공직에 대해 개략적으로 살펴보았다.

....

350 이 셋은 국가의 최고 통치자를 부르는 명칭이다. '아르콘'(ἄρχων)은 직역하면 "1인자"라는 뜻인데, 아테네에서는 9인의 최고 통치자를 가리키는 명칭이었다. '프리타니스'(πρύτανις)는 "앞에 앉은 자, 의장"이라는 뜻인데, 아테네에서는 10개의 부족에서 각각 5명씩 제비뽑기로 선출한 50인 위원회 위원을 가리켰다. 여기서 "왕"은 왕정에서의 왕을 가리키는 것이 아니라, 공적 제사를 바치는 공직에 붙여진 명칭이다. 아테네에서는 9인의 최고 통치자 중 두 번째 통치자를 "왕"이라고 불렀다.

제7권

가장 훌륭한 정치체제

개인과 국가의 가장 훌륭한 삶

진심으로 뛰어난 정치체제를 찾아가려면, 무엇보다 먼저 최고의 삶이 무엇인지 정의해야 한다. 그리고 그 최상의 삶이 공동체와 개인 모두에게 같은 의미인지 아닌지를 분명히 해야 한다. 여기서는 먼저 전자에 대해 살펴본다. 외적인 좋은 것, 몸의 좋은 것, 혼의 좋은 것, 이렇게 세 부분으로 구분되고, 이 세 가지를 모두 가진 사람이 행복한 사람이다. 이 세 가지 좋은 것 중에서 가장 좋은 것은 혼의 좋은 것이다. 따라서 각자가 지닌 미덕과 지혜와 거기에 따라 행하는 것만큼 각자에게 행복이 주어진다고 해야 한다. 동일한 논리를 국가에 적용하면, 행복하고 탄탄하게 잘 운영되는 국가가 최상의 국가이며, 따라서 개인이나 국가 전체에 있어 최고의 삶은 미덕을 실천할 정도의 능력을 갖춘 삶일 것이다.

가장 훌륭한 정치체제에 대해 제대로 탐구하려면 우선 우리가 추구해야 할 가장 이상적인 삶이 무엇인지 명확히 해야 한다. 가장 바람직한 삶이 무엇인지가 불분명하면 가장 훌륭한 정치체제가 무엇인지도 모호해질 수밖에 없다. 하지만 이상적인 정치 체제 속에서는 사람들이 그 상

20 황에서 가능한 최선의 삶을 살아갈 수 있다. 따라서 우리는 모두에게 이
상적인 삶이 무엇인지에 관해 공감대를 이루어야 하며, 이후에 이런 삶
이 공동체와 개인에게 동일하게 적용되는지, 아니면 서로 다른지에 대해
서도 합의해야 한다.

　　나는 이미 외부인들을 위해 작성한 글을 통해 최고의 삶이 무엇인지
충분히 설명했다고 생각하기에, 여기서는 그 글을 활용하려 한다. 좋은
25 것은 외적인 좋은 것, 몸의 좋은 것, 혼의 좋은 것, 이렇게 세 부분으로 구
분되고, 이 세 가지가 모두 있는 사람이 행복한 사람이라는 것에 이의를
제기할 사람은 아무도 없을 것이다.[351] 예를 들어, 용기나 절제, 정의, 지
30 혜[352]가 전혀 없어서 파리 한 마리 날아다니는 것만 봐도 겁에 질리고, 먹
고 마시는 것을 해결하기 위해 극악무도한 짓까지도 서슴지 않으며, 작
은 이익을 얻기 위해 가장 소중한 관계까지 망가뜨리고, 어린아이나 미
치광이처럼 철없고 망상에 빠져 있다면, 그런 사람을 행복하다고 말할
사람은 아무도 없을 것이기 때문이다.

　　그러나 이렇게 말하면 모두가 동의하는 듯 보이지만, 각각의 좋은
35 것이 어느 정도나 있어야 하고, 이 세 가지 좋은 것 간의 우열관계에 대
해서는 서로 생각이 다르다. 어떤 사람은 미덕은 어느 정도만 있으면 된
다고 생각하지만, 부와 재산과 권력과 명성 같은 외적인 것은 필요 이상
으로 무한히 탐한다.

....

351 "좋은 것"을 이렇게 구분하는 것은 플라톤과 아리스토텔레스의 철학에서 공통
적이다. 아리스토텔레스의 『니코마코스 윤리학』 1098b12-15, 플라톤의 『법률』
743e, 『에우티데모스』 279a-b를 참고하라.

352 이 네 가지는 그리스인이 제시한 미덕들의 표준 항목이다. 플라톤의 『국가』 427e
를 보라. 거기서 소크라테스는 완벽하게 훌륭한 국가에는 "지혜와 용기와 절제와
정의"가 있을 것이 분명하다고 말한다.

우리는 그런 사람들에게 이렇게 대답할 것이다. 지금 말하는 내용은 경험과 사실을 바탕으로 믿을 수 있는 것이다. 외적인 좋은 것들로 미덕 40 을 얻거나 유지하는 것은 불가능하지만, 미덕을 통해 외적인 좋은 것들을 얻고 유지하는 것은 가능하다는 점이다. 또한, 인간의 행복이 쾌락에 1323b1 있든, 미덕에 있든, 또는 이 둘 모두에 있든, 성품과 지성을 많이 갖춘 사람이 외적인 좋은 것들을 적당히 갖고 있는 것이, 성품과 지성이 부족하지만 외적인 좋은 것들을 필요 이상으로 많이 갖고 있는 사람보다 더 행 5 복하다는 사실이다.

이것은 이론적으로 고찰해도 쉽게 알 수 있다. 외적인 좋은 것은 모든 도구가 그런 것처럼 한계가 있다. 모든 도구는 특정한 것에만 유용하기 때문이다. 그래서 외적인 좋은 것이 필요 이상으로 지나치게 많으면 그 좋은 것을 가진 사람에게는 도리어 해가 되거나 아무런 유익이 되지 못한다. 반면, 혼과 관련된 모든 좋은 것은 많으면 많을수록 더 유용하다. 10 혼과 관련된 좋은 것에 훌륭하다는 표현 외에 유용하다는 표현을 사용하는 것이 적절한지는 모르겠지만 말이다.

일반적으로, 어떤 것의 최상의 상태 사이에서 우열을 가리는 것은 그것이 어떤 대상과 관련이 있는지에 따라 결정된다. 따라서 혼이 그 자 15 체로든, 우리와 관련해서든, 재산이나 몸보다 더 중요하므로 혼이 최상의 상태일 때와 재산이나 몸이 최상의 상태일 때를 비교하면, 당연히 혼이 우선시되어야 한다. 게다가 우리가 재산이나 몸의 좋은 상태를 선택하는 것도 결국 혼을 위해서다. 모든 지각 있는 사람들은 재산과 몸을 위 20 해 혼을 희생하지 않을 것이 분명하다.

따라서 우리는 각자가 지닌 미덕과 지혜, 거기에 따라 행하는 것만큼 각자에게 행복이 주어진다는 데 동의해야 한다. 이를 증명하는 증인으로 신을 들 수 있다. 신이 행복하고 축복받는 것은 신이 지닌 외적인 25

제1장 개인과 국가의 가장 훌륭한 삶
·········

좋은 것 덕분이 아니라, 신 자신과 신이 본성적으로 지닌 어떤 것 덕분이기 때문이다. 따라서 행운은 행복과 다를 수밖에 없다. 혼 밖의 외부적인 좋은 것은 우연과 행운으로 얻어질 수 있지만, 정의 또는 절제는 결코 우연에 의해 얻어지거나 우연히 존재할 수 없기 때문이다.

30 　이와 같이 논리를 따라가면, 행복한 국가, 훌륭하게 잘 꾸려가는 국가가 가장 좋은 국가라는 결론에 이른다. 하지만 훌륭하게 행하는 사람들이 없다면 훌륭하게 운영되는 국가도 존재할 수 없다. 그리고 개인이든 국가든 미덕과 지혜 없이는 훌륭한 행위도 없다. 국가의 용기, 정의,

35 지혜, 절제는 그 의미와 형태에 있어 모든 시민이 보여주는 용기 있고, 정의로우며, 지혜롭고, 절제된 행위들과 깊은 연관이 있다.

　여기까지가 우리 논의의 서론이다. 방금 말한 것을 무시할 수는 없지만, 그런 것과 관련된 모든 논의를 자세하게 다루는 것은 다른 학문에

40 서 할 일이어서 여기서는 깊이 들어갈 수 없다. 따라서 현재로서는 개인

1324a1 과 국가 모두에게 가장 좋은 삶은 미덕에 따른 행위에 참여할 수 있는 충분한 능력을 갖춘 삶이라고 말할 수 있다. 지금까지 말한 것에 동의하지 않는 사람들이 있다면, 그들이 제기하는 의문에 대해서는 현재의 논의에서는 잠시 보류하고 다음 기회에 살펴보기로 하자.

제2장

개인의 행복과 국가의 행복

이제 아리스토텔레스는 개인과 국가의 행복이 같은 것인지를 탐구한다. 관련해서 탐구해야 할 주제는 두 가지다. 하나는 국정에 참여하는 삶과 그렇지 않은 삶, 즉 정치적인 삶과 철학적인 삶 중에서 어느 쪽이 더 바람직한가 하는 것이고, 다른 하나는 정치체제와 국가를 어떤 식으로 조직하는 것이 가장 좋으냐 하는 것이다. 전자에 관해서는 논란이 있다. 하지만 우리의 주된 관심사인 후자에 따르면, 한 국가는 그 자체만으로 얼마든지 행복할 수 있으므로, 행복한 국가는 전쟁과 정복을 목적으로 국가를 조직해서는 안 된다.

이제 우리에게는 개인의 행복과 국가의 행복이 같은 것인지 아닌지 5
에 대한 질문이 여전히 남아 있다. 그러나 이 질문에 대한 답은 분명하다. 이 둘이 같다는 것에 대해 모두가 동의할 것이기 때문이다. 부를 중심으로 개인의 행복을 생각하는 사람들은, 국가 전체가 부유해지면 국가도 행복해질 것이라고 생각할 것이다. 참주의 삶을 최고로 평가하는 사 10
람들은, 가장 많은 사람을 다스리는 국가를 가장 행복한 국가라고 말할 것이다. 미덕을 기반으로 개인의 행복을 생각하는 사람들은, 미덕의 관점에서 더 훌륭한 국가를 더 행복한 국가라고 말할 것이다.

15 이 문제와 관련하여 우리가 고려해야 할 것은 두 가지다. 하나는 다른 사람들과 함께 국정에 참여하는 삶과, 국가 공동체 밖에서 외국인처럼 살아가는 삶 중 어느 삶이 더 바람직한가 하는 것이다. 또 다른 하나는, 국정 참여가 모든 사람에게 바람직한 것인지, 아니면 대다수에게는 바람직하나 특정한 사람들에게는 바람직하지 않은 것인지, 그리고 국가와 정치체제를 어떻게 구성하면 가장 좋을지에 대한 문제다.

20 개인의 삶과 관련하여 어느 것이 더 바람직한가에 대한 첫 번째 질문과는 달리, 두 번째 질문은 정치학이 고민하고 탐구해야 할 문제다. 지금 우리는 정치학과 관련한 논의를 하는 것이므로, 첫 번째 질문은 부차적인 것이라면, 두 번째 질문은 우리의 탐구 대상이다.

가장 훌륭한 정치체제는 누구든지 훌륭하게 행동하고 행복하게 살
25 수 있게 해주는 체제여야 한다는 것은 명확하다. 그러나 미덕을 가지고 사는 것이 가장 바람직한 삶이라는 것에 동의하는 자들 중에서도, 국정에 참여하는 실천적인 삶이 바람직한지, 아니면 모든 외부적인 것에서 벗어난 삶, 즉 철학자들에게만 어울리는 관조적인 삶이 더 나은지에 대
30 해서는 의견이 갈린다. 과거나 현재나 미덕을 따라 살기 위해 모든 노력을 기울이는 사람들은 이 두 가지 삶, 즉 정치적인 삶과 철학적인 삶 모두를 선택하기 때문이다. 이 둘 중 어느 삶이 더 바람직한지에 관한 진실은 결코 사소한 문제가 아니다. 개개인이든 국가 전체든 지각 있는 자라
35 면 더 나은 목표를 지향하는 것이 마땅하기 때문이다.

어떤 사람은 동료 시민들을 전제적으로 다스리는 것을 최대의 불의라고 생각하고, 그들을 합법적으로 다스리는 것이 비록 불의는 아니지만, 그것이 지배자의 안녕과 행복을 방해한다고 본다. 반면에 그와 반대

되는 생각을 가진 사람도 있다. 그들은 남성에게 가장 어울리는 삶은 정 40
치적이며 실천적인 삶이라고 생각하며, 개인적인 삶을 살아가는 자들이
공적인 활동을 하는 자들이나 국가 운영에 참여하는 자들보다 미덕을 더
잘 실행할 수 있다고 생각하지 않는다. 그들은 이렇게 생각하지만, 어떤 1324b1
사람은 전제적이고 참주적인 정치체제만이 유일하게 행복한 국가를 만
들 수 있다고 말한다. 실제로, 일부 국가의 정치체제와 법은 이웃 국가들
을 전제적으로 지배하는 것을 목표로 하고 있다.

대부분의 국가에서 법은 다양한 목표를 가지고 있어 일관성이 부족 5
하다. 하지만 단 하나의 목표를 가진 국가의 법은 그 목표가 항상 다른
국가를 정복하는 것을 향하고 있다. 예를 들어, 라케다이몬과 크레타에
서는 대체로 전쟁을 목표로 교육이 이루어지고 다수의 법이 제정되었다.
또한, 스키테스인, 페르세스인[353], 트락스인, 켈토이인[354]처럼 다른 국가 10
들을 정복할 힘을 가진 민족들 사이에서는 군사력을 숭상하고 있다.

일부 국가들에는 군사적 미덕을 고취하기 위한 법들이 있다. 카르타
고에서는 남자들이 전쟁에 참전할 때마다 팔찌 장식을 받는다. 마케도니 15

....

353 그리스인이 "스키테스인"이라 부른 "스키타이인"은 기원전 7세기부터 3세기까지
중앙아시아에서 남쪽의 흑해와 북쪽의 카스피 사이의 초원지대로 이주해온 페르
시아계 기마 유목민족이다. 그리스인이 "페르세스인"이라 부른 "페르시아인"은 기
원전 1,000년경 동족인 메디아인과 함께 이란고원으로 이주해, 메디아인은 고원
서북부에, 페르시아인은 고원 서남부 페르시스 지방에 정착해 활동하다가 키루스
2세 때인 기원전 538년에 바빌로니아 제국을 무너뜨리고 페르시아 제국을 건설
했다.

354 그리스인이 "트락스인"이라 부른 "트라케인"은 발칸반도 동부에 있는 "트라키
아"(또는 트라케)에 살던 사람들이다. 기원전 2,000년경부터 트라키아 지방에 정착
한 트라케인은 호전적인 민족으로 부족국가들의 난립으로 통일 국가를 형성하지
못했다. 그리스인이 "켈토이인"이라 부른 "켈트인"은 고대에 유럽을 지배했던 호
전적인 민족으로, 기원전 4세기 초에는 이탈리아 로마를 침략하기도 했다.

아에서도 예전에는 전쟁에서 적을 죽인 적이 없는 남자는 허리띠 대신 말고삐를 차야 했다는 법이 있었다. 스키타이인 사이에서는 적을 죽인 적이 없는 남자는 축제 때 술잔이 순차적으로 돌아갈 때 그 술잔을 받아 20 마실 수 없었다. 호전적인 이베레스인[355]은 남자가 죽을 때 그가 죽인 적의 수만큼 말뚝을 무덤 주변에 박았다. 이렇게 다른 민족들 사이에서도 비슷한 관행이 어떤 것은 법으로, 어떤 것은 관습에 의해 실행되었다.

하지만 이 문제를 깊게 생각해보면, 이웃 국가를 정복하고 지배하고 25 압제하는 방법을 모색하는 것이 정치가의 임무라고 말하는 것은 불합리하다. 불법적인 행동이 어떻게 정치가나 입법자의 역할이 될 수 있는가? 힘이 강한 국가가 이웃 국가를 정복하고 지배한다면, 그 지배가 정의롭든 아니든 그 자체가 불의하므로 불법적이다. 다른 학문에서는 이런 일 30 이 없다. 의사나 선장이 환자나 선원들을 회유하거나 협박하지는 않기 때문이다.

그러나 대부분은 정치가가 전제적으로 지배해야 한다고 생각하는 것 같다. 사람들은 다른 사람이 그들에게 하면 정의롭지도 유익하지도 35 않은 일을 그들 스스로 사람들에게 하는 것을 부끄러워하지 않는다. 남에게는 자신을 정의롭게 통치할 것을 요구하면서도, 다른 사람들이 정의롭게 다스림받고 있는지에 대해서는 전혀 관심이 없다. 하지만 태어날 때부터 전제적으로 지배받도록 운명지어진 사람이 있고 그렇지 않은 사람이 있는 것이 아니라면, 이는 불합리하다. 그리고 설령 사람들이 그런 식으로 구분된다 해도, 모든 사람을 전제적으로 지배하려고 해서는 안

....

355 그리스인이 "이베레스인"이라 부른 "이베리아인"은 기원전 6세기부터 유럽 남서부(현재의 스페인과 포르투갈 지역)의 동부와 남부 해안에 정착한 고대 민족으로, 호전적이어서 기원전 5세기에는 이탈리아, 그리스, 시칠리아섬에서 용병으로 활동했다.

되고, 그런 성향을 타고난 사람들만을 전제적으로 지배하는 것이 옳다. 이것은 연회나 제사에 사용하기 위해 사람들을 사냥하는 것이 아니라, 그런 용도에 맞는 짐승들, 즉 식용으로 사용할 수 있는 들짐승만을 사냥 하는 것과 같다.

한 국가가 국정을 훌륭하게 운영한다면, 그 국가는 자체적으로 충분히 행복할 수 있다. 국가는 독립적으로 어딘가에 위치해 있고, 그 자체만으로도 탁월한 법 아래에서 잘 다스려질 수 있기 때문이다. 이러한 국가의 정치체제는 전쟁이나 적국을 정복하기 위해 조직되어 있지 않다. 적국이란 개념 자체가 그곳에는 존재하지 않기 때문이다. 그래서 전쟁을 대비하고 모든 준비를 갖추는 것이 중요하더라도, 그것은 모든 목표 중에서 최고의 목표가 아니라, 최고의 목표를 위한 수단에 불과하다.

그러므로 탁월한 입법자의 임무는 국가와 인류 그리고 다른 모든 공동체가 어떻게 하면 훌륭한 삶에 동참하고, 그들 각자가 가능한 한 행복을 누릴 수 있는지를 모색하는 것이다. 입법자가 만드는 법들 중 일부는 각 공동체의 특정 상황에 따라 달라질 것이다. 이웃 국가들이 있는 경우, 입법자는 이웃 국가의 성격을 파악하고, 이에 따라 어떤 군사 훈련을 시민들에게 시행할지, 각 이웃 국가에 대해 어떤 조치들을 취해야 하는지를 살펴보아야 한다.

가장 훌륭한 정치체제가 어떤 목표에 전력을 기울여야 하는지에 대해서는 나중에 살펴볼 것이다.

제3장

정치적인 삶과 철학적인 삶

정치적인 삶과 철학적인 삶 중에서 어느 쪽이 더 행복하고 바람직한가? 행복은 행동에 있고, 행동을 통해 많은 훌륭한 것을 이루어내는 것은 사실이다. 따라서 국가 전체에게나 개인에게나 행동하는 삶이 가장 좋은 삶이다. 하지만 그 자체로 완결되고 그 자체가 목적인 관조와 사색이 훨씬 더 능동적이다.

미덕을 지닌 삶이 가장 바람직하다는 데에는 모두 동의하면서도, 그런 삶이 어떤 삶이냐에 대해서는 의견이 갈린다. 그들은 두 부류로 나뉜다. 한 부류는 자유민의 삶이 모든 삶 중에서 가장 바람직한 삶이고, 이
20 삶은 정치적인 삶과 다르므로 국가의 공직을 맡는 것은 적절하지 않다고 생각하여 거부한다. 반면 다른 부류는 아무 일도 하지 않는 자는 훌륭한 일을 할 수 없고, 훌륭한 일을 하는 것이 바로 행복이므로, 정치적인 삶이 가장 좋은 삶이라고 생각한다.

둘 다 일리가 있지만 동시에 오류도 포함하고 있다. 자유민의 삶이
25 노예 주인의 삶보다 더 좋다는 주장은 맞다. 이것은 사실이기 때문이다.

노예를 노예로 취급하는 것은 고귀한 일이 아니며, 노예에게 힘든 일을 시키는 것도 훌륭한 일이 아니다. 그러나 모든 지배가 노예를 지배하는 것과 같다고 하는 주장은 틀렸다. 자유민을 지배하는 것과 노예를 지배하는 것 사이에는 자유민으로 태어나는 것과 노예로 태어나는 것의 차이 30 와 마찬가지로 큰 차이가 있다. 이에 대해서는 이미 앞서 충분히 설명했다. 또한, 행동하지 않는 것을 행동하는 것보다 더 칭찬하는 것도 틀렸다. 행복은 행동에 있으며, 정의롭고 절제된 사람들은 행동을 통해 많은 훌륭한 것을 이루어내기 때문이다.

이렇게 말하면, 최고의 권력을 가지면 가장 훌륭한 일을 가장 많이 35 할 수 있다고 전제하고서, 최고의 권력이야말로 가장 좋은 것이라 단정하는 사람이 있을지도 모른다. 이것이 사실이라면, 권력을 다른 사람에게 넘겨주면 안 되며, 오히려 다른 사람으로부터 빼앗아야 한다. 그리고 권력과 관련해서는 아버지가 아들에게, 아들이 아버지에게, 친구가 친구 40 에게 양보해서도 안 된다. 가장 좋은 것이 가장 바람직하고, 훌륭하게 행동하는 것이 가장 좋기 때문이다.

만약 권력을 빼앗아 폭력으로 압제하는 자들이 실제로 가장 바람직한 성과를 이루어냈다면, 그런 주장은 사실일 수도 있다. 그러나 그런 일 1325b1 은 발생할 수 없다. 남편이 아내보다, 아버지가 아들보다, 주인이 노예보다 더 우월한 정도만큼 다스리는 자가 다스림을 받는 자보다 더 우월하지 않으면, 그 다스리는 자는 훌륭한 일들을 이루어낼 수 없기 때문이다. 5 그래서 법을 어기고 다스리는 자가 된 자가 나중에 이미 잃어버린 미덕을 회복할 정도로 올바른 통치를 하는 것은 불가능하다.

대등한 사람들이 공직을 교대로 맡는 것은 아름답고 정의롭다. 이것이 동등하고 평등하기 때문이다. 대등한 사람들에게 동등하지 않은 것, 평등한 사람들에게 평등하지 않은 것을 부여하는 것은 자연과 본성을 벗

10 어나는 것이며, 자연과 본성에 어긋나는 것은 아름답지 않다. 따라서 누군가가 미덕에서나 가장 좋은 것을 실현하는 능력에서 우월하다면, 그 사람을 따르고 그에게 복종하는 것이 아름답다. 그런 사람에게는 미덕뿐아니라 가장 좋은 것을 실현하는 수 있는 능력도 필요하다.

　　만약 우리가 지금까지의 말이 옳다고 판단하고, 행복을 훌륭한 행동
15 이라고 정의한다면, 국가 전체나 개인에게는 활동적인 삶이 가장 좋은 삶이 될 것이다. 그러나 일부 사람들의 생각과는 달리, 활동적인 삶은 반드시 다른 사람들과 관계를 맺는 삶은 아니다. 오히려 결과를 만들어내
20 기 위한 사고뿐만 아니라, 그 자체로 완결되고 그 자체가 목적인 관조와 사색도 훨씬 더 활동적이다. 이러한 관조와 사색의 목적은 그 자체로 훌륭한 행동이기 때문에 행동의 한 형태가 된다. 실제로, 외적인 행동과 관련해서도 대체로 우리는 그 행동을 설계한 사람들을 그 행동의 주체로 본다.

　　어떤 국가가 독립적으로 위치해 다른 국가들과 독립적으로 살아가
25 기를 선택했다 해도, 그 국가가 반드시 행동하지 않는 국가라는 것은 아니다. 국가를 이루는 여러 집단 사이에서는 수많은 교류가 일어나기 때문에, 그 집단들 사이에는 언제든지 행동이 존재할 수 있다. 이는 개인에게도 적용되어, 개인 내에서도 행동이 존재한다. 그렇지 않다면, 외부 행
30 동이 없고 오직 자신 내에서만 행동하는 신과 우주 전체를 아름답다고 할 수 없을 것이다.

　　그러므로 한 개인에게 가장 좋은 삶이 국가 전체와 인류 전체에도 가장 좋은 삶이라는 것은 명확하다.

인구

이상적인 국가를 구축하려면, 먼저 충분한 인구와 영토가 필요하다. 국가가 행복해지려면 규모가 커야 한다고 대다수는 생각하지만, 실제로는 국가의 능력이 크기를 결정한다. 인구만으로 국가의 크기를 판단한다 해도, 단순히 많은 사람이 모여 있다고 해서 큰 국가가 되는 것은 아니다. 게다가 인구가 지나치게 많은 국가를 훌륭하게 다스리는 것은 어렵다. 그러므로 최상의 국가가 되려면 국가의 크기뿐만 아니라 훌륭한 질서도 필요하며, 인구 수도 적절해야 한다. 국가의 최적 인구는 자급자족이 가능하면서도 모든 사람을 한눈에 볼 수 있는 범위 내에서 최대한 많아야 한다.

다른 정치체제에 대한 논의는 앞서 살펴보았고, 서론에서 살펴봐야 할 부분은 위에서 언급했기 때문에, 이제 우리가 아직 논의하지 않은 부분에 대해 논의를 시작하자. 이상적으로 구성된 국가가 되기 위해 어떤 요소들이 필요한지 살펴보자. 가장 훌륭한 정치체제는 여러 가지 요소가 충족되지 않으면 생기지 않는다. 그러므로 우리는 이상적인 요소를 생각

35

해내어 가장 훌륭한 정치체제가 갖추어야 할 것으로 삼아야 하지만, 불 40 가능한 것은 단 하나라도 포함해서는 안 된다. 이상적인 국가를 구축하 는 데 필요한 요소로는, 예를 들어, 충분한 인구와 영토가 있다. 직조공이 1326aI 나 조선공과 같은 기술자들이 물건을 만드는 데 필요한 재료를 갖추어야 하듯, 정치가와 입법자에게도 정치체제를 만드는 데 필요한 그들만의 특 유한 재료가 필요하다.

5 　국가를 구축하는 데 가장 먼저 필요한 재료는 충분한 인구다. 어느 정도의 인구가 필요하며, 어떤 유형의 사람이 필요한가? 두 번째로 필요 한 재료는 영토다. 어느 정도의 영토가 필요하며, 어떤 특성을 가진 영토 가 필요한가?

　대부분은 행복한 국가가 되려면 규모가 커야 한다고 생각한다. 이것 10 이 사실이라 해도, 사람들은 얼마나 커야 큰 국가이고 얼마나 작아야 작 은 국가인지를 알지 못한다. 사람들은 국가의 인구를 기준으로 국가의 크기를 판단한다. 하지만 국가를 만드는 사람들의 수가 아니라 그들의 능력을 보고 국가 크기를 판단하는 것이 옳다. 국가도 수행해야 할 어떤 일이 있는 까닭에, 그 일을 가장 잘 수행하는 능력이 있는 국가를 큰 국 15 가라고 생각해야 한다. 이것은 히포크라테스[356]는 의사로서 훌륭하므로 그보다 키가 더 큰 모든 사람보다 더 크다고 말하는 것과 같다.

　국가 크기를 판단하는 기준이 한 국가에 거주하는 사람 수라고 해 도, 그 안에는 노예, 거류민, 외국인이 포함될 수밖에 없다. 그러므로 한 20 국가의 모든 사람을 인구에 포함해서는 안 되며, 국가를 이룬 고유 구성

....

356 "히포크라테스"(기원전 약 460-377년)는 소아시아 서부 에게해에 있던 그리스 식민 지 코스섬 출신으로 의술의 아버지라 불리는데, 그의 집안은 대대로 의술의 신 아 스클레피오스를 섬기는 제관 집안이었다. 그는 고향에서 의술을 가르키는 학교를 세웠고, 체액론에 의거한 의술 서적을 써서 출간했다.

원만을 기준으로 삼아야 한다. 국가의 고유 구성원 수가 많다는 것은 그 국가가 크다는 증거다. 그러나 대량의 기술자들을 전쟁에 투입하면서도 중무장 보병은 소수만 투입하는 국가는 큰 국가라 할 수 없다.[357] 단지 인구가 많다고 해서 큰 국가가 되는 것은 아니기 때문이다. 25

경험적인 사실들은 인구가 지나치게 많은 국가를 훌륭하게 다스리는 것이 불가능하진 않지만 어렵다는 것을 분명히 보여준다. 적어도, 우리가 알기로는 훌륭하게 다스려지는 국가들 중에서 인구를 제한하지 않는 국가는 한 곳도 없다. 이는 이론적으로도 분명하게 증명된다. 법은 일종의 질서이며, 훌륭한 법은 훌륭한 질서를 의미하는데, 인구가 지나치게 많아지면 질서 유지가 불가능해진다. 이 일은 모든 것을 통합하는 능력을 지닌 신만이 해낼 수 있다. 따라서 가장 훌륭한 국가가 되려면 국가 크기뿐만 아니라, 앞서 말한 훌륭한 질서도 반드시 갖추어야 한다. 30

동물이나 식물, 도구 등 모든 것이 그렇듯, 훌륭한 것이 되려면 수가 많고 규모가 커야 하지만, 훌륭한 국가가 되려면 적정한 규모를 유지해야 한다. 모든 것은 크기가 적절해야만 각자의 고유 능력을 유지할 수 있으며, 지나치게 작거나 크면 고유 본성을 완전히 상실하거나 상태가 악화된다. 예를 들어, 배가 한 뼘밖에 안 되거나 2스타디온[358]이나 된다면, 그런 배는 더 이상 배가 아니다. 배가 너무 작거나 크면 항해하기 힘들기 때문이다. 35 40 1326b1

마찬가지로, 국가는 자급자족을 위해 존재한다. 인구가 지나치게 적

....

357 앞서 아리스토텔레스는 "기술자들은 대부분 부자"라고 말했는데(1278a24-25), 여기서는 그들이 중무장을 할 수 없어서 경무장보병으로 출전할 수밖에 없다는 뉘앙스로 말한다. "중무장보병들"이 많은 것은 국가의 부유함을 보여준다.

358 "스타디온"은 고대 그리스에서 거리의 단위다. 아테네에서 1스타디온은 178미터였다.

제4장 인구
....

은 국가는 자급자족을 할 수 없다. 반면에, 지나치게 많은 인구를 가진 국가는 생필품을 자급자족할 수는 있지만, 진정한 의미의 국가로 보기는 어렵다. 그런 국가에서는 정치체제를 갖추는 것이 쉽지 않다. 누가 그런 어마어마한 무리를 이끌 수 있겠는가? 스텐토르[359] 같은 목소리를 가진 사람이 아니라면 누가 그런 대규모 집단을 이끌 수 있겠는가? 인구가 처음으로 국가 공동체를 형성하여 자급자족하며 훌륭한 삶을 영위할 수 있을 만큼 충분해져야 비로소 국가가 탄생하고, 점차 그 인구가 증가하면서 더 큰 국가로 성장할 수 있다. 하지만 앞서 말했듯 한 국가의 인구가 무한히 증가할 수는 없다.

국가 인구가 얼마나 될 수 있는지는 실제 사례들을 통해 쉽게 이해할 수 있다. 국가 운영은 크게 다스리는 이들과 다스림을 받는 이들의 활동으로 나뉜다. 다스리는 이들의 주 업무는 명령을 내리고 재판하는 것이다. 하지만 정의로운 재판을 하고 유능한 사람들에게 공직을 맡기려면, 시민들이 서로 알아야 한다. 만약 서로 모른다면, 공직 배분과 재판 과정에서 실수가 발생하기 마련이다. 이 두 가지 업무는 함부로 처리해서는 안 되지만, 인구가 너무 많아지면 문제가 생기기 쉽다. 또한, 이런 상황에서는 외국인이나 거주민이 국정에 참여하기 쉬워지는데, 인구가 많을수록 그들의 존재를 숨기기가 더 쉽기 때문이다.

결국, 한 국가의 최적 인구는 자급자족이 가능하면서도, 모든 사람을 한 눈에 볼 수 있는 범위 내에서 최대 인구라는 것이 명백하다. 국가의 크기에 대한 이야기는 이 정도로 해두자.

....

359 "스텐토르"는 호메로스의 『일리아스』에 등장하는 그리스 연합군의 전령이다. 장정 50명의 목소리를 합친 것 같은 큰 소리를 지녔다고 한다.

제5장

영토

영토는 주민들이 절제하며 여가를 즐기고, 자유롭게 살아갈 수 있는 충분한 크기여야 한다. 이와 관련하여, 영토는 적의 침입을 어렵게 하면서도 주민이 자유롭게 이동할 수 있어야 하고, 방어에 쉬워야 한다. 또한, 육로뿐 아니라 해로를 통한 접근도 편리해야 하며, 물품 이동이 용이해야 한다.

영토와 관련된 사항에서도 마찬가지다. 이상적인 영토란, 모든 주민이 자급자족할 수 있는 곳이다. 자급자족이란 모든 것이 충분하고 부족함 없는 상태를 말하므로, 그러한 영토는 생활에 필요한 모든 것을 제공해야 한다.

영토 크기는 주민들이 절제하며 여가를 즐기고, 자유롭게 살아갈 수 있는 충분한 크기여야 한다. 이런 기준이 옳다고 볼 수 있는지 아닌지는 재산 획득과 소유 그리고 그것을 어떻게 사용해야 하는지에 대해 전반적으로 논의할 때 좀 더 자세히 다루겠다. 인색한 삶과 사치스러운 삶이라는 두 극단 사이에서 방향을 잡아가는 과정에서 이 문제와 관련해 많은 논쟁이 있기 때문이다.

영토의 위치와 형태에 대해 말하기 어렵지만, 일부는 장군들의 경험을 통해 배울 수 있다. 그중 하나는, 적의 침입을 어렵게 하면서도 주민의 이동을 용이하게 해야 한다는 것이다. 또한, 앞서 국가의 인구 크기와 관련해 모든 사람을 한눈에 볼 수 있어야 한다고 말했듯, 영토도 마찬가지다. 영토를 한눈에 볼 수 있어야 한다는 것은 영토 방어가 쉬워야 한다는 의미다. 그리고 영토의 이상적인 위치는 육로뿐만 아니라 해로로도 접근이 용이해야 하며, 군대의 추가 파견이 쉬워야 한다. 마지막으로, 영토에서 생산된 곡물이나 목재를 포함한 다양한 자원들의 운송이 쉬워야 한다.

항구와 해군

영토가 바다와 맞닿아 있는 것이 국가를 잘 운영하는 데 도움이 될까, 아니면 방해가 될까? 만약 외부인의 유입으로 인한 인구 증가 같은 부정적 영향이 없다면, 바다와 연결된 영토는 방어와 무역에 있어서 큰 이점을 가져다준다. 여기서 문제는 어느 정도 규모의 해군을 유지하는 것이 최선인지에 대한 것이다.

바다와 접한 영토가 국가에 유리한지, 불리한지에 대해서는 의견이 분분하다. 일부는 다른 법 체계에서 온 사람들이 유입되어 인구가 늘어나는 것이 질서 유지에 악영향을 미친다고 본다. 바다를 통한 상인들의 15 왕래로 인구가 증가하는 것은 불가피하며, 이는 국정 운영을 어렵게 만든다는 주장이다.

하지만 인구 증가를 제어할 수 있다면, 도시와 영토가 바다와 접해 있는 것은 안보와 물자 공급의 편의성 면에서 훨씬 유리하다. 적이 공격 20 해왔을 때 육지와 바다 양쪽에서 대응할 수 있기 때문에, 두 공간을 활용한 방어는 더욱 효율적이다.

25   또한, 국가는 국내에서 생산되지 않는 것은 수입해야 하고, 국내에서 생산된 것 중에서 잉여물은 수출해야 한다. 국가 교역은 다른 국가의 국민이 아닌 자국민을 위한 것이어야 한다. 일부 국가는 세수를 늘리려

30   고 자신의 영토 안에 시장을 열어 모두가 거래할 수 있게 하지만, 국가는 단순히 이익을 추구해서는 안 되며, 이런 시장 개설을 자제해야 한다.

        오늘날 많은 국가와 도시들이 도시에서 접근하기 쉬운 곳에 외항이나 항구를 두고 있다. 도시와 가까우면서도 도시 일부가 아닌, 그런 항구

35   들은 성벽이나 그 밖의 다른 방어 시설을 통해 통제된다. 국가가 이런 항구들을 거쳐 바다와 접해 있는 것이 이득을 가져다주는 경우, 그것은 그대로 국가에 이득이 될 것이다. 그리고 만약 어떤 문제가 있다면, 법률을 통해 문제를 쉽게 해결할 수 있다.

40   해군의 적절한 규모에 대해서는 명확한 기준이 있다. 국가는 자국민

1327b1 뿐만 아니라 이웃 나라에도 위협이 될 수 있어야 하며, 육지와 바다 양쪽에서 군사적인 행동을 펼칠 수 있는 능력을 갖춰야 한다. 해군 규모는 나

5   라의 위상을 반영하여 결정해야 하며, 만약 다른 국가들을 이끄는 위치에 있다면, 그 활동을 지원할 수 있는 충분한 해군력을 갖추어야 한다.

        해군에서 노꾼들과 선원들 같은 보조 인원이 많이 필요하다고 해서

10   반드시 국가의 인구가 많아야 하는 것은 아니다. 보조 인원은 반드시 국가의 구성원일 필요는 없다. 보조 인원들을 지휘하고 통제하는 해군들은 자유민들로서 보병대의 일부지만, 농노들과 시골 농부들이 많은 곳에서는 보조 인원을 충분히 확보할 수 있기 때문이다. 오늘날 우리는 여러 국가에서 이런 사례를 볼 수 있다. 예를 들어, 헤라클레이아[360]는 다른 국가

....

360 "헤라클레이아"에 대해서는 각주 250을 참조하라.

들에 비해 중간 규모의 국가인데도, 다수의 삼단노선을 원활하게 운영하   15
고 있다.

　국가의 영토, 항구, 바다, 해군에 대한 이야기는 여기까지로 하자.

시민의 품성

국가를 이루는 사람들의 본성은 어떠해야 하는가? 에우로페인은 기개가 강하고 아시아인은 지성이 뛰어난 반면, 헬라스인은 이 두 가지를 모두 갖추고 있다. 입법자가 사람들을 미덕으로 잘 이끌어내려면, 기개와 지성이 모두 있는 사람들이어야 한다.

　　앞서 국가 인구가 어느 정도여야 하며, 그 최대치도 설명했으니, 이제는 국가를 구성하는 사람들이 본성적으로 어떤 특성을 가져야 하는지를 생각해보자. 헬라스인의 유명한 국가들과 전 세계 이민족의 생활을 살펴봤다면 이 말의 의미를 알 것이다.

　　추운 지방에서 살아가는 민족들, 특히 에우로페[361]에서 살아가는 사

....

361 "에우로페"는 지금의 유럽을 가리킨다. "에우로페"는 원래 페니키아의 공주로, 제우스가 변신한 황소의 등에 타고 크레타로 가서 세 아들을 낳고, 크레타의 왕 아스테리오스와 결혼했다. 지명으로 사용된 "에우로페"는 원래 펠로폰네소스 반도를 가리켰지만, 기원전 5세기의 역사가 헤로도토스는 이미 지중해 북부와 흑해 북부

람들은 기개가 넘치지만, 지성과 재주는 부족하다. 그래서 그들은 자유 25
롭게 살아가지만, 국가를 조직하고 다스리는 능력은 부족하다. 반면에
아시아인은 지성과 재주는 뛰어나지만, 기개는 부족해서 다른 사람들의
지배를 받는 노예로 살아간다.

에우로페인과 아시아인의 중간에 위치한 헬라스인은 이 두 가지 능 30
력을 모두 갖춰 기개도 있고 지성도 있다. 그러므로 헬라스인은 자유로
운 정치체제 아래에서 살아가며, 하나의 국가로 통합된다면[362] 모든 민족
을 지배할 수 있다. 그러나 이런 차이는 헬라스인 내부에도 존재해서, 어
떤 사람은 본성적으로 기개나 지성 중 어느 한쪽으로 기울어 있지만, 어 35
떤 사람은 두 가지 능력을 잘 조화시키고 있다.

따라서 입법자는 기개와 지성을 모두 갖춰야만 사람들을 미덕으로
잘 이끌 수 있다. 수호자들[363]은 친숙한 사람들에게는 다정하고, 낯선 사
람들에게는 가혹해야 한다고 말하는데, 기개가 그런 다정함을 만들어내 40
기 때문이다.

....

지역을 "에우로페"라고 부름으로써 지중해 동부의 아시아 및 지중해 남부의 아프
리카와 구별했다. 고대 그리스인은 세계가 유럽, 아시아, 아프리카, 이렇게 세 대
륙으로 이루어져 있다고 생각했고, 이 구분은 콜럼버스가 아메리카 대륙을 발견
할 때까지 계속되었다.

362 이것은 마케도니아가 아시아를 정복하기 위해 헬라스인을 통일하고자 한 정책을
가리키는 것일 수 있다. 역사가 플루타르코스(기원후 약 46-120년)에 의하면, 아리
스토텔레스는 알렉산드로스 대왕(기원전 356-323년)에게 헬라스인에게는 "지도자"
로 처신하고, 이민족들에게는 "노예 주인"으로 처신하라고 조언했다고 한다. 알렉
산드로스 대왕은 13살 때부터 3년 동안 아리스토텔레스를 스승으로 모시고 그에
게서 배웠다.

363 "수호자들"은 국가를 수호하는 자들이라는 뜻으로, 국가를 다스리는 지배층을 가
리킨다. 플라톤도 『국가』에서 국정을 맡아 다스리는 집단을 "수호자들"이라고 부
르고, 전사 집단 및 대중과 구별했다.

제7장 시민의 품성
....

사람들이 낯선 사람들로부터 무시당하는 것보다 친숙한 사람들로 부터 무시당했다고 생각이 들 때 더 분노하는데, 이는 우애가 혼의 능력, 즉 기개에서 나온다는 것을 증명한다. 그래서 시인 아르킬로코스[364]는 친

5 구들을 꾸짖으며 "분명히 너는 친구들 때문에 분노로 질식할 것 같은 거 야"라고 기개에 대해 언급했다.

사람들이 타인을 다스리면서도 자신은 자유로울 수 있는 것은 모든 사람에게 내재된 혼의 능력에서 비롯된다. 남을 지배하려 하면서도 복종 하지 않으려는 자세, 바로 그것이 기개이기 때문이다.

하지만 수호자들은 모르는 사람들에게 가혹하게 대해야 한다는 주
10 장은 옳지 않다. 누구에게도 가혹해선 안 된다. 마음이 넓은 사람들은 불 의를 저지르는 자들에게 가혹할지라도 본성적으로 가혹하지는 않기 때 문이다. 그러나 앞서 언급했듯, 친한 사람이 불의를 저질렀다고 생각되 면 그 사람에 대해 더욱 가혹해진다. 자신에게 의지하는 사람들로부터 좋은 대접을 기대했지만, 결국 속은 느낌을 받기 때문이다. 이런 생각으
15 로부터 "형제들 간의 전쟁은 가혹하다" 또는 "사랑이 깊으면 미움도 깊 다"라는 말이 나온 것이다.

우리는 지금까지 국가의 적정 인구 규모, 국가 구성원들이 지녀야 할 특성, 영토의 적절한 크기와 조건 등에 대해 개괄적으로 살펴보았다.
20 이론적 논의에서는 감각을 통해 파악할 수 있는 구체적인 사안들을 다룰 때만큼의 정확성을 요구할 수 없기 때문이다.

....

364 "아르킬로코스"(기원전 약 680-645년)는 에게해 중앙에 있는 키클라데스 제도에 속 한 파로스섬 출신의 고대 그리스 서정시인으로, 전적으로 자신의 감정과 경험만 을 다룬 시들을 지은 최초의 그리스 시인이다.

국가에 필수적인 것

국가는 대등한 개인들의 공동체이며, 그 목표는 가능한 한 최상의 삶을 추구하는 것이다. 그러므로 시민들이 최상의 삶을 추구하기 위해 필요한 것이 있어야 한다. 식량, 기술, 무구(武具), 수입, 제례의식, 재판 제도 등 여섯 가지가 그것이다. 그래서 국가, 자급자족을 목표로 하는 곳에는 농부, 기술자, 전사, 부자, 제사장, 재판관이 있어야 한다.

자연계에서 발견되는 다양한 혼합물을 들여다보면, 그 존재를 유지하는 데 꼭 필요한 요소들이 반드시 그 혼합물 전체를 이루는 것은 아님을 알 수 있다. 이와 유사하게, 국가나 어느 공동체가 하나의 완벽한 단위로 기능하는 데 있어서도, 그 구성 요소 전체가 꼭 필요한 것은 아니 25 다. 공동체를 이루려면, 사람들이 공동으로 무언가를 나누어야 한다. 이것은 식량일 수도 있고, 공동의 땅이거나 혹은 그와 유사한 다른 자원일 수도 있다.

그런데 행위를 위한 목적과 그 목적을 위한 수단이 있는 경우, 둘 사

30 이에 하나는 행위의 목적이고 다른 하나는 그 목적을 위한 수단인 것 외에는 공통점이 없다. 예를 들어, 건축가가 도구를 사용해 집을 지었다면, 건축가의 기술과 도구는 수단이고, 목표는 집을 짓는 것이다. 이외에 건축가와 집 사이에는 공통점이 없다. 따라서 국가에는 재산이 있어야 하

35 며, 생명을 지닌 많은 존재도 그 재산에 포함되지만, 재산 자체는 국가의 일부가 아니다.

국가는 서로 대등한 사람들이 모인 공동체로, 그 목표는 가능한 한 최상의 삶, 즉 행복을 추구하는 것이다. 행복은 미덕의 실천과 완전한 구현에 있다. 하지만 사실상, 모든 사람이 행복에 동등하게 참여할 수는 없다. 어떤 사람은 행복에 크게 참여하고, 어떤 사람은 조금 참여하거나 아

40 예 참여하지 못한다. 이런 차이로 인해 다양한 정치체제와 그 내부의 여

1328b1 러 유형이 생겨난다. 사람들은 각기 다른 생활방식과 정치체제를 통해 저마다의 방식으로 행복을 추구하기 때문이다.

또한, 국가가 존재하기 위해 필수 요소가 무엇인지도 알아볼 필요가 있다. 여기에는 국가의 구성 요소, 즉 국가에서 반드시 필요한 것이 포함

5 되어 있다. 그래서 국가가 수행해야 하는 여러 일을 살펴봐야 한다. 이를 통해 국가에서 반드시 필요한 것이 무엇인지 명확히 알 수 있다.

먼저, 식량이 필요하다. 다음으로는 생활에 필요한 도구를 만드는 기술이 필요하다. 세 번째로는 국가 구성원들이 반항하는 자들을 제어하고 외부의 위협을 막기 위해 각자의 집에 반드시 무구(武具)[365]를 갖추어

10 야 한다. 또한, 국가 운영에 드는 비용을 충당하고 전쟁에 대비하기 위해 일정 수준의 국가 수입이 필요하다. 다섯 번째로, 신들을 섬기는 제례의

....

365 "무구"는 전쟁에서 사용하는 여러 도구를 총칭하는 말이다. 창이나 칼 같은 무기와 갑옷, 투구, 방패 등이 포함된다.

식이 필요하다. 순서상으로는 여섯 번째이지만, 모든 것 중에서 반드시 필요한 것은 무엇이 공익에 도움이 되고 무엇이 정의로운지를 판단해주는 것이다.

따라서 모든 국가가 반드시 수행해야 하는 일은 위와 같다. 국가는 15 단순히 많은 사람이 우연히 모여 사는 곳이 아니라, 완전한 자급자족의 삶을 위해 형성된 공동체이다. 이 일 중 어느 하나라도 부족한 공동체에서는 완전한 자급자족이 불가능해진다. 따라서 국가는 이런 일들을 수행할 수 있도록 조직되어야 한다. 그래서 농민, 기술자, 전사, 부자, 제관 그 20 리고 필요한 것과 유익한 것을 판단하는 재판관이 있어야 한다.

시민들이 수행해야 할 일들

아리스토텔레스는 이전 장에서 국가가 필요로 하는 핵심 요소에 대해 설명한 후, 이번 장에서는 그러한 역할을 누가 수행해야 하는지를 논한다. 국가에는 기술자, 상인, 농민 등이 필요하지만, 최상의 정치체제, 즉 가장 이상적인 정치체제에서의 시민은 기술자나 상인, 농민이 될 수 없다. 전쟁과 관련된 일 그리고 심의하고 재판하는 일은 시민이 담당해야 하며, 이들 업무는 각각 젊은이들과 원로들이 맡아야 한다. 또한, 시민들은 재산을 많이 갖고 있어야 하므로, 재산도 시민에게 돌아가야 한다. 제례를 수행하는 제관 역할은 전쟁이나 심의, 재판에서 물러난 시민들이 맡아야 한다.

25   국가가 수행해야 할 일들이 정해졌으니, 이제 고려할 것은 모든 사람이 이 모든 일에 참여해야 하는지—모든 사람이 농민과 기술자와 의회 의원과 배심원을 겸할 수 있으므로— 아니면 각각의 업무를 다른 사람이 맡아야 하는지다. 또한, 업무 성격에 따라 일부는 서로 다른 사람이 맡고, 일부는 모든 사람이 같이 참여해야 하는지를 파악해야 한다. 이는 모

든 정치체제에서 동일하게 적용되는 것은 아니다. 모든 사람이 모든 일 30
에 참여하는 것도 가능하며, 반면에 각각의 일을 다른 사람이 맡는 것도
가능하다. 이런 차이로 다양한 정치체제가 생기는데, 민주정에서는 모든
사람이 모든 일에 참여하지만, 과두정에서는 그 반대다.

지금 우리가 고찰하는 것은 가장 행복한 국가, 즉 가장 훌륭한 정치
체제인데, 앞서 언급했듯 미덕 없이 행복은 없다. 그러므로 가장 훌륭한 35
시민들로 구성된 국가, 즉 상대적으로 정의로운 사람들이 아닌 절대적으
로 정의로운 사람들로 이루어진 국가에서는 시민들이 기술자나 상인의
삶을 살아서는 안 된다. 그러한 삶은 비천하고 미덕에 반하기 때문이다. 40
또한, 가장 훌륭한 정치체제의 시민들은 농민이 될 수 없다. 미덕을 기르 1329a1
고 국정을 수행하려면 여가가 필요하기 때문이다.

또한, 국가가 수행해야 하는 일 중에는 전쟁과 관련된 일이 있어야
하고, 국익에 부합하는 것이 무엇인지 심의하고, 어떤 것이 정의로운 것
인지 결정하는 일도 필요하다. 이런 일들은 국가의 가장 필수적인 부분
들에 포함된다. 그렇다면 이 두 가지 일을 서로 다른 사람들에게 맡겨야 5
하는가, 아니면 동일한 사람들에게 맡겨야 하는가?

이 질문에 대한 답변은 명확하다. 이 두 가지 일은 한편으로는 같은
사람들이 맡아야 하지만, 다른 한편으로는 서로 다른 사람들이 맡아야
한다. 이 두 가지 일 중 하나는 지혜를 요구하고, 다른 하나는 힘을 요구
하므로, 각각 인생의 다른 시기에 적합하다. 하지만 자기 힘을 사용할 수 10
있고 다른 사람들을 제압할 수 있는 자들이 언제까지나 다스림받는 자들
로 남아 있는 것은 불가능하므로, 이 두 가지 일은 같은 사람들이 맡아야
한다. 무력을 가진 자들은 정치체제를 유지할 것인지, 폐기할 것인지 결
정할 수 있는 힘을 갖고 있기 때문이다.

그렇다면 남은 선택지는 국가가 수행해야 할 이 두 가지 일을 같은

제9장 시민들이 수행해야 할 일들
········

사람들에게 맡기는 것이다. 하지만 젊은이들에게는 힘이, 원로들에게는
15 지혜가 있으므로, 이 두 가지 일을 젊은이들이나 원로들 중 한쪽에만 맡
기는 것이 아니라, 각각 한 가지 일씩 분담시키는 것이 바람직하고 공정
하다. 그렇게 하는 것이 가치에 따른 분배이기 때문이다.

    재산 역시 그들에게 돌아가야 한다. 그들은 시민이며, 시민들은 재
20 산이 많아야 하기 때문이다. 기술자들은 국가의 일부가 아니며, 미덕을
실현하지 못하는 그 밖의 다른 집단도 국가의 일부가 아니다. 이것은 가
장 훌륭한 정치체제에 관한 전제들로부터 명백하다. 행복하려면 반드시
미덕이 있어야 하며, 국가의 행복을 말할 때, 그것은 국가의 일부 집단이
25 아니라 국가 전체의 행복을 의미하기 때문이다. 또한, 재산이 그들에게
돌아가야 하는 또 다른 이유는 농민은 노예나 이민족이나 농노가 되어야
하기 때문이다.

    앞서 나열한 집단들 중에서 이제 남은 것은 제관 집단이다. 제관들
을 어떤 사람으로 선발해야 할지에 대한 답변도 명확하다. 농민이나 기
술자를 제관으로 임명해서는 안 된다. 신들을 섬기는 일은 시민들이 수
30 행하는 것이 적절하기 때문이다. 시민들은 전쟁을 담당하는 자들과 심의
를 담당하는 자들로 나뉘며, 나이가 들어 이런 일에서 물러난 자들이 인
생의 휴식기를 가지면서 신들을 섬기는 것이 적절하다. 따라서 그런 사
람들에게 제관직을 맡겨야 한다.

35   지금까지 우리는 국가가 성립되기 위해 반드시 필요한 요소가 무엇
인지, 즉 국가의 구성 요소는 어떤 것인지에 대해 설명했다. 농민과 기술
자, 일용노동자는 국가에 반드시 필요한 집단이지만 국가의 부분들은 아
니다. 오직 전쟁을 담당하는 자들과 심의를 담당하는 자들만이 국가의
부분들이다. 이 두 가지 일은 서로 구분되지만, 한편으로는 계속해서 구
분되기도 하고 다른 한편으로는 일시적으로 구분되기도 한다.

토지의 분배

아리스토텔레스는 국가와 관련된 제도들이 시간이 흘러도 변함없이 발견되는 것을, 전사 집단과 농민 집단의 구분 그리고 공동식사 제도를 들어 설명한다. 국토는 시민들의 것이어야 하고, 토지를 가꾸는 농민들은 시민이 아니다. 그렇다면, 토지는 시민들에게 어떻게 분배되어야 할까? 토지는 공유지와 사유지로 구분되어야 하며, 공유지는 제례의식과 공동식사 비용을 위해 사용되고, 사유지는 시민들에게 분배되어야 한다. 토지 경작은 노예들에게 가장 적합하다.

정치체계를 탐구하는 사람들이 국가를 여러 집단으로 나누고, 전사 집단과 농민 집단이 서로 다르다는 것을 알아차린 것은 새로운 일이 아니다. 아이깁토스와 크레타에서도 이러한 법률이 존재하며, 각각 세소스트리스[366]와 미노스가 제정했다고 한다. 40

1329b1

....

366 "아이깁토스"는 지금의 이집트다. "세소스트리스"는 고대 이집트의 전설적인 왕이다. 그는 이집트를 여러 행정 구역으로 나누고, 이집트에 계급 제도와 세라피스

5   공동식사 제도 역시 오랜 역사를 갖고 있다. 크레타에서는 미노스
왕 시절에 시작되었고, 이탈리아에서는 훨씬 더 이전에 시작되었다. 이
탈리아에 정착한 사람들의 기록에 따르면, 이탈로스라는 인물이 오이노
10   트리아의 왕이 되어 그들에게 자신의 이름을 딴 이탈로스인이라는 새로
운 이름을 부여했다. 서로 한나절 거리에 있는 스킬레티온만과 라메토스
만을 이은 선 아래쪽에 자리 잡은 에우로페의 반도 전체가 이탈리아라는
이름을 얻게 되었다고 말한다.[367]

그들의 기록에 의하면, 이탈로스는 유목 생활을 하는 오이노트리아
15   인을 농민으로 변화시키고, 그들을 위해 다양한 법률을 제정했다. 그중
에는 공동식사에 관한 최초의 법 규정도 포함되어 있었다. 그 결과, 오늘
날의 이탈로스의 후손 중 일부는 그가 제정한 몇몇 법과 공동식사를 계
속 지키고 있다. 티르레니아 방향에는 예전부터 아우소네스라는 별칭으
20   로 불리는 오피코이인이 살고 있고,[368] 이아피기아와 이오니아해 방향에

....

숭배를 도입했으며, 위대한 입법자였다. "크레타"는 그리스에서 가장 큰 섬으로,
그리스 본토에서 남쪽으로 160킬로미터 떨어져 있다. 크레타 문명을 미노스 문명
이라고 할 정도로 "미노스" 왕은 크레타의 정치체제를 확립한 전설적인 인물이다.
지혜로운 입법자로 유명했으므로 사후에는 지하세계인 하데스에서 죽은 자들을
심판하는 판관이 되었다고 한다.

367 "오이노트리아"는 남부 이탈리아에 있는 지역이다. 그리스 신화에 의하면, "오이
노트리아인"은 오이노트로스왕이 이 지역으로 이끌고 온 헬라스인이었는데, 기원
전 6세기에는 다른 이탈리아 부족에 흡수되었다. "이탈로스"는 "오이노트리아"의
전설적인 왕이다. "스킬레티온만"은 남부 이탈리아 칼라브리아 지방의 동부 해안
에 있고, "라메토스만"은 서부 해안에 있다. "에우로페의 반도 전체"는 "칼라브리
아 지방"을 가리킨다.

368 "티르레니아해"는 남부 이탈리아 칼라브리아 지방의 서쪽에 있는 바다이고, "이오
니아해"는 동쪽에 있는 바다다. "오피코이인"은 "티르레니아해" 연안의 "캄파니아"
지방에 정착해 살았던 부족이다. "아우소네스"는 이탈리아 남부와 중부 지역에 살
던 여러 부족을 가리킬 때 사용되던 별칭이었다.

는 시리티스라는 지역에 코네스인[369]이 살고 있다. 이 코네스인 역시 오이노트리아인의 후손이다.

　따라서 공동식사 제도는 이탈리아에서 처음 모습을 드러냈지만, 시민들을 여러 집단으로 구분한 것은 아이깁토스에서 처음 시작되었다. 세 25
소스트리스 시대가 미노스 왕의 시대보다 훨씬 이전이기 때문이다. 우리는 국가의 다른 제도들도 오랜 세월에 걸쳐 수많은 시행착오를 거치며 발전해왔다고 보아야 한다. 필요에 의해 무엇이 요구되는지를 깨닫게 되었고, 필수적인 것들이 마련된 이후에는 더욱 섬세하고 풍요롭게 개선해 나갔을 것이다. 그렇기에 정치체제들도 같은 원리로 발전해왔을 것이다. 30

　아이깁토스의 역사는 이 모든 제도가 오래전부터 있었음을 증명한다. 아이깁토스인은 가장 오래된 민족 중 하나로 여겨지지만, 그들은 항상 법과 정치체제를 갖추고 있었다. 따라서 우리는 이미 발견된 제도를 적절하게 활용하고, 아직 발견되지 않은 것이 무엇인지를 찾아내는 것에 35
집중해야 한다.

　국토는 무구를 갖춘 자들과 국정에 참여하는 자들이 소유해야 하며, 토지를 경작하는 농민들은 이 두 집단과는 다른 별도의 집단이어야 한다. 그리고 영토는 얼마나 넓어야 하며, 어떤 특성을 가져야 하는지는 이미 전에 언급했다. 이제는 토지 분배와 토지를 경작하는 자들이 누구여 40
야 하며, 어떤 집단이어야 하는지에 대해 논의해보자. 몇몇 사람은 재산을 공유해야 한다고 주장하지만, 우리는 재산은 개별적으로 소유하되, 공동으로 사용하여 어떤 시민도 식량 부족에 시달리지 않아야 한다고 생 1330a1

....

369 칼라브리아 지방 위쪽으로는 "루카니아 지방"(현재의 바실리카타)이 있고, 루카니아 지방의 북동쪽으로는 "이아피기아" 지방(현재의 아풀리아)이 있다. "시리티스"는 "루카니아 지방"과 "이아피기아 지방"의 접경지대다.

제10장 토지의 분배
....

각한다.[370]

공동식사 제도에 대해서는 모든 것이 잘 갖춰진 국가에서 이 제도가
유익하다는 것에 모두가 동의할 것이다. 우리가 이것에 동의하는 이유에
대해서는 나중에 말하겠다. 공동식사에는 모든 시민이 참여해야 하지만,
가난한 자들이 개인 재산으로 그 비용을 부담하며 생활을 유지하는 것은
어렵다. 또한, 신들을 섬기는 데 드는 비용은 국가 전체가 공동으로 부담
해야 한다.

따라서 토지는 공유지와 사유지로 구분하되, 공유지는 신들을 섬기
고 공동식사에 드는 비용을 마련하는 데 사용해야 한다. 사유지는 국경
과 도심에 배치하고, 모든 시민에게는 국경 지역과 도심 지역에 각각 한
구획씩의 토지를 할당해야 한다. 이런 방식은 공정하고 올바르며, 이웃
나라와 전쟁이 터졌을 때 모든 시민이 하나로 뭉치게 만들기 때문이다.

만약 이렇게 하지 않는다면, 도성 지역에 토지를 소유한 시민들은
국경 지역에서 벌어지는 전쟁에 대해 무관심할 것이며, 국경 지역에 토
지를 소유한 시민들은 과민 반응을 보여 올바르게 판단하지 못할 것이
다. 이런 이유로 일부 국가에서는 이웃 국가와의 전쟁을 심의할 때 국경
지역에 토지를 소유한 시민의 참여를 제한하는 법이 있다. 따라서 토지
는 위에서 언급한 방식으로 분배해야 한다.

가능하다면, 토지를 경작하는 노예들은 같은 종족이 아니어야 하며,
지나친 기개나 용감함을 지니지 않아야 한다. 이렇게 함으로써, 그들은
자신에게 주어진 업무를 성실히 수행하고, 반란의 가능성을 낮출 수 있

....

370 이것은 플라톤의 『국가』에서 소크라테스가 말한 것에 대한 비판이다. 앞서 살펴
보았듯이, 소크라테스는 이상 국가에서는 재산과 여자와 아이를 공유해야 한다고
주장했다.

다. 그다음으로 좋은 방법은, 노예와 비슷한 성향을 지닌 이민족 농노들에게 토지를 경작하게 하는 것이다. 이 농노들 중에서 사유지를 경작하는 자들은 지주의 사유재산이고, 공유지를 경작하는 자들은 국가의 재산 이다. 노예들을 어떻게 다루어야 하는지, 그리고 노예에게 자유를 주는 것이 왜 더 나은 선택인지는 뒤에서 다루도록 하자.

제11장

도시의 입지와 설비

도시의 위치는 건강에 좋아야 하며, 정치와 전쟁에 유리하고, 물이 풍부해야 한다. 요새의 위치는 정치체제에 따라 달라질 수 있다. 개인 주택은 일부 작은 지역에서만 규칙적으로 배치해야 하며, 도시에는 반드시 성벽을 세워야 한다.

35 앞서 언급했듯, 도시는 가능한 한 육지와 바다 그리고 영토 전체와 잘 연결되어 있어야 하며, 중심지 역할을 잘 해내야 한다. 도시가 이상적인 위치에 자리 잡으려면 반드시 고려해야 할 네 가지 조건이 있다. 첫

40 번째는 건강이다. 동향에 위치한 도시는 동쪽에서 불어오는 바람을 맞아 건강에 좋으며, 북풍을 등지고 있는 도시는 겨울을 더 수월하게 나게 하기 때문이다.

1330b1 이 밖에도, 도시는 정치와 군사 활동에 유리한 입지를 갖추어야 한다. 아군은 신속하게 기동할 수 있어야 하고, 적군은 접근과 포위가 용이하지 않아야 한다. 또한, 도시 안에는 가능한 한 물이 풍부해야 한다. 그

5 렇지 않다면, 큰 저수지를 마련해 빗물을 대량으로 저장함으로써 전쟁

상황에서 물 부족 문제를 해결할 수 있어야 한다.

앞서 도시 입지를 선정할 때 주민들의 건강을 고려해야 한다고 했다. 주민 건강은 첫째로 도시가 사람들의 건강에 좋은 위치에 자리 잡고 있느냐에 달려 있지만, 둘째로는 깨끗하고 위생적인 물을 사용할 수 있느냐에 따라서도 좌우된다. 이 때문에 물 문제를 소홀히 해서는 안 된다. 우리가 가장 많이 그리고 자주 사용하는 것이 우리의 건강에 가장 큰 영향을 미치는데, 그 대표적인 예가 바로 물과 공기다. 모든 물이 건강에 이로운 것은 아니므로, 양질의 물이 부족한 경우에는 식수와 기타 용도의 물을 구분하여 관리해야 한다.

요새의 위치는 정치 체제에 따라 달라진다. 과두정과 군주정에서는 언덕이 적합하고, 민주정에서는 평지가 적합하며, 귀족정에서는 특정 위치에 국한하지 않고 여러 곳에 요새를 배치하는 것이 바람직하다.

개인 주택의 배치는 통상적으로 히포다모스[371]의 제안을 따라 규칙적으로 이루어지는 것이 좋다고 인식되며, 이는 미관적인 측면뿐 아니라 다양한 목적에도 유익하다. 그러나 전시 상황에서는 오히려 고전적인 배치 방식이 더욱 안전하다. 이런 식으로 배열된 주택들은 적의 침입을 어렵게 만들고 길 찾기를 복잡하게 하기 때문이다. 이 두 가지 방식을 절충하려면, 농민들이 포도넝쿨을 지지하는 것처럼 주택을 배열하는 것이 좋다. 다시 말해, 주택들을 도시 전체에 규칙적으로 배치하는 것이 아니라, 작은 구역별로 개별적으로 배치함으로써 안전성과 미관성을 동시에 확보할 수 있다.

....

371 "히포다모스"는 기원전 5세기에 활동한 고대 그리스의 철학자이자 도시계획가다. 그는 밀레토스를 재건할 때 격자형 시가를 설계했고, 기원전 470년경에는 아테네의 외항 "페이라이에우스"를 설계했다.

성벽에 대한 논의는 다소 복잡하다. 용맹함을 강조하며 성벽을 없애자는 주장도 있지만,[372] 이는 시대에 뒤떨어진 생각이다. 실제로 성벽이 없다는 자부심을 갖고 있는 국가들이 얼마나 많은 수치를 당하는지는 그들도 잘 알 것이다.

35 물론, 상대방의 전력이 우리와 비슷하거나 열세일 때 성벽에 의존해 안전을 도모하는 건 명예롭지 못하다. 그러나 수적으로 열세인 상황에서 40 적의 공격을 용기만으로 막아내기는 쉽지 않다. 이런 경우, 도시를 보호 1331a1 하고 수치를 면하기 위해 성벽을 가장 안전한 방어 수단으로 여기는 것이 합리적이다. 특히 요즘처럼 공중 무기와 성을 포위 공격하는 무기가 발전한 상황에서 더욱 그렇다.

도시에 성벽을 세우지 않는 것이 바람직하다는 주장은, 쉽게 침략당할 수 있는 곳에 도시를 건설하려는 것이나 주민이 겁쟁이라는 비난을 5 피하려고 개인 주택에 담장을 세우지 않는 것과도 같다. 중요한 점은 성벽을 세운 도시는 필요에 따라 성벽 있는 도시나 성벽 없는 도시로 활용 10 할 수 있지만, 성벽 없는 도시는 그런 선택을 할 수 없다는 것이다.

따라서 우리가 말한 것이 옳다면, 도시는 성벽으로 둘러싸이며, 그 성벽은 미적으로 도시와 조화를 이루어야 하고, 전쟁 상황에서 유용하며, 특히 최근에 개발된 무기들에 대응할 수 있어야 한다. 공격자들은 전 15 쟁에서 우위를 점하는 모든 수단을 찾아낼 것이므로, 방어하는 이들은 기존의 방어 수단을 활용할 뿐만 아니라 새로운 방어 수단을 찾아내고 연구해야 한다. 잘 준비된 곳을 먼저 공격하려는 적은 없기 때문이다.

....

372 플라톤은 『법률』에서 스파르타인이 도시에 성벽을 두르지 않은 것을 칭찬했다 (778d-779a).

도시 시설들의 위치

이번 장에서는 시민들의 공동식사 장소, 광장, 시장 그리고 관청의 위치에 대해 살펴본다. 시민들의 공동식사 장소는 성벽에 위치한 여러 망루가 적절하다고 본다. 신전과 최고위 공직자들의 공동식사 장소는 도시의 가장 높은 곳에 있어야 하며, 그 아래에는 시민들이 자유롭게 모이는 광장이 위치해야 한다. 그 아래에는 시장을 두어야 하는데, 실생활과 밀접한 관청들은 시장이나 공공 집회 장소 가까이에 두어야 한다.

시민들은 여러 곳에서 공동식사를 해야 하며, 성벽에는 적절한 위치 20 에 망루와 성탑이 설치되어 있어야 한다. 따라서 이 망루들에 공동식사를 할 수 있는 공간이 몇 군데 마련되어야 한다는 것은 분명하다. 이 작

....

373 "피토"는 델포이의 옛 이름이다. "델포이"는 그리스 중부 파르나소스산 남쪽 기슭에 있던 고대 도시이자 지역의 명칭이다. 델포이에는 아폴론의 신탁소가 있었고, 이곳의 신탁은 그리스 전체에서 가장 유명한 신탁이었다.

업은 그 방식대로 하면 될 것이다.

　　반면, 신들에게 바쳐진 신전과 최고위 공직자들의 공동식사 장소는
25　법이나 피토 신탁에 따라 신전들이 따로 위치해야 하는 경우를 제외하
　　고는, 같은 장소에 함께 있어야 한다.[373] 이 장소는 위상에 걸맞게 입지가
30　아주 뛰어나야 하고, 도시의 주변 지역들보다 훨씬 더 요새화되어 있어
　　야 한다.

　　신전과 최고위 공직자들의 공동식사 장소 아래에는 테살리아인이
　　자유민의 광장이라고 부르는 광장이 있어야 한다. 이 광장에서는 어떤
　　사고파는 행위를 금지하고, 기술자나 농민이나 그 밖의 다른 그 비슷한
35　사람들은 공직자들의 호출 없이는 아무도 드나들 수 없게 해야 한다.

　　이 광장에는 중장년층을 위한 체육 시설도 갖추어야 하는데, 이를
　　통해 광장은 더욱 매력적인 공간이 될 것이다. 연령대에 따라 다양한 체
　　력 단련장을 마련하여, 일부 공직자들이 젊은이들과 함께 시간을 보내
40　고, 중장년층도 공직자들과 함께 시간을 보내게 하는 것이 적절하다. 일
　　반 시민들은 공직자들이 지켜보는 가운데 체력 단련을 하다 보면, 자유
　　인에게 어울리는 진정한 존경심과 경외감을 느끼게 될 것이다.

1331b1　물건들을 사고파는 시장은 이 광장과는 별도의 장소에 있어야 하며,
　　그 장소는 해외에서 들여온 물품과 국내 전역에서 오는 물품들이 쉽게
　　모일 수 있는 곳이어야 한다. 또한, 국가의 지배층은 제관들과 공직자들
5　로 구성되기 때문에, 제관들이 공동식사를 하는 장소도 신전 건물들 주
　　위에 마련하는 것이 적절하다.

　　그러나 계약 감독이나 법원 판결에 따른 등기, 소환 업무 등을 수행
　　하는 관청들, 그리고 시장 감독관과 도성 관리관 등이 근무하는 관청들
10　은 시장이나 공공 집회 장소 근방에 위치해 있어야 한다. 이는 일상생활
　　에 필요한 일들이 이루어지는 곳이기 때문이다. 광장은 위쪽에 위치하여

여가 생활을 즐기는 곳으로, 시장은 아래에 위치하여 생활에 필요한 일들이 이루어지는 곳으로 설정해야 한다.

농촌 지역에 관청이나 기타 시설을 배치할 때도 앞서 언급한 원칙을 그대로 적용해야 한다. 농촌에서 산림 감독관 혹은 농지 감독관 등의 공직자들이 감시 업무를 수행하기 위해서는 사무실과 공동식사 장소가 필요하다. 또한 농촌에는 신들과 영웅들을 위한 신전들이 산재해 있다.

그러나 지금 이런 것들에 대해 세세히 말하는 것은 시간 낭비다. 이런 것들은 말하기는 어렵지 않지만 실제로 실행하는 것은 훨씬 더 어렵기 때문이다. 우리가 바라는 것은 자유롭게 말할 수 있지만, 그것이 실제로 이루어지는 것은 운에 달려 있다. 따라서 현재로서는 이런 것에 대해 이 정도로 해두기로 하자.

훌륭한 시민

우리의 목표는 최상의 정치체제를 발견하는 것이다. 이를 위해선 행복이 무엇인지 알아야 한다. 행복은 활동이며, 미덕을 실천하는 것이다. 국가가 훌륭해지려면, 국정에 참여하는 시민들이 훌륭해야 한다. 선량하고 훌륭한 사람이 되는 것은 본성, 습관 그리고 이성이 결합한 결과다. 이성을 따르는 행위가 습관이나 본성을 따르는 행위보다 더 유익하다고 확신하면, 사람은 자기 습관과 본성을 벗어나 이성을 따르는 행동을 선택하게 된다. 그리고 그런 이성적 행동을 이끌어내려면 교육이 필요하다.

25   이제, 훌륭하고 행복한 국가가 되기 위해 국가의 구성원들이 어떤 사람이 되어야 하는지를 살펴보자.

어떤 일이든 잘 이루어지려면 두 가지가 필요하다. 하나는 목표를 올바르게 설정하는 것이고, 다른 하나는 그 목표를 달성하게 해주는 적절한 수단을 찾는 것이다.

30   목표와 수단이 항상 일치하지는 않는다. 목표는 올바르게 세워졌지

만, 그 목표를 이루는 행위는 잘못 선택된 경우도 있고, 반대로 목표를 이루는 모든 행위는 올바르게 선택했지만 목표 자체가 잘못 세워진 경우도 있다. 예를 들어, 의학에서 의사가 건강한 신체의 정의를 잘못 이해하고, 건강한 신체를 만들어줄 수단을 잘못 선택하는 경우가 그런 예이다. 따라서 모든 기술이나 전문지식에서는 이 두 가지, 즉 목표와 그 목표를 이루기 위한 방법에 대해 정확히 이해하고 있어야 한다. 35

모든 사람이 훌륭한 삶과 행복을 목표로 삼는 것은 분명하다. 그러나 어떤 사람은 그 목표를 이룰 수 있는 능력을 가지고 있지만, 어떤 사람은 불운이나 본성 때문에 그런 목표를 이룰 능력이 없다. 훌륭한 삶을 살려면 일정 수준의 보조 수단이 필요하다. 보조 수단은 더 우월한 본성을 가진 사람에게는 덜 필요하고, 더 열등한 본성을 가진 사람에게는 더 많이 필요하다. 그러나 어떤 사람은 그 목표를 이룰 수 있는 능력이 있음에도 불구하고, 잘못된 방법으로 행복을 추구하기도 한다. 40 1332a1

이제 우리의 목표는 최상의 정치체제를 발견하는 것이다. 최상의 정치체제란 국가를 최상으로 다스릴 수 있게 하는 체제이고, 최상으로 다스려진 국가란 행복에 도달할 가능성이 가장 큰 국가다. 따라서 행복이 무엇인지 알아야 한다는 것이 분명하다. 5

우리는 『윤리학』에서 행복이란 활동이며, 절대적인 덕의 실천이라고 정의했다. 이 정의는 여기서도 유지된다. 거기서 우리가 전개한 논증을 참고한다면 도움이 될 것이다. 대상이 어떤 조건에서 덕을 실천하는 것이 아니라 절대적으로 덕을 실천하는 것이라는 점에서 그렇다. "어떤 조건 아래에서"는 특정 상황에서 필요한 덕을 가리키고, "절대적"은 자체적으로 훌륭한 것을 의미한다. 10

예컨대 정의로운 행위에 대해 생각해보자. 정의에 따른 응징과 처벌은 필요한 경우에만 훌륭하다. 이들은 미덕에서 비롯된 것이지만, 개인

제13장 훌륭한 시민
....

15 이든 국가든 상관없이 그런 필요성이 없는 것이 더 바람직하다. 반면에 명예나 재산과 관련된 행위들은 절대적으로 훌륭한 행위로 볼 수 있다. 전자는 나쁜 것을 제거하는 행위이지만, 후자는 좋은 것을 생성하는 행

20 위이기 때문이다. 물론, 훌륭한 사람이라면 가난이나 질병 같은 불운 속에서도 훌륭하게 처신할 것이다. 그러나 행복은 그런 불운과 반대되는 것에 있다.

『윤리학』에서 이미 논증을 통해 정의했듯, 훌륭한 사람이란 자신이 가진 미덕을 통해 절대선만 선으로 인정하는 사람이다. 그러므로 그런

25 사람의 행위는 절대적으로 훌륭한 행위일 수밖에 없다. 사람들은 외적으로 좋은 것이 행복의 원인이라고 믿지만, 그것은 연주자가 리라[374]를 훌륭하게 연주했을 때 그 원인이 연주자의 기술이 아니라 리라라고 주장하는 것과 같다.

앞서 말한 것에서 이런 결론이 나온다. 국가가 성립하는 데 필요한 것 중 일부는 처음부터 있어야 하고, 일부는 입법자가 마련해야 한다. 따

30 라서 국가가 조직될 때 행운이 모든 것을 제공해주기를 바란다. 행운에는 그런 힘이 있다고 보기 때문이다. 하지만 국가가 훌륭해지는 것은 행운이 아닌, 전문적인 지식과 선택의 결과다.

훌륭한 국가를 만들려면 국정에 참여하는 시민들이 훌륭해야 한다.

35 이상적인 정치체제에서는 모든 시민이 국정에 참여하게 된다. 따라서 시민이 훌륭해지기 위한 방법을 찾아야 한다. 각각의 시민이 훌륭하지 않아도 시민 전체가 훌륭할 수 있지만, 각 시민이 훌륭한 것이 더 바람직하

....

374 "리라"는 고대 그리스의 발현 악기다. 공명통 위에 두 개의 구부러진 지주를 세우고 가로목을 붙여서 줄을 매었다. 고대 그리스에서는 아폴론 신이 즐긴 악기로 여기고 신성시했다.

다. 각 시민이 훌륭하다면 당연히 시민 전체도 훌륭하기 때문이다.

선량하고 훌륭한 사람이 되기 위한 세 가지 요소는 본성, 습관 그리 40
고 이성이다. 선량하고 훌륭한 사람이 되려면 먼저 사람으로 태어나야
하며, 특정한 종류의 신체와 혼을 지녀야 한다.

그러나 이런 본성을 가진 상태에서도 종종 아무런 효용이 없을 때가
있다. 이는 습관이 본성을 변질시키는 경우를 말한다. 본성은 양면성을 1332b1
지니고 있어서 습관에 따라 나빠질 수도, 좋아질 수도 있기 때문이다.

다른 동물들은 주로 본능과 습성에 의존하여 살아가지만, 인간은 이
성을 지니고 있기에 이성의 인도를 받아 살아갈 수 있다. 선량하고 훌륭 5
한 사람이 되려면 본성, 습관, 이성이 조화를 이루는 것이 중요하다. 하지
만 사람은 이성을 따르는 것이 본능과 습관을 따르는 것보다 더 나은 삶
으로 이어진다는 확신이 생기면, 본능과 습관의 지배에서 벗어나 이성의
지시에 따라 행동하게 된다.

입법자의 뜻을 따르는 사람들에 대해서는 이미 앞에서 설명했으니,
나머지는 교육이 담당해야 할 일이다. 사람은 어떤 것은 습관을 통해 배 10
우고, 어떤 것은 듣는 것을 통해 배운다.

제13장 훌륭한 시민
·········

시민을 어떻게 교육해야 하는가

현실에서는 탁월한 인물이 드물게 등장하며, 평등은 동등한 사람들에게 균등하게 부여되어야 한다는 점을 감안할 때, 가장 이상적인 정치체제에서는 모든 시민이 교대로 지배자와 피지배자가 되어야 한다. 그러므로 모든 시민에게 교육이 필요하며, 그 교육은 지배자와 피지배자의 역할을 모두 고려해야 한다. 인간의 혼은 이성을 지닌 부분과 그렇지 않은 부분으로 나뉘는데, 이성을 지니지 않은 부분은 이성을 지닌 부분을 위해 존재하는 것처럼, 일상생활에서도 전쟁은 평화를 위한 것이며, 일은 여가를 위한 것이다. 마찬가지로, 교육의 목표도 그러한 관점에서 정해야 한다.

모든 국가 공동체는 지배자와 피지배자로 이루어져 있으므로, 교대로 지배자와 피지배자가 되어야 하는지, 아니면 지배자는 죽을 때까지 지배자로, 피지배자는 죽을 때까지 피지배자로 남아야 하는지를 판단해야 한다. 그 결정에 따라 교육의 방향이 달라질 것이기 때문이다.

우리는 신들과 영웅들이 사람보다 우월하다고 여긴다. 그러므로 만약 어떤 사람이 신체적, 정신적으로 타인을 월등히 능가한다면, 그리고 그가 지배자로서의 탁월함을 피지배자들에게 명백히 증명할 수 있다면, 20 그가 계속 통치자로 군림하고 다른 이들은 피통치자로 남는 것이 이상적일 것이다.

그러나 현실에서는 그런 경우가 드물다. 스킬락스[375]는 인도스인들 사이에는 피지배자들보다 월등히 뛰어난 왕들이 있다고 말했지만, 실제로 그런 왕들은 존재하지 않는다. 그러므로 다양한 이유로, 모든 시민이 25 교대로 통치자와 피통치자가 될 수밖에 없음은 자명한 사실이다. 평등은 동등한 사람들에게 공평하게 주어져야 하며, 정의에 어긋나는 정치체제는 오래 지속되기 어렵다는 점 등을 감안하면, 모든 시민의 역할 교대는 당연한 귀결이다. 이런 정치 체제 하에서는 농촌에 사는 사람들조차 변 30 혁을 열망하며, 그들이 힘을 합친다면 수적으로 열세인 통치자들은 맞서 싸울 수 없을 것이다.

그러나 지배자들이 피지배자들보다 뛰어나야 한다는 것은 명백하다. 그렇다면 모든 시민이 국정에 참여하면서도 뛰어난 사람들이 국정을 운영하게 하려면 어떻게 해야 할까? 이는 입법자가 고민해야 할 문제지 35 만, 이에 대해서는 앞서 이미 언급했다. 자연은 인류라는 같은 집단을 청년층과 노년층으로 나누어, 전자는 피지배자로, 후자는 지배자로 적합하게 만들었다. 청년층 중에 자신은 지배자보다 더 강하고 뛰어나지만 단지 나이 때문에 피지배자가 됐다고 분노하는 사람은 없다. 피지배자로서 40

....

375 "스킬락스"는 기원전 6세기 말과 5세기 초에 활동한 고대 그리스 탐험가이자 저술가다. 역사가 헤로도토스에 의하면, 소아시아 서부 그리스 식민지 이오니아 지방에 있는 작은 섬 카리안다 출신 선장이었던 그는 다레이오스 1세(기원전 약 550-486년)의 지시로 인더스강을 따라 내려가 간다라 지방을 탐험한 후 아라비아반도를 돌아 수에즈까지 갔다고 한다. "인도스인들"은 지금의 인도인들이다.

제14장 시민을 어떻게 교육해야 하는가
....

국가에 봉사하다가 적절한 나이에 이르면 지배자가 될 수 있다는 것을 알기 때문에 더욱 그렇다.

따라서 우리는 지배자와 피지배자가 어떤 면에서는 같고 어떤 면에서는 다르다는 사실을 인지해야 한다. 이러한 관점에서, 교육도 어떤 면에서는 같아야 하고 어떤 면에서는 달라야 한다. 사람들은 훌륭한 지배자가 되려면 먼저 피지배자 경험을 쌓아야 한다고 말한다.

이전에 논의했듯, 통치는 지배자를 위한 것과 피지배자를 위한 것, 이 둘로 나뉜다. 이 중에서 전자는 노예에 대한 주인의 지배와 같은 전제적 통치라면, 후자는 자유 시민에 대한 통치라고 볼 수 있다.

명령에 따라 수행되는 일들은 일 자체가 아니라 그 일을 하는 목적에 따라 구분된다. 따라서 하인들이 수행하는 것으로 여겨지는 일 중에서도, 자유 시민인 젊은이들이 명예롭게 수행할 수 있는 것이 많다. 어떤 일이 명예로운지 아닌지는 일 자체가 아니라 그 일을 하는 목적에 따라 결정된다.

우리는 시민과 지배자의 미덕이 가장 훌륭한 사람의 미덕과 동일하며, 동일한 사람이 처음에는 피지배자가 되었다가 나중에는 지배자가 되어야 한다고 이야기했다. 따라서 입법자라면 사람이 어떤 과정을 거쳐 어떻게 훌륭한 사람이 되는지 그리고 가장 훌륭한 삶의 목표가 무엇인지를 파악하려고 힘써야 한다.

혼은 이성을 내재한 부분과 이성은 없지만 이성의 지배를 받을 수 있는 부분, 이 두 부분으로 나뉜다. 사람이 훌륭하다는 평가를 받는다면, 이 두 부분이 모두 훌륭하기 때문이다. 우리처럼 이렇게 혼을 두 부분으로 나누면, 인간 삶의 목적이 둘 중 어느 부분에 있는지를 명확하게 말할 수 있다. 기술이나 자연에서도 열등한 것이 우월한 것을 위해 존재하는 것처럼, 혼에서도 이성을 지닌 부분이 그렇지 않은 부분보다 우월하다.

우리가 일반적으로 구분하던 방식대로 이성도 또다시 실천적인 이
성과 사변적인 이성으로 나뉜다. 그래서 혼의 이성 부분도 이런 식으로 25
구분해야 한다는 것은 분명하다. 그리고 각 부분은 자신에게 적합한 행
위를 가지고 있으며, 혼의 세 부분 또는 두 부분에서 나오는 행위들을 하
려는 사람들은 그중에서 본성적으로 더 나은 부분에서 나오는 행위를 선
택해야 한다. 자신이 할 수 있는 것 중에서 최고의 것이야말로 누구에게
나 가장 바람직한 것이기 때문이다. 30

　인생 전체는 노동과 여가, 전쟁과 평화로 양분되며, 행위는 필수적
이고 유용한 것과 고귀한 것으로 구분된다. 혼의 여러 부분과 각 부분의
행위 중 어떤 것을 선택해야 하는지에 관해 논한 바를 삶과 행위에 그대
로 적용하면, 우리는 전쟁은 평화를 위한 것이고, 일은 여가를 위한 것이 35
며, 필수적이고 유용한 행위는 고귀한 행위를 위한 것이라 말할 수 있다.

　따라서 정치가는 입법할 때 혼의 여러 부분과 각 부분의 행위를 고
려하여, 열등한 것보다는 우월한 것을, 수단보다는 목적을 선택해야 한
다. 삶과 행위를 선택할 때도 마찬가지 방식으로 접근해야 한다. 사람은 40
일과 전쟁을 할 수 있어야 하지만, 그보다는 평화와 여가를 추구하고, 필 1333b1
수적이고 유용한 행위를 수행하되, 그보다는 고귀한 행위에 더 힘써야
하기 때문이다. 그러므로 아이들과 교육이 필요한 다른 연령층을 교육할
때는 이러한 목표를 중심으로 해야 한다.

　그러나 오늘날 가장 훌륭한 정치체제라고 여겨지는 헬라스인의 국 5
가들과 그런 정치체제를 설계한 입법자들은 최상의 목표를 가지고 정치
체제를 구성한 것이 아니었고, 모든 미덕을 염두에 두고 법과 교육 제도
를 만든 것도 아니었다. 오히려 그들은 삶에 유익하고 큰 이익을 가져다 10
줄 것 같은 능력들을 키우는 데 치우쳤다.

　그런 입법자들의 노선을 따른 후대의 일부 저술가들도 비슷한 관점

제14장 시민을 어떻게 교육해야 하는가
·········

을 보였다. 그들은 라케다이몬의 정치 체제를 칭송하며, 입법자가 정복
15 과 전쟁을 목표로 법을 제정한 것을 놀라워했다. 하지만 그들의 그런 생
각은 이론적으로 쉽게 반박될 수 있을 뿐만 아니라, 지금은 역사적 사실
들에 의해 이미 반박되었다.

사람들은 풍부한 재물이 생길 것으로 기대하며 여러 국가를 강제로
지배하려고 욕망한다. 티브론[376]이 라케다이몬인의 입법자를 칭찬한 것
20 도, 그들의 정치체제에 대해 쓴 다른 사람들과 마찬가지로 그들이 많은
위험을 감내하면서 여러 국가를 지배했기 때문이었다. 그러나 오늘날 라
콘인은 더 이상 많은 국가를 지배하고 있지 않으니,[377] 그들은 행복하지
않고 그들의 입법자도 훌륭하지 않았음이 명백해졌다. 그들은 입법자가
25 제정한 법들을 계속해서 지켰고, 아무런 방해 없이 법대로 살았지만 훌
륭한 삶을 잃어버렸다. 그런데도 그들의 입법을 칭찬하다니, 참으로 어
이없다.

또한, 라케다이몬인의 입법자가 중요하게 여겨 선택한 정치체제에
대한 이 저술가들의 평가도 올바르지 않다. 자유민들을 다스리기 위한
국가 체제는 주인이 노예들을 다스리는 것보다 더 훌륭하고 더 큰 미덕
을 지닌 것이어야 하기 때문이다.

또한, 이웃 국가들을 정복하는 기술을 훈련한다고 해서 국가가 행복

....

376 "티브론"에 대해서는 알려진 것이 없다.

377 라케다이몬은 펠로폰네소스 전쟁(기원전 431-404년)에서 아테네를 이긴 후 그리스
전역에 대한 패권을 장악했지만, 그 패권에 불만을 품은 테베, 아테네, 코린토스,
아르고스의 연합군과 코린토스 전쟁(기원전 395-386년)을 벌여 큰 피해를 당한 후,
기원전 371년에 레욱트라 전투에서 테베가 이끈 보이오티아군에 패해 패권을 상
실했다. 따라서 아리스토텔레스(기원전 384-322년)가 활동하던 시기는 라케다이몬
의 국력이 쇠퇴한 시기였다.

을 추구한다고 볼 수 없으며, 입법자를 칭찬할 만한 이유도 될 수 없다. 30
시민들에게 그런 식의 훈련을 시키면 심각한 폐해가 생긴다. 시민들이
그 능력을 발휘해 자국을 지배하려 할 것이 자명하기 때문이다. 실제로
라코니아의 왕 파우사니아스[378]는 고위 관직에 있으면서도 정권을 찬탈
해 국가를 좌우하려 했다는 죄목으로 시민들에게 고발당했다. 35

　이런 이론과 법은 정치가에게 어울리지 않고, 유익하지도, 진실하지
도 않다. 가장 좋은 것은 입법자가 개인이나 공동체에게 동일한 이유로,
가장 훌륭한 것을 사람들의 혼에 각인시키는 것이다.

　군사 훈련을 실시하는 목적은 사람들을 노예로 전락시키려는 것이 40
아니라, 첫째로 타인의 노예가 되는 것을 방지하고, 둘째로 모든 이를 억
압하고 지배하려 하지 않고 피지배자들의 이익을 위해 앞장설 수 있도록 1334a1
하며, 셋째로 본질적으로 노예의 삶을 살아야 하는 이들을 주인의 자격
으로 통치할 수 있게 하기 위함이다.

　또한, 입법자는 전쟁과 그 밖의 다른 것에 관한 입법을 할 때 여가와
평화의 정착을 목표로 해야 한다. 이 말이 옳다는 것은 역사적 사실로 입 5
증된다. 모든 법과 교육이 전쟁을 중심으로 구성된 대부분 국가는 전쟁
을 벌이는 동안에는 안전하지만, 결국 모든 국가를 제패하고 난 후에는
멸망하게 된다. 입법자가 그들에게 여가를 즐길 수 있도록 교육하지 않
아서, 평화가 찾아오면 사람들은 날이 무뎌진 쇳날처럼 되어버린다.

....
378 각주 218을 참조하라.

제15장

시민 교육의 목표

우리가 훌륭한 사람이 되고, 훌륭한 정치체제를 만드려는 목표는 여가에 있다. 그러므로 국가는 절제, 용기, 인내와 같이 여가를 즐기는 데 도움이 되는 미덕을 교육의 지향점으로 삼아야 한다. 인간에게 이성과 지성은 본성이 추구하는 궁극적인 목표다. 따라서 사람들의 출생과 습관 역시 이 두 가지를 목표로 삼아야 한다.

10   개인이든 공동체든, 우리가 추구하는 바는 같다. 그러므로 가장 훌륭한 인간과 가장 훌륭한 정치체제가 추구하는 목표도 같을 수밖에 없다. 앞서 여러 번 언급했듯, 전쟁의 목표는 평화이고, 일의 목적은 여가이
15 다. 그러므로 여가를 위한 미덕들이 필요함은 자명하다.

여가를 즐기는 데 필요한 미덕, 그리고 여가를 선용하는 데 유용한 미덕들은 여가를 누릴 때와 일할 때 모두 필요하다. 여가를 제대로 즐기
20 려면 많은 것이 갖춰져 있어야 하기 때문이다. 그래서 국가는 절제와 용기 그리고 인내를 갖춰야 한다. 속담에 따르면, 노예에게는 여가가 없고,

위험을 용감히 맞설 수 없는 자는 공격자의 노예가 된다.

　용기와 인내는 일할 때, 철학은 여가를 누릴 때, 그리고 절제와 정의는 일과 여가 모두에 필요하다. 그러나 평화를 즐기고 한가한 시기에는 　25 이 두 미덕이 더욱 중요해진다. 전쟁 중에는 사람들이 어쩔 수 없이 정의롭고 절제력을 발휘하지만, 평화로운 시기에는 많은 사람이 방탕하게 살아가기 때문이다.

　그래서 시인들이 말하는 축복받은 자들의 섬[379]에 산다고 하는 자들같이, 사람들이 축복이라고 생각하는 모든 것을 누리며 최상의 삶을 영　30 위하는 사람들에게는 더욱 큰 정의감과 절제가 요구된다. 그런 좋은 것이 차고 넘치는 가운데 여가를 더 많이 누릴수록 철학과 절제와 정의감이 더 많이 필요하기 때문이다.

　그러므로 행복하고 훌륭한 국가가 되려면 이런 미덕들을 갖추어야한다는 것은 분명하다. 좋은 것을 제대로 활용하지 못하는 것은 부끄러　35 운 일이지만, 여가를 누려야 할 때 그런 좋은 것을 활용하지 못하고, 일할 때와 전쟁 중에는 훌륭해 보이다가, 평화로운 시기에 여가를 즐겨야할 때는 노예처럼 보이는 것은 훨씬 더 수치스러운 일이다.

　따라서 국가는 미덕을 단련해야 하지만, 라케다이몬의 방식을 따라　40 서는 안 된다. 라케다이몬도 국가가 미덕을 길러야 한다는 점에서 다른국가들과 같은 생각이었으며, 최고 이상에 대한 그들의 견해도 다르지　1334b1

....

379　고대 그리스 신화에서 "축복받은 자들의 섬"(μακάρων νῆσοι, '마카론 네소이')은 영웅들과 신의 피를 물려받은 자들이 죽어서 간다고 하는 곳을 가리킨다. 고대 그리스인은 항상 깨끗한 물이 흐르는 거대한 대양강 오케아노스의 강줄기 서쪽 끝에 있는 이곳에 테베의 통치자 카드모스, 제우스의 아들 라다만티스, 트로이아 전쟁 영웅 아킬레우스와 큰 아이아스 등이 있다고 생각했다. 호메로스(기원전 8세기), 헤시오도스(기원전 8세기), 아폴로도로스(기원전 2세기), 스트라보(기원전 1세기) 등이이곳에 대해 언급했다.

않다. 그러나 그들은 특정 미덕만을 강조하며 그것만으로 이상을 달성할 수 있다고 믿었다. 이는 외적인 좋은 것과 그것을 누리는 것을 미덕들보다 더 중요하게 여기기 때문이다. 이러한 고찰을 통해 우리는, 미덕은 그 자체를 목표로 훈련해야 한다는 것을 알 수 있다.

그렇다면 미덕을 그 자체로 훈련하려면 어떻게 해야 하며, 어떤 방법을 사용해야 하는지 숙고가 필요하다.

이전에도 언급했듯, 미덕을 만들어내려면 본성, 습관, 이성이 꼭 필요하다. 이 중에서 사람의 본성에 대해서는 앞서 설명했기 때문에, 이제 남은 것은 이성에 의거해 교육하는 것과 습관에 의해 교육하는 것 중에서 어느 쪽이 먼저여야 하는지를 고민하는 것이다. 이 둘은 서로 완벽한 조화를 이루어야 한다. 이성은 최선의 원칙과 관련해 잘못을 저지를 수 있고, 습관도 잘못된 길로 이끌 수 있기 때문이다.

인간에게 있어서 출생은 시작에 불과하다는 것은 분명하다. 그 시작점에서 도달한 목표는 다른 목표들의 출발점이 된다. 우리 인간에게 이성과 지성은 인간 본성이 추구하는 궁극적인 목표다. 따라서 사람들의 출생과 습관은 이성과 지성을 지향해야 한다.

다음으로, 인간의 본질은 혼과 몸, 이 두 가지로 구분되듯, 혼 역시 이성을 지니지 않은 부분과 이성을 지닌 부분으로 나뉜다. 혼은 전자를 통해서는 욕망을 지니고, 후자를 통해서는 지성을 지닌다. 인간의 몸이 혼보다 먼저 발달하는 것처럼, 혼에서도 이성을 지니지 않은 부분이 이성을 지닌 부분보다 먼저 생긴다. 분노와 의, 욕망은 막 태어난 아이에게도 존재하지만, 추론과 지성은 나이가 들어가면서 자연스럽게 발달하는 것을 보면 이것이 분명하다. 그러므로 먼저 몸을 돌보는 것이 중요하며, 그다음에는 욕망을 돌보아야 한다. 하지만 욕망을 돌보는 것은 지성을 위한 것이어야 하고, 몸을 돌보는 것은 혼을 위한 것이어야 한다.

출산

아리스토텔레스는 앞서 미덕이 본성과 습관, 이성의 결합으로 형성된다고 설명했다. 이제 그는 본성과 관련하여 부모가 언제 아이를 낳아야 하는지 살펴본다. 남편과 아내는 출산 가능한 시기가 동시에 종료되어야 하고, 너무 어린 나이에 결혼해서는 안 된다. 그에 따르면 여성은 대략 18세, 남성은 37세 무렵에 결혼하는 것이 적절하다. 부모의 체격은 운동선수처럼 강인하지도, 허약하지도 않은 중간 수준이 바람직하다. 고령의 부모에게서 태어난 자녀는 체력이 약하므로, 남성은 50대 중반이 되면 출산을 그만두어야 한다.

     입법자는 먼저 아이들의 신체가 최상의 상태가 되게 하려면 어떻게 해야 하는지를 생각해야 한다. 부부가 성적인 관계를 맺는 시기, 즉 어떤 30 사람이 언제 서로 부부가 되어야 하는지 고민해야 한다. 부부의 결합에 관한 법을 제정할 때는 서로의 수명과 연령을 고려하여, 아이를 가질 수 있는 연령이 동시에 끝나게 해야 한다. 이렇게 하면, 남편이 아이를 가질 35 수 있는데 아내는 그렇지 못하거나, 아내는 아이를 가질 수 있는데 남편은 그렇지 못하는 등의 불일치 상황을 피할 수 있다. 이런 상황은 부부간의 갈등과 불화를 만들어내기 때문이다.

다음으로 입법자는 부모와 자녀의 나이 차이를 신경 써야 한다. 자녀들과 부모의 나이 차이가 지나치게 벌어져서는 안 되기 때문이다. 그럴 때는 부모는 나이 들어 자녀 덕을 볼 수 없게 되고, 자녀들은 부모의 도움을 받을 수 없게 된다. 그러나 부모와 자녀의 나이 차이가 너무 적어도 문제가 발생한다. 그럴 때는 친구처럼 나이가 비슷하다면 부모에 대한 공경심이 부족해지고, 가사 운영을 두고 잦은 다툼이 일어난다.

다시 처음으로 돌아와서 입법자가 원하는 신체 조건을 갖춘 아이를 낳으려면 어떻게 해야 하는지를 살펴보자. 한 가지만 신경을 쓰면 거의 모두 달성할 수 있다. 일반적으로 아이를 가질 수 있는 시기는 남성은 70세, 여성은 50세에 끝나므로, 이 시기에 맞춰 남성과 여성이 서로의 나이 차이를 두고 합방을 시작하면 된다.

하지만 너무 어린 나이에 결혼하는 것은 자녀에게 해롭다. 모든 동물 중에서 어린 부모에게서 태어난 새끼들은 발육 상태가 나쁘고, 암컷이 많으며, 몸집도 작은데, 이는 인간도 마찬가지다. 조혼이 관행화된 나라의 주민들은 신체 발달이 미흡하고 체격이 왜소하다는 사실이 이를 잘 뒷받침한다.

매우 어린 나이에서 아이를 낳는 것은 산통이 심해져 생명이 위험할 수도 있다. 트로이젠인[380]에게 전해진 신탁이 이와 관련이 있다는 주장도 있다. 즉, 신탁이란 곡식의 수확과 관련된 것이 아니라, 조혼하는 풍습으로 인해 많은 사람이 죽게 된다는 경고라는 것이다.

....

380 "트로이젠"은 펠로폰네소스 반도 남동부에 있는 도시로, 아테네의 남서쪽에 있다. 그들에게 주어진 신탁은 "어린 휴경지에 씨를 뿌리지 말라"는 것이다.

또한, 여성이 다소 나이가 든 후에 결혼하는 것은 절제력을 기르는
데도 도움이 된다. 어린 나이에 성관계를 시작하면 방종해진다고 여기기   25
때문이다. 남성에게도 마찬가지로, 정자 수가 완전히 증가하기 전에 성
관계를 시작하면 신체 발달에 지장을 줄 수 있다. 정자 수는 일정 시기까
지만 늘고, 그 이후에는 거의 증가하지 않는다.

따라서 여성은 18세, 남성은 37세쯤에 결혼하는 것이 적당하다.[381]
이 나이대의 남녀가 결혼하면, 신체적으로 가장 좋은 시기에 부부가 되   30
고, 아이를 가질 수 있는 시기도 동시에 끝나게 된다. 또한, 결혼 직후 아
이가 태어나는 것이 가장 자연스러우므로, 자녀들은 아버지가 이미 노쇠
했을 70세가 되었을 때 한창때가 시작되고, 부모를 계승하게 될 것이다.   35

지금까지는 적절한 결혼 연령에 대해 이야기했다면, 이제 결혼해야
할 적절한 계절에 대해 이야기해보자. 대부분은 겨울에 결혼하여 동침하
는 것이 가장 좋다고 본다. 부부는 출산에 관련해 의사와 자연철학자의   40
조언을 들어야 한다. 의사는 출산에 적합한 신체 상태와 시기에 관해, 자
연철학자는 바람에 관해 말해주는데, 남풍보다는 북풍을 더 추천한다.   1335b1

부모의 체질이 어떻게 아이에게 영향을 미치는지에 대한 자세한 설
명은 자녀 양육에 대해 다룰 때 하기로 하고, 지금은 간략하게만 언급하   5
겠다. 운동선수의 몸 상태는 지나치게 병약하거나 노동에 맞지 않은 몸
상태와 마찬가지로 시민의 삶이나 건강, 출산에 좋은 몸 상태가 아니기
때문에, 그 중간이 이상적이다. 이러한 몸을 만들기 위해선 운동이 필요
하지만, 선수처럼 격렬하게 할 필요는 없다. 일상에서 불편함 없이 활동   10
할 수 있는 정도의 체력만 유지하면 된다. 남편과 아내가 둘 다 그런 상

....

381 남편과 아내의 나이차가 이 정도인 것이 고대 그리스인의 통상적인 관행이었다.

제16장 출산
....

태여야 한다.

임신부는 운동을 게을리해서는 안 되며 식사에도 신경을 써야 한다. 입법자가 임신부로 하여금 출산을 관장하는 여신들[382]의 신전을 매일 방문하여 참배하도록 법으로 정한다면 이 문제를 쉽게 해결할 수 있다. 몸과는 반대로 마음은 편히 쉬게 해주는 것이 좋다. 토양이 식물의 성장에 영향을 주듯, 임신부의 상태는 태아에게도 분명한 영향을 미친다.

아이들이 태어나자마자 어떻게 처리할지 결정하는 문제에 관하여, 장애가 있는 아이들을 부양하는 것을 법적으로 제한해야 한다. 또한, 자녀가 많아져서 아이를 방치하는 것이 관습적으로 금지되어 있다면, 법적으로는 자녀의 수를 제한하는 방안을 고려해야 한다. 부부가 이 법을 어기고 합방하여 임신했다면 태아에게 감각이나 생명이 생기기 전에 낙태해야 한다. 낙태 허용 여부는 태아에게 감각과 생명이 있는지 여부에 따라 결정되어야 한다.

남자와 여자가 결혼하여 합방을 시작해야 하는 나이는 이미 정해져 있으므로, 이제는 부부가 언제까지 출산을 통해 국가에 기여해야 하는지를 결정해야 한다. 나이 많은 부모에게서 태어난 아이들은 어린 부모에게서 태어난 아이들에 비해 신체적, 정신적으로 열악한 조건을 지니고 태어나며, 늙은 부모에게서 태어난 아이들은 허약하다. 이러한 이유로 출산은 부모가 정신적으로 가장 활동적인 시기에 이루어져야 한다. 인생을 일곱 시기로 구분하는 일부 시인들은 정신적으로 가장 활동적인 시기를 50세 전후로 본다. 그러므로 이 나이에서 4살이나 5살이 지난 남자들

....

382 "출산을 관장하는 여신들"로는 제우스의 아내이자 여성과 결혼, 양육의 여신 "헤라", 제우스와 헤라의 딸인 출산의 여신 "에일레이티이아", 다산의 신 "아프로디테"가 있다.

은 출산을 포기해야 한다. 그러나 그 이후에도 건강이나 다른 이유로 부부는 성관계를 가질 수 있다.

　　다른 남자나 여자와 성관계를 가지는 행위는 언제 어떤 방식이든 절　40
대적으로 수치스럽고 불명예스러운 일이다. 특히 출산 가능한 나이에 이
러한 행위가 드러났을 경우, 그 죄에 걸맞은 수치스러운 형벌로 처벌하　1336a1
는 것이 마땅하다.

제16장 출산
········

제17장

양육

이번 장에서는 아이들의 양육과 교육 방법에 대해 다룬다. 아이들에게는 영양가 높은 음식을 먹이고, 적당한 운동을 시켜야 하며, 추운 환경에 적응할 수 있도록 해야 한다. 또한 놀이를 통해 신체를 단련시키되, 울음을 억제하지 말아야하고, 상스러운 말과 행동, 추잡한 그림이나 공연을 접하지 않도록 해야 한다.

아이들이 태어난 후에는 어떤 음식을 먹이느냐가 체력에 큰 영향을
5 미친다는 사실을 인식해야 한다. 전사의 몸 상태를 만들고자 하는 이민족들과, 다른 동물들을 관찰해보면 젖이 풍부한 음식이 아이들의 몸에 가장 좋으며, 포도주는 질병의 원인이 될 수 있으므로 포도주가 들어가지 않는 음식이 좋다는 것은 분명하다.

그리고 아이들에게 과도하지 않은 범위 내에서 충분한 운동을 하는
10 것이 유익하다. 아이들의 부드러운 팔과 다리가 굽지 않도록, 일부 민족은 몸을 바로 세워주고 굽지 않게 하는 도구를 고안해 사용한다.

아이들은 어릴 때부터 추위에 익숙해져야 한다. 이는 건강에 좋을

뿐 아니라, 추후 군사 훈련에도 도움이 되기 때문이다. 이러한 이유로, 많 15
은 이민족 중에서는 아이들을 차가운 강물에 담그거나, 켈토이인[383] 같은
곳에서는 아이들에게 얇은 옷을 입히는 풍습이 있다. 아이들은 몸에 열
이 많아 추위를 단련하는 데 아주 적합하므로, 습관을 들일 수 있다면 아 20
주 어릴 때부터 차근차근 그렇게 하는 것이 좋다.

따라서 인생의 첫 시기에는 이런 식으로, 또는 비슷한 방식으로 아
이들을 돌보는 것이 유익하다. 그러나 다섯 살까지 이어지는 인생의 두
번째 시기에는 공부를 하게 하거나 힘든 일을 시키는 것은 성장을 방해 25
하므로 좋지 않다. 운동도 몸이 나태해지지 않을 정도로만 시켜야 하는
데, 이러한 운동은 놀이와 그 밖의 다른 활동들을 통해 이루어져야 한다.
그러나 이러한 놀이는 자유민들에게 적합해야 하며, 과도한 피로나 방종
과 무절제를 부추기는 것은 피해야 한다.

아동 감독관들은 아이들이 접하는 언어와 이야기에 세심한 주의를 30
기울여야 한다. 이 모든 것이 아이들의 장래 인생의 토대가 되기 때문이
다. 그런 이유에서 이 연령대 아이들의 놀이는 대부분 장차 해야 할 일들
을 모방하는 것이어야 한다.

아이들이 큰 소리로 울어서 폐를 긴장시키는 것을 법으로 막는 것은 35
바람직하지 않다. 실제로 울음은 아이들의 성장에 도움이 되며, 어떤 의
미에서는 신체를 단련하는 것이다. 숨을 참았다가 힘껏 내쉬는 심호흡이
힘든 일을 하는 사람에게 기운을 주듯, 폐를 한껏 확장하는 것이 아이들
에게 같은 효과를 가져다준다.

아동 감독관들은 아이들이 어떤 활동을 하며 시간을 보내는지 주의 40

....

383 보통 "켈트족"이라고 부르는 "켈토이인"은 원래 프랑스 남부 지방에 살던 유목 민
족으로, 피부가 회고 금발에 과묵하며 키가 큰 인도-아리아계 민족이다.

제17장 양육
....
457

깊게 살펴야 한다. 특히, 아이들이 노예들과 함께 보내는 시간을 최소화
해야 한다. 이 연령대의 아이들은 일곱 살까지는 주로 집에서 교육을 받
아야 하는데, 이 연령대에서도 듣고 보는 것을 통해 자유민에게 적절하
지 않은 것을 배울 수 있기 때문이다.

입법자는 저속한 언행을 국가에서 철저히 배제해야 한다. 그런 말을
서슴없이 하게 되면, 부끄러운 행동이 자연스러워지기 때문이다. 그래서
청소년들이 상스러운 말을 하거나 듣지 못하게 관리해야 한다.

누군가 금지된 말이나 행동을 한 것이 드러난 경우에는, 아직 공동
식사에는 참여하지 않는 자유민일 때는 불명예스러운 체벌로 처벌하고,
나이가 더 많은 자일 때는 노예나 할 짓을 했으므로 자유민에게 어울리
지 않는 불명예스러운 벌로 처벌해야 한다.

상스러운 말을 국가에서 추방해야 하는 것처럼, 추잡한 그림이나 공
연을 보는 것도 분명히 금해야 한다. 따라서 다스리는 자들은 조각이나
그림이 그런 추잡한 행위들을 모방하지 않게 감시해야 하고, 법이 허용
한 몇몇 신들의 축제에서만 그런 것을 쓰도록 해야 한다. 법은 일정 연령
이 된 남자들에 한해 그런 축제에 참석해 자신과 가족을 위해 신을 기리
는 것을 허락하고 있다.

나이 어린 청소년들에게는 약강격 운율을 사용한 풍자시 대회[384]나
희극 공연을 관람하게 해서는 안 되고, 공동식사에 참여하여 술을 마실
수 있는 나이가 되었을 때 허용해야 한다. 그때가 되면 모든 교육을 다
받은 상태여서 그런 것에 의해 악영향을 받지 않게 되기 때문이다.

....

384 그리스어 원문에는 '이암보스'(ἴαμβος) 한 단어로 되어 있는 것을 "약강격 운율을 사
용한 풍자시 대회"로 번역했다. '이암보스'는 고대 그리스의 운율과 관련해 보격의
한 종류로 풍자시에서 사용되었다. 특히, 술의 신 디오니소스의 축제에서 이 보격
을 사용한 풍자시와 희극 경연대회가 열렸다.

추잡한 말, 그림, 공연에 대해서는 지금까지 대략적으로만 언급했 다. 하지만 나중에 청소년이 그런 축제나 공연을 보는 것을 법적으로 금 25 지해야 하는지, 그렇다면 어떻게 해야 할지 더 자세히 살펴볼 것이다. 이 문제는 지금 이야기하는 것보다는 나중에 논의하는 게 더 적절하겠다.

테오도로스라는 비극 배우가 이 문제를 잘 보여준다. 그는 자기보다 못한 배우라도 자기보다 먼저 무대에 오르는 것을 허용하지 않았다. 관 30 객들이 무대에 가장 먼저 올라 목소리를 들려주는 사람에게 호감을 느낀 다는 것을 알았기 때문이다. 사람이든 사물이든 이것은 동일하다. 우리 는 무엇이든 가장 먼저 접한 것을 더 좋아하게 된다. 그러므로 아이들이 천박한 것, 특히 악의와 적개심이 내포된 모든 것에 접근하지 못하도록 35 해야 한다.

다섯 살부터 일곱 살까지 2년 동안은 아이들이 나중에 배우게 될 것 을 다른 아이들이 배우는 것을 보며 견학하는 시기다. 그래서 청소년의 교육 기간은 연령에 따라 두 단계로 구분되어야 한다. 하나는 일곱 살 이 후부터 사춘기까지이고, 다른 하나는 사춘기가 지나고 나서 스물한 살까 40 지다. 인생을 연령대에 따라 일곱 시기로 나누는 것은 대체로 무방하다. 그것은 자연의 구분을 따르는 것이며, 모든 기술과 교육은 자연이 남겨 1337a1 놓은 공백을 채우려는 시도이기 때문이다.

따라서 우리가 검토해야 할 것은 첫째로, 아이들의 양육과 교육에 어떤 제도와 법규가 필요한지, 둘째로, 아이들의 양육과 교육을 국가가 5 책임져야 하는지 아니면 개인이 맡아야 하는지, 셋째로, 어떤 종류의 양 육과 교육이 필요한지에 대한 것이다.

제17장 양육
·········

제8권

가장 훌륭한 정치체제에서의 청소년 교육

제1장

청소년 교육의 중요성

1-3장에서는 교육 전반에 대한 개괄을 다루고, 4장에서는 체력 단련을, 5-7장에서는 음악 교육을 설명한다. 국가의 목표가 하나라면 모든 시민에 대한 교육도 하나여야 하고 동일해야 한다. 개별 시민을 돌보는 것은 결국 국가 전체를 돌보는 것과 같다. 그래서 입법자는 청소년 교육에 힘써야 한다.

이제 입법자가 청소년 교육에 전력해야 한다는 데 이의를 제기할 사람은 없을 것이다. 청소년 교육에 국가가 심혈을 기울이지 않는다면, 그것은 정치체제에 해를 끼친다. 청소년 교육은 정치체제에 따라 달라져야 하며, 그렇게 해서 형성된 각각의 정치체제에 맞는 풍토는 정치체제를 보호하기도 하고 창출하기도 한다. 예를 들면, 민주정적인 풍토는 민주정을, 과두정적인 풍토는 과두정을 낳고 지켜낸다. 항상 국가의 더 좋은 풍토는 더 좋은 정치체제를 만들어낸다. 그리고 어떤 기능이나 기술을 사용해 어떤 일을 하려면 사전 교육과 훈련이 필요하다. 이것은 미덕을 실천하는 것과 관련해서도 마찬가지다.

국가 전체가 지향하는 목표는 하나이므로, 모든 시민에 대한 교육도 하나이고 동일해야 한다. 그리고 교육은 국가가 담당해야 하는 일이다.

25 그러므로 각자가 자신의 자녀를 돌보며 각자가 가르치고 싶은 것을 사적으로 가르치는 것이 아니라, 교육은 공적으로 이루어져야 한다.

각각의 시민은 개인의 것이 아니라 국가의 것이라고 생각해야 한다. 각각의 시민은 국가를 구성하는 한 부분이며, 국가의 구성원인 개별 시

30 민을 돌보는 것은 근본적으로 국가 전체를 돌보는 것과 같다. 이것에 대해 라케다이몬인은 칭찬받아 마땅하다. 그들은 국가 전체가 아이들 교육에 심혈을 기울이는 데 전력을 다했기 때문이다.

제2장

무엇을 배워야 하는가

교육의 목적은 과연 무엇인가? 삶에 유용한 지식을 전수하는 것인가, 아니면 미덕을 지향하는 교육이나 탁월한 지식을 함양하는 것인가? 청소년들은 분명히 일상생활에서 실용적으로 활용할 수 있는 지식과 필요한 전문 기술을 습득해야 한다. 하지만 그들이 자유민이라면, 자유민에게 걸맞은 학문을 그들에게 적합한 방식으로 익혀야 한다.

따라서 청소년 교육은 법으로 정해져야 하고, 국가가 주도해야 한다는 것은 분명하다. 하지만 어떤 교육이 필요한지, 어떻게 교육을 실시해야 하는지도 알아야 한다. 지금은 어떤 것을 가르쳐야 하는지에 대한 견해가 분분하기 때문이다. 청소년들이 어떤 것을 배워야 하는지에 대한 일치된 의견은 없다. 미덕을 추구해야 하는지, 아니면 가장 훌륭한 삶을 지향해야 하는지에 대한 의견도 다르다. 지성에 주안점을 두어야 하는지, 아니면 인성에 주안점을 두어야 하는지도 분명하지 않다.

현행 교육 체계를 살펴보면, 삶에 실용적인 지식, 미덕을 지향하는 교육, 또는 평범한 수준을 넘어서는 탁월한 지식 중 어떤 것을 가르쳐야 하는지가 명확하지 않다. 각각의 대안은 어느 정도 각자의 지지자를 가지고 있기 때문이다. 미덕을 함양하는 데 무엇이 도움이 되는지에 대해서조차 의견이 엇갈린다. 모든 사람이 중요하게 여기는 미덕이 상이하므로, 어떤 덕목을 목표로 설정해야 하는지에 대해서도 의견이 분분하다.

청소년들이 삶에 유용한 것 중 필요한 것을 배워야 한다는 것은 분명하다. 하지만 그중에서도 자유민에게 적합한 것과 그렇지 않은 것이 있으므로, 삶에 유용한 것을 모두 배워야 하는 것은 아니다. 따라서 유용한 것을 배워 활용해야 하지만, 그것을 너무 과도하게 실천해서는 안 된다. 만약 어떤 직업이나 기술, 학문이 자유민의 신체와 정신, 지성을 해쳐 미덕을 실천하는 데 장애가 된다면, 그러한 것들은 모두 기술자의 영역으로 간주해야 한다. 그러므로 우리는 신체를 훼손하는 기술이나 임금을 받고 수행하는 노동을 기술자의 일로 여긴다. 그런 것은 여가를 누릴 수 없게 만들고, 생각을 비천하게 만들기 때문이다.

또한, 자유민에게 적합한 전문적인 지식을 일정 수준까지 배워 활용하는 것은 문제가 없지만, 지나치게 세부적인 것까지 집착하여 탐구한다면 앞서 언급한 부작용을 낳게 된다.

또한, 어떤 것을 배우거나 실천할 때 그 목적이 무엇인지에 따라 결과가 크게 달라진다. 자신이나 친구들 혹은 미덕 자체를 위해 배우거나 실천하는 일은 자유민에게 적합하지만, 동일한 것이라도 다른 사람들을 위해 배우거나 실천하는 것은 일용노동자나 노예가 해야 할 일로 간주될 수 있다.

제3장

네 가지 교과목

오늘날 청소년들이 배우는 네 가지 과목 중 읽기, 쓰기, 그리기는 삶에 유용하므로 가르치고, 체육은 용기를 기르는 데 도움이 되므로 가르친다. 그리고 음악은 여가를 위해 가르친다. 이때 여가는 단순한 오락과는 구별된다. 오락이 휴식을 목적으로 한다면, 여가는 즐거움과 행복, 축복받은 삶이 내재된 상태를 의미한다. 여가를 즐기기 위해 배우는 과목들은 그 자체가 목적이 된다. 음악이 바로 그렇다. 읽기와 쓰기는 다른 많은 것을 배울 수 있는 수단이 되기도 한다. 아이들에게는 이성과 지성에 기반한 교육보다는 습관과 신체에 관련된 교육이 먼저 이뤄져야 하는데, 체육이 그런 역할을 담당한다.

그러므로 현재 확립되어 시행되고 있는 교육 과목들은 앞서 언급한 두 가지 목적을 달성한다. 아이들에게는 대체로 네 가지 과목, 즉 읽기와 쓰기, 체육, 음악은 반드시 포함되고, 네 번째 과목에서는 일부에서 그리기가 포함된다. 읽기와 쓰기, 그리기는 삶에 유용하며, 체육은 용기를 길러준다. 25

하지만 음악과 관련해서는 논란이 있다. 오늘날 대부분 사람은 즐거움을 얻기 위해 음악을 하지만, 처음에 음악을 교과목에 포함시킨 것은

30 여러 번 말했듯 자연과 본성이 우리에게 바람직한 일뿐만 아니라 여가도 잘 보내기를 원하기 때문이었다. 여가는 모든 것의 출발점이므로, 여기서 우리는 다시 한번 여가에 관해 말해두고자 한다.

일과 여가는 모두 필요하지만, 여가가 더욱 바람직하고 일의 궁극적

35 목표이므로, 우리는 여가에 무엇을 해야 할지 숙고해야 한다. 여가가 단순히 놀이가 아님은 분명하다. 만약 여가가 놀이라면, 우리 삶의 목표도 놀이가 되어야 하는데, 그것은 불가능하다. 놀이는 일하는 도중에 필요한 휴식을 위한 것이다. 힘든 일을 하는 사람에게는 휴식이 필요하며, 놀

40 이는 휴식을 위한 것이다. 일하는 데는 힘이 들고 긴장이 따라오기 때문이다. 이런 이유로, 놀이는 약 처방처럼 적절한 때에 활용해야 한다. 놀이를 하면 혼이 이완되고, 놀이가 주는 즐거움으로 인해 휴식이 되기 때문이다.

1338a1 반면, 여가를 즐기는 것은 즐거움, 행복 그리고 축복받은 삶이 깃들어 있는 것으로 보인다. 이런 감정들은 일하는 사람보다는 여가를 만끽하는 사람에게 주어진다. 일하는 사람이 아직 손에 넣지 못한 것을 찾아

5 헤매는 동안, 행복은 바로 그 자체가 목적이 되며, 모두가 동의하듯 행복은 괴로움이 아닌 즐거움과 함께한다. 하지만 이 즐거움이 무엇인지에 대해서는 사람마다 다르게 생각하며, 각자의 성향에 맞는 다양한 즐거움을 찾아나선다. 그럼에도 가장 위대한 사람들은 가장 뛰어난 것에서 오는 가장 큰 즐거움을 찾아 나선다.

10 그러므로 여가를 향유하기 위해 학습하고 교육받을 필요가 있다는 사실은 자명하다. 그리고 일하기 위해 교육받아야 하는 교과목들은 다른 것을 위한 수단인 반면, 여가를 즐기기 위해 교육받아야 하는 교과목

들은 그 자체로 목적이 된다. 그런 이유로 음악은 필수적인 것도 아니고, 일상에 직접적으로 유용하지도 않지만, 우리 선조들은 음악을 교과목에 15 포함시켰다. 읽기와 쓰기는 돈 벌고 가정을 유지하며 학문을 추구하고 시민으로서 역할을 하는 데 유용하고, 그리기는 기술적인 작품을 평가하는 데 유용하다. 체육은 건강과 체력을 유지하는 데 도움이 된다. 하지만 20 알다시피 음악은 건강이나 체력에 직접적으로 도움이 되지는 않는다.

그러므로 우리 선조들은 음악을 자유로운 시민들이 여가를 즐길 수 있는 수단 중 하나로 보았고, 그런 생각에 기반하여 음악을 교과목에 포함시켰다는 것은 분명하다. 이런 관점에서 호메로스는 "내가 초대하는 사람들만 연회에 부르시오"라고 말한 후에, "음유시인이라 불리는 자들" 25 이름을 몇몇 언급하면서 그들은 "모두를 즐겁게 하는 자들"이라고 말한다. 다른 장면에서 오디세우스는 사람들이 "연회를 열어 집에 질서정연하게 앉아서 음유시인이 들려주는 것을 듣는" 것이 여가를 즐기는 최고의 방법이라고 말한다.[385]

따라서 유용하거나 필요하기 때문이 아니라 자유로운 시민에게 어 30 울리고 고결하다는 이유로 아이들에게 교육해야 할 것이 있다는 사실은 자명하다. 그런 것이 하나인지 여럿인지, 그리고 그것이 무엇이며 어떻게 교육해야 하는지는 나중에 다루겠지만, 현재로서는 우리 선조들이 예 35 전에 결정하고 지금까지 가르치고 있는 교과목들이 우리가 아이들의 교육에 대해 지금까지 이야기한 내용이 타당하다는 것을 어느 정도 뒷받침한다. 음악이 바로 그 근거라는 것은 분명하다.

또한, 아이들에게 읽기와 쓰기 같은 유용한 교과목을 가르치는 이유

....

[385] 첫 번째 인용문은 현존하는 호메로스의 글에 나오지 않고, 두 번째와 세 번째 인용문은 각각 호메로스의『오디세이아』제17권 385행, 제9권 7-8행에 나온다.

는 그것들이 단지 유용하기 때문만 아니라, 이 교과목들이 다른 여러 가

40 지를 배울 수 있게 해주는 도구이기 때문이다. 마찬가지로 아이들에게

그리기를 가르치는 것은 단순히 물건을 사고팔 때 속지 않게 하는 것뿐

1338b1 만 아니라, 더 나아가 물건의 아름다움을 인식하고 이해하는 능력을 기

르기 위한 것이다. 항상 유용한 것만을 추구하는 것은 위대한 혼을 지닌

자유민들에게 전혀 어울리지 않는다.

아이들을 교육할 때는 이성에 기반한 교육보다는 습관에 의한 교육

5 이 먼저 이루어져야 하며, 지성에 대한 교육보다는 신체에 관련된 교육

이 먼저 이루어져야 한다는 것은 분명하다. 이것은 아이들에게 체육을

가르치고 체력을 단련시키는 것이 중요함을 시사한다. 체육은 건강한 신

체를 유지하고, 체력 단련은 여러 일을 더 잘 해낼 수 있게 하기 때문이

다.

체육 교육

체육 교육에 대해 말하자면, 청소년들을 야수같이 훈련하는 것이 아니라, 훌륭한 인간으로 성장하도록 가르쳐야 한다는 데 주안점을 두어야 한다. 사춘기 이전에는 가벼운 체육 활동을 주로 하며, 강제 식단과 과도한 훈련으로 성장을 저해하는 일은 피해야 한다. 또한, 정신과 육체에 동시에 과도한 부담을 주어서는 안 된다.

오늘날 아이들의 교육에 큰 관심을 보이는 국가들 중 일부는 아이 10
들의 신체를 운동선수처럼 만들려고 하다가 그 과정에서 아이들의 외모와 성장을 저해하는 경우가 있다. 라콘인은 이런 실수는 하지 않지만, 아이들에게 과도한 훈련을 시켜 마치 야수처럼 만들어놓는다. 그들은 이런 방식이 용기를 기르는 데 가장 효과적이라고 생각한다. 그러나 여러 번 강조했듯 용기라는 한 가지 미덕만을 중점적으로 교육하거나 한 가지 미 15
덕에만 초점을 맞추어서는 안 된다.

라콘인은 용기라는 단일 미덕만을 교육한다고 주장하면서도, 실제로는 용기를 어떻게 함양해야 하는지 정확히 알지 못한다. 다른 동물이나 이민족의 사례를 보면, 용기는 야수처럼 사나운 자들이 아니라 오히려 사자처럼 온순한 자들에게서 발견된다는 것을 알 수 있다. 이민족 중 일부는 사람들을 죽여서 아무런 거리낌 없이 인육을 먹는 경우도 있다. 특히 흑해 주변에 사는 아카이아인과 헤니오코스인[386]이 그러하며, 대륙의 다른 민족들도 이 두 부족과 비슷하거나 더 심하다. 이런 민족들은 해적질이나 약탈을 통해 생존하지만, 용감한 자들이라고 볼 수는 없다.

또한, 라콘인은 과거에 청소년들에게 혹독한 훈련을 시키며 다른 국가들을 앞섰지만, 현재는 체육 경기나 전쟁에서 다른 국가들에 밀려나고 있다. 이는 라콘인이 과거에 다른 국가들을 앞서는 이유가 청소년들에게 지나친 훈련을 시켰기 때문이 아니라, 당시에는 라콘인만 청소년들을 훈련시켰던 반면, 다른 국가들은 그렇게 하지 않았기 때문이었다.

따라서 청소년들을 야수처럼 훈련시키는 것이 아니라, 훌륭한 인간으로 성장하도록 교육하는 것에 중점을 두어야 한다. 늑대와 같은 야수가 아니라 훌륭한 인간만이 위험에 맞서 훌륭하게 싸울 수 있기 때문이다. 아이들에게 지나치게 가혹한 훈련을 시키는 것은, 사실상 그들을 기술자, 즉 전쟁 기술자로 만드는 것이며, 시민이 해야 할 여러 일 중에서 오직 한 가지 일에만 유용한 자들로 만드는 것이다. 이는 앞서 이미 말했듯 그 일에서조차 다른 사람들보다 뒤떨어지는 자들로 만드는 것이다.

과거에는 라콘인만 청소년들을 교육했지만, 현재는 다른 국가들도 그렇게 하고 있으므로, 교육에 대한 다양한 대안이 존재한다. 따라서 우리는 라콘인의 과거 성과가 아니라 그들의 현재 상황을 비교하여 평가해

....

386 "아카이아인"에 대해서는 알려진 것이 없다. "헤니오코스인"은 콜키스 북서쪽 흑해 연안에 살았던 고대 부족으로, 그들이 살던 지역은 '헤니오케이아'라 불렸다.

야 한다.

이를 통해 체육의 중요성과 활용 방법에 대한 공감대가 형성된다. 사춘기 전까지는 가볍고 즐거운 체육 활동을 추구해야 하며, 성장을 방 40 해할 수 있는 강제적 식단 관리나 과한 훈련은 피하는 것이 좋다. 강제 1339a1 식단 조절과 과도한 훈련이 성공적인 결과를 가져오지 못한다는 것은, 어린 시절 올림피아 경기에서 우승했으나 성인이 되어서는 똑같은 성과 를 내지 못한 선수들의 사례에서도 명확하게 드러난다. 이처럼 청소년 시절에 과중한 훈련을 통해 체력이 고갈되었기 때문이다.

하지만 사춘기에 들어가서 3년 동안 다른 교과목들을 배운 후에는, 5 체력을 기르기 위한 훈련과 엄격한 식단을 시행해도 문제가 없다. 다만 정신과 신체를 동시에 고되게 해서는 안 된다. 정신에 과도한 부담을 지 우면 신체의 발달이 저해되고, 반대로 신체에 과도한 요구를 하면 정신 적 발전이 방해를 받는다. 10

음악이 지닌 힘과 용도

음악이 주는 힘과 그 목적에 대해 생각해보자. 음악은 교육, 놀이, 그리고 생활 습관 형성에 필요한 훈련이라는 세 가지 큰 가치를 내포하고 있다. 음악은 본래부터 모든 사람에게 즐거움을 줄 수 있는 속성을 지니고 있어, 다양한 연령과 성격을 가진 사람들이 이러한 즐거움을 공유할 수 있다. 더 나아가 음악은 인간의 성품에 직접적인 영향을 미치며, 선율 하나하나가 성격을 반영한다. 이렇게 음악이 갖는 강력한 힘을 인식할 때, 청소년들에게 음악을 가르치는 것이 필수적이라는 결론에 이른다.

음악에 대해 제기했던 여러 질문들을 토대로, 이제 음악에 관한 본격적인 논의를 펼치기에 앞서 몇 가지 사항을 짚고 넘어가고자 한다. 음악이 지닌 힘과 그 존재 목적을 명확히 규명하는 일은 결코 만만치 않기에, 이에 대한 기반을 다지는 작업이 선행되어야 할 것이다.

음악의 목적이 잠이나 술처럼 단순히 휴식과 놀이에 그치는 걸까?

에우리피데스[387]의 견해처럼, 음악이 걱정과 염려를 잠시 잊게 해주는 역할에 그치는 것일까? 그래서 사람들은 잠, 술, 음악, 춤을 같은 목적으로 여기는 걸까? 아니면 음악의 진정한 목적은 미덕을 키우는 것일까? 체육이 특정한 신체 상태를 만들어내듯, 음악도 바른 즐거움을 느끼는 습관을 길러주어 훌륭한 성품을 만들어낼 수 있지 않을까? 혹은 음악이 삶의 방식을 형성하고 지혜를 키우는 데 도움이 되는 걸까? 우리는 이전에 언급한 두 가지 가능성 외에도 세 번째 가능성을 고려해봐야 한다.

그러나 청소년들을 가르치는 목적이 놀이여서는 안 된다. 학습은 수고스러운 과정이므로, 유희를 통해 배울 수는 없기 때문이다. 또한, 그 연령대 아이들에게는 특정한 생활방식을 훈련하는 것도 적절하지 않다. 그들은 아직 성장 과정에 있는 아이들이기에 삶의 궁극적인 목표를 향한 훈련이 적절하지 않기 때문이다.

성인이 되어 음악을 충분히 향유하기 위해서는 어릴 때부터 음악을 열심히 배워야 한다는 관점도 있다. 그렇다면 아이들은 페르세스인[388]과 메도스인의 왕들처럼 다른 사람들이 연주하는 음악을 들으며 즐기는 것이 아니라, 왜 직접 악기를 배워야 하는 것일까? 전문 연주자들이 교과목으로만 배운 사람들보다 더 뛰어날 수밖에 없기 때문일까? 만약 그렇다면, 요리도 직접 배워야 한다는 말인데 이는 말이 안 된다.

....

387 각주 139를 참조하라.

388 "페르시스인"은 페르시아인을 가리키고, "메도스인"은 메디아인을 가리킨다. 이 두 부족은 동일한 이란계 아리아인으로 서로 동일한 민족이다. 기원전 1,000년경에 이 두 부족은 이란고원으로 이주해서, 메디아인은 고원의 서북부에, 페르시아인은 서남부 페르시스 지방에 정착했다. 기원전 6세기에 처음에는 메디아인이 강성해져 제국을 이루었지만, 나중에는 페르시아인이 바빌로니아 제국과 메디아를 무너뜨리고 제국을 건설했다.

제5장 음악이 지닌 힘과 용도
....

음악이 더 나은 성품을 만드는 힘을 지닌다고 해도, 같은 문제가 발생한다. 왜 아이들은 직접 악기를 연주하는 것을 배워야 하며, 다른 사람들이 연주하는 것을 듣고 즐기며 평가하는 능력을 키우면 안 되는 것일까? 라콘인처럼 악기 연주를 배우지 않더라도, 어떤 노래가 유익하고 어떤 노래가 그렇지 않은지를 잘 판단할 수 있다는데 말이다.

5   음악이 자유민에게 건강하고 행복한 생활방식을 만드는 데 도움이 된다 해도, 같은 질문을 할 수 있다. 왜 아이들은 악기 연주를 직접 배워야 하며, 타인의 연주를 감상하고 즐기는 것으로는 부족한 것일까? 이때 신들에 대한 우리의 생각을 떠올려볼 수 있다. 시인들에 따르면, 제우스는 직접 노래하거나 키타라[389]를 연주하지 않는다. 우리는 노래하고 키타라를 연주하는 사람들을 음악 기술자라고 하며, 일반 남성들은 술에 취했거나 놀 때 외에는 직접 노래하거나 키타라를 연주하지 않는다.

10

그러나 이 문제에 대해서는 나중에 더 자세히 살펴보기로 하고, 우리가 먼저 규명해야 할 것은 음악을 교과목에 포함시켜야 하는지, 그리고 음악이 교육, 놀이, 생활방식 훈련 중 무엇을 목표로 하는지이다.

15   음악은 이 세 가지 효과를 모두 지니고 있어서, 당연히 이 세 가지 용도로 사용될 수 있다. 놀이는 휴식을 위한 것이며, 힘들고 고통스러운 일의 치료제인 휴식은 즐거워야 한다. 훌륭함과 즐거움은 모두 행복의 핵심 요소이므로, 사람들이 말하듯이 행복한 생활방식은 훌륭하면서도 즐거워야 한다.

....

389 "키타라"는 고대 그리스의 발현악기로, "리라"에서 발전했다. "키타라" 또는 "리라"는 아폴론 신의 악기로, 술의 신 디오니소스의 악기인 "아울로스"라 불리는 피리와 함께 고대 그리스 음악의 대표적인 악기다. "아울로스"가 디오니소스 신에 적합한 황홀과 정열과 관능을 상징한 반면, "키타라"는 냉정한 지성을 대표하는 악기였다.

제8권 가장 훌륭한 정치체제에서의 청소년 교육
....
476

우리 모두는 음악이, 악기 연주만으로 이루어져 있든, 노래가 함께   20
이루어져 있든, 가장 큰 즐거움 중 하나라는 데 동의한다. 무사이오스[390]
는 "노래하는 것은 인간에게 가장 즐거운 것이다"라고 말했다. 사람들이
사회적 모임에서나 일상생활에서 음악을 찾는 이유는 음악에는 사람들
을 즐겁게 하는 힘이 있기 때문이다.

따라서 청소년들이 음악 교육을 받아야 하는 이유도 여기에 있다.
해로운 요소가 없는 즐거움은 삶의 최종 목표를 위해 유용하며, 휴식을   25
위해서도 유용하다. 비록 음악으로 삶의 궁극적 목표에 도달하는 일은
드물고, 대개는 무심코 음악의 즐거움에 빠져 휴식을 취하고 노는 것이
일반적이지만 말이다. 그래서 음악이 주는 즐거움으로 잠시 휴식을 취하   30
는 것도 유용하다.

사람들은 흔히 유희를 삶의 궁극적 목표로 여긴다. 아마도 삶의 궁
극적 목표에는 어떤 형태로든 즐거움이 내포되어 있기 때문일 것이다.
삶의 목표에 포함된 즐거움은 평범한 즐거움이 아니지만, 사람들은 그
즐거움을 찾다가 평범한 즐거움을 그 즐거움으로 오해한다. 평범한 즐거
움이 그들이 하는 일의 최종 결과와 유사하기 때문이다.   35

삶의 궁극적 목표는 미래에 획득할 무언가를 고려했을 때 바람직한
것이 아니라, 그 자체로 바람직한 것이어야 한다. 사람들이 느끼는 일에
서 오는 즐거움은 미래의 어떤 것 때문이 아니라, 과거의 어려웠던 일들
에 비해 상대적으로 바람직하기 때문에 생긴다. 그래서 사람들은 그런
즐거움을 통해 행복을 추구하려고 하는 것으로 보인다. 그러나 사람들이   40

....

390 "무사이오스"는 고대 그리스에서 호메로스 이전 시기, 즉 기원전 8세기 이전에 활
동한 전설적인 시인, 철학자, 예언자, 제관이었다. 그는 아티카 지방에서 종교시
의 창시자였다고 한다.

음악을 즐기는 것은 단지 그런 즐거움 때문만이 아니라, 음악이 휴식에 유용하기 때문이다.

그러나 그런 유용성은 부수적인 것일 뿐, 음악의 본질은 그보다 더 가치 있는 것 아닐까? 음악은 본성적으로 모든 연령과 성격의 사람들에

5 게 즐거움을 줄 수 있다. 그러나 이 보편적인 즐거움을 음악에서 느끼고 즐긴다는 것만으로는 충분하지 않다. 음악이 사람의 성격과 정신에 어떤 영향을 미치는지, 그리고 어떻게 영향을 미치는지도 알아보아야 한다.

만약 음악이 성격에 영향을 미친다면, 음악 속에는 분명히 그런 힘이 내재되어 있는 것이다. 음악이 성격에 영향을 미친다는 사실은 여러 선율이 보여주지만, 특히 올림포스[391]의 노래들이 그 힘을 분명히 보여준

10 다. 그의 노래들은 사람들을 열광시킨다고 모두가 인정하는데, 이런 열광은 혼의 성격이 영향을 받아 일어나는 것이다. 또한, 공연할 때 사람들은 리듬과 선율만 듣고도 모두 공감한다.

음악은 즐거움을 주는 요소 중 하나이고, 미덕이란 올바르게 기뻐하

15 고 사랑하고 미워하는 것이다. 따라서 올바른 판단, 훌륭한 성품과 행동을 기뻐하고 익히는 것보다 중요한 일은 없다. 그런데 리듬과 선율 속에

20 는 분노, 온화함, 용기, 절제와 그 반대되는 모든 것, 그리고 그 외의 다른 윤리적인 감정들이 현실에서 느끼는 것과 가장 비슷한 형태로 들어 있다고 모두가 동의한다. 리듬과 선율을 들으면 우리 혼에 변화가 일어나는 것을 경험적으로 알 수 있다. 리듬과 선율을 듣고서 괴로워하거나 기뻐하는 것이 습관화되면, 그것은 현실에서 괴로워하거나 기뻐하는 것이 습

....

391 "올림포스"는 기원전 7세기에 소아시아 프리기아 지방 출신으로, "프리기아 선법" 을 창안해 "아울로스"라는 피리를 위한 곡들을 작곡한 음악가다. 아래에서 말하듯 이 "프리기아 선법"은 사람들을 열광하게 하는 선법이다.

관화되는 것과 매우 비슷하다. 어떤 사람을 완벽하게 그려낸 것을 보고, 25
그 모습 때문에 기쁨을 느끼는 이라면, 현실에서 그 사람을 직접 볼 때도
기쁨을 느낄 것이 분명하다.

　다른 감각기관 중에서 촉각이나 미각은 물체의 실제 성격을 유사하
게 표현할 수 없다. 오직 시각이 그럴 수 있는데, 형태가 물체의 실제 성 30
격을 보여주기 때문이다. 그러나 시각조차도 그럴 수 있는 부분이 제한
적이어서, 시각이 보여주는 것을 모든 사람이 느낄 수 있는 것은 아니다.
게다가 시각은 물체의 실제 성격을 모방해서 보여주는 것이 아니라, 시
각이 보여주는 형태와 색깔은 물체의 실제 성격에 대한 표상이므로, 그
표상을 이해했을 때만 느낄 수 있다. 그러나 그런 표상들을 보는 것은 우 35
리에게 영향을 미치므로, 청소년들은 파우손의 작품이 아니라, 폴리그노
토스[392]를 비롯한 성격을 묘사한 화가나 조각가의 작품을 보아야 한다.

　반면에, 선율은 그 자체로 성격을 모방하는 특성을 지니고 있다. 이
는 분명한 사실이다. 선법들[393]은 본질적으로 서로 다르기 때문에, 듣는 40
사람들에게 각각 다른 영향을 미치며, 사람들은 각각의 선법에 대해 다
른 반응을 보이기 때문이다.

....

392　"폴리그노토스"는 기원전 5세기 중반에 아테네에서 활동한 조각가다. 그의 가장
　　중요한 작품은 소아시아 카리아 지방에 있던 그리스 식민지 크니도스인이 델포이
　　아폴론 신전에 세운 회의장 벽면에 새긴 조각이다. "파우손"에 대해서는 알려진
　　것이 없다.

393　"선법"(ἁρμονία, '하르모니아')은 음악에서 악곡의 음 구조를 표현하는 용어다. 한 옥
　　타브 범위 안에서 음의 높이 순서대로 배열한 것을 "음계"라고 한다면, "선법"은 이
　　음계에서 음들 사이의 관계 구조, 즉 온음과 반음의 위치 차이를 의미한다. 그래
　　서, 같은 7음으로 구성된 음계라도 온음과 반음의 위치 관계가 달라지면, 그것은
　　서로 다른 선법이 된다. 주로 고대 그리스 음악에서 음계 조직을 설명할 때 선법
　　이라는 용어를 사용한다.

제5장 음악이 지닌 힘과 용도
....

가령, 혼합 리디아 선법[394]과 같은 일부 선법을 들으면 비장해지고, 긴장을 풀어주는 선법을 들으면 마음이 부드러워지며, 도리스 선법[395]은 중간 정도의 반응을 보여주어 사람을 차분하게 만든다. 사람들은 오직 도리스 선법을 들었을 때만 그런 반응을 보인다. 또한, 프리기아 선법[396]은 사람들을 열광하게 한다. 이 분야의 전문가들은 경험적 사실들을 증거로 삼아 이런 말들을 하는 것이므로, 그들의 말들은 옳다.

리듬과 관련해서도 같은 원리가 적용된다. 어떤 리듬은 사람들을 더욱 차분하게 만들지만, 또 어떤 리듬은 사람들의 몸을 들썩이게 한다. 그중 일부는 좀 더 저속한 동작을 이끌어내기도 하고, 자유민에게 더 어울리는 고상한 동작을 불러일으키기도 한다.

그래서 이것에서 분명한 것은, 음악이 혼의 성격을 형성하는 데 영향을 미치는 능력이 있다는 것이다. 그리고 음악에 그런 힘이 있다면, 음악을 교과목으로 도입하여 청소년들에게 가르쳐야 한다는 것이 명확하다. 또한, 청소년기의 천성은 음악 교육에 적합하다. 청소년기에는 달콤하지 않은 것에 대해서는 참지 않는데, 음악은 본성상 달콤하기 때문이다. 뿐만 아니라, 인간의 혼은 음악의 선율과 리듬에 대해 친화력을 지닌 것 같다. 그래서 많은 현자는 혼 자체가 선법이라고 말하거나, 혼이 선법을 지니고 있다고 말하기도 한다.

....

394 "혼합 리디아 선법"은 기원전 7세기 시인이자 음악가였던 "사포"가 창안한 것이라고 한다. "사포"(기원전 약 630-570년)는 소아시아 그리스 식민지 레스보스섬 출신의 여류 서정시인이다.
395 "도리스 선법"(또는 도리아 선법)은 헬라스인 부족 중 하나인 도리아인의 이름을 딴 명칭이다.
396 "프리기아 선법"은 이 선법을 창안한 인물이 "프리기아" 출신인 "올림포스"여서 그런 명칭이 붙었다.

제6장

음악 교육을 어떻게 해야 하는가

청소년들에게 노래와 악기 연주의 기본 능력을 기르게 하는 음악 교육은 필요하다. 하지만 전문 연주 경연 대회를 목표로 기교만 추구하거나 기발하고 특이한 곡에만 집중하기보다는, 음악의 본질과 즐거움을 누릴 수 있는 균형 잡힌 교육이 이뤄져야 한다. 악기 선정에도 주의를 기울여야 하는데, 피리 같은 일부 악기는 피하는 것이 좋다.

우리가 다시 생각해봐야 할 문제는 청소년들에게 노래와 연주를 직접 하게 해야 하는지 여부다. 직접 노래하고 연주해보면 그에 대한 이해도가 크게 높아진다는 점은 분명하다. 직접 경험하지 않고서는 정확한 평가가 불가능하거나 매우 어렵기 때문이다.

유아들에게는 놀이감이 필요하다. 아르키타스가 고안한 딸랑이는 유아들에게 매우 유용한 발명품이다. 아기들은 잠깐도 가만히 있지를 못하므로, 만일 장난감이 없다면 집 안을 망칠 것이다. 하지만 이 딸랑이를 아기들에게 주면 그런 일은 일어나지 않는다. 그래서 아기들에게는 딸랑

30 이가 적합한데, 아기보다 나이가 많은 청소년에게는 교육이 딸랑이 같은 기능을 한다.[397]

그러므로 청소년들에게 음악을 가르쳐서 그들이 직접 노래하고 연주할 수 있게 해야 한다는 것이 분명하다. 그리고 나이에 따라 어떤 것이 적절하고 어떤 것이 그렇지 않은지를 결정하는 것은 어렵지 않다. 또한,
35 직접 노래하고 연주하는 것을 하찮게 여기는 인식을 바꾸는 것도 그리 어려운 일이 아니다.

청소년기에 노래와 연주를 배우는 목적은 훗날 다른 이의 연주를 제대로 평가하기 위함이다. 그래서 청소년 때 그것들을 배웠다면, 노래와 연주를 바르게 평가하고 즐길 줄 아는 나이가 되었을 때는 직접 하지 않아도 된다.

40 음악이 사람을 비천하게 만든다고 비난하는 사람들이 있다. 그러나 시민의 덕목을 교육받는 이들에게 얼마나 노래와 연주를 가르쳐야 하는
1341a1 지, 어떤 선율과 어떤 리듬을 노래하고 연주해야 하는지, 어떤 악기를 사용해야 하는지를 고려해보면, 그런 비난은 쉽게 해소될 것이다. 이전에도 언급했듯, 어떤 음악은 사람을 비천하게 만들지만, 어떤 악기로 무엇
5 을 배우는지에 따라 그 효과는 달라지므로, 이런 질문들에 대한 답변이 그런 비난을 해결해줄 것이다.

청소년기의 음악 교육이 성인기 활동에 부정적인 영향을 끼치거나, 신체를 약화시켜 시민이나 전사로서의 훈련을 받을 수 없게 하거나, 청소년기의 신체적·지적 발달을 저해해서는 안 된다는 것은 명확하다. 따

....

397 "아르키타스"(기원전 약 435-360년)는 남부 이탈리아 그리스 식민지 타라스의 정치가, 수학자, 음악 이론가, 철학자로, 피타고라스 학파의 과학자였고, 플라톤의 친구였다. 그는 수리물리학의 창시자로 유명하다. 확인된 것은 아니지만, 그의 이력으로 보아, 이 "딸랑이"를 발명한 것은 그였던 것으로 보인다.

라서 청소년들은 전문 연주자의 경연 대회에 나가기 위해 연주 기술에만 10
전념하거나 경연 대회에서 연주된 기발하고 특이한 곡들을 교과 과정에
도입해 배우려 해서는 안 된다. 오히려 청소년들은 일부 동물들과 다수 15
의 노예, 어린아이들도 공통적으로 즐기는 음악에 그치지 않고, 훌륭한
선율과 리듬을 감상하고 향유할 수 있는 수준에 도달해야 한다.

이런 것을 고려한다면 어떤 악기를 사용해야 하는지도 명확해진다.
피리는 음악 교육에 적합하지 않으며, 키타라나 그와 비슷한 전문적인
악기들도 사용해서는 안 된다. 우리는 음악 교육뿐만 아니라 다른 교육 20
에서도 좋은 인성을 길러줄 수 있는 악기들을 사용해야 한다. 피리는 도
덕적 성향을 기르기 보다는 종교적 감정을 자극하는 역할을 하므로, 청
소년 교육보다는 청중의 정서를 정화하려는 상황에 더 적합하다. 또한,
피리를 사용하면 말을 못하게 된다는 점도 음악 교육에 사용하는 것이 25
부적절한 이유다.

그래서 우리 조상들이 처음에는 피리를 사용하다가 나중에는 청소
년들과 자유민들에게 그것을 금한 것은 현명한 결정이었다.

우리 선조들은 부유해지면서 여가가 생기고, 미덕에 대한 열망이 커
지며, 페르시아 전쟁 전후의 업적으로 자부심이 높아지자, 실용성과 무 30
관하게 다양한 지식을 습득하고자 하는 욕구가 강해졌다. 그 결과로 피
리 교육이 교과과정에 포함되었다. 라케다이몬에서는 합창가무단의 단
장이 춤추는 단원들을 위해 피리를 연주하기도 했고, 아테네에서는 대부
분 자유민이 직접 피리를 배우고 연주할 정도였다. 트라시포스[398]가 합창 35
가무단 단장을 맡았을 때 에크판티데스를 기리기 위해 세운 기념판이 이

....

398 "트라시포스"는 기원전 348년에 플라톤의 유언을 집행한 여섯 사람 중 한 명이고,
"에크판티데스"는 기원전 5세기 중반에 활동한 희극 시인을 가리킨다.

를 잘 보여준다.

그러나 이런 시행착오를 거친 결과, 사람들이 미덕에 적합한 것과 그렇지 않은 것을 더욱 정확하게 판단할 수 있게 되면서, 피리 연주는 부적합하다는 인식이 확산되어 기피되었다. 더불어, 펙티스, 바르비토스, 그리고 청중을 즐겁게 하기 위해 사용되는 펩타고논, 트리고논, 삼비케 등과 같이 전문적인 연주 기술을 필요로 하는 많은 옛 악기들도 마찬가지로 부적합하다는 인식 속에 배척되었다.[399]

피리에 대한 옛 이야기 중에는 아테나 여신[400]이 피리를 발명했지만, 결국에는 그것을 버렸다는 신화가 있다. 아테나 여신이 피리를 연주하다 가 자신의 얼굴이 일그러지는 것을 참지 못해 피리를 내팽개쳤다는 이야기는 전혀 무리한 것이 아니다. 그러나 아테나 여신은 지식과 기술을 주관하는 여신이므로, 피리를 배우고 연주하는 것이 지성에 도움이 되지 않는다는 것이 더 큰 이유였을 것이다.

우리는 청소년들에게 악기 연주를 전문적으로, 즉 경연 대회를 목표로 가르치는 것이 부적절하다고 여겨 배제한다. 그런 교육은 연주자의 미덕이 아니라 청중의 저급한 쾌락을 위한 것이기 때문이다. 그래서 우리는 그런 연주가 자유민에게는 어울리지 않고 일용 노동자에게 더 적합하다고 본다. 따라서 그렇게 연주하는 사람은 비천한 기술자나 다름없다. 그런 연주자의 목적과 의도가 사악하다고 볼 수 있기 때문이다. 천박

....

399 "펙티스"는 고대 리디아인이 사용한 하프 모양의 현악기이고, "바르비토스"는 많은 현이 달린 악기다. "펩타고논"은 칠각형 모양의 현악기이고, "트리고논"은 삼각형 모양의 현악기이며, "삼비케"는 4개의 현이 달린 삼각형 모양의 악기다.

400 "아테나 여신"은 그리스 올림포스 열두 신 중 하나로, 제우스의 딸이다. 지혜와 전쟁의 여신이면서 동시에 실용적인 지식을 주관했다. 즉, 남자에게 필요한 기술인 농경, 원예, 항해술, 여자에게 필요한 직물, 수공예, 요리 등을 주관했다.

한 청중 연주자에게 자신들의 선호에 맞게 연주할 것을 요구하고, 자기 취향에 따라 연주를 이끌어감으로써 음악을 왜곡하고 연주자의 몸을 망가뜨린다.

선법과 리듬

모든 선법을 활용하는 것이 중요하지만, 교육 목적으로는 도리스 선법처럼 도덕적 품성을 반영한 선법들을, 청중에게 연주할 목적으로는 행동을 유발하거나 프리기아 선법처럼 열광을 이끌어내는 선법들을 사용해야 한다. 또한, 노년을 대비하여 저음의 느슨한 선법도 습득해두는 것이 필요하다. 그러므로 음악 교육에 있어 고려해야 할 세 가지 기준은 중용, 가능성, 적합성이다.

이제 우리가 주목할 부분은 선법과 리듬이다. 청소년 음악 교육에
20 모든 선법과 리듬을 다 써야 할지, 아니면 일부만 골라 써야 할지 고민해봐야 한다. 그리고 이런 기준을 음악에 매진하는 이들에게도 적용해야 하는지, 아니면 다른 기준을 적용해야 하는지도 생각해봐야 한다. 음악
25 은 선율과 리듬으로 이뤄져 있는데, 선율과 리듬이 각각 어떤 교육적 가치를 지니는지, 그리고 훌륭한 선율의 음악과 훌륭한 리듬의 음악 중 어느 쪽을 우선해야 하는지도 밝혀내야 한다.
그러나 오늘날 음악가나 철학자 중에서 음악 교육에 경험이 있는 몇

몇 사람이 이 주제에 대해 이미 훌륭한 이야기를 했다. 그래서 이런 문제들을 세세하게 탐구하려는 사람들은 그런 음악가와 철학자들에게 맡기 30 기로 하고, 여기서는 대략적으로만 살펴보고자 한다.

일부 철학자들은 선율을 도덕적 성품을 반영하는 것, 행동을 유발하는 것, 열광을 불러일으키는 것으로 나누어, 각 선법을 성격에 따라 이 35 셋 중 하나로 분류하는데, 우리 역시 이러한 분류에 공감한다. 더불어, 우리는 음악이 단일한 목적이 아닌 다양한 목적으로 활용되어야 한다고 주장한다. 음악은 교육, 정화[401]—여기서는 정화라는 용어에 대한 설명은 생략하고, 『시학』에서 상세히 다룰 것이다—그리고 세 번째로는 생활방 40 식과 연결된, 긴장과 이완 그리고 휴식을 위한 것이기 때문이다.

여기서 중요한 점은 모든 선법을 활용해야 하지만, 같은 방식으로 1342a1 일괄 적용해서는 안 된다는 것이다. 교육 목적으로는 도덕적 성품을 반영하는 선법들을, 청중을 위한 연주에서는 행동을 유발하거나 열광을 불러일으키는 선법들을 사용해야 한다. 이는 연민이나 공포, 열광과 같이 5 강력한 영향을 주는 감정들은 일부뿐 아니라 모든 사람에게 영향을 주며, 정도의 차이만 있기 때문이다.

우리는 열광에 사로잡힌 사람이 사람의 혼을 일깨우는 선율을 들으 10 면, 숭고한 선율에 의해 마치 치료나 정화를 받은 듯 변화하는 모습을 볼 수 있다. 이때 연민이나 공포 등 다른 감정에 사로잡힌 사람들도 각자가 느끼는 종교적 감정의 정도에 따라 같은 경험을 하며, 어떤 정화와 즐거 15 움을 동반한 안도감을 느낀다. 행동을 유발하는 선율은 사람들에게 해

....

401 "정화"로 번역한 '카타르시스'($\kappa \acute{\alpha} \theta \alpha \rho \sigma \iota \varsigma$)는 죄나 더러움으로부터 "깨끗하게 하는 것"을 가리키는데, 여기서는 여러 가지 복잡하게 쌓여 있던 좋지 않은 감정을 풀어주어 순화시키는 것을 가리킨다.

없는 기쁨을 주기도 한다.

이런 이유로, 청중 앞에서 경연하는 음악가들은 이런 선법과 선율을 사용하는 것이 허용되어야 한다. 청중은 두 부류로 나눌 수 있는데, 하나
20 는 교육받은 자유민들이고, 다른 하나는 기술자, 일용노동자 등과 같은 저급한 계층이다. 후자에게도 휴식을 위한 경연과 볼거리가 제공되어야 한다.

그런데 이런 사람들의 혼은 본래의 순수한 상태에서 벗어나 왜곡되고 변질되어 있으므로, 그들이 좋아하는 선법들은 바르지 못하고, 선율
25 들도 자극적이고 타락해 있다. 사람들은 각자의 본성에 맞는 것에서 즐거움을 느끼는 법이다. 따라서 경연하는 사람들에게는 이런 부류의 청중을 위해 그런 종류의 음악을 사용하는 것이 허용되어야 한다.

그러나 앞서 언급했듯, 교육을 위해서는 도덕적 성품을 반영하는 선
30 율과 선법을 사용해야 한다. 그리고 도리스 선법이 바로 그런 것이다. 하지만 철학적 탐구와 음악 교육을 해온 사람들이 우리에게 권장하는 다른 선법들을 사용하는 것도 무방하다. 『국가』에서 소크라테스가 도리스 선법 외에 프리기아 선법만을 허용한 것과, 악기 중에서 피리를 사용하지
1342b1 못하게 한 것도 잘못이다. 프리기아 선법과 피리가 가지는 힘은 동일한데, 종교적인 감정을 불러일으키는 것이기 때문이다.

이를 증명하는 것은 시(詩)이다. 모든 종교적 열광[402]과 그와 유사한
5 감정을 가장 잘 나타내는 것은 악기로는 피리이고, 선법 중에서는 프리기아 선법이다. 다시 한번 강조하지만, 이를 명확히 보여주는 것은 시다.

....

402 일반적으로 "디오니소스"로 알려진 "박코스"는 고대 그리스의 종교와 신화에서 포도 수확, 포도주 제조, 과수원과 과실, 식물, 다산, 종교적 열광, 축제, 연극을 주관하는 신이다. "피리"(αὐλός, '아울로스')는 디오니소스의 악기다. "박코스"는 로마의 주신 "바쿠스"의 그리스어 표기다.

예를 들어, 많은 사람이 인정하는 것처럼 디티람보스[403]는 프리기아 선법을 사용한다. 이 분야 전문가들은 이를 증명하는 많은 예를 드는데, 필록세노스[404]가 『미시아인들』이라는 제목의 디티람보스를 처음에는 도리스 선법으로 작곡하려다가 잘 풀리지 않아, 디티람보스의 성격에 잘 맞는 프리기아 선법으로 다시 돌아간 것도 그 예 중 하나다.

도리스 선법이 가장 안정적이고 남성적인 성격을 가장 잘 표현한다는 것에는 모두가 동의한다. 또한, 우리는 양극단 사이의 중도를 칭찬하고 중용을 지향해야 한다고 말하는데, 그런 관점에서 볼 때 도리스 선법은 본질적으로 다른 모든 선법의 중심에 위치하여 있어, 청소년들의 교육에 가장 적합하다는 사실이 자명하다.

그러나 선법을 선택할 때 고려해야 할 것은 가능성과 적합성, 이 두 가지다. 사람들은 각자에게 가능하고 적합한 것을 추구해야 하기 때문이다. 그리고 가능한 것과 적합한 것이 무엇인지는 연령에 따라 결정된다.

예를 들어, 나이가 많아 노쇠한 사람들은 고음의 격렬한 선법을 사용해 노래하는 것이 쉽지 않아, 이들에게는 저음의 느슨한 선법이 적합하다. 이런 이유로 소크라테스가 저음의 느슨한 선법이 술에 취한 것처럼 도취하게 하는 게 아니라 무기력하게 하는 효과가 있어 교육 목적으로 부적합하다고 지적하고 배제한 것에 대해 몇몇 음악가들이 비난한 것

....

403 "디티람보스"는 포도주와 다산의 신 디오니소스의 별명이기도 하고, 고대 그리스 디오니소스 축제에서 이 신을 찬양하며 춤출 때 부른 노래의 명칭이기도 하다. 아테네에서는 50여 명의 성인 남자나 소년들이 피리를 반주로 해서 원형으로 대열을 이루어 춤추며 "디티람보스"를 불렀다.

404 "필록세노스"(기원전 약 435-380년)는 고대 그리스에서 가장 중요한 "디티람보스" 시인 중 한 명이었다. 24편의 디티람보스 중에서 그의 대표작은 외눈박이 거인 키클롭스와 요정 갈라테아의 사랑을 익살스럽게 표현한 소극 『키클롭스』이다.

은 타당하다.

30   그래서 청소년들은 나중에 그들에게 찾아올 노년을 대비해 이런 선법들과 선율들을 배워두어야 한다. 또한, 질서와 교육을 위해서라면 아동기에 적합한 선법이 무엇이든 청소년들에게 가르쳐야 한다. 특히 리디아 선법이 그런 선법으로 보인다. 그러므로 음악 교육에 있어 중용, 가능성, 적합성이라는 세 가지 기준을 고려해야 함은 명백하다.

현실에서 구현 가능한
가장 우수한 정치체제에 관한 탐구

박문재

21세기에 들어서 우리는 첨예한 대립과 갈등으로 숨 막히는 시대를 살아가고 있다. 빈부 격차는 엄청나게 벌어졌을 뿐만 아니라, 사상과 가치관의 차이도 그에 못지않게 급속도로 심화되고 있다. 20세기에는 어느 정도 합의된 사상과 가치관이 있었지만, 21세기에 들어서는 모든 것이 상대화되어 사상과 가치관은 극단적으로 분화되었다. 이제 사람들은 각자의 가치를 존중하고 인정받는 것을 이상으로 삼는다.

1960년대와 70년대에는 자크 데리다, 미셸 푸코, 질 들뢰즈, 자크 라캉 등의 프랑스 철학자들을 중심으로 탈구조주의와 포스트모더니즘 운동이 일어났다. 이들은 근대주의의 이성 중심주의에 근본적인 의문을 제기하며, 객관적이고 절대적인 가치를 부정하고 주관적이며 상대적인 다원주의적 가치를 지지했다. 20세기 중반에 싹튼 포스트모더니즘은 오늘날 본격적으로 꽃을 피우고 있다.

포스트모더니즘의 철학적 해석이 이 시대를 반영하는 것이라면, 아리스토텔레스의 『정치학』은 이 시대의 정치적 풍경을 생생하게 묘사한다. 그는 옳은 정치체제라면 국가 구성원 전체의 '공동 이익'을 추구해야 하며, 변질된 정치체제는 '지배층의 이익'을 위한 것이라고 주장했다. 그의 시대, 기원전 4세기 고대 그리스에서는 올바른 정치체제인 왕정, 귀족정, 혼합정이 이미 그 자리를 잃어버렸다. 변질된 정치체제인 민주정, 과두정, 참주정이 그 빈자리를 메우고 있었다.

그는 이 변질된 세 가지 체제 중에서 과두정과 참주정은 오래가지 못한다고 보았으며, 현실적으로 실현 가능한 정치체제는 민주정뿐이라고 여겼다. 참주정이 세워지더라도, 민주정과 가까운 참주정, 즉 민중 선동가들이 참주가 되어 민중 영합적인 정책을 펴는 참주정만이 가능하기 때문이었다.

아리스토텔레스가 언급하는 민주정은 민중이 지배층이 되어 전제 정치를 펼치는 것을 의미한다. 이것은 이상하게 들릴 수 있지만, 민주정은 기본적으로 다수인 대중이 지배층인 그들 자신을 위해 국가를 다스리는 정치체제라는 것이다. 그는 인간 본성상 지배층은 자기 권력을 극대화하려 하므로, 그것이 체제 변혁의 원인이 된다고 말했다. 그러나 국가 규모가 커지고 민중의 힘이 커지면서 귀족이나 부자, 엘리트층에 의한 체제 변혁은 어려워졌다.

민중 독재가 심화된 민주정에서는 민중에 영합하는 민중 선동가들이 득세하게 되고, 특히 부자들과 엘리트층에 대한 공격이 심화된다. 여기에 극심한 빈부 격차까지 더해지면, 민중과 부자들 사이의 갈등과 반목은 더욱 커져 정치체제는 불안정해진다. 아리스토텔레스의 시각에서 보면, 현재의 세계는 민주정 아래에서 민중과 부자들의 갈등, 그리고 여러 부류의 민중 사이의 갈등이 거세게 분출되는 시대다. 아리스토텔레스는 민주정이 거스를 수 없는 시대의 흐름이므로, 민주정이라는 정치체제 아래에서 두 종류의 갈등을 줄이는 것이 지속 가능한 현실적인 해법이라고 말한다.

다음으로는 아리스토텔레스의 생애와 저작을 간략하게 소개한 후, 그의 『정치학』의 기초가 되는 윤리학을 자세히 살펴본다. 이어서 『정치학』에서 다룬 주요 국가인 스파르타, 아테네, 카르타고의 역사와 정치체제를 검토하고, 그가 이 책에서 계속 인용하고 비판하는 플라톤의 『국가』를 개략적으로 살펴본다. 마지막으로는 『정치학』의 구조와 내용을 소개할 예정이다.

I. 아리스토텔레스의 생애와 저작

1. 아리스토텔레스의 생애

"최고의 목적"이란 뜻의 아리스토텔레스는 기원전 384년, 북부 그리스 트라케 지방의 칼키디키에 위치한 작은 성읍 '스타게이로스'에서 부유한 가문의 아이로 태어났다. 그의 아버지 니코마코스는 마케돈의 아민타스 왕의 주치의였으나, 아리스토텔레스가 아직 어릴 적에 세상을 떠났다. 그의 어머니 이름은 파이스티스였다.

아리스토텔레스가 17살이 되었을 때, 부모님이 세상을 떠난 후에 그의 후견인이 된 프록세노스에 의해 아테네에 있는 플라톤의 '아카데메이아'로 보내졌고, 거기에서 20년 동안 학문에 열중하며 시간을 보냈다.

기원전 347년, 플라톤이 세상을 떠나자 아리스토텔레스는 아카데메이아를 플라톤의 조카 스페우시포스에게 맡기고, 철학을 후원하던 소아시아 지방 아소스의 왕 헤르메이아스에게로 갔다. 거기서 그는 헤르메이아스의 조카 피티아스와 결혼하여 피티아스라는 이름의 딸을 얻었다.

기원전 345년, 헤르메이아스가 페르시아인들에게 암살당하자 그는 레스보스섬의 미틸레네로 이동했다. 그곳에서 그는 자신의 최고의 제자이자 절친한 동료가 될 테오프라스토스를 만났다. 기원전 342년에는 마케도니아의 왕 필리포스 2세의 초청을 받아 나중에 알렉산드로스 대왕이 된 그의 13살 된 아들의 가정교사가 되었다.

기원전 335년에 그는 다시 아테네로 돌아와 자신의 독자적인 교육기관 '리케이온'을 세웠다. 아내 피티아스가 세상을 떠난 후, 동향 사람이자 노예였던 헤르필리스와 동거하여 아들을 낳았고, 그 아들에게 아버지의 이름 '니코마코스'를 붙여주었다. 『니코마코스 윤리학』은 아마도 그 아들이 필사한 것으로 보인다. 그가 남긴 대부분의 책들과 글들은 이 시기에 쓰인 것으로 추정된다.

기원전 323년, 알렉산드로스 대왕이 죽자 아테네에서는 반마케도니아 정서가 확산했고, 불경죄로 고발된 그는 자신의 어머니 가문의 영지가 있던 에우보이아의 칼키스로 떠났다. 거기서 1년 후인 기원전 322년, 62세의 나이로 세상을 떠났다.

2. 시대적 배경

아리스토텔레스(기원전 384-322년)가 살았던 시기는 고대 그리스의 고전 시대 말기(기원전 480-323년)에 해당한다. 이 기간은 대략 기원전 5세기와 4세기에 걸쳐 200여 년 동안 이어졌다.

이 시기는 페르시아 제국의 지배에서 점차 벗어나는 동안, 동부 에게해의 식민지 지역인 이오니아와 그리스 본토 북부 지역인 마케도니아의 영향력이 서서히 커지던 때였다. 특히 이오니아와 마케도니아는 자체적인 힘을 모으며 점차 독립적인 세력으로 부상했다.

두 번째로 이 시기는 민주주의가 꽃피웠던 아테네(또는 아테네)의 전성기였다. 아테네의 민주주의는 이 시대의 특징 중 하나로, 이를 통해 아테네는 그 시대의 주요 세력 중 하나로 자리잡았다.

　세 번째로 제1차와 제2차 펠로폰네소스 전쟁(기원전 431-404년), 코린토스 전쟁(기원전 394-386년)이 발발하면서 아테네가 주도권을 상실하고, 스파르타와 테베의 패권이 형성된 시기였다. 이 전쟁들은 그리스 내부의 세력 균형을 재편하는 계기가 되었다.

　마지막으로, 이 시기는 필리포스 2세(재위 기원전 382-336년)와 알렉산드로스 대왕(재위 기원전 336-323년)의 지도력 아래 마케도니아 세력이 급격히 팽창하던 시기였다. 이 두 인물의 리더십 아래 마케도니아는 그 시대의 주요 세력 중 하나로 부상했다.

3. 아리스토텔레스의 저작과 사상

　아리스토텔레스의 저서들은 영어로 번역하면 약 2,500페이지에 이르지만, 그중 대부분은 출판을 위해 쓴 글들이 아니고, 일부는 강의 노트나 메모 형태로 전해지고 있다. 저작들은 난해하여 이해하기가 어렵다는 평가를 받지만, 그의 지식의 깊이와 넓이는 상상을 초월한다. 그가 다룬 분야들은 논리학, 형이상학, 인식론, 심리학, 윤리학, 정치학, 수사학, 미학, 동물학, 식물학, 자연학, 철학사, 정치사 등 무척 다양하다. 단테가 그를 "지식이 있는 자들의 스승"이라고 칭한 것이 결코 과장된 표현이 아님을 보여준다.

(1) 논리학

　논리학 분야에서 그가 쓴 『분석론 전서』는 형식 논리학과 관련한 가장 오래된 연구라는 평을 듣는다. 그는 논리학이라는 말보다는 "분석론" 또는 "변증학"이라는 표현을 선호했다. 그의 논리학은 19세기에 수학적 논리학이 등장하기 전까지 서양 논리학의 주류를 이루었다. 그래서 칸트는『순수이성비판』에서 논리학은 아리스토텔레스에 의해 완성되었다고 말했다.

논리학에 관한 아리스토텔레스의 6권의 저서, 즉『범주론』,『해석론』,『분석론 전서』,『분석론 후서』,『명제론』,『소피스트 반박』은 고대로부터 모든 학문의 "도구"라는 의미에서 그리스어로 '오르가논'으로 불렸다.『범주론』은 명제의 구성 요소인 단어들에 대해,『해석론』은 명제들과 명제들의 기본적인 관계에 대해,『분석론』은 삼단논법을,『명제론』과『소피스트 반박』은 변증학을 다룬다. 앞의 네 권은 논리 언어의 문법과 정확한 추론 법칙을 다룬다는 점에서 논리학의 핵심 저작이라고 할 수 있다.『수사학』은 여기에 포함되지 않았지만,『명제론』과 밀접한 관련이 있어 자주 언급된다.

(2) 인식론과 형이상학

아리스토텔레스의 철학은 플라톤과 마찬가지로 "보편"을 추구한다는 공통점을 갖고 있지만, 그들의 접근 방식은 분명히 다르다. 플라톤은 보편이 독립적으로 존재한다고 주장하지만, 아리스토텔레스는 '특수' 안에 보편이 내재한다고 보았다. 이 차이는 두 철학자의 인식론에도 영향을 미친다. 플라톤의 인식론은 보편적인 이데아에 대한 지식에서 출발해, 그 이데아를 모방하는 특수한 사물에 대한 지식으로 나아가는 연역적 특성을 지닌다. 반면 아리스토텔레스는 이데아가 '질료' 안에 구현되어 있다고 보며, 이로 인해 그의 인식론은 연역법과 귀납법을 모두 활용한다.

그는『형이상학』에서 "실체"와 "본질"이라는 개념을 탐구하면서, 실체가 질료와 형상의 결합체라는 결론에 도달한다. 또한 현실태와 잠재태, 보편과 특수라는 개념들도 함께 검토한다.

(3) 윤리학과 정치학

아리스토텔레스는 윤리학에 관한 다양한 저서들을 남겼으며, 그중에서도 『니코마코스 윤리학』이 특히 유명하다. 그는 미덕이 특정한 사물의 고유한 기능과 관련 있다고 주장한다. 예를 들어, 눈은 시력이 좋을 때만 좋은 눈이라고 할 수 있다. 또한, 그는 인간에게도 고유한 기능이 있다고 보았는데, 그것은 이성('로고스')에 따른 정신('프쉬케')의 활동이었다. 그는 정신의 이성적인 활동이야말로 인간의 모든 의도적인 행위의 목적인 "행복"('에우다이모니아')이라고 가르쳤다.

아리스토텔레스의 윤리학이 개인을 다룬 것이라면, 그의 『정치학』은 국가를 다룬다. 그는 국가를 본성적인 공동체로 보았으며, 이에 따라 개인은 국가의 일부로, 국가는 가족이나 개인보다 더 우선하고 더 중요한 존재라고 주장했다. 이러한 관점에서 그의 유명한 말 "인간은 본성적으로 정치적 동물이다"가 탄생했다. 그는 국가를 기계적인 존재가 아니라 유기체적인 존재로 보았고, 국가의 최종 목표는 시민들이 좋은 삶을 영위하고 훌륭한 일들을 수행할 수 있게 하는 것이라고 보았다. 이러한 관점은 개개인이 폭력적인 죽음에 대한 공포로 인해 자연 상태를 포기하고 사회계약을 통해 국가를 형성했다는 근대의 사회계약 이론과는 크게 다른 관점이다.

(4) 수사학과 시학

아리스토텔레스의 철학에서 수사학은 현실에서 정의를 실현하는 핵심적인 방법론으로 자리 잡고 있다. 그에게 수사학이란, 변증학에 근거를 두고 자신이 내놓은 윤리와 정치 이론을 대중 앞에서나 법정에서 현실화하는 데 필요한 기술이었다. 당시에는 소피스트들이 정의나 윤리를 고려하지 않고 사람들의 감정만을 조작하여 자신들의 이익을 추구했으나, 아리스토텔레스는 변증법적인 기반 위에서 국가에 유익하고 정의롭고 뛰어난 것이 무엇인지를 설득력 있게 입증하는 수사학이야말로 최고의 설득 기술이라고 주장했다.

이를 위해, 그는 『수사학』에서 연설자가 청중을 설득하는 데 필요한 세 가지 주요 요소인 '에토스'(연설자와 청중의 성향), '파토스'(청중의 감정), '로고스'(논리적 추론)를 제시했다. 여기서 '에토스'는 청중이나 연설자의 특정 성격이나 감정적 상태를, '파토스'는 감정을, '로고스'는 논증을 의미한다.

아리스토텔레스는 연설의 종류를 세 가지로 나눈다. 첫 번째는 선전 목적의 연설로, 주로 찬양하거나 비판하는 내용의 행사 연설이다. 두 번째는 법정에서의 변론으로, 유죄 여부를 논하는 법정 연설이다. 세 번째는 조언을 제공하는 연설로, 국가 정책이나 중요 사안에 대해 청중을 설득하는 정책 연설이다. 수사학에서는 이러한 연설을 설득력 있게 만들기 위해 '생략삼단논법'과 '예증'을 활용한다고 설명한다.

『시학』에서는 서사시, 비극, 희극, 디티람보스 시, 미술, 조각, 음악, 춤 등 다양한 예술 형태를 근본적으로 '모방'('미메시스')의 행위로 보았다. 아리스토텔레스는 이 모방을 인간과 동물을 구분 짓는 본능적 행위이자, 모든 예술가가 자연을 따라하는 과정이라고 봤다. 그의 『시학』은 원래 희극과 비극에 대해 다뤘으나, 현재는 비극에 관한 내용만 전해진다.

또한, 그는 수수께끼, 민담, 속담, 금언, 우화 등에도 큰 관심을 가지고 이를 체계적으로 수집하고 연구했다. 특히 아이소포스(이솝)의 우화를 포함해 다양한 이야기들을 연구한 것으로 알려져 있다.

II. 아리스토텔레스의 『윤리학』과 『정치학』

1. 윤리학과 정치학의 관계

아리스토텔레스의 『정치학』은 그가 쓴 『니코마코스 윤리학』의 속 편으로, 인간의 훌륭한 미덕의 삶은 가장 훌륭한 정치체제를 갖춘 국가에서 완성된다는 그의 사상을 보여준다. 이런 생각은 『정치학』의 전반에 걸쳐 직간접적으로 드러나며, 그의 정치학을 이해하려면 그의 윤리학을 먼저 알아야 한다.

『정치학』의 원제는 Πολιτικά('폴리티카')로, 이는 "πόλις('폴리스')에 관한 것"을 의미한다. '폴리스'는 고대 그리스의 도시국가를 가리키며, 이 도시는 국가 행정과 종교의 중심지였다. 즉, 엄밀하게 말하면 "국가학"을 가리킨다.

고대 그리스인들은 소아시아(아나톨리아 반도)와 인근 섬들, 남부 이탈리아와 시칠리아섬 등지에 많은 식민도시를 건설했기 때문에, 다양한 도시국가와 정치체제가 공존했다. 그중에서도 델로스 동맹의 맹주였던 아테네의 민주정과 펠로폰네소스 동맹의 맹주였던 스파르타의 과두정이 대표적인 체제였다.

"모든 인간은 본성적으로 이해하고 싶어 한다." 이 통찰은 아리스토텔레스의 저서인 『형이상학』의 첫 문장이다. 이 말은 아리스토텔레스 자신에게 가장 적합한 말이다. 그는 논리부터 수, 실체, 물리, 지식, 사고, 언어, 생물, 생리, 천문, 시간, 신, 문학, 대중 연설, 미덕, 행복 등을 포괄하는 방대한 주제들을 이해하고자 했다. 그의 현존하는 저작은 전체의 5분의 1에 불과하지만, 다 합하면 150만 단어가 넘는다.

세상과 인간 그리고 인간 사회를 "이해하고자" 한 아리스토텔레스의 이런 탐구 정신은 "국가"라는 주제에도 그대로 반영되었다. 현존하는 그의 저서는 『아테네인들의 정치체제』뿐이지만, 실제로 그는 158개에 이르는 도시국가의 정치체제를 면밀히 분석한 것으로 알려져 있다. 그는 과거와 현재의 모든 정치체제를 연구한 후, 인간이 세울 수 있는 정치체제들의 장단점을 그만의 독특하고 날카로운 통찰력으로 분석했다. 그는 기존의 정치 이론가들이 제시한 정치체제들을 검토하면서 대안을 제시할 준비를 마쳤다. 하지만 어떤 기준으로 정치체제들을 평가하고 대안을 제시할 수 있을까? 이에 대한 답을 찾기 위해 우리는 아리스토텔레스의 윤리학에 대한 저술을 살펴봐야 한다.

아리스토텔레스가 쓴 윤리학 저작으로는 『니코마코스 윤리학』과 『에우데모스 윤리학』이 있다. 전자는 10권, 후자는 8권으로 구성되어 있으며, 그중 4권은 내용이 동일하다. 이 두 저작의 관계에 대한 견해는 다양하다. 한 견해에 따르면, 아리스토텔레스의 제자 에우데모스가 스승의 강의를 필기한 『에우데모스 윤리학』을 아리스토텔레스의 아들인 니코마코스가 다시 정리해 『니코마코스 윤리학』을 썼다는 것이다.

당시 소피스트들은 수사학을 정치학의 기초로 보았다. 그들은 대중을 설득하는 수사학이 중요하다고 생각했다. 그들은 대중의 심리를 교묘히 이용해 대중의 마음을 움직이는 것이 수사학의 핵심이라고 여겼다. 하지만 아리스토텔레스는 윤리학을 정치학의 일부로, 정치학으로 나아가기 위한 준비 작업으로 생각했다. 그는 『니코마코스 윤리학』의 마지막 부분에서 "법을 만드는 것과 관련해서는 이전의 연구자들이 연구한 적이 없으므로, 우리가 직접 입법과 정치체제 전반을 검토해서, 우리의 힘이 닿는 데까지 인간에 관한 철학을 완성하는 것이 더 나을 것이다"(1181a14-15)라고 말했다. 이 말은 그가 윤리를 개인의 인격 수양을 위한 것이 아니라, 공동체 속에서 행해지는 공동체 윤리라고 생각했다는 것을 보여준다. 사실, 개인과 공동체는 서로 떼려야 뗄 수 없을 정도로 밀접하게 연관되어 있다. 그래서 아리스토텔레스는 "인간은 사회적 존재다"라고 말한다. 여기서 "사회적 존재"란 고대 그리스의 "도시국가에 속하여 한 시민으로서 살아가는 존재"를 의미한다.

아리스토텔레스는 정치가 바른 윤리를 바탕으로 이루어져야 한다고 주장했다. 정치는 국가 공동체, 즉 모든 공동체의 대표적 존재에 질서를 부여하고 그것을 다스리는 일이다. 그렇다면 어떻게 해야 할까? 『니코마코스 윤리학』에서 아리스토텔레스는 정치와 국가에 관한 많은 지식을 수집해서 알고 있다고 할지라도, 그 자료들을 바르게 평가하지 못한다면, 그 지식은 단편적일 뿐이며 정치에는 별 도움이 되지 않을 것이라고 지적했다. 이것은 정치와 국가에 관한 모든 것을 제대로 이해하고 평가하기 위해서는 바로 '윤리학'이 필요하다는 그의 견해를 보여준다.

그래서 아리스토텔레스는 인간에게 가장 좋은 것이 무엇인지를 이해하기 위해 『니코마코스 윤리학』을 쓰게 되었다. 사람들은 인간에게 가장 좋은 것을 '행복'이라고 부르는데, 그 행복이 과연 무엇인지를 살펴보자는 것이다. 그는 생물들이 즐거움을 추구하는 것을 보고, 가장 좋은 것인 행복은 가장 즐거운 것일 수밖에 없다고 말했다. 그리고 그는 '즐거움'이라는 개념을 천착해나갔다.

윤리에 대한 아리스토텔레스의 접근법은 오늘날 우리의 인식과는 큰 차이를 보인다. 우리는 윤리를 논할 때 당위와 의무를 먼저 생각하고, 즐거움이나 행복은 윤리와는 별개라고 생각한다. 그런데 아리스토텔레스는 왜 이런 방식으로 접근했을까? 그 이유는 크게 두 가지다.

첫째, 오늘날 우리는 윤리를 도덕적인 선과 악에 관한 것으로 보는 반면, 그리스에서는 '선악'보다는 "좋은 것과 나쁜 것"이라는 개념을 사용했다. 여기서 "좋은 것"은 '선'을 포함하는 개념으로, 본성에 부합하는 것을 가리킨다. "나쁜 것"은 본성에 어긋나는 것을 가리킨다. 즉, 개의 본성에 부합하는 것이 개에게 좋은 것이고, 인간의 본성에 부합하는 것이 인간에게는 좋은 것이다. 이렇게 그리스인들은 선악 개념이 아니라 "좋은 것이냐 나쁜 것이냐"라는 개념을 사용했기 때문에, 윤리를 당위와 의무가 아니라 좋은 것과 즐거운 것, 행복이라는 관점에서 바라보게 되었다. 좋은 것은 본성에 부합하는 것이기에 즐겁고 행복한 것이라는 인식이 자연스러웠기 때문이다.

둘째, 아리스토텔레스는 모든 참된 지식이 현실에서 사람들이 실제로 경험하는 것과 분리될 수 없고, 사람들의 현실적인 삶 속에 반드시 존재해야 한다고 믿었다. 실제로 그는 귀납법적 추론을 중시했다. 사람들이 현실의 삶에서 추구하는 것은 당위와 의무가 아니라 행복이고 즐거움이다. 따라서 아리스토텔레스는 인간에게 가장 좋고 즐거우며 행복한 것이 정말 무엇인지를 탐구해나가는 방식으로 윤리학을 접근했다.

2. 『니코마코스 윤리학』의 주제

(1) 전체적인 주제: 행복

이 책의 핵심 주제는 국가 공동체의 제1과제인 "국민의 행복"이 무엇인지를 탐구하는 것이다. 개개인의 행복은 중요하다. 인간은 개별적 존재이기 때문이다. 그러나 인간은 동시에 사회적 존재이기에, 개인의 행복은 공동체와 긴밀히 연결되어 있으며, 공동체 없이는 진정한 행복을 성취할 수 없다. 그래서 국가의 역할은 국민 각각이 올바르게 행복을 추구할 수 있도록 돕는 것이며, 이를 통해 국민 전체가 행복해지는 것이다. 이런 이유로 아리스토텔레스는 "인간의 행복이 무엇인가"를 『니코마코스 윤리학』의 주요 탐구 주제로 선정했다.

아리스토텔레스는, 행복을 이루기 위해서는 사람들이 다른 이유 없이 "그 자체로 선택할 만한 것"이어야 하며, 그것이 완전히 자족적인 것이어야 한다고 말했다. 그래서 인간에게 가장 좋은 것이 "행복"이라고 주장했다. 사람들이 "선택할 만한 것"은 "좋은 것"이고, 그중에서 가장 좋은 것이 가장 선택할 만한 것일 텐데, 그것이 바로 행복이다. 그리고 인간에게 좋은 것은 인간의 본성에 따른 일('에르곤')을 하는 것이다. 그 일은 동물들에게는 없고, 오직 인간에게만 주어져 있는 이성과 지성의 일이다. 그러므로 인간의 행복은 이성과 지성의 활동('에네르게이아')에 있을 수밖에 없다.

먹고 마시는 것이나 단순한 감각적인 활동에 행복이 있다고 할지라도, 그것들은 동물에게도 공통적이므로 "인간의 본성에 고유하게 좋은 것"은 아니다. 그리고 이성과 지성의 일은 인간에게 주어진 일 중에서 신과 가장 닮은 부분이다. 그러므로 인간에게 주어진 일 중에서, 신과 가장 닮은 것을 수행하는 것에 행복이 있다고 할 수 있다. 그래서 아리스토텔레스는 "가장 좋은 것", 즉 행복은 이성과 지성의 활동에 있다고 결론지었다.

(2) 도덕적 미덕과 중용

아리스토텔레스는 행복이란 이성과 지성의 활동에 있다고 주장했다. 그렇다면 이성과 지성의 활동이란 구체적으로 어떤 것일까? 아리스토텔레스는 인간을 이성을 가진 부분과 그렇지 않은 부분으로 나눈다. 여기서 자양분을 섭취하거나 감각적 지각은 이성을 지니지 않는 부분이지만, 후자는 이성의 지배를 받는다는 점에서 이성과 관련이 있다. 이성을 지닌 부분은 "행위"('프락시스')와 "제작"('포이에시스')에 관여한다.

인간의 이성적 활동 중 "행위"는 행위 자체를 목적으로 하고, "제작"

은 활동의 결과물을 목적으로 한다. 전자에는 학문적 인식, 철학적 지혜, 실천적 지혜, 직관적 지성이 관여하고, 후자에는 기술이 관여한다. 따라서 행복은 이성과 지성의 활동이며, 그 첫 번째 활동은 감각적 지각에서 생겨나는 감정과 욕망을 이성으로 통제하는 것이다. 두 번째 활동은 "행위" 자체를 이성으로 통제하는 것이다. 이 통제가 올바르게 이루어지면, 우리에게는 "성품" 혹은 "상태"('헥시스')가 생겨나며, 이것을 "미덕"('아레테')이라고 부른다. 첫 번째 활동을 바르게 하는 것을 도덕적 미덕, 두 번째 활동을 바르게 하는 것을 지적 미덕이라고 한다.

이 맥락에서 핵심은 성품 혹은 상태('헥시스')와 행위('프락시스')의 차이를 이해하는 것이다. 도덕적 미덕은 성품으로서 본성의 상태를 가리키며, 이는 지속성이 있다. 이 성품의 활동을 "행위"라고 한다. 예를 들어, 용기라는 미덕을 지닌 사람이 용기를 발휘하는 행위를 한다면, 그 행위는 용기라는 미덕에서 나온 본성적으로 용기 있는 행위가 된다. 용기라는 미덕을 지니지 않은 사람이 용기 있는 행위같이 보이는 것을 했다면, 그 행위는 우연에 따라 용기 있는 행위같이 보일 뿐, 본성적으로 용기 있는 행위는 아니다. 그리고 활동과 행위는 구별되는데, 활동은 성품과 미덕이 움직이는 것을 가리키고, 행위는 그 활동에서 발생하는 것을 가리킨다. 이러한 구별은 미덕에서 중요한 것이 개별적인 행위에 있지 않고, 성품으로서의 미덕의 활동(진정한 행위)에 있다는 것을 보여준다.

"제작"은 도덕적 미덕과는 관계가 없다. 도덕적 미덕은 성품과 행위와 관련이 있는 반면, 제작은 그와 관련 없는, 결과물을 만들어내는 기술이기 때문이다. 이 기술에는 의술, 병법, 기마술, 대중 연설을 다루는 수사학, 시학, 체육학 등이 포함된다. 따라서 아리스토텔레스는 이런 기술들에 대해서는 여기에서 다루지 않는다.

그렇다면 도덕적 미덕에서 "미덕"은 어떤 것일까? 도덕적 미덕은 감정과 욕망을 통제하는 것과 관련 있다. 모든 감정과 욕망에는 지나침과 모자람이 존재하고, 그 사이에 중용이 있다. 사람들은 바로 이 중용의 상태를 미덕이라고 부른다. 따라서 아리스토텔레스는 여러 가지 도덕적 미덕들을 설명하면서 그 중용이 어떤 것인지를 밝힌다. 그가 다루는 도덕적 미덕들에는 용기, 절제, 통이 큰 것, 후함, 포부가 큰 것, 진실함, 재치 있는 것, 정의 등이 있다.

아리스토텔레스는 도덕적 미덕들 중에서 "정의"에 대해 제5권에서 특히 깊게 다룬다. 그는 모든 도덕적 미덕을 아우르는 개념으로 정의를 사용한다. 따라서 넓은 의미에서의 정의는 모든 도덕적 미덕을 포괄하는 개념이며, 한편으로는 좁은 의미에서의 정의, 즉 특정한 미덕으로서의 정의 역시 존재한다고 주장한다. 다른 도덕적 미덕들을 설명할 때 사용한 "중간"('메소스') 또는 "중용"('메소테스')이라는 개념과 달리, 정의에 대해서는 "동등성" 또는 "공평함"('이소스')이라는 개념을 도입한다. '이소스'는 모두가 공평하게 자신의 몫을 가지며, 아무도 더 많이 갖지도 않고 덜 갖지도 않는 상태를 의미한다. 이것은 다른 도덕적 미덕들에서 지나침과 모자람이 없는 상태와 일맥상통한다.

그리고 정의와 불의에 대해 논할 때, 자신에게 불의를 행할 수 있는지에 대한 문제를 제기한다. 예를 들어, 어떤 사람이 좋은 사람이라면, 분배할 때 자신의 몫을 줄임으로써 자신에게 손해를 끼치는 행위도 불의인지에 대한 질문이다. 아리스토텔레스는 이에 대해 자신이 원하지 않는 손해를 입은 경우만 불의를 당한 것으로 정의하며, 자신이 원해서 그렇게 한 경우에는 손해는 보았지만, 자기 자신에게 불의를 행한 것이거나 불의를 당한 것은 아니라고 주장한다. 이 개념은 정의 외에도 사랑이라는 미덕과 관련하여 자기희생이라는 측면에서 중요한 의미를 지닌다.

(3) 지적 미덕

"행위"는 도덕적 미덕의 "활동"이라고 앞서 설명했다. 이에 대해, 도덕적 미덕의 활동이 아닌 것은 인간의 행위가 아니냐고 반문하는 사람도 있을 것이다. 사람들은 도덕적 미덕의 활동이 아닌 행위들도 인간의 행위라고 말한다. 하지만 이 문맥에서는 "행복이 무엇인가"를 탐구하는 과정이므로, 도덕적 미덕의 활동이 아닌 행위들은 사람의 행위라고 할 수는 있지만, 행복과 관련된 행위는 아니다.

아리스토텔레스는 이러한 행위들을 "유사성에 의한" 또는 "우연에 의한" 행위라고 표현한다. 그러나 이런 행위들은 행복과는 관계가 없으므로 이 문맥에서는 다루지 않는다. 아리스토텔레스는 진정한 것을 나타낼 때는 "본성적으로", "그 자체로"라는 표현을 사용하고, 그렇지 않은 것을 나타낼 때는 "우연에 따라"("우연히"), "유사성에 따라"라는 표현을 사용한다.

그렇다면 도덕적 미덕들은 어떻게 "활동"하는가? 도덕적 미덕들은 성품이자 상태이므로, 행위가 되기 위해서는 활동이 필요하다. 이 활동에 개입하는 것이 "지적 미덕"이다. 지적 미덕에는 보편적인 진리를 인식하는 "학문적 인식"('에피스테메'), 도덕적 미덕을 현실에 적용하여 구체적인 행위가 될 수 있도록 바르게 판단하고 선택하게 해주는 "실천적 지혜"('프로네시스'), 그 자체로 참된 것이어서 증명할 수 없는 제1원리들을 직관하여 알게 해주는 "직관적 지성"('누스'), 그리고 직관적 지성과 학문적 인식을 결합하여 모든 보편적인 진리를 알게 해주는 "철학적 지혜"('소피아')가 있다.

이런 지적 미덕들도 도덕적 미덕과 마찬가지로 성품이자 상태이지만, 끊임없이 활용되기 때문에 지적 미덕은 다른 미덕보다 더 지속적이다. 그러나 결국 도덕적 미덕에 관여하는 것은 이성과 지성이므로, 이성이 먼저 "바른 이성"이 되어야 한다. 바른 이성을 형성하는 것은 직관적 지성, 철학적 지혜, 학문적 인식이다. 이들은 보편적으로 참인 것을 다루기 때문에 이렇게 이성이 바른 이성이 되면, 인간의 성품과 도덕적 미덕들을 바르게 이끌 수 있다.

그 후에는 "실천적 지혜"가 동원되어 바른 목적을 달성할 수 있는 행위를 선택하는 법을 알려준다. 그래서 "철학적 지혜"는 도덕적 미덕의 방향을 설정하고, "실천적 지혜"는 도덕적 미덕이 구체적인 행위가 되도록 그 활동을 이끈다.

이렇게 지적 미덕들을 통해 도덕적 미덕의 활동에 필요한 여러 가지 요소가 공급되는데, 이 과정에서 중요한 두 가지는 "숙고"와 "이성적 선택"이다. 숙고는 미덕의 방향과 목적 달성을 위해 필요한 것이 무엇인지를 깊이 생각하는 것이고, 이성적 선택은 그 숙고의 결과로 의도적으로 선택하는 것이다. 이러한 숙고와 이성적 선택의 결과물이 바로 행위다. 그러므로 그런 것이 없는 것은 "미덕에 따른 행위"라고 하지 않는다.

(4) 우애

아리스토텔레스는 모든 미덕 중에서도 공동체를 유지하는 가장 중요한 미덕을 우애 또는 사랑으로 번역되는 "필리아"라고 말한다. 우애는 두 사람 사이에 서로에 대한 호감을 품고, 상대방의 행복을 바라며 도움을 주는 정신적 상태 또는 성품을 의미한다. 사람들은 좋은 것, 즐거움, 유익을 위해 친구가 되어 우애를 추구한다. 따라서 필리아는 친구 간의 사랑을 의미한다. 여기서 "친구"는 동년배끼리의 친구라는 좁은 의미가 아닌, 서로 삶을 함께 나누고 시간을 같이 보내는 사이라면 누구든 해당되는 친한 사이라는 넓은 의미가 적용된다.

우애는 부모와 자녀, 동년배 친구들, 친족들, 동료들, 정치 단체의 동지들, 동일한 국가의 시민들을 포함한 두 사람 이상이 모이는 모든 공동체에서 성립하고 작용한다. 심지어 남녀 간의 성애적인 사랑(에로스)마저도 어떤 의미에서는 가장 강력한 '필리아'라고 할 수 있다. 그러므로 우애는 가장 공동체적인 미덕이라고 할 수 있다.

앞서 다룬 모든 미덕은 "정의"라는 한 단어로 요약될 수 있다. 그런데 이 정의가 정치 공동체 안에 존재한다고 해도, 여전히 한 가지 꼭 필요한 미덕이 있는데, 그것이 바로 '필리아'다. 하지만 우애라고 해서, 거기에 다른 모든 미덕이 지닌 중용 또는 공평함이라는 속성이 배제되는 것은 아니다. 우애는 좋은 것, 즐거움, 유익을 서로에게서 얻기 위한 것이다. 따라서 우애도 두 사람 간의 "동등성" 또는 "공평함"을 기반으로 하므로, 서로 주고받는 것이 동등하지 않을 때는 사랑은 깨지고 만다. 그런 의미에서 필리아도 다른 모든 미덕의 속성을 그대로 지니고 있다.

아리스토텔레스가 이러한 모든 미덕을 다루게 된 것은 모든 미덕은 인간에게 고유한 일 중에서 "좋은 것"이고, 행복은 가장 좋은 것이어서, "좋은 것"은 행복과 연결되어 있기 때문이었다. 따라서 그는 "우애" 중에서 훌륭한 사람들 간의 사랑이 최고의 우애이고, 거기에서는 공평함이 아니라 희생이 추구된다고 말한다.

(5) 즐거움과 행복

아리스토텔레스는 모든 미덕에 대한 설명을 마친 후에, 즐거움과 행복에 대한 논의로 본문을 마무리한다. 사람들이 "행복"('에우다이모니아')이라고 부르는 것은 인간에게 "가장 좋은 것"임과 동시에 "가장 즐거운 것"이다. 이제 남은 것은 가장 좋은 것이면서 가장 즐거운 것이 무엇인지를 살펴보는 것이다.

아리스토텔레스는 즐거움을 미덕의 "활동"과 함께 나타나는 것으로 설명한다. 즉, 미덕이 작용할 때마다 즐거움은 자연스레 따라온다고 본다. 그는 인간이 추구하는 즐거움이 단순히 원하는 것을 얻었을 때 발생하는 것이 아니라, 미덕이 활동하는 과정에서 생긴다고 주장한다. 또한, 부족함이 채워질 때 오는 즐거움은 행복과 무관하다고 강조한다. 따라서 미덕을 갖춘 사람은 반드시 즐거움을 경험하게 될 것이다. 그렇다면 우리가 지금까지 탐구해온 행복은 결국 미덕을 갖추고 살아가는 것을 의미하는 걸까? 이것이 정말로 가장 좋고 즐거운 것일까?

아리스토텔레스는 모든 미덕은 인간이 하는 일 중에서 좋은 것이지만, 인간에게 "가장 좋은 것"은 인간이 하는 일 중에서 최고의 일과 관련된다고 말한다. 그리고 최고의 일이란 바로 직관적 지성의 "관조적 활동"이라고 말한다. 이 활동은 인간의 행위이면서도 신과 가장 유사한 행위이며, 사람들이 말하는 행복의 모든 요소를 포함하고 있다. 여기서 "관조적 활동"('테오레인')은 직관적 지성이 제1원리들, 즉 그 자체로 참인 진리들을 인식하고 아는 활동을 말하며, "철학적 지혜"를 통해 직관적 지성과 학문적 인식을 사용해서 제1원리들을 알고 행하는 것을 말한다. 소크라테스와 아리스토텔레스는 이것을 "철학 하는 삶"이라고 표현한다.

이처럼 아리스토텔레스는 철학적 삶을 최고의 행복이라고 말하는 점에서 소크라테스의 학문적 흐름을 이어받고 있다. 그러나 그와 소크라테스와의 차이점은, 모든 미덕에 따라 살아가는 삶을 두 번째로 행복한 것이라고 보며, 국가 공동체와 정치학이 목표로 하는 것이 바로 그것임을 강조한다. 그럼에도 불구하고 아리스토텔레스는 첫 번째 행복인 개개인의 "지성의 관조적 활동"과 두 번째 행복인 공동체적 미덕의 활동들을 하나로 연결시켜, 행복을 개인적인 것이 아닌 공동체적 차원에서 제시한다. 이것은 그가 이 책의 첫머리에서 윤리학이 정치학의 토대라고 말한 것과도 일맥상통한다.

III. 고대 그리스의 주요 국가들과 정치체제

1. 스파르타의 과두정

이 책에서는 라케다이몬, 라콘인들의 국가, 스파르타 등으로 불리는 도시국가에 대해 설명한다. 이 도시국가는 고대 그리스 펠로폰네소스 반도 남부 라코니아 지방에 있었다. 도리아 방언으로는 "스파르타"이고, 아티카 방언으로는 "스파르테"라고 불렸다. 기원전 11-12세기경 도리아인들이 스파르타 지역에 정착한 후, 기원전 820년경에 전설적인 입법자인 "리쿠르고스"의 활약으로 국가의 기틀을 마련한 라콘인들은 기원전 650년경에 고대 그리스에서 강대국으로 부상했다.

페르시아 전쟁(기원전 499-449년)에서는 아테네와 함께 그리스 도시국가들을 이끌었고, 펠로폰네소스 전쟁(기원전 431-404년)에서는 아테네와의 주도권 싸움에서 펠로폰네소스 동맹을 결성해 델로스 동맹을 꺾고 패권을 장악했다. 하지만 스파르타는 다른 도시국가들을 강압적으로 지배하고자 했기 때문에, 그 패권은 오래 가지 않았다. 불만을 품은 아테네, 코린토스, 아르고스가 동맹을 맺고 페르시아의 지지를 받아 기원전 395년에 반기를 들었다. 이 코린토스 전쟁(기원전 395-387년)으로 스파르타의 국력은 쇠퇴했고, 결국 기원전 371년 레욱트라 전투에서 테베가 이끈 보이오티아 동맹에 패한 데다가 국가 노예들인 "헤일로스"들의 반란으로 스파르타는 패권을 상실했다.

스파르타는 국가가 형성될 때부터 군국주의적인 과두정을 유지했다. 2명의 왕이 통치자로 공동 집권했고, 자유민들로 이루어진 민회는 28명의 원로원 의원과 5명의 감독관('에포로스')을 선출하여 정치를 위임했다. 자유민인 스파르타인, 국가 노예인 '헤일로스'들이 있었고, 그 중간에는 주변의 속국민들('페리오이코이')이 있었다.

스파르타인들은 제1차 메세니아 전쟁(기원전 743-724년)을 거치며 펠로폰네소스 중서부의 광활한 영토를 확보하고, 메세니아인들을 국가 노예 헤일로스로 전락시켜, 헤일로스들과 페리오이코이에게 농업을 포함한 모든 생산 활동을 일임하고 군사 훈련에만 전념했다. 이런 방식으로 그들은 강대국으로 부상할 수 있었다. 하지만 국가 노예들로 인해 사회는 불안정해졌는데, 헤일로스들과 페리오이코이의 반란인 제2차 메세니아 전쟁(기원전 685-668년)과 제3차 메세니아 전쟁(기원전 465-454년)이 이를 잘 보여준다.

2. 아테네의 민주정

아테네는 그리스 본토 남부에 위치한 아티카 지방의 도시국가였다. 초기 아테네는 토지를 소유한 귀족들이 주도하는 왕정이었으며, 왕과 귀족들은 "아레이오스 파고스 위원회"라는 협의체를 통해 국가를 지배했다. 그러나 기원전 7세기에 사회 불안이 커지자, 위원회는 엄격한 성문법을 제정하여 시행하도록 "드라콘"을 입법자로 임명했지만, 사회 안정을 가져오지는 못했다.

이러한 상황에 대응하여 위원회는 기원전 594년에 솔론(기원전 약 630-560년)을 임명하여 새로운 정치체제를 구축하게 했다. 이것이 "솔론의 개혁"이다. 솔론은 극심한 빈부 격차와 이로 인해 일어난 사회적 불안을 해소하기 위해 부채 탕감과 채무 노예의 해방을 단행했다. 또한, 지주(500메딤노스, '메딤노스'는 2.5말), 기사(300-500메딤노스), 농민(200-300메딤노스), 일용노동자(200메딤노스 이하)로 나누어 참정권을 제한했지만, 모든 시민은 민회에 참석하고 재판을 받을 수 있게 했다. 이렇게 해서 국민의 대다수를 차지했던 일용노동자들이 민회에 참석해 투표할 수 있게 됨으로써, 아테네 민주정의 초석이 놓였다.

그러나 민중은 기대했던 토지 개혁이 이루어지지 않았고, 부자들은 그들대로 채무 탕감과 채무 노예의 해방으로 인한 손실로 불만이 컸다. 이로 인해 사회 불안은 계속되었다. 당시 아테네의 정치는 당쟁이 심했고, 리쿠르고스가 이끄는 귀족과 지주 중심의 과두정을 주장하는 평지당, 메가클레스가 이끄는 중도 정치를 표방한 해안당, 그리고 페이시스트라토스가 이끄는 민중 중심의 민주정을 주장하는 산지당이 서로 당쟁을 벌였다. 결국, 기원전 561년에 민중 세력의 지지를 받은 페이시스트라토스(기원전 약 600-527년)가 참주가 되어 참주정이 시작되었다. 그는 솔론의 정치체제를 그대로 유지하면서 모든 공직을 자신과 그의 가문이 차지하도록 했다.

하지만 그의 아들들인 "히파르코스"와 "히피아스"로 이어진 참주정은 기원전 510년에 "클레이스테네스"(기원전 570-508년)에 의해 무너졌다. 클레이스테네스는 "클레이스테네스의 개혁"이라 불리는 정치 개혁을 단행해, 모든 시민에게 평등한 참정권('이소노미아')을 부여했고, 도편추방제를 도입했으며, 전통적인 4부족 체제를 해체한 후 10부족 체제로 재편해 귀족들의 세력 기반을 약화시켰다. 아테네와 아티카 지역 전체를 170개의 기초 자치 단체인 "구역"('데모스')으로 나누어, 남자들은 18세가 되면 '데모스'에 등록하여 재산이나 혈연에 관계없이 참정권을 비롯한 시민의 권리와 지위를 평등하게 보장받았다. '데모스'는 한 번 소속되면 후손에게도 영속적으로 적용되었으며, 이주하더라도 원래 소속되었던 데모스에 계속 속했다. 이후 '데모스'는 아테네 민주주의의 근간이 되었다. 평의회 정족수는 400명에서 500명으로 늘어나고, 각 부족에서 50명씩 선출했다.

기원전 492년부터 448년까지 지속된 페르시아 전쟁에서 승리한 후, "페리클레스"(기원전 약 495-429년)는 아테네 민주정의 황금기를 이끌었다. 그는 명문 귀족 출신이었음에도, 귀족 세력인 "키몬"에 맞서 "에피알테스"와 함께 귀족의 거점인 "아레이오스 파고스 위원회"의 권리를 축소하여 평의회와 민중 법정, 민회가 실질적인 권력을 가지도록 법안을 제출했다. 아테네는 델로스 동맹의 거의 모든 도시국가를 속국으로 만들며 제국으로서 위상을 드높였고, 기원전 4세기 말에는 그리스 도시국가 중 절반 이상이 민주정을 채택했다.

참정권은 아테네 시민인 성인 남자에게만 주어졌고, 그들은 성인 인구의 대략 10-20퍼센트를 차지했다. 외국에서 온 이주민, 노예, 여성에게는 시민권이 없었다. 기원전 450년에 페리클레스는 부모가 모두 아테네 시민인 경우에만 자녀에게 시민권을 부여하게 했다. 기원전 4세기 무렵 아테네와 아티카 지역 인구는 약 30만 명이었고, 그중 시민은 약 10만 명, 민회에서 투표할 수 있는 성인 남성 시민은 대략 3만 명 정도였다.

하지만 페르시아 전쟁 이후, 아테네의 패권은 스파르타를 비롯한 다른 도시국가들의 반발을 초래했다. 이는 기원전 431년에 시작된 펠로폰네소스 전쟁으로 이어졌고, 404년까지 지속되었다. 아테네는 이 전쟁에서 패해 그리스 도시국가들에 대한 패권을 잃었다. 스파르타는 승리 후 아테네에 "30인 참주회"를 설치하고 과두정을 실시했지만, 1년 만에 민주정주의자들에 의해 전복되었다. 아테네는 기원전 338년 마케도니아에 점령당할 때까지 민주정을 유지했다.

3. 카르타고의 정치체제

카르타고는 기원전 814년경 티레 출신의 고대 페니키아인들에 의해 북아프리카 튀니지 만의 북쪽 연안에 설립된 도시국가였다. 이곳은 비옥한 토양과 지중해 중심부에 위치한 지리적 이점을 바탕으로 해상 무역이

번성하며 상업 귀족의 세력이 강화된 곳이다. 고대 로마와 그리스 사람들은 각각 이 도시를 "카르타고"와 "카르케돈"이라고 불렀다.

아리스토텔레스는 카르타고의 정치체제를 군주정, 귀족정, 민주정의 혼합체로 평가했다. 카르타고의 시민들은 로마의 집정관에 해당하는 두 명의 행정장관을 선출했다. 이들은 1년 동안 최고 권력을 갖지만 군대 통수권은 없었다. 카르타고의 군대는 주로 용병으로 구성되었다.

군권은 기원전 약 550년부터 450년까지 마고 가문이, 그 이후로는 바르카 가문이 독점했다. 이들 총사령관들은 전쟁이 끝나면 104명의 재판관으로 이루어진 법정에서 감사를 받았다. 또한, 행정장관에게 조언을 하는 원로원이 있었다. 이 원로원은 가장 부유한 계층 중에서 선출된 수백 명의 의원으로 구성했으며, 종신직이었다. 앞서 언급한 104명의 재판관 역시 원로원 의원 중에서 선발되었다.

재산이나 자격 기준 없이 모든 시민이 참여하는 민회도 존재했다. 이러한 카르타고의 정치체제에 대해 시민들은 만족했던 것으로 보인다.

IV. 플라톤의 『국가』

아리스토텔레스가 이 책에서 플라톤의 『국가』에 등장하는 내용을 지속적으로 인용하고 비판하고 있으므로, 플라톤이 『국가』에서 어떤 주장을 펼쳤고 그 방식이 어떠했는지 살펴보는 것이 필요하다.

1. 『국가』와 정의론
『국가』의 원제는 '폴리테이아'(πολιτεία)이다. 고대 그리스에서 "국가"는 도시국가를 뜻하는 '폴리스'(πόλις)였다. 당시 폴리스는 그리스인들의 정치, 경제, 사회의 기본 단위였으며, 다수의 폴리스가 독립적으로 존재했다. 폴리스의 한복판에 있는 산 언덕 위에 아크로폴리스라는 성채가 있었고, 그 아래 시민들이 집회 장소와 시장으로 이용하는 광장인 아고라가 있었으며, 성벽 안에는 시민들이 거주하고, 성 밖에는 외국인들의 거주가 허용되었다. 폴리스는 그리스 본토에만 100여 개, 식민지까지 합하면 1,000여 개가 넘었으며, 그 규모도 다양해서 인구가 수천 명에서 20~30만 명에 이르렀고, 평균 5,000명 정도였다. 『국가』에서도 "그리스에 속한 국가('폴리스')들"이라는 표현이 사용된다. 자유민으로서 폴리스의 시민권을 지닌 시민은 '폴리테스'(πολίτης)라고 불렸다.

그렇다면 '폴리테이아'는 무엇을 의미하는가? '폴리스'가 일반적인 의미에서의 국가를 가리키는 것이라면, '폴리테이아'는 시민들의 여러 가지 다양한 정치, 경제, 사회적인 활동들이 하나로 결합되어 조직된 구체적인 형태를 지닌 국가를 가리킨다. 그래서 '폴리테이아'의 기본적인 의미는 "시민들의 상태와 권리"이고, 방금 말한 그런 의미의 국가를 가리키는 데도 사용된다.

후세 사람들은 『국가』에 "정의론"이라는 부제를 붙였다. 이 책에서 플라톤은 국가를 통해 개개인의 정의를 수월하게 이해하려고 했다. 그는 국가를 이상적인 국가와 네 가지 불의에 빠진 정치체제를 지닌 국가로 나누어 고찰했다. 따라서 플라톤이 이 책에서 다루고자 한 주제가 개인이나 국가에서의 "정의"라는 것은 확실하다. 그의 주장은 개인이든 국가든 이 이데아의 세계를 본받아 걸어가는 것이 "정의"라는 것이다. 플라톤은 정의로운 국가가 현실에서 존재하든 존재하지 않든, 지혜를 사랑하는 자는 하늘에 있는 이데아의 세계 속에서 살아간다고 말한다. 그는 통치자로서 국가 운영에 참여하는 것은 부수적인 일이라고 역설한다.

해제
....

2. 『국가』의 내용

플라톤의 대표작으로는 『국가』와 『티마이오스』를 든다. 『티마이오스』에서 플라톤은 우주를 이성을 지닌 신이 만들어 이성적으로 운영되는 실재로 보고, 인간은 이 실재를 이해하고 그에 맞춰 삶을 살아가야 한다고 주장한다. 이와 유사하게 『국가』에서도 "하늘에 있는 본"인 진정한 실재, 즉 이데아의 세계에 조응하는 삶이야말로 가장 올바른 삶, 다시 말해 "정의로운 삶"이라고 전한다. 그렇다면 그러한 삶을 살려면 어떻게 해야 하는가? 플라톤이 『국가』를 통해 말하고자 한 것은 바로 그것이었다.

『국가』에서 정의로운 삶에 관한 논의의 중심에는 이데아의 세계가 있다. 인간은 이 땅에서 눈에 보이는 온갖 사물에 둘러싸여 인간 사회, 즉 국가를 이루고 살아가는데, 그 사물들은 참된 것이 아니라 그 그림자 혹은 영상에 불과하다. 오직 그 사물 각각의 이데아만이 참된 것이고 "실재"인데, 이 이데아들은 하늘에 있다.

플라톤의 이러한 이데아 사상의 이면에는 현세와 내세가 서로 연결되어 있다는 윤회설이 전제로 깔려 있다. 인간은 이승에서든 저승에서든 좋은 삶을 살 수도 있고 나쁜 삶을 살 수도 있다. 이 모든 삶에서 행복해질 수 있는 유일한 길은 이데아 세계를 알고 거기에 따라 자신의 성품을 형성하여 살아가는 것뿐이고, 그렇게 살아가는 자를 "지혜를 사랑하는 자"라고 부른다. 이런 자가 되려면 먼저 좋은 품성을 타고나야 하고, 그런 후에는 기초적인 시가와 체육 교육을 받아야 하며, 다음으로는 수학, 기하학, 천문학을 통해 변증적 추론의 기본 소양을 기르고 나서, 변증학을 통해 지성으로 이데아를 보고 참된 실재의 세계로 나아가야 한다.

그렇다면 왜 그런 훈련 과정이 필요한가? 인간의 운명을 좌우하는 것은 혼의 상태인데, 혼은 이성적인 부분과 격정적인 부분, 욕망적인 부분으로 구분되고, 거기서 이성적인 부분이 통치권을 쥐고 격정적인 부분을 협력자로 삼아 욕망적인 부분을 지배할 때야 비로소 "지혜를 사랑하는 자"가 될 수 있기 때문이다.

플라톤은 혼의 이러한 좋은 상태, 즉 정의로운 상태를 "국가"라는 거대한 비유를 통해 보여준다. 그러니까 개인 혼의 정의로운 상태와 마찬가지로, 국가에서도 "지혜를 사랑하는 자"가 통치자가 되고, 앞서 말한 훈련을 받은 "수호자들"이 보조자가 되며, 시민들이 각자의 적성에 따라 한 가지 생업에 종사하게 될 때 그 국가는 정의로운 국가가 된다는 것이다. 그런 후에 플라톤은 이 정의로운 국가로부터 어떤 식으로 다른 불의한 국가들이 등장하는지를 보여주는데, 격정적인 부류가 통치자가 되었을 때는 명예정이 되고, 욕망적인 부류가 통치자가 되었을 때는 과두정과 민주정과 참주정이 탄생한다는 것을 논증한다. 그리고 이 정치체제들은 그대로 그런 부류의 사람들과 서로 대응된다. 이 과정에서 플라톤은 지혜를 사랑하는 자를 양성하는 데 국가의 역할이 중요하다는 점을 함께 강조한다.

V. 『정치학』의 구조와 내용

『국가』에서 정의론을 주제로 다룬 플라톤과 달리, 아리스토텔레스의 『정치학』은 국가의 정치체제에 대한 실증적이며 이론적인 연구가 중심이 된다. 플라톤은 정의론과 국가론을 통합해 전자에 초점을 맞추고 후자를 보조적으로 다룬다면, 아리스토텔레스는 『니코마코스 윤리학』에서 정의론을 먼저 다루고, 이후 『정치학』에서 국가를 현실적이고 세부적으로 조명한다. 결과적으로, 플라톤은 정치체제에 대해 개략적으로 설명하고 많은 부분을 생략하는 반면, 아리스토텔레스는 정치체제 전반을 철저하게 검토한다.

플라톤이 철학자가 왕이 되는 이상적인 국가를 제시하며 정의론을 전개한 반면, 아리스토텔레스는 기존의 정치체제 이론과 현실 국가의 다양한 정치체제를 면밀히 검토한 후, 현실에서 실현 가능한 최선의 정치체제를 제안한다.

이렇게 구성된 『정치학』은 총 8권이다. 제1권에서 아리스토텔레스는 국가와 인간의 관계에 대해 논한다. 국가는 공동체의 한 형태로, 인간의 본성에 의해 구성되는 최고의 공동체라고 규정하고, 국가를 자급자족하고 인간답게 살아가기 위한 시민들의 공동체로 정의한다. 그는 국가를 다스리는 것은 왕국이나 가정, 노예를 다스리는 것과는 다르다고 말하며(1-2장), 가정을 다스리는 것이 무엇인지, 노예 문제, 재산 획득 문제와 같은 가정을 구성하는 여러 구체적인 부분을 분리해 자세히 검토한다(3-13장).

제2권에서는 가장 우수한 정치체제에 대해 여러 사람이 제시한 것을 검토한다. 플라톤의 『국가』에서 소크라테스가 주장한 정치체제를 먼저 다루며, 특히 재산과 여자와 아이의 공유를 주장하는 그의 견해를 강력하게 반박한다(1-5장). 그다음으로 플라톤의 『법률』, 카르타고의 팔레아스, 밀레토스의 히포다모스가 제시한 내용을 다룬다(6-8장). 그 후에는 사람들이 잘 다스려지는 국가로 꼽는 현실의 세 국가, 즉 스파르타, 크레타, 카르타고의 정치체제를 고찰한다(9-11장).

제3권에서는 시민을 정의한다. 공직에 참여하는 이들이야말로 시민이며, 시민의 미덕과 사람의 미덕이 동일한지를 묻는다. 개인과 공동체 모두가 훌륭한 삶을 목적으로 한다고 말하며(1-6장), 그는 정치체제를 여러 종류로 분류한다. 바른 정치체제로는 왕정, 귀족정, 혼합정이 있고, 변질된 정치체제로는 참주정, 과두정, 민주정이 있다고 말한 후, 정치체제와 관련한 정의 문제, 최고 권력의 귀속 문제를 다룬다(7-13장). 그런 후에 그는 왕정의 여러 유형을 제시하고 평가한다(14-18장).

제4권에서는 현실의 정치체제가 여러 유형인 이유를 설명하고(1-3장), 민주정과 과두정과 귀족정의 여러 유형을 설명한다(4-7장). 다음으로 혼합정에 대해 설명하고(8-9장), 참주정의 유형을 살펴본다(10장). 그런 후에 그는 가장 우수한 정치체제는 무엇이고 국가의 정치체제는 어떻게 결정되는지에 대해 말하고(11-12장), 혼합정이 어떻게 유지될 수 있는지를 말한다(13장). 이상으로 아리스토텔레스는 각각의 정치체제에 관한 개관을 마치고, 모든 정치체제에 공통적인 세 부문인 심의 부문, 공직 부문, 재판 부분에 대해 설명한다(14-16장).

제5권에서는 정치체제의 변혁에 대해 다룬다. 그는 먼저 분쟁과 변혁의 공통적인 원인을 불평등이라고 지적하며, 분쟁의 구체적인 발단과 원인들에 대해 세밀하게 분석한다(1-4장). 그 후 민주정, 과두정, 귀족정의 변혁 과정을 설명하고(5-7장), 민주정과 과두정, 참주정과 왕정을 파괴하거나 보존하는 원인들을 살핀다(8-12장).

제6권에서는 민주정과 과두정의 다양한 유형에 대한 조직 방법을 소개한다. 먼저, 모든 유형의 민주정이 공통으로 가지는 특징과 조직 그리고 평등을 어떻게 담보할 수 있는지 논하고, 민중의 구성에 따른 민주정의 유형 그리고 민주정의 올바른 조직 방법에 대해 말한다(1-5장). 그 다음으로는 다양한 유형의 과두정을 소개하고(6-7장), 공직 조직의 방법에 대해 논의한다(8장).

제7권에서는 가장 우수한 정치체제의 본질을 탐구한다. 먼저 개인과 국가의 가장 우수하고 행복한 삶이 무엇인지에 대해 깊이 있게 다룬다(1-3장). 그 후 인구, 영토, 항구와 해군, 시민의 품성, 국가에 필수적인 것, 시민들이 수행해야 할 일, 토지 분배, 도시의 입지와 설비 등 다양하고 구체적인 문제들을 다룬다(4-12장). 그리고는 훌륭한 시민의 정의와 그들의 교육 방법에 대해 논의한다(13-15장). 마지막으로 출산과 양육에 대해 설명한다(16-17장).

제8권에서는 가장 우수한 정치체제에서 청소년 교육이 어떻게 이루어져야 하는지를 다룬다. 청소년 교육의 중요성과 학습해야 할 교과목에 대해 논의하며 시작한다(1-3장). 그리고 체육 교육(4장)과 음악 교육(5-7장)에 대해 상세하게 설명한다.

VI. 텍스트

1. 아리스토텔레스의 『정치학』의 대본으로는 W. D. Ross의 비평본인 *Aristotelis Politica*, Oxford Classical Texts (Oxford. Clarendon Press, 1957)를 사용했다. 영역본으로는 H. Rackham, *Aristotle in 23 Volumes*, Vol. 21, Loeb Classical Library (Cambridge. Harvard University Press, 1944), T. A. Sinclair, Revised by Trevor J. Saunders, Aristotle *The Politics*, Penguin Classics (London. Penguin Books, 1981), Stephen Everson, *The Politics and the Constitution of Athens*, 2nd edition, Cambridge Texts in The History of Political Thoughts (Cambridge. Cambridge University Press, 1996), Ernest Barker, Revised by R. F. Stalley, *Aristotle Politics*, Oxford World's Classics (Oxford. Oxford University Press, 1995)를 참조했다.

2. 아리스토텔레스의 『정치학』을 인용하거나 참조할 때 편리하도록 Immanuel Bekker, *Aristotelis Opera* (Berlin, 1831)에 수록된 본문의 쪽과 단과 행을 표기했다. 『정치학』은 베커 판본에서 1252-1342쪽에 수록되어 있고, 한쪽은 두 단으로 되어 있다. 예컨대, 1323a10은 베커 판본

의 1323쪽의 왼쪽 단 10행을 가리키고, 1378b20은 1378쪽의 오른쪽 단 20행을 가리킨다.

3. 『정치학』 각 권과 장의 제목과 각 장 요약은 그리스어 원문에는 나오지 않고, 역자가 앞의 영역본들을 참조하여 각 권과 장의 내용을 고려하여 붙인 것이다.

4. 고유명사들은 대체로 문체부의 외래어 표기법을 따랐고, 그리스어를 음역한 경우에는 아리스토텔레스가 사용한 그리스어를 고전 그리스어의 발음으로 표기했다.

| 아리스토텔레스 연보 |

기원전

594년   솔론의 개혁

561년   아테네에서 페이시스트라토스에 의한 참주정이 시작됨

510년   아테네에서 클레이스테네스가 참주정을 무너뜨리고 개혁을 단행함

492년   페르시아 전쟁이 시작됨

477년   아테네가 델로스 동맹을 결성함

448년   페르시아 전쟁이 끝남

431년   펠로폰네소스 전쟁이 시작됨

427년   소크라테스의 제자이자 아리스토텔레스의 스승이 될 플라톤이 태어남

404년   펠로폰네소스 전쟁이 끝남
                 스파르타가 아테네에 30인 참주회의 과두정 제체를 세웠지만 1년 만에 무너짐

399년   소크라테스가 아테네에서 사형선고를 받고 죽음

395년   코린토스 전쟁이 시작됨

385년경   플라톤이 아테네에 아카데메이아를 설립함

387년   코린토스 전쟁이 끝남

384년   아리스토텔레스가 그리스 북동부 칼키디케의 스타게이로스에서 태어남
                 마케도니아 왕의 주치의였던 아버지는 일찍 죽음

371년   스파르타가 레욱트라 전투에서 테베에 패배함

367년   어머니가 죽자 후견인에 의해 플라톤의 아카데메이아로 보내져 20년 동안 학생과 교사로 지냄

359년	마케도니아에서 필리포스 2세가 왕위에 오름
347년	플라톤이 죽자, 아카데메이아를 그의 조카 스페우시포스에게 맡기고 철학의 후원자였던 헤르메이아스 왕의 초청으로 소아시아 아소스로 가서 머물며, 그의 조카 피티아스와 결혼해서 딸을 낳음
345년	헤르메이아스 왕이 죽자, 레스보스섬의 미틸레네로 가서 자연과학을 연구함
342년	마케도니아의 필리포스 2세의 요청으로 나중에 알렉산드로스 대왕이 될 그의 아들의 가정교사가 됨
338년	마케도니아의 필리포스 2세가 그리스 연합군을 이기고 그리스의 맹주가 됨
336년	마케도니아의 필리포스 2세가 죽고, 알렉산드로스 대왕이 즉위함
335년	아테네로 돌아가 "리케이온"이라는 독자적인 교육기관을 설립함 아내 피티아스가 죽자, 동향 사람이자 노예인 헤르필리스와 동거하며 아들 니코마코스를 얻음 이때부터 10여 년간 대부분 책을 저술함
334년	알렉산드로스 대왕이 페르시아를 침공함
323년	알렉산드로스 대왕이 죽고, 아테네에 반마케도니아 정서가 확산되어 불경죄로 고발되자, 어머니 가문의 영지가 있는 에우보이아의 칼키스로 떠남
322년	칼키스에서 62세의 나이로 죽음

아리스토텔레스 연보
·········

옮긴이 박문재

서울대학교 법과대학 법학과와 장로회신학대학교 신학대학원 및 동 대학원을 졸업했으며, 독일 보쿰 대학교에서 수학했다. 또한, 고전어 연구기관인 비블리카 아카데미아Biblica Academia에서 고대 그리스어와 라틴어 원전들을 공부했다. 대학 시절에는 역사와 철학을 두루 공부했으며, 전문 번역가로 30년 이상 인문학과 신학 도서를 번역해왔다.

역서로는 『자유론』(존 스튜어트 밀), 『프로테스탄트 윤리와 자본주의 정신』(막스 베버), 『실낙원』(존 밀턴) 등이 있고, 라틴어 원전을 번역한 책으로 『고백록』(아우구스티누스), 『철학의 위안』(보에티우스), 『유토피아』(토머스 모어), 『우신예찬』(에라스무스) 등이 있다. 그리스어 원전에서 옮긴 아우렐리우스의 『명상록』과 『소크라테스의 변명·크리톤·파이돈·향연』, 『아리스토텔레스 수사학』, 『아리스토텔레스 시학』, 『이솝 우화 전집』 등은 매끄러운 번역으로 독자들의 호평을 받고 있다.

현대지성 클래식 58

아리스토텔레스 정치학

1판 1쇄 발행 2024년 6월 26일

지은이 아리스토텔레스
옮긴이 박문재
발행인 박명곤 **CEO** 박지성 **CFO** 김영은
기획편집1팀 채대광, 김준원, 이승미, 이상지
기획편집2팀 박일귀, 이은빈, 강민형, 이지은, 박고은
디자인팀 구경표, 구혜민, 임지선
마케팅팀 임우열, 김은지, 전상미, 이호, 최고은

펴낸곳 (주)현대지성
출판등록 제406-2014-000124호
전화 070-7791-2136 **팩스** 0303-3444-2136
주소 서울시 강서구 마곡중앙6로 40, 장흥빌딩 10층
홈페이지 www.hdjisung.com **이메일** support@hdjisung.com
제작처 영신사

© 현대지성 2024

"Curious and Creative people make Inspiring Contents"
현대지성은 여러분의 의견 하나하나를 소중히 받고 있습니다.
원고 투고, 오탈자 제보, 제휴 제안은 support@hdjisung.com으로 보내 주세요.

현대지성 홈페이지

이 책을 만든 사람들
편집 채대광 **디자인** 구경표

현대지성 클래식 살펴보기